京郊方言

北京市方志馆 编著

中国书店

图书在版编目（CIP）数据

京郊方言 / 北京市方志馆编著 . —北京：中国书店，2015. 8
ISBN 978 - 7 - 5149 - 1388 - 0

Ⅰ. ①京… Ⅱ. ①北… Ⅲ. ①北京话 - 研究
Ⅳ. ①H172. 1

中国版本图书馆 CIP 数据核字(2015)第 205467 号

京郊方言

编　　著：北京市方志馆
责任编辑：陈小莉

出版：中国书店
地址：北京市宣武区琉璃厂东街 115 号
邮编：100050
发行：全国新华书店经销
印刷：北京市建筑工业印刷厂
开本：710 × 1000　1/16
版次：2015 年 8 月第 1 版　　2015 年 8 月第 1 次印刷
字数：400 千字
印张：22. 25
书号：ISBN 978 - 7 - 5149 - 1388 - 0
定价：66. 00 元

京郊方言作者名单

顾　　问	侯宏兴
总　　纂	韩　旭
撰　　稿	张　发　陈　超　张万顺 王长青　范燕生　王海洋 王凤禄　刘文江
整理编辑	赵　冰　谭　浩　程东东 李更鑫

引 言

方言，顾名思义为地方语言，是指一个特定地理区域中某种语言的变体。北京从70万年前就有了人类活动的痕迹，有着3000多年的城市史，近千年的都城史，多民族的物质文明与精神文明的建设，使她的灿烂文化不仅影响中国，而且波及整个世界。文化最重要的载体是语言，它是人类思维与交流的工具，而语言的字、词及发音又是历史文化的具体体现。从辽以后，历史上北京地区契丹族、女真族、蒙古族、满族等少数民族和汉族的民族融合、文化融合，创造了具有北京特色的方言。作为北京方言的分支——北京郊区的方言，以其特殊的地理位置、历史沿革、人口构成等多种原因，逐步形成了属于自己的地区性的言语表达方式和方言特征。

北京现有16个郊区县，分为东部远郊区、西部远郊区和城近郊区三大部分，其中东部和西部远郊区是京郊方言的代表区域，东部远郊区包括顺义区、通州区、平谷区、怀柔区、密云县；西部远郊区包括门头沟区、房山区、昌平区、大兴区、延庆县。在这10个远郊区县中，最具有方言代表性的，是位于北京东北部的平谷区、密云县、怀柔区，西北部的延庆县，西南部的房山区，以及西部的门头沟区。

北京远郊区县方言的形成，与本区域地理特征、山川形势、历史发展、人口构成等都有紧密的关系。京郊拥有丰富的自然地理和历史文化资源，是连接草原文化与中原文化的枢纽。几千年来，在中原文化、草原文化的纵横交错、长期碰撞、交流吸收、相互融合中，形成了独具特色的京郊历史文化。在京郊历史文化的长河中，不但交织着带有不同历史印记的政治、经济、社会文化，以及佛教、道教、基督教、儒家文化，也交织着丰富多样的民族文化、地域文化，多个民族、多种文化在碰撞中取长补短，多元共生，构成了丰富多彩的京郊文化。京郊方言是京郊文化的重要载体之一，不但具有较强的历史性特征，更具有较强的地域性特征，它是一个地区历史文化发展的重要见证。朝代的更替，时代的变迁，各地移民的陆续进入，使各区域的方言受到潜移默化的影响，方言的内容及表现形式也随之发生变化。方言语义更加生动，词汇日益丰富，语音变换多样，分布较为复杂，从而使各地独具特色的方言也从一个方面代表了历史长河的丰厚积淀。

每个区域的独特的地理位置及特定的生活环境，形成了具有自身特色的区域方言。具体表现为：

特点一，区（县）与区（县）之间方言的差异，与当地历史沿革、自然环境、人口构成有很大的关系。如延庆县，自古是全国南北交通要道，其独特的地理位置、特定的生活环境形成了延庆具有自身特色的方言。延庆方言属于现代汉语北方语系，是比较接近于标准化、规范化的普通话。但是延庆语言又与普通话有着明显的差异，与周边的昌平、怀柔区、怀来、赤城县亦有很大的不同。延庆最早的居民，多数是来自山西晋中南地区，因此延庆人的语音和方言，明显带有晋中南的特点，以晋中南的语音为基调，保留了大量山西方言。

平谷由于地处中原汉族与北方游牧民族冲突地区，战乱频仍，建县2000余年，县有撤并，域有多变，人员结构不断发生变化。平谷当代人口，主要源于元代土著、明初移民、清代迁居的旗人和清以来的流寓、流民。特别是明清时期山西、山东等地民屯、流民等外来人口的加入，在一定程度上改变了平谷地区的人口结构，也使平谷地区的语言文化融入了许多新的元素。从地域方面，平谷在不同时期分别归属于不同地区管辖，客观上也造就了平谷话的“方言混杂”。由于平谷曾长期归属于河北地区管辖，受其影响，平谷话在语音、语调等方面较大程度上近似冀鲁官话，尤其是类同于河北保定、唐山等地言语特征。

特点二，区（县）与区（县）之间方言区域界线是模糊的，不确定的。如密云县东邵渠镇，位于密云县东南部，南与平谷接壤，西与顺义相邻，地处密云、顺义、平谷三区（县）交界地带。东邵渠镇方言特点是说话“三不像”，一不像顺义、二不像平谷、三不像密云，它是很独特的一种语言，东邵渠的人一说话就能听出是东邵渠的口音。当地人称密云的水硬，说话大舌头，平谷的水软，说话往上挑。东邵渠在密云的尾、平谷的头，说话有“吞音”的现象。

特点三，在一个区（县）地域内，不同的地方，也存在着方言的差异。如平谷话可分为平谷话和马坊话两种。平谷话以城关话为代表，涵盖平谷东部、北部、西部等广大地区，使用人口占全区总人口的97%。马坊话以马坊公社所在地马坊的方言为代表，与平谷话相比，更接近北京话。怀柔方言属北京官话，具体为北京官话区的怀承小片，但怀柔地区的方言也因地域不同，发音有所区别。渤海镇地区方言，与县城话的不同表现在单字调和连读变调上；喇叭沟门地区方言，与县城话的不同表现在人称代词和儿化韵母上。

特点四，区（县）之间方言词汇词义的相通性。尽管区县与区县之间在方言的语音、语法、语调上各有特点，各有不同，但是，在词汇词义上却有相通之处。如延庆、密云、门头沟、房山、平谷等地，将“太阳”称之为“老爷儿”，“母马”称之为“骒马”，“母牛”称之为“乳牛”，“前天”称之为“前儿个”等，这些词虽然在读音上各区县有发音、语调上的区别，但形成的词义是相通的。

特色五，区（县）中形成有标志性与典型性的方言。所谓典型性，是指能够反映出一定历史时期社会的某些本质方面又具有鲜明生动的特点的个性，它不具有普遍性，但是具有代表性。如密云方言中，最有特点的“漏八分”，就是说话时只说一句成语的前三个字，把最后一个字藏起来，只露出八分。例如独占鳌（头）、肥头大（耳）、占山为（王）、慌里慌（张）等。在北京也叫“半拉子话儿”，最早发源于古北口，据有关专家介绍，“露八分”大约形成于明朝末年，当时古北口地区长期有民间艺术活动，比如正月十五的灯会，人们在猜灯谜时，灯谜只显示一组词的前三个字，最后一个字让大家去猜，到清朝时期，它的表现内容、表现形式、使用范围逐渐丰富起来，如用于商贩在做买卖时的暗语，人们茶余饭后的闲谈等。在延庆方言中，“四字格”非常有特点，是用四个字组成的词汇，这样的词或成语非常多，这些词又以形容词居多，有的在收尾时加个“嗄叽”“格叽”“呱叽”“吧叽”，如形容土气叫“土了吧叽”，形容味道叫“酸了吧叽”“甜了吧叽”等。

特色六，一个区（县）内方言呈现多样性。这和这个区域的历史演变，人口的迁徙等因素密不可分，如房山方言具有多样性特征，主要是明代山西等地移民大量徙居房山，原祖居地的母语构成了房山大部分村庄方言的基础。房山方言大致可分为6个语区：平原语区（片）、大安山—史家营语区、长操—南北窖语区、张坊—南尚乐语区、十渡—马安语区、蒲洼—霞云岭语区。各语区在语音、声调、词汇、语义方面既有相同之处，也各有其特殊性。其中，在语调上，十渡—马安语区整句话的语调是下滑的；张坊—南尚乐语区整句话中间是拐弯儿的；大安山—史家营语区整句话最后是上扬的。在词汇上，有不少词汇与普通话相异，或称谓不一，或词义相左，如弟弟—兄弟、曾祖父—太爷、曾祖母—太太等等。

特点七，区（县）内方言的独特性。最能代表方言独特性的是门头沟地区的斋堂话。斋堂镇位于门头沟区的西部永定河畔，古往今来为兵家必争之地，有“京西重镇”之称。这个地区的人们在漫长的历史进程中除了产生了自己的一整套风俗习惯外，还形成了自己独特的地方方言，俗称斋堂话。斋堂话与冀鲁官话虽很相近但仍有差别，因此在周边不同方言的包围中形成了一个典型的方言岛。斋堂话的特点在于它的初创性、再创性，典型的民俗性和口头性。斋堂话语音的主要特点是在声母、韵母上同时变化而成为一种独特的语音，它比普通话声调低，有的读音是已不再使用的入声和已消失了的独特读音，大多数是声母、韵母各有不同的声调相拼的读音。

不同历史时期的方言，反映着不同历史时期的文化，随着社会的发展，普通话的普及和推广，以及政治、经济、文化交往的需求，通讯工具、交通工具、生产工具的现代化以及各地相互之间横向经济往来的经常化，方言也在逐渐发生着变化，一是讲地方方言的人群，其年龄特征趋于老年化，这意味着原汁原味的方言将逐渐随着时代的进展而消失；二是随着国家语言文字的标准化、规范化，逐步趋向于与国家推广的普通话全面“融合”，这种变化将使方言逐渐向普通话过度，甚至消亡。

语言随着社会的产生而产生，随着社会的分化而分化，随着社会的统一而统一，也随着社会的发展而发展，方言特色也一定会不断弱化，这是方言发展的必然规律。这种发展是变革性的，是时代的需要，现实的选择。但是，京郊方言作为一种弥足珍贵的非物质文化遗产，是几千年来劳动人民智慧的结晶，也是北京多元文化融合的表现形式之一。作为后人，我们有责任、有义务研究它，保护它，用文字、音像记录下京郊各地的方言，这对北京郊区方言的传承，词汇发生、发展、变化的调查与研究，以及今后对这一地区政治、经济、文化的历史研究上，都将会有十分重要的理论价值和现实意义。因此，记录京郊方言，保存京郊方言，就是为了抢救即将消亡的京郊方言文化遗产，抢救中华民族的方言文化遗产。同时，记录和保存京郊方言，也是对北京文化研究的重要补充，极大地丰富了北京文化内涵。

目　录

第一章　平谷区

第一节　历史沿革

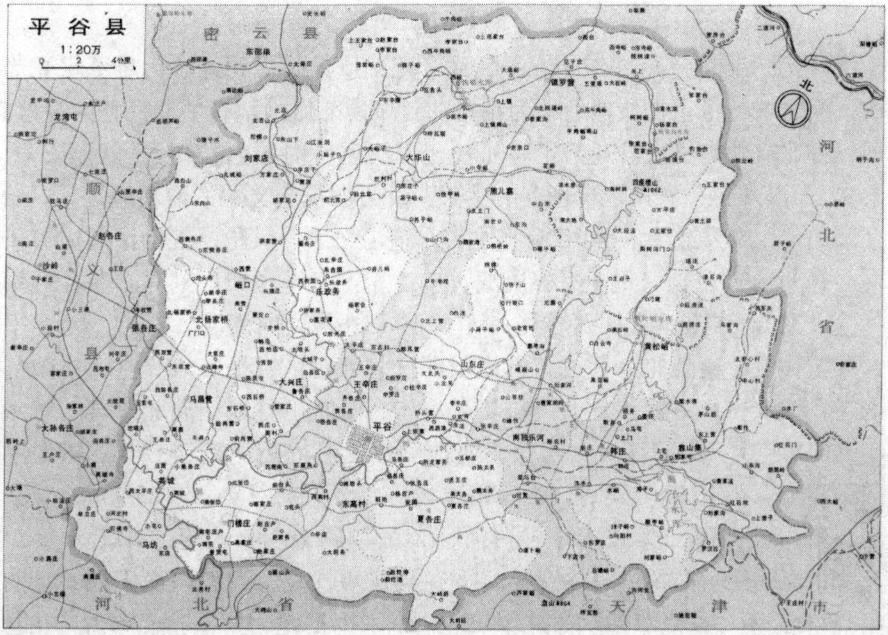

图 1－1①

平谷区是北京市的郊区县之一，位于北京市的东北部。境域东西长 35. 5 公里，南北宽 30. 5 公里，面积 1075 平方公里。地处燕山南麓与华北平原北端的相交地带，因其东、南、北三面环山，中间为平原谷地，故得名平谷。

平谷区人类活动历史悠久，早在 10 万年前的旧石器时代，就有人类在这块土地上生息繁衍。马家坟、海子、泇水等十余处旧石器时代文化遗址出土的石器，如双刃刮削器、单刃刮削器、多刃刮削器、双台面石核等 30 多件，充分证明平谷地区已经进入旧石器时代晚期。上宅、北埝头出土的大量石器、陶器、

① 图选自北京工艺美术出版社 1991 年出版的《北京百科全书彩图 · 地图集》。

房屋基址，说明在7000年前，平谷的先民已从事农业生产，过着定居生活，泃河流域的一种独具特色的考古学文化已经形成，被命名为“上宅文化”。夏商时期平谷属古燕国。刘家河商代墓葬出土的16件成套青铜礼器，金耳环等金器，表明平谷的先民不仅掌握了制造铜器的技术，也掌握了制造金器的技术。而铁刃铜钺的发现（全国仅发现3件），更证明平谷先民对铁的性质有了初步的认识。周灭商，周武王封召公奭于燕，建立了燕国。周显王十四年（公元前355年），“齐师及燕大战于泃水，齐师遁”（《竹书纪年》）。西汉时，汉高帝十二年（公元前195年）始建平谷县，属渔阳郡，县治在今山东庄镇大、小北关村。

汉后元二年（公元前87年），汉武帝死，遗诏封大司马、大将军霍光为博陆侯，今北城子村东古城遗址即为霍光的封城博陆城。西汉中期，县内设盐官。末期，古北口外的滑盐县迁治于博陆城（东汉明帝时改名盐田县，后废，入平谷县）。西汉末年，农民起义蜂起。平谷为北方农民起义军的活动地区。更始三年（25年），刘秀遣吴汉等10余将军率军追击尤来、大枪、五幡诸起义军于潞县（今通州区）东，又追至平谷决战，有1.3万义军被斩。刘秀军获胜还军蓟城（今北京），遂定河北。西晋初省平谷县，地属燕国潞县。后赵，复置平谷县，县城移至今通县北小营村，隶渔阳郡。北魏时，省平谷入潞县。要阳县由北内迁，城址在今镇罗营乡上镇村。东魏省，隋时平谷地区属无终县。唐武德元年（618年），设平谷为大王镇，属檀州密云县。后唐清泰二年（935年），石敬瑭割幽、燕16州与契丹，大王镇属契丹。金天会三年（1125年），金兵破檀州、蓟州至三河，又破宋军于白河，大王镇属金。金大定二十七年（1187年），升大王镇为平峪（同谷）县，平谷县建治恢复，隶蓟州渔阳郡。金明昌四年（1193年）重修双泉院。这年秋，金章宗携王妃、公主驻于寺内，在县内秋狝。翌年，在双泉院避暑。贞祐元年（1213年），元兵入古北口，下檀州、顺州、蓟州，平谷县归元朝。至正十八年（1358年），农民起义军红巾军东路首领毛贵挥师北伐，进入河北，攻克蓟州、三河、平谷，威逼大都。明初洪武年间，修筑镇罗营、北水峪、南水峪、熊儿寨、鱼子山长城。永乐年间，继续修筑峨嵋山、黄松峪、黑水湾、彰作、将军关长城。境内长57公里。期间，平谷先属北平府蓟州，后改属顺天府蓟州。永乐二年（1404年），营州中屯卫自塞北徙入平谷县内博陆城。永乐年间，三保太监郑和下西洋，平谷出夫60名。期间，县内迁来大批山西、山东移民。隆庆五年（1571年），知县刘爱疏通六渠入泃河。万历十三年（1585年），尚宝少卿徐贞明奉旨督垦京畿水田，自水峪寺、龙家务始垦稻田数十亩。崇祯元年（1628年），后金兵围蓟州，循三河，过平谷，临顺义县城。崇祯十一年（1638年），清兵从密云墙子岭入关，后连克古北口、将军关，攻克平谷城。清初仍明旧制。顺治元年至康熙六年（1644—1667 年），清八旗军士大规模圈占土地，先后两次在平谷圈占民地 12 万余亩。为反对圈地，顺治六年（1649 年）七月，以城西阎家庄、马圈庄为中心，爆发白莲教起义，围攻平谷县城，被知县牟云龙镇压，二村被夷为平地，起义失败。康熙二十七年（1688 年），设顺天府四路同知后，平谷县属北路厅管辖。康熙五十三年（1714 年），建丫髻山万寿道场，为康熙六十大寿祝喜。康熙曾两次游丫髻山，并为丫髻山碧霞元君祠撰写碑文。乾隆、道光都曾游丫髻山。乾隆八年（1743 年），由蓟州属县改为直属顺天府。光绪初年，天主教传入平谷。光绪二十六年（1900 年），爆发义和团运动，团民火烧张各庄教堂，攻占平谷县城，捣毁县衙，砸开监狱。后被清政府镇压。

辛亥革命后，1914 年，顺天府改京兆特别区，平谷为京兆属县之一。1928 年废京兆，县改隶河北省冀东道。1932 年 9 月，在河北省建蓟密行政督察专员区，平谷属之。1949 年，中华人民共和国成立后，平谷县先属河北省通县专署，1958 年 3 月，通县专区撤销，平谷县改属河北省唐山专署。同年 10 月，划入北京市。平谷县有人类以来十万年之久，建平谷县两千余年之长。期间，县有撤并，域有多变，但县名一直延续至今。历代留下大量文物，成为悠久历史的见证。

第二节　方言的基本情况

平谷方言可分为平谷话和马坊话两种。平谷话以城关话为代表，在本县的通行范围约占全县总面积的 98%，使用人口约占 97%。马坊话以马坊镇二条街村、西大街村的方言为代表，通行于本镇。马坊话与平谷话在语音、词汇、语法上都有些区别。语音差异主要是阴平调值不同（马坊话是 445，平谷话是 35）和“奶奶”“姥姥”“姐姐”三个词的前字变调不同（马坊话读法同北京，前字变半上 21；平谷话前字变阳平 55）。词汇差异主要是某些常用词的用词不同。语法差异主要是可能补语的肯定式略有出入。

平谷话内部也有差异，有地区性的，也有新老派之间的。地区性差异主要是西北部大华山、镇罗营一带，东部与蓟县相邻的韩庄一带，口音与城关一带略有不同。大华山话主要特点是，阴平字在轻声之前一律不变调，仍读阴平 35，而其他各处这类两字组前字有些不变调，有些变为阳平 55。例如：哥哥、姑姑、饽饽、干饭等。此外，奶奶、姥姥、姐姐，大华山话前字都变阴平 35，其他各地变阳平 55。韩庄一带口音本县人认为“艮”“硬”，这主要指这一带说话句末字调带有长而重的硬弯儿。一般说来，疑问句末字音高为 5 度，其他语气的句子，末字音高为 4 度，而且重读、拖长。因此，拖腔带拐弯儿，便成了此处方言的突出特点。这种特点在平谷话里普遍存在，但都不如韩庄一带明显。大体说来，本县自东向西越走拖腔拐弯越微弱，或说语调的京味儿越浓；反之，自西向东越走越重，或说语调的唐山味（说话尾音高）越浓。此外，韩庄一带把普通话的单韵母“o”都读成“ɤ”，如“玻坡末佛”等，这也与平谷其他各处不同。

平谷话内部新老派的差别主要有三：一是阴平调值老派读升调35，新派有读平调33的趋势。常用字如“吃喝听说”之类变化最为明显。二是古影疑二母开口一二等普通话今读开口呼［Ø］声母的字，老派念［n］声母，新派往往读［Ø］声母。较文或较新的词语中的，这类字新派读［Ø］声母的更为多见，如：安全、和蔼等。三是语调上拖腔带拐弯儿的现象，新派基本消失。

第三节　方言的特点

语音、词汇（或称语汇）和语法是语言的三大要素。平谷话作为一种区域性方言，它的特征自然也要从这三个方面体现出来。下面分别进行表述。

一、语音特征

平谷话的语音特征，概括起来有三个方面。

（一）平谷话的声调变化规律

平谷话作为一种与普通话声调很接近的方言，与普通话一样，它也包含有阴平、阳平、上声、去声四个基本声调（轻声除外）。但平谷话发音时的声调调值却与普通话存在明显差异。表现在：平谷话的阴平调值（35）与普通话的阳平相同，平谷话的阳平调值（55）与普通话的阴平相同；平谷话中的上声调值（214）与去声调值（51）与普通话基本保持一致。（见下表）

平谷话与普通话基本声调调值比较

声调	调值		例字
	平谷话	普通话	
阴平	35	55	边飞衣八出
阳平	55	35	平房牙白德
上声	214	214	短老五百府
去声	51	51	淡怕帽木式

平谷话的声调变化规律，归纳起来包括如下几个方面：

1. 与普通话发音比较，平谷话中的上声与去声与普通话基本一致，平谷话阴平与普通话的阳平互变。平谷话和普通话在发音调值上有相同的地方，也有不同的地方。

相同的地方是平谷话与普通话发音上声、去声基本相同。如：美丽（měilì）、打倒（dǎdǎo）、误会（wùhuì）、谅解（liàngjiě）、坐下（zuòxià）、子弹（zǐdàn）、海淀（hǎidiàn）、峪口（yùkǒu）、爸爸（bà·ba）、饭菜（fàncài）等。

不同地方主要表现在：普通话读音与平谷话读音阳平与阴平互变。有如下两种情况：

（1）普通话的阴平在平谷话中变为阳平。如：生活中的手枪（qiāng—qiáng）、香烟（yān—yán）、北京（jīng—jíng）、姓氏中的张（zhāng—zháng）等。

（2）普通话的阳平在平谷话中变为阴平。如：生活中的墙上（qiáng—qiāng）、食盐（yán—yān）、潮水（cháo—chāo）、姓氏中的刘（liú—liū）等。

2. 就古今调类对应关系来说，平谷话与普通话基本一致。但比较而言，平谷话中读上声的字明显比普通话多，古清入声字尤为突出。主要表现在：

（1）猜（~谜）、侵、残、潜、假（放~）、趣、浸等分别来自古平声或去声，今普通话中仍然读平声或去声，而平谷话中都读上声。

（2）发（理~）、福、腹、阁、革、刮（~风）、国、刻（立~）、霍、角（~色）、觉（自~）、节、雀、媳、袭、职、质等来自古清入声字，今普通话中都读非上声，而平谷话中则均读上声。有些古清入字，平谷话中虽然也读非上声，但在声调上却与普通话存在差异，如："雌雄"普通话读阳平，平谷话则读阴平。

3. 两字组连调情况，平谷话的读音与普通话是不完全一样的，有相同地方，也有不同地方。表现在：

（1）单音节形容词的重叠式连调与普通话基本相同。平谷话中单音节形容词重叠，如果第二个音节不儿化就要读本调。如：大大（dàdà）、矮矮（ǎiǎi）等；如果第二个音节儿化，那就要变为阴平，如：好好儿的（hǎohāor·de）、甜甜儿的（tiāntiānr·de）、厚厚儿的（hòuhōur·de）、快快儿的（kuàikuāir·de）、慢慢儿的（mànmānr·de）、红红儿的（hōnghōngr·de）等。

（2）单音节形容词的重叠式连调以外，其他情况如下所示：

a. 两字组连调基本变化。（见下表）

后字 / 前字	阴平 35	阳平 55	上声 214	去声 51
阴平 35	阴天	东南	西北	耕地

前字＼后字	阴平 35	阳平 55	上声 214	去声 51
阳平 55	晴天	白糖	棉袄	刨地
上声 214	起（21）灯儿	小（21）瓶儿	洗（35）手	满（21）意
去声 51	认生	放羊	大马	种（53）地

（上表中，例字右括号里数字表示变调的调值，不标数字的表示不变调。）

b. “一”“不”做前字两字组变调情况。（见下表）

前字＼后字	阴平 35	阳平 55	上声 214	去声 51
一（35）	一天	一年	一（53）把	一片
不（35）	不吃	不明	不（53）走	不要

（上表中例字右括号里数字表示变调的调值，不标数字的表示不变调。）

c. 轻声前字阳平和去声的调值基本不变，阴平和上声的变调具有特殊性。（见下表）

前字＼例字	轻声的变与不变
阴平 35	大华山一带调值基本不变，其他地区变化规律不明。轻声前字调值阴平（35）有不变的，如：“东家、巴掌、听过、黑的”中的“东、巴、听、黑”等。但也有变阳平（55）的，如：“东西、天头（天气）、干饭、甘蔗、哥哥、机器”中的“东、天、干、甘、哥、机”等。
阳平 55	轻声前字调值阳平（55）不变，与普通话读音相同。如：“黄瓜、萝卜、核桃”中的“黄、萝、核”等。
上声 214	轻声前字调值变化规律有四： 其一，前字调值变半上声（21）。如：“手巾、想头儿”中的“手、想”，“剪子、打扫、马虎”中的“剪、打、马”等。 其二，前字变阴平（35）的。如：“走走、小姐”中的“走、小”等。 其三，前字变阳平（55）的。如：“奶奶、蚂蚁、洗脸水”中的“奶、蚂、洗”等。 其四，前字变半上（21）或阳平（55）两可的特殊组合。如：“早起儿”中的“早”等。 （具体变化规律分析见下文“上声＋轻声”变调规律。）
去声 51	轻声前字调值去声（51）不变，与普通话读音相同。如：“褂子、棒子、下巴”中的“褂、棒、下”等。

4. 平谷话的轻声变调

（1）平谷话中“阴平＋轻声”变调规律

“阴平＋轻声”组合在平谷话中表现为地区性特征：大华山、镇罗营、熊儿寨等地区一律不变调，轻声前字调值为阴平（35）不变；其他地区多数组合前字不变调，如“巴掌、鞭子、答理、竿子、挑着、听过、黑的、光溜”等，其中前字“巴、鞭、答、竿、挑、听、黑、光”的调值仍为阴平（35）；少数组合的前字变阳平，如“八个、兜兜（兜肚）、天头（天气）、干饭、干粮、甘蔗、哥哥、姑姑、机器”等，其中“八、兜、天、干、甘、哥、姑、机”的调值均从阴平（35）变为阳平（55）；特例“黑豆”的前字“黑”的声调从阻平（35）变为半上声（21），即（hēi）变读（hěi）。至于阴平与轻声的组合中，哪些前字变调，哪些不变，分化条件不明。

（2）平谷话中“上声＋轻声”变调规律

“上声＋轻声”组合在平谷话中连调形式可分为四种，分化以后字的本调、整个词的词义、词性以及词的结构特点等为条件。具体举例分析见表下说明。

a. 前字变半上声（21）的。在上声＋轻声组合中，后字来自非上声的，前字变调都采取这种形式，如：“手巾、想头儿”中，“手、想”的调值均由上声（214）变调为半上声（21）；后字来自上声的，在下述三种情况下前字变调采取这种形式，即调值由上声（214）变调为半上声（21）。如：①带后缀“子”的词，如：“婶子、剪子、板子”等；②非亲属称谓的重叠式名词，如：“筒筒儿、卷儿卷儿”等；③少数其他词语，如：打扫、裹脚（缠脚布）、马虎。

b. 前字变阴平（35）的。在平谷话中，这种连调形式的双字组主要有两部分：①重叠式动词和绝大多数的动词重叠式中，轻声字前字调值由上声（214）变为阴平（35）。如：“吵吵、嚷嚷、走走、想想”等。②后字来自上声的绝大部分非重叠式名词，如：“绑腿、小姐”等，轻声前字调值也是由上声（214）变为阴平（35）。

c. 前字变阳平（55）的。在平谷话中取这种变调形式的词语不多，主要有以下三种情况：①关于亲属关系的重叠式名词，如：奶奶（祖母）、姥姥（外祖母）、姐姐等，其前字调值由上声（214）变为阳平（55）。但华山一带这类词语变调属于特例，其前字调值由上声（214）变为阳平（35）。②少数后字来自上声的非重叠式名词，如：“小绺儿、蚂蚁、老虎”中的“小、蚂、老”，“马尾巴松（一种穗状如马尾的高粱）、马尾箩（一种箩底用马尾编成的箩）”两个词中的“马”，以及“洗脸水、洗脸盆”中的“洗”的调值都由上声（214）变读为阳平（55）。③个别其他词语。常见的有两个：“总得（必须：

你~去是咋着?)、只当(就当作:你~我死了!)”,其中“总、只”的调值均由上声(214)变读为阳平(55)。(4)前字变半上(21)或阳平(55)两可的特殊组合:早起、晌午。这两个词中“早、晌”的调值由上声(214)变读为半上(21)或阳平(55)均可以。

(二)平谷话音节构成特点

平谷话的语音系统与普通话是基本相同的:声母22个,包括21个辅音声母和一个零声母;最基本的韵母也是38个。但是,平谷话作为一种方言,其语音系统也有着与普通话不相一致或不完全一致的、属于自己的独特特点,现分述如下:

1. 平谷话声母

平谷话与普通话相似,也有22个声母。b,p,m都是双唇音,f是唇齿音,发音部位与双唇音接近;d,t,n,l都是舌尖前音;g,k,h都是舌根音;j,q,x都是舌面前音;zh,ch,sh,r都是舌尖后音;z,c,s都是舌尖前音。具体见下表。

表:平谷话中的声母及其读音

类别	声母及其读音							
双唇音	b	布办	p	坡盘	m	麻米	f(唇齿音)	飞饭
舌尖前音	d	多淡	t	他题	n	拿奴	l	吕来
舌根音	g	果狗	k	可狂	h	汉胡		
舌面前音	j	加局	q	去钱	x	絮袖		
舌尖后音	zh	猪赵	ch	吃船	sh	树善	r	人软
舌尖前音	z	祖造	c	粗曹	s	碎三		

平谷话的声母虽然与普通话一样也是22个,但是在具体运用中的发音是与普通话有明显区别的,表现在:

(1)发音部位特点

n声母拼开口呼、合口呼韵母时是舌尖前音(n),如,nu,nɑ,nong等;拼齐齿呼、撮口呼韵母时读音则略有不同,但由于规律性不甚明显,故研究中忽略不计。(z,c,s)在普通话中为舌间前音(ts,ts′,s),在平谷话中有人则读成齿间音(tɕ,tɕ‘,ɕ)(即类似舌面前音j,q,x发音),如,“自己”普通话读“自(zì)己”,而平谷话有人习惯读成“自(jì)个”等。

(2)音节结构特点

ɑ. 增加声母

在平谷话中,除了21个辅音字母和零声母外,有两种声母变读现象:

其一，增加了声母唇齿、浊、擦辅音 v（v）（万）。平谷人往往把韵头（u）读成（v），用 v 替代半元音 w，成为音位的自由变体。这里（v）只能与开口呼韵母相拼，不能与合口呼、齐齿呼、撮口呼韵母相拼。如：味儿（ver），网儿（vangr）等。

其二，增加了声母舌根、浊、鼻辅音 ng。如：棉袄（ngǎo）普通话为 ǎo；爱（ngài）普通话为 ài；安（ngān）或（nān）普通话为 ān；恶（ngě）普通话为 ě；呕（ngǒu）普通话为（ǒu）等。

ng 与韵母的组合规律，与舌根清辅音 g、k、h 一样。它能与开口呼（多）、合口呼（少）韵母相拼，不能与齐齿呼、撮口呼韵母相拼。

b. 更换声母

一是不同发音部位移位或互换。如："暂时"中的"暂（zàn）"，平谷话中读（zhàn），用舌尖后音 zh 替换舌尖前音 z；"今儿个"中的"今儿"，平谷话中有时就读（zhener），用舌尖后音 zh 替换舌面前音 j。

二是相同部位内发音方法的混用和互换（标注黑点的字）。如：活泼：bō－pō，（不送气音 b 替代送气音 p）；撞车：chuàng－zhuàng，（不送气音 ch 替代送气音 zh）。

三是清音与浊音混用和互换（标注黑点的字）。如：针鼻儿：bír－mír，（浊鼻音 m 替代清塞音 b）。

四是鼻音和边音混用和互换（标注黑点的字）。如：脊梁：·niang－·liang，（鼻音 n 替代边音 l）。

（3）古今声母演变规律

由于历史原因，平谷话中在古今声母演变过程中呈现出不同于普通话的独特特点，主要有如下两个方面：

其一，古影疑二母开口一二等字，今普通话读开口呼零声母，而平谷读（n）声母。如：矮：今普通话为零声母（ɑi），而平谷话中加了舌根浊鼻辅音（n）声母，读（nɑi）；安：今普通话为零声母（ɑn），而平谷话中加了舌根浊鼻辅音（n）声母，读（nɑn），等等。

其二，古知庄章三组字今普通话声母读 zh、ch、sh，平谷话也读 zh、ch、sh；但"泽、择（选～）、责、参（～差）、策、册、森、涩、色"等字，普通话声母今读 z、c、s，而平谷话读同普通话，白读则读 zh、ch、sh。如：责任：普通话读（zérèn），平谷话白读（zhērèn）；策略：普通话读（cèlüè），平谷话白读（chèliè），等等。

2. 平谷话韵母

平谷话韵母一共有64个。其中，基本韵母38个，儿化韵母20个（其中ər虽然属于儿化韵母，但由于它与基本韵母的ər相同，故没有计算在内），轻声韵母3个，其他变音韵母3个。

（1）平谷话的基本韵母

平谷话中的基本韵母38个。名称及其读音如下：

单韵母10个：ɑ（他八），o（破磨），e（河各），i（米七），u（布福），ü（雨玉），ê（欸），er（儿二耳），-i（前）（紫撕），-i（后）（吃、湿）。

前响复韵母4个：ɑi（该白），ei（肥北），ɑo（宝勺），ou（收肉）。

后响复韵母5个：iɑ（下瞎），ie（姐叶），uɑ（瓜刷），uo（果国），üe（瘸月）。

中响复韵母4个：iɑo（叫饺），iou（牛六），uɑi（外帅），uei（回围）。

前鼻韵母8个：ɑn（南山），en（深根），in（林斤），ün（均云），iɑn（俭眼），uɑn（完关），üɑn（泉玄），uen（村轮）。

后鼻韵母7个：ɑng（忙棒），eng（登孟），ing（冰平），ong（轰红），iɑng（粮江），uɑng（王窗），iong（兄穷）。

（2）平谷话韵母发音特点

平谷话与普通话韵母发音基本相同，但也有不同之处。表现在：

a. 平谷话韵母38个，普通话韵母39个，平谷话韵母比普通话韵母少一个。普通话中的ueng在平谷话中与uɑng读音不分。

b. ɑ字母在韵母中发音有自己的特点。即，在ɑi、uɑi、ɑn、iɑn、uɑn、yɑn中发［ɑ:］音（长元音）；在ɑ、iɑ、uɑ中发［ɑ］音（短元音）；在ɑui、ɑu、ɑng、iɑng、uɑng中发［ɑ:］音。

c.［er］韵母在实际拼读中，尾音动态拐弯。

d. 驴、吕、缕、旅、屡、虑、滤、律、率（效~）、绿等字，平谷话与普通话韵母发音差异明显。ü韵母在普通话中读撮口呼，发［y］音；而在平谷话中读合口呼，发［uei］音。读音比较见下表。

lü	驴	吕、缕、旅、屡	虑、滤、律、率（效~）、绿
普通话	lǘ	lǚ	lǜ
平谷话	luēi	luěi	luèi

e. 农、浓、脓、弄、侬、哝等字，普通话今读合口呼，韵母为ong；平谷话读开口呼，韵母为eng。读音比较见下表。

nong	农、浓、脓、侬、哝	弄
普通话	nóng	nòng
平谷话	nēng	nèng

f. 络、略、削、弱等古宕江曾梗通五摄入声字，今普通话中只有一个读音，而平谷话则有文白两种读音。

3. 平谷话的儿化韵母

平谷话的38个基本韵母中，除了ɛ、ər外，其余36个都能加r儿化，形成儿化韵母。归纳起来，平谷方言中加r儿化发生变音后，形成的儿化韵母有21个（其中ər与基本韵母中的ər相同）。具体参见下表。

平谷方言儿化韵母与基本韵母对应关系一览表

儿化韵母	基本韵母	儿化韵母例字
èr	ɑi ɑn	（井）盖儿 /（伙）伴儿/（鞋）带儿
ièr	iɑn	（针）尖儿/（门）帘儿/（河）沿儿
uèr	uɑi uɑn	（石）块儿 /（瓦）罐儿/（药）丸儿
yèr	üɑn	（手）绢儿/（菜）园儿/（花）卷儿
ɑr	ɑ ɑng	（刀）把儿/（木头）棒儿/（茶）缸儿
iɑr	iɑ iɑng	（菜）芽儿/（小）羊儿/（阴）凉儿
uɑr	uɑ uɑng	（黄）瓜儿 /（亮）光儿/（涝）洼儿
or	o	（山）坡儿/（门）缝儿/（凉）风儿
uor	uo ong	（砂）锅儿/（小）工儿/（麦）种儿
ər	－i（前） －i（后） ei en	字儿/事儿/（刀）背儿/（刀）刃儿
iər	iin	（小）鸡儿/（菜）芯儿/（竹）批儿
uər	uei uen	（土）堆儿/（木）墩儿/（作）文儿
yər	ü ün	（小）鱼儿/（连衣）裙儿
ɤr	ê eng	（一）棵儿（草）/（水）坑儿
iɤr	ie ing	（台）阶儿/（麻）经儿/（人）影儿
yɤr	üe üong	（小）雪儿/（表）兄儿/（空）缺儿
ur	u	（白）兔儿/（媳）妇儿（fə r）是特例
ɑor	ɑo	（大）桃儿/（羊）羔儿/（糖）包儿
iɑor	iɑo	（面）条儿/（麦）苗儿/（细）腰儿
our	ou	（要）猴儿/（门）楼儿/（铜）钩儿
iour	iou	（打）球儿/（香）油儿/（伸）袖儿

从上表分析中可以看出：平谷话的21个儿化韵，除了er与基本韵母er相同外，其余20个都是新出现的韵母。

4. 平谷话的轻声韵母

平谷话的轻声和普通话轻声一样，有时会使韵母发音产生变化。这些变化大多发生在主要元音上。主要元音属于前、后、高、低的，轻读时一般要向中央靠拢。在平谷话的38个基本韵母中，轻读后合并产生轻声韵母23个，其中（ə 、iə 、uə ）是新出现的3个，其余20个与基本韵母基本一致。

当然，就目前情况讲，平谷话轻声韵母发音变化在实际使用中与普通话变化差异已经不大。由于接受教育程度不同，在城镇地区，尤其是在文化程度较高的人群中，轻声韵母变化已经趋同于普通话。但在山区和边远农村地区的人际交流中，还是表现出平谷话轻声韵母发音变化的明显特征。具体到轻声韵母和基本韵母的关系，请看下表。

平谷方言轻声韵母与基本韵母关系比较表

轻声韵母	基本韵母	方言轻声韵母举例
ə	ɑ o ê－i（前）	芝麻（zhī · mə）摸摸（mó · mə）哥哥（gé · gə）孩子（hāi · zə）
iə	iɑ	人家（rēn · jiə）
uə	uɑ uo	西瓜（xí · guə）被卧（bèi · wuə）（平谷话意指被子）
iɛ	ie	姐姐（jié · jiɛ）爷爷（yē · ye）
ye	üe	小月（xiǎo · ye）（平谷话意指怀孕早产）
ʅ	－i（后）	本事（běn · shʅ）
ər	er	木耳（mù · ər）
ei	ɑi ei	白菜（bāi · cei）拖累（tuó · lei）
uei	uɑi uei	凉快（liāng · kuei）答对（dā · duei）（平谷话意指搭配）
ou	ɑo ou	核桃（hē · tou）木头（mù · tou）
iou	iɑo iou	膏药（gáo · iou）光溜（guáng · liou）
ən	ɑn en	好看（hǎo · kən）替身（tì · shən）
in	iɑn in	头年（tōu · nin）（平谷话意指去年）/恼心（nǎu · xin）（平谷话意指恶心）
uən	uɑn uen	叫唤（jiào · huən）迷昏（mī · huən）（平谷话意指头晕）
yn	üɑn ün	长远（chāng · yn）均匀（jún · yn）
əŋ	ɑng eng	米汤（mǐ · təŋ）折腾（zhé · təŋ）
iŋ	ing iɑng	大娘（dàniŋ）消停（xiáo · tiŋ）
uŋ	uɑng ong	口疮（kǒu · chuŋ）臭虫（chòu · chuŋ）
yŋ	iong	弟兄（dì · xyŋ）
i	i	机器（jí · qi）
u	u	嘟噜（dú · lu）呼噜（hú · lu）
y～i	ü	女婿（nǔ · xy）闺女（gúi · ni）
ê	ê	吃欸（chí · ê）（平谷话意指要人快吃）

此外，平谷话中的轻声韵母也有特例。如："庄"字在地名中将（zhuāng）轻读为（· zhɑng），豆腐轻读后为（dòu · fə）等等。

（三）平谷话的音变

平谷话的音变现象主要有连续变调、轻声、儿化及合音等。连续变调已经在“声调”部分讲过。这里主要把轻声、儿化和合音的一些音变以及因音变引起的词义变化略作阐述。

1. 轻声引起的读音和词义变化

平谷话的轻声与普通话在性质、作用以及对声母、韵母影响等方面与普通话基本相同。不同之处主要表现在三个方面：

其一，平谷的轻声词较普通话多些。有些常用词在普通话中不是轻声，而在平谷话中却是轻声。比如：“馒头、倭瓜、白菜、咸菜、月饼、镰刀、可怜”等词中的“头、瓜、菜、饼、刀、怜”等在平谷话中要读轻声。

其二，平谷话轻声比普通话轻声对韵母影响更大。相对于普通话，平谷话有着较为完整的轻声韵母系统。这些在“韵母”一节中有表述。这里简要举例如下表。

	西瓜	人家	米汤	商量	山药
普通话	xī · gua	rén · jia	mǐ · tang	shāng · liang	shān · yao
平谷话	xí · guo	rēn · jie	mǐ · teng	sháng · ling	shán · you

类似上述轻声引起韵母改变情况在平谷话发音中较为普遍，而且存在着地区差异。

其三，平谷话中有关亲属关系或人品的词，轻声辨义更多些。对于同一个轻声词，由于声调改变，词义会发生根本性改变。举例见下表。

轻声词	读音变化	词义变化
大爷	dàyē	对祖父兄长的称谓。
	dà · ye	对父亲兄长的称谓。
大奶奶	(dànái · nei 或 · danāi · nei)	对祖父大嫂的称谓。
	dà · nai · nei	小叔子夫妇对长房大嫂的背称。
姑爷	gúyē	对父亲的姑父的称谓。
	gú · ye	岳父、岳母及妻子娘家长辈对女婿的称呼。
姑奶奶	gúnái · nei（或 gúnāi · nei）	对父亲姑母的称谓。
	gú · nai · nei	娘家人对已出嫁女儿的称谓。
姨奶奶	yīnái · nei（或 yīnāi · nei）	对父亲姨母的称谓。
	yī · nai · nei	对妻子姐妹的背称。
妗奶奶	yìnnái · nei（或 yìnnāi · nei）	对父亲舅母的称谓。
	yìn · nai · nei	对妻子兄弟的妻子的背称。

续表

轻声词	读音变化	词义变化
舅爷	jiùyē	对外祖父的兄弟的称谓。
	jiù · ye	对妻子娘家兄弟的称谓。
光棍儿	guáng gùnr	指没有娶媳妇的单身汉。
	guāng · gun	指敢作敢当的硬汉。
大伯	dàbō	指父亲的大哥。
	dàbái · zi	对丈夫哥哥的背称。

2. 儿化引起的读音和词义变化

平谷话的儿化音与普通话有联系，也有区别。他们之间的联系主要表现在：绝大多数普通话的儿化音在平谷话中也普遍存在。如："花儿、盖儿、尖儿、这儿、明儿"之类儿化音，普通话中有，平谷话中也有，并且在作用上也基本相同。

平谷话的儿化音与普通话又存有明显区别。表现在：平谷话中的儿化音比普通话多，作用更广泛，从来源上也更加复杂。

（1）连续合音基础上形成的儿化音。平谷话中合音较多，由合音形成儿化音也较为常见。如：

不用了，你自己留儿（留着）用吧！

车推儿（推了）来了。

改儿（改日）见！或明儿（明天）见！

这小子真不儿（不是）东西。

好吧，咱回儿（回来）见。

（2）单音动词重叠形成的儿化音。平谷话中一些表示停顿、等候、存放等意义的单音动词，重叠后可以形成带"儿"和不带"儿"两种形式。它们的意义和用法也略有不同。不带"儿"的重叠式，能表示尝试，也能表示短时或短距，如：

你往里坐坐，别掉下去。（短距）

天冷，你站站就回去。（短时）

冬天睡炕好，要不你睡睡！（尝试）

（3）一些形容词后缀形成的儿化音。普通话中的形容词除了"大大儿、干干净净儿"之类的重叠式能带"儿"之外，一般都不带"儿"。平谷话则不同。不仅重叠式能够带"儿"形成儿化音，而且还有以下几种特例：

a. 一些表示色彩、温度、味觉等方面的形容词，加"儿"后发生词义变化，形成褒义词，表示喜爱。如：

这水冰凉，别喝它！

这水冰凉儿，喝点儿吧！

她脸雪白，是不是病了？

她小脸儿雪白儿，真好看。

b. 一些表示程度的形容词，在前面加上“精、稀、傻”，后面加“儿”，形成的新词，不仅表示程度加深，而且词义也从偏重贬义转化为含有褒义，表示喜爱。如：

这肉精瘦的，我不想买。

这肉精瘦儿的，你吃吧！

这蚕豆稀烂，都分不出个儿了。

这蚕豆稀烂儿的，你尝尝！

一些形容词前加“傻”后面带“儿”后形成的褒义词，常用于对人和物的赞赏。如：

这姑娘傻俊儿的。

这小两口真般配，傻好儿的。

又在扫（院子）哪！傻干净儿的。

c. 在“一般＋形容词（限于单音节词）”的格式里，形容词之后都带“儿”，如：一般高儿、一般大儿、一般长儿、一般厚儿、一般齐儿等。“一般儿”在平谷话口语中也常白读成“一边儿”。

d. 在“不＋形容词＋儿”的格式中，形容词带不带“儿”具有区别性状程度的作用。一般来说，能进入这种格式的形容词，如“高、大、长、远、多、厚、沉”等，都是表示积极意义的单音词。“不高、不宽、不厚”表示“不算高、不算宽、不算厚”的意思，而一旦儿化，“不高儿、不宽儿、不厚儿”就变成了“很矮、很窄、很薄”的意思了。

3. 合音、分音引起的读音和词义变化

合音是指两个音节合并成一个音节，合并的音节音义固定下来，就成了合音词。合音词的特点是以单音节词的形式，表现双音节词或短语的意义。平谷话合音较多，分儿化音、非儿化音两类。儿化音引起读音和词义变化，前述“连续合音基础上形成的儿化音”中已做叙述。这里只对非儿化合音导致读音和词义变化问题，做概略说明。

非儿化合音词一般是由原词（双音节词）或短语前一个语素或词音节的声母，跟后一个语素或短语后一个音节的韵母（或某一部分）拼合而成。这种拼合构成的合音词语音形式小而词义容量大，是语言交流交际中的一种浓缩语言形式。平谷话中较为常用的非儿化合音词主要有如下形式：

（1）以“们（门）、么、个、一、用、头”等为后字，形成的合音词。这些后字与前字组成的合音字，不仅读音发生变化，在词义上更加丰富。举例如下：

咋（zǎ）——怎么（zěn · mɑ）。在普通话中，“咋”的韵母是 ɑ，“么”的韵母是 e，是拼不到一块去的，但在平谷人的口语中，“么”的韵母则是 ɑ，（zěn · mɑ）前取声后取韵，相拼正好是（zǎ）。这是因为在普通话中，“么”的读音发生了变化，而平谷方言则保留了古音的缘故。

啥（shā）——什么（shēn · mɑ）。它的特点和“咋”相似，就是（shēn · mɑ）相拼的结果。

宛（wǒn）——我们（wǒ · men）。如：你去把领导找来，宛（wǒn）不和你说！

抳（nǐn）——你们（nǐ · men）。作为“你们”合音词的“抳（nǐn）”，使用时常常和宛（wǒn）配合使用。如：抳（nǐn）先走吧，宛（wǒn）一会儿就到。

怹（tán）——他（她）（tā · men）。如：咱们走吧，别等怹（tán）啦！

阵（zhèn）——这么（zhè · men）。如：你往阵（zhèn）坐点儿！

恁（nèn）——那么（nà · men）。如：阵（zhèn）办不行，恁（nèn）你说咋办？

这（zhèi）——这一（zhè · yi）。如：一直没搞清原因，原来是这（zhèi）回事儿！

那（nèi）——那个（nà · ge）。如：你看那（nèi）是谁？

妳（nǎi）——哪一（nǎ · yi）。如：真不记得那（nèi）是妳（nǎi）回事儿了。

甭（bēng）——不用（bú · yong）。如：这事儿我知道了，你就甭（bēng）提了！

俩（liǎ）——两么（liǎng · me）。

仨（sá）——三么（sán · me）。

瑟（sè）——四个（sì · ge）。这里的合音词因找不到合适的字，为便于说明用“瑟”代替。

佘（shē）——十个（shī · ge）。这里的合音词因找不到合适的字，为便于说明用“佘”代替。

解（jiě）——几个（jǐ · ge）。如：你数数，这是解（jiě）？

喽（ · lou）——里头（ · li · tou）。如：进去吧，她在屋喽（ · lou）等

你呐！

(2) 以“不、的、呐、了、吧”等为前字，以“啊（ɑ）、欸（ɑi）、欸（ei）、噢（ou）”等为后字，形成的合音词。这些合音字，一般都出现在句尾且读轻声。举例说明见下表。

后字 / 前字	啊（·ɑ）合音字及使用示例	欸（·ɑi）合音字及使用示例	欸（·ei）合音字及使用示例	噢（·ou）合音字及使用示例
不（·bu）	唰（·bɑ） 你去~？	呗（·bɑi） 你去~？	呗（·bei） 她真去~？	
的（·de）	哒（·dɑ） 是你~？	呔（·dɑi） 是你~？	嘚（·dei） 这是我~	时（·dou） 这是我~
呐（·ne）	呐（·nɑ） 还用~	奶（·nɑi） 还用~？	呢（·nei） 还用~	吼（·nou） 还用~
了（·le）	啦（·lɑ） 我要走~	咪（·lɑi） 他走~？	嘞（·lei） 她走~	喽（·lou） 该走~
吧（·bɑ）			呗（·bei） 快去~	啵（·bou） 别不来~

（本表内容转引自《平谷方言研究》（陈淑静）第68页，有改动）

（3）以模形或拟声等形式构成的合音词。这种合音词虽然在平谷话中使用并与普通话相区别，但有许多却是和其他地方的方言合音词相同或相近的。比如：

孔（kóng）——窟窿（kǔ·long）。窟窿（kǔ·long）前字取声母（k），后字取韵母（ong），相拼合而成合音词孔（kóng）。“墙上有个小孔”，也可以说“墙上有个小窟窿”，因为“孔”就是“窟窿”，“窟窿”就是“孔”。

烘（hǒng）——忽脓（hǔ·nong）。指水果等熟透了或因搁置时间长而变软，有句俗语“吃柿子单拣烘的捏”。“烘”就是“忽脓”。再如“瓜搁的时间太长了，都忽脓了”“他的头叫人打忽脓了”。

拱（góng）——咕踊（gū·yong）。在平谷方言中，“拱”指身体在原地小幅度运动。如“小孩儿在被窝里乱拱”，也可以说成“小孩儿在被窝里乱咕踊”。

弄（nèng）——泥泞（nīnìng）。前字取声母（n），后字取韵母（ing），相拼合而成合音词弄（nèng）。

航（hǎng）——好生（hǎoshéng）。前字取声母（h），后字取韵母（eng），相拼合而成合音词航（hǎng），等等。经考证，这些合音词在河北、山东等地也有使用。

平谷话分音现象不多，日常生活中较为常见简介如下：（破折号前是分音

词，后面是合音词，供对比参考）

扑棱（púléng）——蓬（pēng），如：由于没有人管理，丝瓜秧在地面乱爬，一～，一～的。

锢露（gù · lu）——锢（gù），如：～（gù · lou）～锅。

窟窿（kú · long）——孔（kǒng），如：啄木鸟在树上留下了好几个～。

糊弄（hùunèng）——哄（hǒng），有欺骗的意思，如：这个人就爱摆花架子，～领导。

拘挛（jūluán）——卷（juǎn），如：这毛虫直～。

拘挛儿（jūluánr）——卷儿（juǎnr），如：他不停地从身上搓泥～。

屈连儿（qúlêr）——圈儿（quánr），指物面上的小坑儿，如：那板上有个～。

指根（zhǐ · gen）——针（zhēn），指某些植物枝梗上的刺儿，如：枣树～。

咕踊（gū · yong）——拱（góng），指身体在原地小幅度运动，如：老实点儿，别老是咕踊（gū · yong）！

从上述分音词与合音词对比可以看出，二者在词义及使用上基本是通用的。具体什么情况下使用分音词，什么情况下使用合音词，要视具体的语境决定。

二、语汇特征

（一）平谷话中一些单音节词词义较普通话更为宽泛。举例如下表。

字、词	普通话中词义	平谷话中词义
眼	指眼睛。	除了指眼睛外，还指较小的“孔”或“洞”。如：木板上的孔、衣服上的洞、墙上的孔等。
屎	指大便。	除了指大便外，还指眼屎、耳屎等其它排泄物。此外，它有时还指人的办事水平低。如：这事办得，真屎！
跌	指跌倒。	除了“跌倒”意思外，还有“往下掉”（跌落）、“遗失”（跌了钱）的意思等等。
扯（chě）	指拉扯、撕扯。	除了“拉扯、撕扯”意思外，还有“跑”（赶紧～）、“走”的意思等等。
草	单指草的本义。	除了“草”的本义外，还表示一些动物性别。如：“草狗”“草驴”“草鸡”等。

（二）词语构造上更多地采用描写说明和比喻手法，使平谷话比普通话更直白、更生动、更形象。举例见下表。

运用描写说明法产生词汇举例表

普通话	平谷话
发愁	嘬牙花子
怀孕	双身子或重（zhòng）身子
双眼皮儿	重（chōng）眼皮儿或重（zhōng）眼叠皮儿
聪明手巧，技艺能力强	能格儿或玩意儿
巫婆	神太太
脏	埋汰
不精神而且松懈	松奋松奋的或奋儿松奋儿松的
小老婆儿	小点儿的
顺便	就事儿

运用比喻法产生词汇举例表

普通话	平谷话
馄饨	猫耳头
江米条儿	干草节儿
不择食	狼虎
刘海儿	麦穗儿
心里轻松、愉快	心里凉粉儿似的
心里十分明白、清楚	心里透亮碑儿似的
嫩香椿叶儿蘸面糊炸成的食品	香椿鱼儿
下棋或竞赛时要赖、搅赖（毛）	搅柴

三、语法特征

（一）轻读的“喽”

平谷话里有个轻读的（·lou），我们写作“喽”。它出现的频率很高，意义、用法也相当复杂。就现有材料看，“喽”最少代表四个不同的语素：一是表示已然并带有动词性，二是表示将然，三是表示语气，四是表示方位。为行文方便，我们分别写做“喽$_1$、喽$_2$、喽$_3$、喽$_4$”。

“喽$_3$”是语气词“了、噢”的合音，它在肯定已经如此或将会如此的同时，还带有召唤、提醒或庆幸等口气，例如：买瓜~！/蹭油~！闪开点儿！/你回来你妈可就有帮手~。

下面着重谈谈“喽$_1$、喽$_2$、喽$_4$”。

ɑ. 喽$_1$、喽$_2$

普通话的助词“了”来自表示“终了、了结”等义的动词“了”（liɑu^{214}），它的读音一般记作（·lə）。这类“了”在平谷话里有两个读音：（·lə）和（·lou），读法分三种：（·lou）、（·lə）、（·lou～·lə）。这三种读音的助词，意义、用法都有区别，我们分别用“喽$_1$、了、喽$_2$”表示、下面分别说明。

1. 喽$_1$（·lou）

（1）用于祈使、起誓、赌咒或表明决心、担心、害怕等的句子，表示将来完成，例如：你反把这碗饭吃～！要有歹心就立刻让我死～！咋着，我也得把孩拉扯大～。我老怕您累坏～身子。

（2）表示假设、推测等，例如：你要杀～这鸡，我妈得心疼坏～！

（3）用在可能补语里，详见下文“四、可能补语”。

2. 了（·lə）

单纯表示已经完成，例如：他吃～饭了，我交～钱了。

3. 喽$_2$（·lou～·lə）

“喽$_2$”什么时候读（·lou），什么时候读（·lə），通常取决于说话人的着眼点。着眼于动作的结果就读（·lou），着眼于动作已经完成则读（·lə），例如：这事儿他听～挺欢喜。/去年我喂～俩肥猪。“喽$_2$”读（·lou）带有明显的动词“了”（liɑu^{214}）的性质，类似补语，可以说是动词“了”意义用法的虚化，读音的弱化。“喽$_2$”还常用于说明一般道理或习惯性行为的句子。例如：人老～记性就是差。/他向来吃～饭就走。这类句子既然是说明一般道理或习惯性行为的，“喽$_2$”表已然或表结果都可能，读（·lə）或（·lou）就都行。

b. 喽$_4$

“喽$_4$”是表示方位的，“里头”的合音，它仍表方位，但意义、用法与“里头”不尽相同。“眼～、嘴～、庄～、县～、鸡窝～、高粱地～”之类，“喽$_4$”与“里头”基本相同，只是“喽$_4$”口语色彩更浓。

“喽$_4$”还有以下特殊用法：

（1）用于含有“东西南北”四个词的方位词组之后，构成表示范围的方位词组。例如：“庄东～、道儿西～、楼南～、铁道北～”等。

（2）用于“往好～想”之类的格式中，例如：“往大～说/往少～说/往年轻～打扮/往仁义～学”等。其中“喽$_4$”之前的语素都是表示性状的，如果它们是单音节的，“喽$_4$”能换成“儿”，例如：“往好儿/往大儿说/往少儿算”。

（3）加在“头”后边构成方位词“头喽$_4$”。“头喽$_4$”与“头里、前头、前边儿”等相同，但口语色彩更浓，例如：~有人，你骑慢点儿/~那人是谁？/他是年~回来的。

（二）重叠式动词

普通话重叠式动词极少，平谷话多些，常用的见下表。

喳喳（tʂʻɑ^{35}tʂʻə）：如：人们在下边乱~。	哼哼（xəŋ^{35}xəŋ）
叨叨（tŏɑu^{35}tou）	搭搭（tɑ^{35}tə）：搭讪；没话找话说。
囔囔（bɑŋ^{35}nəŋ）：嘟囔。	夸夸（kʻuɑ^{35}kʻuə）：如：她爱听~。
出出（tʂʻu^{35}tʂʻu）：暗中四处瞎嘀咕。	哈哈（xɑ^{35}xə）：用嘴哈。
吵吵（tʂʻɑu^{35}tʂʻou）：如：人们瞎~。	唠唠（yε$^{35}_{55}$yε）
呛呛（tɕʻiɑŋ^{35}tɕʻiɑŋ）	研研（iɑn^{55}in）：①唠唠②湿气沤（皮肉）。
嚷嚷（ʐɑŋ^{35}ʐəŋ）	磨磨（mo^{55}mə）：磨蹭。
吱儿吱儿（tʂər$_{35}$tʂər）	搓搓（tsʻuo$^{35}_{55}$tsʻuə）：如：把手~~。
咯儿咯儿（kər^{35}kər）：指咯儿咯儿笑。	落落（lɑ^{55}lə）：丢（钱或零物）。
吭吭（kʻəŋkʻəŋ）	

（三）语序特点

在语序方面平谷话与普通话区别不大，常见差异除“知不道、认不得”之外，还有两点：

（1）表示“快要、将要”的“快”，在普通话常做状语不做补语，如“~来了/~写完了”等；在平谷话也常做补语，例如：~来了，来~了；~好了，好~了；~吃完了，吃完~了。

（2）普通话的“拿得了、走得了”等，平谷常说成“拿了得、走了得”，见下文可能补语。

（四）可能补语

平谷话的可能补语，否定式与普通话相同，肯定式和问话形式与普通话有些差别：

1. 肯定式

普通话肯定的两种说法“谓词+得+补语”和“动词+得”，平谷话都常说，例如：“吃得完、红得了、使得、去得”等。此外平谷话还有两种：

（1）谓词或补充词组+了（liɑu^{214}）得/了（liɑu^{214}）喽$_1$。例如：我下趟车走了得。/这孩子我抱动了得。/这箱子我拿了喽$_1$。/下霜前这个西红柿红透了喽$_1$。

（2）动词+补语+喽$_1$。例如：那小虫儿我看见喽$_1$。/仨人一条板凳坐下喽$_1$。形容词“行”后面不带补语，直接加“喽$_1$”表示可能，例如：“他去行嘍$_1$（能行）”。

2. 问话形式

普通话可能补语的问话形式，平谷话都说，例如：“拿得动拿不动、拿得动不、拿得动吗，使得使不得、使得不、使得吗”等。平谷还有两种特有的，它们是由前述（1）（2）两种肯定式加上疑问语气或兼用语气词“吗、啊”等构成的，例如：

北京你去了（liɑu^{214}）得（吗）？

这字儿你看见嘍$_1$？

北京你去了（liɑu^{214}）嘍$_1$（哇）？

这事儿我去行嘍$_1$（哇）？

第四节　方言词汇

一、一般名词

平谷话中的名词，除读音外，绝大多数名词在涵义和使用方式上和普通话保持一致。方言特色较为明显的一些常用名词集中体现在人的情感、表现及日常生活交际等方面的普通名词上，现辑要归纳如下：

（一）表示人和事物的个体方言名词

在平谷话中，方言特色比较明显的个体名词集中表现在反映个体面貌特征、气质性格以及言语习惯上。归纳如下：

1. 反映个体面貌特征的个体方言名词

（1）身条儿（shéntiāor）：与普通话“身材”同义。如：那女孩子 ~ 真好！

（2）模样儿（mūyàr）：指人或事物的外形及特征。如：你说的那人长得啥 ~？我咋一点印象都没有呢？/你看，那女的 ~ 真俊！/你鼓捣半天了，连个（凳子）的 ~ 都没做出来！

（3）面模儿（miànmūr）：面相。如：瞧她的 ~ 好像在哪儿见过！/你的 ~ 真好，又白又嫩。

（4）相儿（xiàr）：指人或动物的神情、状态，多用于贬义。如：你瞧他那 ~，趾高气扬的！在日常生活中，“相儿”的前面一般常加动词形成动宾词组使用。比较常用的词组有：

①长相儿（zhǎngxiàr）：如：那姑娘儿人品不错，但 ~ 一般。/瞧他那 ~，猪八戒似的。

②坐相儿（zuòxiàr）：如：你看你，站没个站相儿，坐没个 ~，就不能规矩

点儿!

③走相儿（zǒuxiàr）：如：你看他那～，摇摇晃晃的!

（5）脸子（liǎn·zi）：①脸面的贬称。如：你叫她去吧，她～大（意思是她脸皮厚）。②因内心不满而显现出不快的脸色。如：单位领导不好伺候，动不动就给人～看。

2. 反映个体气质性格的个体方言名词

（1）心缝儿（xīnfèr）：心胸。如：她～小，有点事儿就睡不着觉。

（2）耐心烦儿（nàixínfānr）：耐性。如：她伺候孩子可有～了。/那点烂菜，要择你择，我可没那～。

（3）长性（chāng·xing）：耐力。如：这孩子干啥都三天新鲜两天腻，没个～。

（4）扳性（bǎn·xing）：克制力。如：你遇着事儿就不能有点儿～？发火能解决问题吗？/我～差，遇事儿搂不住锔儿（遇事儿爱发火儿）。

（5）忍性（rěn·xing）：容忍力。如：小明性子烈，没～。/她损了你半天，一声不吭，你可真是好～。

（6）小九九儿（xiǎojiújiǔr）：精心推算的计划、对策。如：别管他，这孩子～多，吃不了亏。/事儿该咋办她早有了～。/你多为大家伙儿想想，别老想着自己的～。

3. 反映个体言语习惯的个体方言名词

（1）硬话（yìnghuà）：①强硬的话。如：明知自己打不过人家，服个软不就得了，非要说～，吃亏了吧！②大话。如：没能耐就眯着，别说～，打肿脸吃胖子，埋汰的还是你自己。

（2）口带语儿（kǒu·daiyǔr）：口头上个人的习惯用语。如：啥～，以后说话嘴上干净点儿！/你这～可不咋样，以后得改改。

（3）闲话流星（xiānhuàliūxíng）：传闲话，说话没根据。如：她这个人～的，你可别信她的。

（4）车轱辘话（chégū·luhuà）：来回重复的话。如：他讲话啰哩啰嗦，来回说～。/你别说～，一遍就得。

（二）表示一群人或一些事物的名称的集体性方言名词

在平谷话中，方言特色比较明显的集体方言名词不是很多，主要表现在人的行为性质或场等方面。

窑子（yāo·zi）：妓院。如：他不成文，有俩钱就去逛～。

念性儿（niàn·xingr）：①纪念品。如：这个水杯子送给你，同事一场，留个～。②好的印象和记忆。如，做人多做点好事儿，给（后）人留点～。

心肠（xín · chang）：心情。如：考试没及格，你还有 ~ 去玩儿？/孩子病了，没 ~ 去喝酒！

能耐（néng · nai）：①技能；本领。如：有 ~ 你也给我生个儿子！②能干。如，那小子就是有 ~，一个人种了几十亩地。

香香（xiáng · xiang）：便宜。如：靠着她爸爸是乡长，经常占 ~ 占惯瘾儿了。

口头儿（kǒutōur）：①表面上。如：这事儿她 ~ 上不说，心里头也不会平和。②生瓜果儿的味道。如：这颗树的桃儿 ~ 甜。

俏（jiào）：同义词有"俏卯儿（jiàomǎor）"。指意外的好事儿；便宜事儿。如：别人都没报名，让他得个 ~。/这小子得 ~ 了，好事儿都让他遇上了。

事故眼子（shì · guyǎn · zi）：是非。如：就你 ~ 多，别人咋都没事儿呢？

埃埃儿（náinàir）：①位置；安放之处。如：你给腾个 ~，我好把盆放下。②职业；工作。如：一个大小伙子老是没事儿干不行，得想法给他找个 ~ 拴住他。

茬口儿（chā · kour）：时机；机会。如：把东西弄过来吧，赶上 ~ 我帮你卖点儿！

裉儿（kènr）：同义词有"裉节儿（kènjiēr）""节骨眼儿（jiégúyǎnr）"，意思是指关键之处或关键时刻。如：她说话啰嗦，老是说不到 ~ 上。/这回可让你给堵在 ~ 上了。

工眼儿（góngyǎnr）：干活需用的时间。如：垒这面墙费 ~，没有几天完不了。

六猴（liùhōu）：意思是瞎说、屁话，一般用于对他人言语的否定。如：他说能给你转户口，~，他没那个能耐！

幺蛾子（yáonē · zi）：①馊主意；坏点子。如：就你 ~ 多，干你的。/他净出 ~，少理他。②节外生枝的事儿。如：让你干啥就干啥，别篡 ~。/这事儿得抓紧办，防止再出啥 ~。

（三）表示物质的或不具备确定形状和大小的个体物质的方言名词

在平谷话中，方言特色比较明显的物质名词主要分为就物质总体而言和就个体物质而言两个方面。归纳如下：

1. 反映物质总体的方言名词

（1）物儿（wùr）：物品；东西。如：这手表也不是啥稀罕 ~，你拿走吧！/现在平板手机可是紧缺 ~，你能帮着买一个吗？

（2）杂儿（zār）：东西里掺杂的杂物，与"杂物儿"同义。如：这高粱没扬干净，净是 ~。/这香米可干净了，一点儿 ~ 都没有。

（3）洋落儿（yānglàor）：被人抛弃或贱卖的东西。如：工厂搬迁时，他捡~卖了不少钱。/她父亲靠捡~供她读完大学。

（4）火亮儿（huǒliàngr）：小火光。如：天黑黑的，一点儿~都没有。

（5）馍沫儿（mómōr）：①死水表面儿生长的绿色粘沫。如：那水坑里长了一层~。②苔藓。如：由于潮湿，那墙根儿长满了绿~。

2. 反映不具备确定物质形状和大小的个体的方言名词

（1）丫巴儿（yá · bar）：动植物分叉处。如：手~/脚~/树~，等。

（2）圪叻儿（gé · ler）：成段儿的圆柱形或方柱形物体。如：那些木头~没用了。/你把那~线杆子拉走吧。

（3）垰叻儿（ká · lar）：细小颗粒或粉状物凝聚成的不规则的块儿状物。如：土~/粪~/饭~。

（4）枯出儿（kú · chur）：①笤帚、炊帚、扫帚等因使用磨秃后留下的残体。如：你那笤帚都成~了，换把新的吧。②伐树留下的暴露在地皮以上的树干部分或树木枯死后没了树冠的树干。如：你放树时把~留低点儿/山坡那边有个干树~，你把它砍喽，留烧火。

（5）柴毛草户（chāi · maocǎohù）：①散落着的碎柴烂草。如：院子里~的，你就不能收拾收拾。②不规则缠绕、散落的柴草。如：由于长期无人居住，满院子的~无处下脚。/那山上~的你根本上不去。

（6）锈头儿银（xiùtōurlāng）：锈蚀得很厉害的铁器。如：这铁锨~似的还有法使嘛！/这些钢筋~恐怕不能再用了。

（7）齣挛儿（qū · luanr）：①平面上稍凹的小坑儿、小沟儿之类。如，这板不平，侧面看有好多小~。②木板面上树疤痕迹。如：这块儿木板不好，面上有好几个~。

（8）巴瘩儿（bádār）：平面上的小凸起物。如：那箱子下面有个~，你往外一扳就开了。/你把绳子套在树丫巴儿那个~上。

（9）接疤儿（jiébār）：接头儿；接茬儿。如：这块布有~。/你把那绳子打个~。

（10）底巴儿（dǐ · bar）：①留存在锅、碗等器皿中物质残留物。如：吃饭时不要剩碗~。/你把缸~打扫干净。/弄了半天你刚搂一篓子~（树叶）。②人或动物生疮痊愈后留下的痕迹。如：这小疮好喽要留下~。③黄瓜等瓜果的根蒂。如：这孩子吃瓜留这么大的~，真好馋。

（11）根瘘（gén · lou）：人生疮期间，在疮周围形成的肿块。如：这小疮的~可不小。

（12）褒痕儿（báohēnr）：毛病；缺陷。如：这筐梨又大又红，一点儿~也没有。/这孩子没~，配得上你。/这件事儿你办得~。

(13) 划拉儿（huá · lar）：盆、碗等瓷器的边儿沿儿等部位些微儿破损。如：这碗有~。

(14) 河落儿（hē · ler）：衣服、被褥等被水质液体浸湿后留下的污痕。如：那孩子尿炕，褥子上尽是~。/回家把褂子脱下来洗洗，后脊上（褂子的后背部位）都是出汗留下的~。

(15) 油滞子（yōuzhì · zi）：食用油沉积出的东西，有异味儿。如：瓶里的油都是~了，别吃了。/这烙饼不好吃，尽是~味儿。

(16) 醋疒子（cùnē · zi）：坏醋表面形成的发霉薄皮儿。如：那瓶儿里的醋长~了，别吃了。

(17) 拘挛儿（jú · luanr）：①手上粘面搓下的细碎面丝等。如：你把手上搓下来的面~放到土簸箕里去。②皮肤不洁搓下的细碎物。如：刚刚洗过澡，一搓又下来好多泥~。

(18) 泡头儿（páo · tour）：体积。这捆干草显~，其实并不重。

(19) 大花儿（dàhuár）：①本指秤杆上标志斤、五斤、十斤等位置的秤星。如：你记住秤杆这面到头的~就是五斤。②引申义，指主要的或重要的。如：时间忒紧，这活儿只能干个~了。

(四) 表示动作、状态、品质或其他抽象概念的方言名词

在平谷话中，方言特色比较明显的抽象名词主要有如下方面：

德行（dé · xing）：①指人的言语、行为可憎、可恶，多用于贬义。如：你瞧他那~，摇摇晃晃的，这村儿搁不下他了！②用于自骂或讽刺。如：我哪辈子没~，生了你这么个孽种！/怂~，好像谁喜欢你似的！

精细神儿（jíng · xishēnr）：精力充沛；充满活力。如：我可没你那个~，天天看（电视）看到大半夜。

精细（jíng · xi）：①精力充沛。如：她可~了，每天天不亮就下地。②睡眠浅，易惊醒。如，他可~了，有点声儿就醒。

外加资儿（wàijiázír）额外加的；份外的。如：我的工作已经做完了，现在扫地是~。/我吃饱了，再吃就是~了。

路数儿（lúshùr）：思路；头绪。如：他办事儿一点儿~都没有。/你别看他说话嘎巴嘎巴的，心里头没~。

缕缕儿（lúlúr）：条理；中心意思。如：你说了半天我也没听出个~。/这信我看了三遍了，还是没看出个~来。

盼（头）儿（pàn · tour）：希望。如：等着吧，那事儿有~了。

慌信儿（huǎngxìnr）：没确凿证据的信息。如：我也是听说的，只能报

个~。

幌子（huǎng·zi）：标志。如：一看就知道你吃的是米饭，嘴上挂~（指嘴角等部位粘着米粒）。

份儿（fènr）：①资格；身份。如：这里儿没你说话的~！②程度；境地。如：人活到这~上，也真是没啥意思了！③能力；可能。如：在这些混人面前，她只有流泪的~，没啥道理好讲！

方向儿（fángxiàngr）：情形。如：这事儿看~，她是不会善罢甘休的。

一色（yìshǎi）：相同颜色且深浅度相同。如：这两件衣服虽然都是黑色的，但也差~。/这俩小子~的，都是出了名的淘气鬼！

寸劲儿（cùnjìnr）：巧劲儿。如：真是~，就那么一出溜就把骨盆蹾坏了！

品级（pǐnjí）：档次；区分等级的标准。如：人与人~不同，处事方法自然也就不同。

禁禁儿（jín·jinr）：①承受能力的极限。如：帮我一下，我实在到~了。②负担。如：她一个人，既要工作又要做家务，实在是够~。

（五）读音特殊的方言地名

在平谷话中，有一些村名、地名用词、用字与普通话基本相同，但读音不同。现举例见下表。

地名及普通话读音	地名及平谷读音
玻璃台（bō·litái）	玻儿台（bórtāi）
关上（guānshàng）	关上（guáng·sheng）
见子庄（jiànzǐzhuāng）	见子庄（jiàn·zezhuáng）
牛角峪（niūjiǎoyù）	牛峪（niūyù），平谷有东、西牛角峪之分。
镇罗营（zhènluóyíng）	镇罗营（zhènlōuyīng）
季家沟（jìjiāgōu）	季节沟（jì·jiegóu）
北土门（běitǔmén）	北土门儿（běitǔmēnr）
罗家沟（luōjiāgōu）	罗艺沟（luōyǐgóu）
后北宫（hòuběigōng）	后北宫（hòubéi·gong），平谷有前、后北宫之分。
挂甲峪（guàjiǎyù）	挂儿峪（guàryù）
克头（kètóu）	克头儿（kē·tour）
四道岭（sìdàolǐng）	四岭（sìlǐng），平谷有东、西四道岭之分。
黑豆峪（hēidòuyù）	黑豆峪（hěidòuyù）
独乐河（dúlèhé）	独漏河（dūlòuhē）
彰作（zhāngzuò）	彰作儿（zhángzuòr）

地名及普通话读音	地名及平谷读音
大北关（dàběiguān）	大北关儿（dàběiguánr），平谷有大、小北关之分。
夏各庄（xià · gezhuāng）	夏各庄（xià · gezhǎng）
胡家务（hūjiāwù）	胡家务（hūjiáfǔ）
赵家务（zhàojiāwù）	赵家务（zhàojiáfǔ）
祖务（zǔwù）	祖务儿（zǔwùr）
大旺务（dàwàngwù）	大旺务儿（dàwàngwùr）
疙瘩头（gē · datóu）	疙头（gátōu）
寺渠（sìqú）	寺渠（cì · qu），平谷有东寺渠、西寺渠。
王宫屯（wánggōngtún）	王儿屯（wōngrtūn）
峪口（yùkǒu）	泇漷（rū · huo）
凡各庄（fán · gezhuāng）	凡各庄（fān · gẹzháng）。平谷的东凡各庄、西凡各庄、杨各庄、马各庄、岳各庄、白各庄等村名中的"庄"，均发（zháng）音。
官庄（guānzhuāng）	官庄儿（guánzhuàngr）

二、一般动词

平谷话中的一般动词，除读音外，绝大多数在含义和使用方式上和普通话是一致的。方言特色较为明显的一些常用动词集中体现在人的动作行为以及事物的存在、变化、消失上，现辑要归纳说明如下。

（一）表示动作、行为的方言动词

平谷话中，方言特征比较明显的动词以表示动作行为的词为最多，且多数以对动作行为的直观形象描述为突出特点。现举例如下。

拔（bā）：①把东西放到冷水里使它变凉。如：你把啤酒放到凉水里～～再喝。②把冰冻的东西放到凉水里进行解冻。如：你把（冰冻）柿子放到（凉水）里～～就能吃了。

裂（liě）裂开。如：把这块儿布～成两块儿吧。/大冬天儿的脖子口～着多冷啊！

泚（cí）：液体喷射。如：水管儿冻裂了，直～水。/你用杀虫剂对准苍蝇猛～，一会儿它就死了。

飕（sóu）：风吹。如：孩子的小脸儿都让风给～得通红。/他身上的衣服已经被风给～干了。

蹿（cuán）：指树茎或老根上长出新芽儿。如：那些花根儿～芽了。/我以为那树死了，可今年它又～芽了。

扎（zhā）：凉得刺骨。如：这水凉得～手。/别老在凉水里泡着，小心～出病来。

沙（shà）：①渗。如：等河沟儿里的水～没喽，咱就可以得鱼了。/这黄土地儿不～水。②用水淘洗，使干净。如：那些小米儿里有沙子，做饭前你好好儿～～！

粽（zòng）：紧缩。如：这块面擀不开，老往一块儿～。

挂（guà）：①本义是悬挂。如：你把镰刀～在墙上吧！/他把电话给～了。②果树结果实。如：这树今年没～多少桃。③物体表面儿蒙上、糊上。如：从山洞儿出来，他脸上～上了一层尘土。

掩（yǎn）：手、脚等被硬物挤压。如：他的手被门扣～了一个大血泡。/小心手别被石头～着。

锛（bén）：①本义指刀锄等用具或牙齿等被硬物碰破。如：昨天吃饭门牙儿被沙子～了一块儿。/沙地时，我的镐～了。②禽类啄食瓜果、蔬菜等。如：那些白菜被鸡～了。

巴开（bákái）：裂开。如：你～俩眼就要吃的。/往下一蹲，裤裆就～了。

扒拉（pá · la）：①麻、绳等因破损而松散开。如：那个绳头儿～开了，你把它系系。②卷着的东西自动舒展开。如，那些画儿没捆住～开了。/头儿天浇的水，第儿天棒子叶儿就～开了。

扑扇（pú · shan）：禽类扇动翅膀。如：老鹰～着翅膀飞走了。

拘挛（jú · luan）：蚕、虫等屈曲扭动或反复曲伸。如：用树枝儿一捅，这些毛毛虫就～。

挓叉（zhá · cha）：手、头发、树枝等张开。如：他～着两只手。/天黑黑的，他一个人走路，头发一根根儿地～起来。/那树杈向外～着，摘不着（果）！

耷棱（lá · leng）：耷拉。如：你干嘛总是～个脑袋，无精打采的？/你别～肩膀儿，行吗？

搭接（dá · jie）：接口处两边的接头部分进行叠压。如：做衣服时，肩部多～点儿。/你把绳子再松松，我这儿有点儿～不上。

逛荡（guàng · dang）：晃荡。如：他挑的水都～洒了。/水桶里儿的鸡蛋一～就打了。

忽叻儿（hú · lier）：火焰晃动，忽明忽暗。如：你挡着点儿，灯火苗被风吹得直～。

出溜儿（chúliúr）：十分迅速、快捷；一闪而过。如：一个耗子～一下子就钻进洞儿里去了。/他走道儿快，一～就没影儿了。

跐溜儿（cīliúr）：喻指脚底打滑。如：他一不小心～一下就摔倒了。/他脚下一～就滑进了鱼池。

卟叽（pú · ji）：人或动物在液体中用力拨动而使其溢洒。如：你快把它放开，别让它在哪儿～了。/这孩子一洗脸，就～一地水。

唧咕（jí · gu）：液体或粘稠物从缝隙处挤出。如：这孩子着凉儿了，老是～屎。/你帮我往伤口上～点儿药水儿。

抳抹（nì · mo）：涂抹。如：你看那孩子的脸～得，黑脸包公似的。/那墙缝儿透风，你弄点儿灰～～。

跋蹅（bá · chɑ）：用脚踩踏。如：这块儿地的庄稼都让它给～了。/你就光脚儿在地下～吧，一会儿看你咋上炕。

颠儿咕（diánr · gu）或咕儿颠（gūrdián）：上下颠簸。如：你骑着毛驴儿～～得挺得吧！/你慢着点儿，别把车上的东西～掉喽！

咕嘟（gú · du）：指水、粥等沸腾着。如：粥锅多～会儿，（粥）好喝！/下米吗？水都～～地开了。

锢堵（gù · du）：涂抹（缝隙）；堵塞。如：纱窗儿都被油烟～得不透气儿了。/你看看，可能是高压锅的气阀被粥沫给～住了。

澥塄（xiè · leng）：用水调制，使糊状物或胶状物变稀。如：你～点儿面，调点儿糨子，下午咱糊窗户。

还扣（guānkòu）：因绳子僵硬而自动松开。如：牛皮绳硬，容易～。

豁鼻（儿）（huóbīr）：①扣攀儿、绳套儿等断开。如：他的衣扣～。②牛鼻子被穿处豁开。如：别把牛鼻子穿～喽！

起开（qǐkái）：离开；让开。如：你赶紧～，这房子要塌了。/请你～点，让我过去！

赶产（gǎnchǎn）：赶在别人吃饭时到，并跟着一块儿吃。如：他这个人爱到人家～。/你过会儿再去，省得让人家说你～！

出产（· chu · chɑn）：创收；收入。如：光靠编筐、刨药～不了几个钱儿。

反浆（fānjiáng）：翻浆。如：要下雨，水坑儿～了。

动憾（dòng · han）：动词，使动摇。如：他得了半身不遂了，半个身子不能～。

撼摇（hàn · you）：动词，使晃动，使摇动。如：你用力～儿下，（这树根）就可能下来了。

打提喽儿（dǎdí · lour）：用手拽着某物打坠儿。如：那几个孩子拽着树杈～呐！/他不走，拽着他妈衣服～。

打褶儿（dǎzhěr）：起皱褶；起皱纹儿。如：裤腰肥了，用～方法解决可以吗？/他年纪不小了，囟门子都～了。

（二）表示存在、变化、消失的方言动词

平谷话中，表示存在、变化、消失的动词更多地体现在对事物发展变化程度的描述上，现举例如下。

打（dǎ）：①生；长。如：那些儿葵花都～籽了。/别（摘）吃了，那些黄瓜留着～籽吧！②破损；毁坏。如：你别把鸡蛋弄～喽。/小心点儿，别把油瓶儿～喽。

得（dē）：①完成。如：这就好，一会儿就～。/准备吃吧，（饭）说话儿就～了。②好；幸福；如意。如：她的小日子过得～着呐。/这里儿呆着真～。

逾（yù）：螺丝的螺纹磨损失灵。如：这个螺丝～了。

影（yǐng）：遮挡。如：那些树把房子给～住了，看不见。

糗（chōu）：面条儿、饺子等粘成坨。如：先吃饭吧，饺子要～了。

粉（fěn）：①做动词时，本义指变成粉末。如：墙角儿的灰都～了。②平谷话中还指用水浸泡，使变软。如，你～点棒子茬儿，晚上熬粥喝。

发毛儿（fámāor）：物质发霉变质。如：搁的时间太长了，包子都～了。

磜棱（qí · leng）：湿的东西将要干，未全干。如：刚下过雨，路上不好走，等～～再走吧！

老了（lǎo · le）：老人去世。如：她父亲～，这几天没上班。

（三）表示心理活动的方言动词

平谷话中表示心理活动的方言动词多数体现在人的喜怒哀乐上，现举例如下。

奓（zhà）：①勉强鼓着勇气。如：他一个人～着胆子走在山路上。②张开。如：这土簸箕的口儿忒～。/这裙子下摆太～了。

惦着（diàn · zhe）：（对人或事物）心里老想着，放不下心。如：她虽然没回来，心里头可～你和孩子了。

拏磨（ná · mo）：仔细地琢磨。如：这事儿我～着有点儿不对！

犯嘀咕（fàndī · gu）：①猜疑；担心。如：天黑了孩子还没回来，他妈直～。②犹疑。如：这事儿我心里老是～，不知道去好还是不去好。

发毛（fámāo）：害怕；恐慌。如：天黑黑的，一个人走在野荒地里心喽直～！

在意（zàiyì）：①珍惜。如：这衣裳挺贵的，你可得～着穿。②小心。如：这东西是瓷的，你千万～着，别打碎喽。

打担儿（dǎdánr）：①重视；当回事儿。如：在家里没人把她～。②在意；介意。如：只要不少给钱，提不提干他不～。

待见（dài·jian）：喜欢。如：我妈妈就~我妹妹。/领导安排她和你一起工作，你不~也不行。

孬头（náo·tou）：①因不平而气恼。如：不行你早说，等准备好了又不同意，让人~。②烦恼。如：这两天你别烦他，他正~呐！

向着（xiàng·zhe）：①偏向；偏爱。如：老人~孙子是可以理解的。②保卫；保护。如：别怕他，我~你。

（四）表示趋向的方言动词

平谷话中方言特色较为明显的能愿动词或趋向动词不多，现简要举例如下：

傍（báng）：临近。如：真儿早席儿~亮的时候，我看他出去了。/你~动身儿的时候，给我打个电话。

娄（lōu）：禁；耐。如：人多，这些衣服不~穿。/这点儿活儿不~干。

大大儿（dàdàr）：再长大一点儿；再大一点儿。如：女儿的婚事儿等~再说吧！/这件衣服，儿子再~就能穿了。

顺着（shùn·zhe）：沿着。如：你~这条（山）沟一直走，就出去了。

打小儿（dǎxiǎor）：从小儿。同义词有“起小儿（qǐxǐaor）”“解一小儿（jiěyìxiǎor）”。如：这孩子~就淘气。/~就没好好学习，现在还指望他能考上（大学）！

照（zhào）：（动词）像。如：谁~你呀，说了不算！/他可不~你，一说话就脸红。

仿比（fángbǐ）或将比（jiángbǐ）：（动词）比如；好比。如：这事儿~说是你儿子干的，你咋办？

仿佛儿（fǎngfūr）：仿佛的本义为似乎、好像，是副词。在平谷话中则有时是副词，有时则成为用于比较的动词，意指类似，差不多。如：他和我岁数儿~，在30岁左右。/这俩树高下儿（指高度）~。

来不迭（lāibùdiē）：来不及。如：现在进城恐怕有点儿~。

均背拉（júnbéilá）或均背着（júnbéi·zhe）：平均。如：这些东西咱仨~能分九块钱。

够捻儿（gòuniànr）或将可捻儿（jiángkěniànr）：指数量上可以满足需要。如：这块儿布给你做裤子（长度）不~。/这点儿钱买车票将~。

三、一般形容词

形容词是表示人和事物的形状、性质或表示动作、行为的性质状态的词。根据语法功能，形容词可简要地分为表示性质的形容词、表示形状的形容词、表示状态的形容词和表示数量的形容词。按上述分类，平谷话中方言特色明显的形容词可归纳如下。

（一）表示人、事物以及动作、行为的性质的方言形容词

在平谷话中，表示性质的形容词“好、坏、伟大、勇敢、优秀、聪明、老实、鲁莽、大方、软、硬、苦、甜、冷、热、坚固、平常”等的应用是与普通话基本相同的。比较常用的、富有特色的方言性词汇简要归纳如下。

1. 表示人动作、行为性质的方言形容词

平谷话中表示人动作、行为的方言形容词在方言形容词中占有较大比例，现辑要归纳如下。

丝致（sí · zhi）：细致；妥贴。如：他～，干啥都不将就。/晚上区长住咱家，你去把东屋给收拾收拾，～点儿！

利生（lì · sheng）：指说话、办事儿灵活敏捷，有条理。如：她可是个～人。/他说话有点儿结巴，不～。

飏秀（diú · xiu）：形容人秀气而利落。如：他媳妇儿长得挺～的。

真叫行（zhénjiàoxīng）：超乎寻常地行。如：你可～，我还不知道呐，你就把婚结了！

那叫不行（nàjiàobúxīng）：非常地不行。如：他的人品～。/这孩子的功课～。

不咋着（bùzǎzháo）：不怎么样；不怎么好。如：他在村儿里头的名声～。/我觉着你这么做～。

死凿门儿（sǐzāomēnr）：同义词有“凿死理儿（zāosīlǐr）”。形容人固执，不灵活。如：他这个人儿～，你别跟他计较！

凿（zāo）：同义词有“认死理儿（rènsīlǐr）”。形容人固执，处事死板，不知变通。如：这老头子可～，一门半会儿说不动他！

死羊眼（sǐyāngyǎn）：形容人处事固执，像死了的羊眼一样不变动，含贬义。如：别人都同意了，就你～，早晚你会吃亏的！

皮脸皮气（pīliǎnpīqí）：与“皮脸”同义，形容人顽皮或不知羞耻。如：别～的，（我）懒得理你！

二皮脸（èrpīliǎn）：脸皮厚。如：他就那样儿，是个地地道道的～。

下作（xià · zuo）：①对丈夫、孩子等关怀备至、疼爱有加。如：她对孩子可～了。②低三下四。如：大家一样工作，见着科长至于那样～嘛！③吃东西时贪得无厌的样子。如：你看他吃饭时～样儿，好像八天没吃饭似的！

下仨滥（xiàsālàn）：形容人卑躬屈膝、低三下四，一般含贬义。如：他见着领导～的样子，让人看了就想吐！

牲口（shéng · kou）：方言本义指驴、马、牛等家畜。做形容词喻指人不懂

礼规，缺乏教养。如：那小子可～啦，和他爸妈都对吵对骂的！/他～着呐，和谁都没大没小儿的！

牲口理道（shéngkōulǐdào）：指不懂礼数，没大没小儿。如：到了那里儿要敬老尊贤，别～的！

仗义（zhàng·yi）：①形容人讲义气。如：他这个人为人很～。②理直气壮。如：我在老丈人家住有啥不～的？

小性儿（xiǎoxìngr）：形容对一些风俗习惯等特别地忌讳。如：你还是问清楚喽再去，她～！

小皮脸子（xiǎopīliǎn·zi）：误把玩笑当真，同人翻脸。如：你可别和他瞎闹，他可～。/他～，咱别搭理他！

贱了巴叽（jiàn·lebájí）：不自重，故作娇媚之态。如：你看她～的，真讨厌！

没溜儿（mēiliù）：不自重；言行不合乎常理儿。同义词有"没溜儿拉撒"。如：你真叫～，没事儿你管人家小两口儿的事儿干啥！

铁公鸡一毛儿不拔（tiēgóngjíyímāorbúbā）：形容人极其吝啬。如：你别指望着他捐钱，他是个～！

溜叨（liù·dao）：①为人轻浮、轻率，不知自爱。如：这老头忒～，没人待见！②嘴不严，不成话，经常说不该说的话，办不该办的事儿。如：就你～，人家儿俩口子的事儿你传个哪门子话！

溜溜叨叨（liù·liudáodáo）：没轻没重，爱管闲事儿。如：岁数大了，在家住住呆着，别～地瞎管闲事儿！

好脸儿（hàoliǎnr）特别重面子。如：他好脸儿，每次回来都要带点儿礼物。

脸儿大（liǎnrdà）：指人说话、办事不顾及面子，含贬义。如：他～不嫌寒碜，啥事儿都敢干！

眼儿大（yǎnrdà）：形容有傲气，看不起人。如：人家儿当官儿了，～，哪儿还认得咱们呐！

囤（tūn）：喻指孩子怕见生人，怕见世面。如：这孩子～，见生人儿就躲。

生古（gǎ·gu）或生（gǎ）：指人调皮、淘气，多用于孩子。如：那孩子特别～！

鬼透（guǐ·tou）：机灵。如：这小子～，吃不了亏儿！

灵透（līng·tou）：聪明。如：这孩子随她妈，可～了！

玩印（wán·yin）：形容人心灵手巧。如：那孩子可～了，攒电视、修手表，啥都会！

能格儿（néng · ger）：①形容人技艺高超。如，他～着呐，你把（坏）电视给他，他保准给你修好喽！②形容人活动能量大。如，你别看他土了吧唧的，可～了，各委办局的领导大多都认识他。

精细（jíng · xi）：①该困不困，仍有精神。如：这孩子都后半夜了，还～着呐！②睡眠时机警。如：他睡觉时可～了，有点儿动静就醒。

储窝子（chǔwó · zi）：胆小怯懦；怕见世面。如：他～办不了事儿，还是你去吧！

荒嘴子（huāngzuǐ · zi）：胆怯；生人面前不敢吃饭。如：你经常在外边儿吃饭，不至于是～吧？

匪类（fěilèi）：指人不成材，且怯懦无能。如：你真～，一辈子也成不了器。

听说（tíngshuó）：听话；乖。如：这孩子这～。/倒你姑姑家儿可要～！

皮（pī）或皮了吧唧（pīlēbájí）：不规矩；嬉皮笑脸。如：你咋学得越来越～呢！

淘猴（tāohōu）：淘气；淘神。如：这小子可～了。

歪脖子淘气儿（wáibō · zetáoqì）：喻指特别淘气、坏点子多。如：那小子从小儿就～！

猴儿了吧唧（hōur · lebājí）：同义词有“猴儿了巴气（hōur · lebáqí）”或“猴儿头巴脑（hōurtōubánǎo）”。形容人不稳重、不严肃，喜好玩闹，出洋相。如：你这孩子成天～的。/他就那样儿，～的，没个稳重型儿！

猴儿妈似的（hōurmásì · de）：形容人浮躁，不稳重，好玩闹。如：你整天～，就不能稳重点儿？/就你嘴快，～！

难戗（nānqiàng）：难对付；难处理。如，这事儿挺～的，不太好办。

缺德冒狼烟儿（quédēmàolāngyánr）：同义词“缺八辈儿德（québábèirdē）”“缺德带冒烟儿（quédēdàimàoyánr）”。喻指非常缺德。如：这小子坏事儿做绝，可算是～了！

巴巴结结（bábájiéjié）：艰难；勉强。如：他家的日子一直过得～的。/他们～地总算把俩孩子（书）供出来了。

嘎巴干脆（gábágáncuì）：形容人说话、办事儿干净、利索，不拖泥带水。如：他干啥痛快，～！

快连着（kuàiliān · zhe）：同义词有“快连紧的（kuàiliānjǐn · de）”。赶紧；快着。如：快到点儿了，你要是去，就～！

麻利着点儿（mālì · zhediǎnr）：同义词有“麻利儿着（málīr · zhe）”。迅速；赶快。如：你要上厕所，赶紧去，～！

成文（chēngwēn）：形容人有出息。如：老王的三个儿子都～，个个学习好。/他人挺好，可（他）儿子却不～。

撩人（liāorēn）：形容人或牲畜可人意。如：这头羊可～了，年年儿产崽儿。/他儿子可不～了，成天偷鸡摸狗儿的。/那头马不～，经常踢人！

塌心（táxín）：①安心。如：家喽没事儿，你在外边就～工作吧！②放心。如：知道你已经顺利到达单位，家喽也就～了。

一门纳心儿（yímēnnàxínr）：同义词有“一心妥神儿（yíxíntuǒshēnr）”。①踏踏实实。如：你～在家儿呆着，别想这想那的！②专心致志。如：等我在城里儿混不下去喽，再～地回家种地。

拥易（yōng·yi）：①容易。如：这年头儿谁都不～！②因为。如：你们俩到底是～啥打架呀？

轱蠕（gūrū）：①蠕动。你看那长虫没死，还～呐！②动词。活动；劳动。如：人不能老呆着，该～得～～。/你～一下腿试试？③不稳定；不牢固。如：这地面不平，凳子放上去直～。

欢喜（huán·xi）：①快活；高兴。如：过节了，大家都很～！②有精气神儿。如：这几个小猫儿早晨还挺～的，晚上咋就死了？

乐呵儿（lèhēr）：被车船、人、畜等负载而行而感到逍遥快活。如：爸爸合儿搂（把孩子双腿叉开，让他骑坐在肩膀上）着你～不？/孩子，还是坐汽车～吧！

拉乎（lǎ·hu）：形容做事粗心。如：他这个人做事儿～。

仔细（zǐxì）：①细心。②小心；当心。③俭省。此含义的方言同义词为“细”，与“仔细”可互换通用。如：她过日子可～了。/他们家老太太可～了。

着调（zháodiào）：做事儿认真可靠。如：他办事儿不～，还是你跟着去吧！/她做事儿可～了，你放心吧！

较真儿（jiàozhénr）：认真。如：他就是个死心眼儿，啥事儿都～！

把牢（bǎlāo）：牢靠。如：他办事儿～，放心吧！/这桌子不～，你（蹬）上去时小心点儿！

懈松（xièsōng）：物体衔接部位松懈、不牢固。如：这个板凳儿～了，有时间你把它钉钉！

蔫巴叽儿（niánbájír）：同义词有“蔫巴溜儿（niánbáliúr）”。①略显发蔫儿。如：这孩子有点～的，是不是病了？②悄悄的；不声不响的。如：孩子睡着了，你们几个～的！/你们～地摸进村儿去。

喜性（xǐ·xing）：外貌表情等带着喜悦的样子。如，这孩子长得真叫～。

牛气（niū·qi）：①形容人傲慢、自高自大。如：你不就是有俩钱儿吗？

有啥了不起的，~什么呀！②形容人确实了不起，有本事。如：全县就人家小子考上清华了，那是真~！

没耳性（méiěr · xing）：受过责备记不住，仍不改。如：这孩子~，刚挨喽骂还不改！

不善静（būshàn · jing）：不错；不简单。如：你还真~，一个人就把活干完了。/他们家的几个丫头个个儿都~，你可小心点儿。

刺挠（cì · nao）：①痒。如：我后背有点~，你给我挠挠。②桃儿毛等刺激皮肤的感觉。如：小心点儿，桃儿毛弄到身上~。

咬（yǎo）：痒。如：我身上可~了，你帮我挠挠吧！/一阴天，我的刀口就~。

尖馋（jián · chan）：馋；择食。这孩子~，不好哄。/这头猪~，我养不好。

狼虎（lāng · hu）：不择食。如：这孩子~，啥都吃。

屈嘴儿（qúzuǐr）：委屈自己的嘴儿。如：他们家儿啥都有，不~。/到外边自己照顾好自己，别~。

好养活（hǎoyǎng · huo）①产妇分娩时容易。如：没事儿时到外边多运动运动，到时~。②易于饲养；易于成活。如：这孩子给啥吃啥，好~。/这引进的绵羊没本地山羊~。

吓（xiā）：厉害；严重。如：那事儿叫你一说可就~了。/你快去看看吧，他俩闹得~着呐！

血乎（xiě · hu）：形容言行举止超过了实际程度。如：她病得不重，就是闹得~。/他对孩子疼得可~了！

血乎搭儿事（xiě · hudárshì）：同“血乎”，微含贬义。如：她就那样儿，有点儿小病就闹得~。

稀松二五眼（xīsōngèrwǔyǎn）：能力差；质量次。如：他干啥也是~。/这个产品本身就是个~，你还能指望它不坏？

里勾外连（lǐgóuwàiliān）：说话时含沙射影。如：一码事儿是一码事儿，别~的！/你想说啥就说啥，别~的！

正经八北（zhèngjǐngbāběi）：同义词有“正儿八经（zhèngrbájíng）”。①正经；郑重其事。如：我现在~地和你说一遍。②地道的；货真价实的。如：这个手机是~的国产货。

是心事（shìxín · shi）：与心里所想一致。如：这事儿他听着~。/你儿子考上大学了，~吧？

好生（hǎo · sheng）：①好好。如：大家都冷静点儿，有话~说！/儿子，

~着，别闹！②特别。如：不知道咋了，今儿个心喽~难受！

气实（qì·shi）：①自信；有魄力。如：有能耐的人干啥都~。②理直气壮。如：他自知理亏，说话都不~。

招猫儿递狗儿（zháomāordìgǒur）：①招惹是非。如：到了外边好好工作，别~的！②比喻喜好撩拨人，招人讨厌。如：那小子从小儿就不规矩，经常~的！

死气白咧（sǐ·qibāilié）：①纠缠个没完。如：人家不愿意和你搞（对象），就算了，你~干啥！②没完没了，一再坚持。如：该收工了，别~的了！

现眼（xiànyǎn）：出丑；丢脸。平谷北部地区发音为（xuànyǎn），同义词有“丢人现眼”。如：赶紧回家去，别在外边~！

丢份儿（diúfènr）：丢面子；失身份。如：在大庭广众之下你那么大喊大叫的，太~了！

丢颏儿（diúkèr）：有失身份；惹人笑话。如：一个老太太还涂脂抹粉儿的，也不嫌~！

难揍（nánzòu）：①詈词，比喻人或动物很坏。如：他们家人都~着呐，可少理他！②比喻某件事儿很难处理或某种活儿很难做。如：这事儿比较~，咋做都不合适/这活儿这叫~，我弄了半天就是（组）装不上！

歹斗（dǎidòu）：①喻指人狡诈，不好打交道。如：他们家人心眼子~着呐，你可得小心着点儿！②同“歹毒”。如：那老奶子可不是善类，对儿媳妇儿~着呐！

不是东西（búshìdóng·xi）：詈词，不是人。如：那老小子可~了！

不是玩艺儿（búshìwányìr）：詈词，不是好人。如：他们厂长真~，经常调戏女职工！

个路（gèlù）：喻指人性格个别，不同常人。如：这个人~，跟谁都合不来！

急溜（jí·liu）：脾气暴躁，易激动。如：孩子脾气~，你老多让着她点！

点火儿就着（diǎnhuǒrjiùzhāo）：比喻人特别容易发火、动怒。如：你这个人~，也不动动脑子！这事儿与你有关系吗？

松泛（sóng·fan）：舒服；舒坦。如：这几天浑身难受，吃了点药才~点儿！

舒贴（shú·tie）：舒服；惬意。如：晚上熬点儿粥喝吧，喝粥（胃）~。

撅弄（juě·nong）或橛棱（juělēng）：意指受委屈。如：她天天儿挨打，早晚她得叫他（丈夫）~死喽！

硌眯（gě·mi）：眼睛因进了东西而难受。如：你帮我看看，我眼里~得难受！

露怯（lòuqiè）：因不明世俗而违规。如：今儿个吃西餐跟人家儿要筷子，可～了！

出洋相（chúyāngxiàng）：因做了有违世俗的事儿而窘迫。如：这回我算是～了。/你要是不懂就一边儿去，别在这儿～！

挡戗（dǎngqiàng）：顶事儿；顶用。如：多吃点儿包子（馒头），喝粥不～。/干重活儿还是儿子～。

趁手儿（chènshǒur）：随手。如：你出去～把门关上。

是味儿（shìwèir）：感觉好。如：听着别人说自己媳妇儿，他心喽很不～。

透（tòu）：①透彻。如：你把道理说～喽，就好了。②茶水等喝足。如：早起把茶喝～喽，半路上可没水。③贯通。你把煤炉子捅～喽，火一会儿就上来！

透亮碑儿似的（tòuliàngbéirshì · de）：形容心里明明白白，同义词有“明镜儿似的（mīngjìngrshì · de）”。如：这件事儿到底谁是谁非，你心喽～！

吃凉粉儿似的（chíliāngfěnrshì · de）：形容心情放松，一点儿都不着急上火。如：人家心缝儿大，心喽从来都是～！/他可不着急不上火的，心喽～。

2. 表示事物性质的方言形容词

平谷话中表示物质性质的方言形容词集中体现在事物的结构和味觉上，现举例如下。

空膛儿（kóngtāngr）：空心；内部空间。如：这个山洞儿里面～挺大的。/那个葫芦熟透看着挺大，里面竟是～。

茨实（cī · shi）：结实；扎实。如：他学的挺～。/你去把这土坑儿给我填～喽！

实着（shī · zhao）：①内部完全填装满，没有空隙。如：这枕头让你给填～了，硬梆梆的！②踏实；实在。如：他办事儿～，不会耽误事儿。

发实（fá · shi）：健壮，有活力。如：这块地的棒子长得真～！/这小子长得可真～！

苠（miān）：①庄稼生长期长，成熟期晚。如：这是～高粱。②形容人性格慢性。如：他性子～，很少发火儿。

干（gàn）：指事情糟了，坏了。如：这下儿可～，刚才忘了给车加油了。/～了，他一筐一筐地检查，（造假的那儿些）肯定要露馅儿了。

柴（chāi）：①形容红薯等品质不好，熟食时有筋状物。如，这种白薯不好，吃到嘴里有～。②差劲儿。如：你看那女的长得真～。/你可真叫～，连一个女的都打不过！

殠（chòu）：①在普通话中，殠同“臭”，其含义有五方面：一是形容气味难闻（与“香”相对）。如：他的脚~；二是形容惹人厌恶。如：他名声很~；三是形容拙劣、不高明。如：这手棋太~了；四是（副词）狠狠地．如：我~揍他一顿；五是形容（子弹）失效了，坏了。如：这颗子弹~了。上述五种含义在平谷话中同样适用。②平谷话中，“殠”还有两种含义：一是喻指两人关系由好变坏。如：他俩~了；二是爆炸物失效没响。如：这些炮铳（爆竹）有三分之一是~的。

齁丁儿咸（hóudíngrxiān）：特别咸。如：你炒的菜没法儿吃，~！

精稀巴拉（jíngxībálá）：同义词有“精稀吧唧（jíngxībájí）”，特别地稀。如：这粥~的，不解饿。/这水泥和得~的没法儿使！

酸巴溜丢儿（suánbáliùdiúr）：同义词有“酸巴溜儿（suánbá · liur）”。①酸味可口。如：这梨儿~的，好吃！②形容轻微的妒忌。如，看着人家俩人亲亲热热的，他心里未免有点儿~的。

酸巴溜丢（suánbáliúdiú）：形容酸得过分，含贬义。如：这菜做得~的不好吃！/你看她那~的样儿！

涩了吧唧（shélebájí）：涩。如：这柿子~的，没法儿吃。

渣巴哕哕（zhá · bayuéyué）：①形容吃饼干、凉饽饽等干食品而感到多渣、口干。如：这凉棒子饽饽~的没法儿吃！②脾胃不舒服的一种感觉。如：这几天胸口~的不舒服。

称手儿（chènshǒur）：方便好用。如：这把镰刀还挺~。

（二）表示人、事物以及动作、行为的形状的方言形容词

平谷话中表示形状的形容词，如“长、短、大、小、粗、细、红、绿、平坦、整齐、雪白、笔直、绿油油、血淋淋、骨碌碌、黑不溜秋”等与普通话基本一致，但也有部分词汇体现出明显的方言特色。现将常用的方言词汇分两类整理如下。

1. 表示人动作、行为形状的方言形容词

平谷话中表示人动作、行为形状的方言形容词以对人的外貌描述为主，现举例如下。

少相（shào · xiang）：同义词“面嫩”。形容比同年龄人小。如：你看人家长得多~，（都四十了）像十八似的！

嫩生（nèn · sheng）：①面嫩，同“少相”。如：他老婆长得可~了。②嫩。如：这黄瓜真~，顶花带刺儿的！

老嘣（lǎo · beng）：①形容人长得老成。如：他比他的实际年龄可~多了。②东西不嫩。如：这豆腐点~喽，不好吃！/这棒子煮吃有点儿~了。

舒眉展眼儿（shūmēizhǎnyǎnr）：面部自然且舒展。如：这孩子睡觉~的！/你看那姑娘儿长得~的，真秀气！

恶眉瞪眼（némēidèngyǎn）：①喻指因生气而怒目圆睁。如：你看他~的那个样儿！②形容面相不善。如：他人不坏，就是长得有点儿~的。

瘦溜儿（shòu · liur）：①细条。如：你的身条儿~，穿啥啥好看！②瘦。如：这块儿肉~，给你吧！

耸奔耸奔（sōngdásōngdá）：形容人走路时双肩下垂，无精打采。如：你看他走道儿~的那样儿！/他走道儿~的，没个精神劲儿！

奔儿棱奔儿棱（dárléngdárléng）：①物体下垂且摆动的样子。如：你把裤带别好喽，~的，不好看！/她一走道儿两个大耳坠儿就~的。②走路无精打采的样子。如：这几天他总是~的，提不起神儿来！

猫咕猫咕（máogúmáogú）：形容人走路时头前倾，一探一探的。如：他有弓肩儿，走道儿时~的！

扭咕扭咕（niǔgúniǔgú）：形容女人腰臀扭动、故作姿态的样子。如：那女的走道儿~的，一看就不是好人！

瞎觑瞎觑（xiáqúxiáqú）：因光线或视力差而眯缝着眼吃力地看。如：他眼照儿不好，~地看不清楚！

骨立（gúlì）：形容人坐得住、站得直。如：一会儿领导来喽，大家都坐~着点儿！/今天队列比赛时，你们每个人都要站得骨骨立立儿的！

细高挑儿（xìgáotiǎor）：形容人身材细长。如：那小伙子长得~。

黑黢溜光（héiqúliūguáng）：黑，多用于人。如：他长得~的，不好看。

白巴呲咧（bāi · bacílié）：白色不正。如：她化妆画的，脸~的，难看极了。

紫了河光（zǐlē · heguáng）：形容象紫色河光石一样。如：他的脸都被打得~的，不成人样儿了。

黄皮儿蜡瘦（huāngpīrlàshòu）：形容人面黄肌瘦。如：你看那人~的，一定有病！

颡（sáng）：头发僵直；干枯无光泽。如：他的头发真~，干棒子毛似的。

2. 表示具体事物形状的方言形容词

平谷话中表示具体事物形状的方言形容词集中体现在对事物外观描写上，现举例如下：

齉（nàng）：①茂盛。如：这儿的柴草可~了。/这块儿地的庄稼长得~，绿悠悠的。②多而粗壮。如：这孩子的头发真~！

囊（náng）：①谷穗等长得不丰满。如，这看这谷穗儿多~，谷粒儿一点儿都不成。②喻指人虚胖，肌肉少。如：你看着挺胖，肉却有点儿～。③质量次。如，这些（树叶、草毛儿等）柴火～，不禁烧！

壮（zhuǎng）：粗壮而高大。如：这孩子长得真～。/这棵树真～。

枵薄（xiáo · bao）：喻指纸、布等片状物很薄。如：这个床板忒～。/丝绸布～，夏天穿着凉快！

细活（儿）（xìhuōr）：精细；细腻。如：她的皮肤既～又白嫩。/放心吧，他干活～。

大稀巴噔（dàxībádèng）：指行间距大。如：这针脚儿缝得～的，一看就是男的活儿。/那地儿里的庄稼～的，打不了多少粮食。

顺溜儿（shùn · liur）①细长的东西放得整齐。如：你去把那些柴火码（放）～喽！②树木等直溜儿。如：这小树长得真～！

平平展展（pīngpīngzhǎnzhǎn）：表面平，不皱。如：她箱子里的衣服件件儿～的。/这块地麦苗绿油油、～的。

四棱剪线儿（sìlēngjiǎnxiànr）：见棱见角儿，十分齐整。如：你看人家那被卧叠得～的。/他穿衣服利生，多会儿都～的。

蹊抽巴捏（qí · choubánié）：同义词有"蹊抽巴挐（qí · choubáná）""蹊抽巴拉（qí · choubálá）"。形容衣服等很多皱褶。如：你的衣服～的，该熨了。/你看这床单让你们给揉搓得～的。

皱巴（zhòu · ba）：紧巴；形容衣服瘦小，使人感觉象被紧紧捆绑一样不自如，不舒服。如：这衣服太瘦了，穿着～死了！同义词有"皱皱巴巴"，词性及含义与"皱巴"相同，只是在句子中用法略有差异。如：这衣服太紧了，浑身～的。

捽捽掰捏（zuó · zuobáinié）：同义词有"捽捽巴挐（zuó · zuobáná）""捽捽巴拉（zuó · zuobálá）"。形容衣服、布面等向一块皱褶，不平展。如：这褂子让你给缝得～的，到外边咋穿呐！

三棱八瓣儿（sánlēngbábànr）：形容物体形状很不规则。如：你别看他脑袋长得～的，可聪明了。/虽然这甜瓜～的不好看，可它熟透了，好吃！

茬茬巴巴（chā · chabábá）：①东西摆放得不齐整。如：你看这屋子（里的东西）～的，你也不归处归处。②形容工作等没干完，留下许多活茬儿。如：你看这活儿干得～的，别人没法儿接手！

笔管儿条直（bìguǎnrtiāozhī）：笔直。如：这棵树长得～的。/他走道儿时身板挺得～！

溜光（liūguáng）：①很光。如：他浑身上下一丝不挂，～！②光滑。如：小心点儿，这道～的，有冰！

溜光儿（liūguángr）：①很光，含褒义。如：他黑板真好，~！②干净。如：他饿了，把饭吃得~。

光溜儿（guángliūr）：①很光；光滑。如：这块板刮得真~！②精光；一点儿不剩。如：这儿的柴火让你割得真~！/你把身上的衣服都脱~喽！

剌巴（lā · ba）：表面粗糙，不光滑。如：这墙面儿~点儿，更方便镶瓷砖儿。/这块儿木板儿有点~。

毛茬儿（māochār）：服装、床单等布制品未经锁边儿的毛边儿。如：你把我裤脚儿的~给锁一下。

镗亮（tǎngliàng）：很亮；非常亮。如：外边~了，该起床了。

锃亮（zèngliàng）：同义词有"锃光瓦亮（zèngguángwǎliàng）"。指铁制品经过摩擦后闪光耀眼。如：这把刀被磨得~。

鲜活（xiàn · huo）：色彩鲜艳。如：这身衣服真~。/这盆儿花~。

刷白（shuàbāi）：人脸色白而无血色。如：他病得不轻，脸色~！

白巴蜡渣（bāi · baláchá）：同义词有"白巴拉叽（bāi · balájí）"。形容白色物着色不均匀。如：这匹布没染好，~的。

红巴棱登（hōng · baléngdéng）：红色不正；颜色不协调，红色偏重。如：这条裙子~的，不好看！

黄巴呲啦（huāng · bacílá）：黄色不正；颜色不协调，黄色偏重。如：这汗衫儿~的，我不要！

紫巴溜秋（zǐbáliúqiú）：同义词有"紫巴拉叽（zǐbálájí）""紫巴棱登（zǐbáléngdéng）"。形容紫色不正。如：这窗帘儿~的，不好看。

灰巴溜丢（huí · buliúdiú）：①灰色不正。如：小姑娘穿灰色衣服不好，~的。②灰溜溜。如：在众人面前，他~地走了。

灰头乎拉（huítōuhúlá）：满脸灰尘。如：他~地从屋子里走了出来。

（三）表示人、事物以及动作、行为的状态的方言形容词

平谷话中表示状态的形容词包括人和物的状态两个方面。现辑要归纳如下：

1. 表示人动作、行为状态的方言形容词

肉（ròu）：比喻人性子慢，动作迟缓。如：你看你这个~劲儿，就不能快点儿？

籼（zhòu）：固执，办事儿不灵活、不爽快。如：老王比较~，这事儿光靠他恐怕不行！

胖（zàng）：说话不和气，态度生硬。如：你有话就不能好好说吗？老是~~人干嘛？/那小子~着呐，少理他！

拧（nìng）：固执；倔强。如：他可~着呐，认定的事儿你就是用八匹马拉

也拉不回来！

兴兴（xíng · xing）：声响过大，嘈杂吵人。如：你们几个别吵了，~劲儿的。/这儿离剧场太近，敲锣打鼓的忒~。

手欠（shǒuqiàn）：①形容人手闲不住，喜欢乱摸乱动。如：你真~，好好的花儿你老摸它干啥！②形容人不能自我约束，爱动手打人。如：这孩子~，你看着他点儿！③形容人不本分，喜欢拿别人的东西。如：那媳妇儿~，她来喽你可提防着点儿！

脚绰（jiǎochào）：形容人腿脚快。如：她~，驲儿崩一下子就没影儿了。

轴实（zhōu · shi）：喻指人壮实。如：你看那孩子真叫~。

皮拉（pī · la）：喻指人身体结实，抵抗力强。如：他可~了，头疼脑热的拿不倒他。/他~，能吃苦。

欢实（huán · shi）：兴奋；活跃。如：这些孩子玩得可~了。/那汽车跑得挺~。

欢扎（huán · zha）：喻指动物活跃，欢蹦乱跳。如：那小狗儿可~了。/病好了，他又开始~了。

提气（tíqì）：①争气。如：他儿子不~，干啥啥不行！②精神；气派。如：你就不能穿身儿好衣裳，~着点儿？

快净（kuài · jing）：形容为人爽快，办事儿麻利。如：她办事可~了！

溜索（liù · suo）：形容迅速、敏捷。如：你手脚~，就麻烦你给跑一趟吧！

利索（lì · suo）：利落、干净。如：他得过中风，走道儿有点儿不~。

麻溜（máliū）：赶快；迅速。如：别人等你半天了，你~着！/你要是一块儿走，就~着！

溜溜儿（liūliūr）：①满满。如：他吃了~两碗饭。②整整。如：她在车站等了~一晚上。

勤勤（qīn · qin）：勤劳；勤快。如：这孩子~，从来不偷懒儿。

忙活（māng · huo）：忙。如：你们~了大半天，快过来歇歇吧！

嘴硬（zuǐyìng）：①自知理亏口头上却不予承认。如：明知道是你不对，你还~！②不喜欢用亲昵的方式称呼人。如：他~，结婚五年了从没管老丈人叫过爸爸。

主贵（zhǔguì）：地位高；受重视。如：我们家丫头比小子~。

高摆（gáobǎi）：地位一般却要摆放到高于一般的位置，具有讽刺意味。如：就你~，人家都坐在凳子上，你却坐到桌子上！/你家小狗真~，吃食都要上桌子。

吃香（chíxiáng）：受宠；受欢迎。如：他们哥仨里头，老二最不~。/她和单位领导相好，在单位里可～了。

住住儿（zhǔzhūr）：①一动不动。如：他得了瘫火（半身不遂），整天价～躺着，动不了。②不离开特定范围。如：你在这儿～等我，我去会儿就来。③指不干活。如：你成天价在家儿～呆着，也不腻得慌？

脦肋（déiléi）：形容弹性物颤动的样子。如：她胖得一走道儿浑身的肉～～的。

吱溜（zīliú）：形容极快地爬过或跑过。如：一个长虫～一下子钻进石缝儿去了。/那人～一下钻进人群不见了。

抓儿（zhuár）：形容婴儿的哭声。如：那孩子一落地儿就～～地哭了几声。

响干儿（xiǎnggánr）：十分地干（燥）。如：这柴火～的，好烧！

面丹（miàn · dan）：面。如：这杏儿～，不酸。/这种白薯蒸吃可～了。

间饥（jiānjí）：长时间不饿。如：吃烙饼～。

筋道（jín · dao）：①食物有韧性，吃着有咬劲儿。如：熟白薯晒蔫喽好吃，～。②食物有嚼头儿。如：富强粉比普通粉做面条儿～，好吃！

暄腾（xuán · teng）：同义词“暄”。形容松软而有弹性。如：这块儿地真～。/这个包子真～！

赶倰（gǎn · leng）：①紧赶着；紧跟着。如：大家～着点，做完活好吃饭。/我出门儿紧～，到现在才追上你。②事儿多急迫而有催逼之感。如：这半天儿，我又收拾屋子又做饭，紧～！/每天早上伺候孩子、送孩子（上学），再上班儿，真是有点儿～得慌！

圆全（yuān · quan）：圆满。如：他心细，考虑问题～。/他编瞎话儿编得到是挺～。

烧心（shāoxín）：因所吃食品不当而反酸。如：没事儿，刚才在半路儿上吃了俩烧饼，有点儿～。

窝心（wóxín）：因受委屈、侮辱而内心苦闷。如：他评职称又没评上，这几天正～呐！/无缘无故地挨了领导一顿批，他～透了。

迷瞪（mī · deng）：形容心里迷惑；糊涂。如：他喝酒喝～了，找不着家了。

大扯（dà · che）：同义词“大发（dà · fa）”。形容超过了适当的限度。如：这事儿可让你给闹～。/你可要适可而止，不要～喽！

熬渴（nāo · ke）：①饮食过于清淡，吃不到荤腥儿。如：我俩已经半年没吃着肉了，可～坏了！②饭食质量过差，度日艰难。如：娘儿俩常年吃糠咽菜真～得慌！③需求得不到满足而渴望改善。如：你老公都出国一年了，把你～坏了吧！

小气（xiǎo · qi）：同义词“抠门儿（kóumēnr）”。形容人吝啬。如：他这个人可~，一分钱都不舍得花！

大方（dà · fang）：①形容人花钱不吝啬，出手大气。如：你看人家老五多~，给孩子钱一出手就是五百。②形容人开放，见识广。如：你看人家姑娘多~，穿着裙子哪儿都敢去。

手大（shǒudà）：形容人花钱大手大脚，含贬义。如：这孩子~，存不下几个钱儿！

禁扎（jīn · zha）：身体结实，抵抗力强。如：这孩子可~了，大冬天儿的只穿个单衣儿。

肉乎（ròu · hu）：形容东西丰满而柔软。如：这孩子的小手多~！/你摸摸，这被子是新棉花做的，多~！

齐切（qī · qie）：整齐。如：大家把队站~点儿！

并板儿（bìngbǎnr）：并排。如：咱俩~走吧！

嘴紧（zuǐjǐn）：同义词有“嘴严实”。意思是嘴严，不随便乱说话。如：她~，你放心底说吧！

嘴急（zuǐjí）：吃东西着急。如，你别~，（饭）一会儿就熟了。

嘴（儿）欠（zuǐrqiàn）：喻指人爱说一些令人厌恶的话。如：他~，你别搭理他！

硬棱（yìng · leng）：硬朗。如：这老爷子身体真~。

硬气（yìng · qi）：①刚强；有骨气。如：他为人~。②有正当理由，于心无愧。如：自己挣的钱花着~。③坚强有力。如：这几句话，他说得十分~！

受看（shòukàn）：看着顺眼。如：这个人长得不~。

受听（shòutíng）：听着入耳。如：他说话就是不~。

蹩手（bièshǒu）：①比喻失去重要帮手。如：老王的突然离去，使得工作感到特别~。②别扭。如：近期我的工作确实有些~。

一心儿（yíxínr）：同心；齐心。如：在这个问题上他们几个是~的。

寒碜（hān · chen）：很难看，同义词有“砢碜”，二者含义及使用方法基本相同，只是因地域或个人习惯不同而区别应用。一般来说，在语句结构中“寒碜”的前面可以加程度副词“很、特别、多、十分”等。如：你看长得真~。/那样儿做多~呐！

碎嘴子（suìzuǐ · zi）：①形容人爱叨叨，说话繁琐。如：这老太太~，一天到晚叨叨个没完。②喻指爱叨叨、爱指责人、教训人的人。如：她天生就是个~，不叨叨不行！

护犊子（hùdū · zi）：本义指母畜保护幼畜的行为，引申义也指父母袒护子女。如：这条母狗可～了。/他妈～，你找她也不管事儿！

汪得慌（wáng·dehuāng）：因胃里汤水过多而产生的不适之感。如：今儿我喝水喝多了，（胃）有点～。

不着调（búzháodiào）：贪玩儿，做事儿不可靠。如：他干啥都干了干耽的，～！

不赖呆（búlàidái）：指人容貌、体质、能力等不错。如：那姑娘长得可～。/在这堆儿人中他可～。

不离儿（búlír）：不错；不赖。如：这孩子可～，每次出差都给爸妈买东西。

差不离儿（chàbúlír）：差不多。如：孩子补习一年了，今年咋也～。

不大离儿（búdàlír）：①指距离不大，接近目标。如：他们俩谈（恋爱）三年了，估计～了。/他是三点从家儿走的，估计（要到）～了。②差不多。如：做人得～，不能太过分！

不带劲（búdàijìn）：因事情办得欠妥而愧疚。如：我请客，却没带够钱，还让他掏了500（元），真叫～。/你一个大老爷们整天蹭吃蹭喝的，你就不觉得～儿？

不得劲儿（búděijìnr）：不舒服。如：我早走会儿，今儿个我心喽有点儿～！/我有点儿感冒，浑身～。

忙三叠四（māngsándiēsì）：①非常忙碌。如：这几天～的，你都干啥呐？②急急忙忙。如：听说你病了，我就～地赶来了。

傻头磕脑（shǎtōukénǎo）：同义词有"二么颠憨（èr·modiánhán）""半傻不痆（bànshǎbúniē）""傻了吧唧（shǎ·lebájí）"。指人智商低，傻。如：那孩子生下来就～的。

愣头磕脑（lèngtōukénǎo）：同义词有"愣了吧唧（lèng·lebájí）""愣头哧脑（lèngtōuchínǎo）""愣头愣脑（lèngtōulèngnǎo）"。形容人鲁莽、冒失的样子。如：以后你说话办事儿小心点儿，别老是～。

装疯作傻（zhuángféngzuòshǎ）：同义词有"装傻充愣（zhuángshǎchóng lèng）"。形容故作姿态，掩饰实情。如，你不要在这儿～了！

假模儿假式（jiǎmōrjiǎshì）：装模作样，故意做出某种姿态。如：你看他～的样儿，心眼儿可坏了！

痆了吧唧（niē·lebájí）：同义词有"痆儿不醒（niērbùxǐng）"。形容人无精打采，好似没有睡醒。如：你昨儿晚上又干啥去了？一大早席儿就～！

跟不上趟儿（génbúshàngtàngr）：①跟不上前边的。如：薅苗我～，耪地还行。②落后。如：他思想落后，～。

抹不嗒的（mǒbūdá · de）或抹不丢的（mǒbūdiú · de）：因羞愧或办事失误而感觉不好意思。如：你让他去给媳妇儿道歉，他还是有点儿~。/虽然大家伙儿没责怪他，他自己还是有点儿~！

碎米叨糠（suìmǐdáokáng）：形容人嘴碎，爱叨叨。如：你别~地老是叨叨行吗？/他说话~的，没个主题儿！

齐齐牙儿牙儿（qī · qiyāryār）：非常齐整。如：她的头发铰得~的，真好看！

扬儿不理儿（yāngrbùlǐr）：同义词有"扬儿扬儿的（yāngryāngr · de）"。形容人自觉不错，大模大样、不爱理人的样子，多用于贬义。如：她就那样儿，见（到）谁都~的！

大模儿大样儿（dàmōrdàyàngr）：①形容人举止大方、得体。如：你看人家小李，和你一般儿大，干啥都~的！②形容傲气十足、满不在乎的样子。如：他们就这样~地从鬼子眼皮儿底下走了过去。

有心有肠（yǒuxínyǒuchāng）：指生活过得很有兴致，一切如常。如：别看他得了癌症，可人家的小日子可过得~的。

没着儿没落儿（mēizháormēilàor）：心神不宁，百无聊赖。如：老头子不在家儿，我一个人~。/不知道咋啦，这儿天心喽老是~的！

可怜见儿的（kěliānjiàn · de）：很可怜的样子。如：那孩子~，你就给他几块钱吧！

急头火脸（jītōuhuǒliǎn）：急急忙忙；特别焦急。如：看着他~的样子，家里肯定出事儿了！/听说孩子病得不轻，他~奔村部去了！

急着白脸（jī · zhebāiliǎn）：因着急而激动异常。如：你冷静点儿行不？别遇到点事儿就~的！

急着麻花（jī · zhemāhuá）：同义词"着急麻花（zháojīmāhuá）"。因着急而迅速行动。如：听说爸爸病重，她~就跑来了，啥也没带！

干了干耽（gàn · legàndán）：比喻人做事儿边干边玩儿、不抓紧。如：他干啥都~的，没个痛快劲儿！

蹂儿蹂儿的（róurróur · de）：形容迅速而轻松的样子。如：那媳妇儿走道~！/打秋千儿~，可好玩了！

寒了巴碜（hān · lebáchěn）：很难看。同义词有"砢了巴碜（ké · lebáchěn）"，二者含义及使用方法基本相同，只是因地域或个人习惯不同而区别应用。一般来说，在语句结构中"寒了巴碜"的前面不加程度副词。如：那丫头长得~的。/你可别那样儿做，~的！

不要哧紧（búyàochíjǐn）：不要紧。如：别着急，~的。

2. 表示具体事物动作、行为状态的方言形容词

中（zhóng）：①完成，专用于做饭。如：你问问你妈，饭～没～呐？②行；好。如：你看咱俩一起走，～不～？

丧（sàng）：倒霉。如：今儿个真叫～，出门就闹了个仰巴叉（意思是仰面摔倒）！

精（jíng）：光；赤。如：常言道：～脚的不怕穿鞋的！/他成天～着脚丫子满地儿乱跑。

艮（gěn）：①形容食物坚韧而不脆。如：这萝卜太～，不好吃。②形容人性子直，说话、办事生硬。如：他说话是～了些，可那是大实话！

驲儿（rír）：形容轻快、敏捷地掠过或轻快地绕着飞。如：一只麻雀～地一下子从头顶上飞了过去！/一按电钮，小飞机～～地在院子上空飞旋起来。

驲儿崩（rírbéng）：形容来去十分迅速、敏捷。如：她脚绰，一会儿～这儿，一会儿～那儿的。/小马驹儿在草地上～～地乱蹦乱跳着！

拧呦（nǐng · yo）：①不正；不直；有点斜。如：你的裤子穿～了。②相互绞在一起。如：别拽了，这两根儿绳子～在一起了。

拧着个儿（nǐng · zhegèr）：不一致；抵触。如：咱俩想法儿～呐！

砸锅（zāguó）：比喻事情办糟糕。如：这事儿可办～。

背亮儿（bèiliàngr）：背光。如：你从～地方走，他们就看不见了。

忽囊（hú · nang）：指软而有弹性。如：这块儿地一踩直～。/这床垫子一按直～。/这肩膀儿肿得一按直～！

软乎（ruǎn · hu）：软和。如：这蛋糕～。/这羽绒服穿着～。

硬棒（yìng · bang）：①坚硬。如：这木头是水曲柳的，～。②结实有力。如：这老太太身体还挺～！

硬挣（yìng · zheng）：①硬而有弹性。如：这画报（纸）～，留着垫囤底儿吧！②强硬；坚实。如：刚打的水泥路，比较软，～～再走。

真著（zhén · zhu）：清楚。如：我眼花了，报纸上的字儿看不～。

可身儿（kěshénr）：可体。如：这身衣服挺～的。

顺扇（shùnshàn）：①形容左右方向相异的鞋、袜等变成方向一致。如：这鞋你买～了，没法儿穿！②门、窗等向一个方向倾斜。如：这窗子没打好，有点儿～。

侧棱（cè · leng）：向一边儿倾斜。如：他走道儿有点儿～身子。/那只鸟儿～着身子飞，准是受伤了。

斜呦（xiē · you）：斜；倾斜。如：这条线画～了。/那个驴驼子～了，你去挡挡。

柱重（zhù·zhong）：牢固；结实。同义词“加重”。如：这个桌子真~。

皮实（pī·shi）：喻指布匹等结实耐用。如：买这个吧，这布比那种~。

熟蔫（shōu·nian）：花草、瓜果等因揉搓而蔫软。如：挺好的菠菜都叫你给揉搓~了。/这些黄瓜（被）扒拉来扒拉去的，都~了。

水灵（shuǐ·ling）：①瓜果蔬菜、花草等新鲜、有生气。如：这月季长得真~。②喻指人容貌漂亮有神。如：这丫头长得真~。

业障（yè·zhang）①喻指事情糟糕，后果严重。如：（汽车坏半道儿上了），这回可~了，前不着村儿后不着店儿的。②喻指无依无靠，生活等异常艰难。如：这老两口儿没儿没女的，可~了。

干塄（gán·leng）：①地面不再泥泞粘湿。如：刚下过雨，等道儿~喽再说吧！②土豆、红薯之类食物因蒸出水分而不粘湿。如：这白薯可~了，趁热儿吃吧！

稀了扑哧儿（xí·lepúchír）：喻指篓、筐里的东西，装得不实，有许多空隙。如：你看他篓子里的树叶儿~的。

爪干毛儿净（zhuǎgánmāorjìng）：指一干二净。如：（一盆儿）饭被他俩吃得~。/家里的东西被他们抢得~，什么都没有了。

恶了巴心（ně·lebáxín）：很脏，令人恶心。如：他们家厕所也不收拾收拾，~的！

吃耐得慌（chínāi·de·huang）：因汗污多而引起的身体不适。如：快把（被汗湿透了的）汗衫儿脱喽，多~啊！/一个多月没洗澡了，身体有点儿~。

齉了吧唧（nèng·lebájí）或齉巴拉拉（nèng·balálá）：指道路泥泞。如：那道儿~的不好走。

碎叽圪挠（suì·jigénāo）：碎的；碎的段状物。如：这些柴火~的不好烧。/这些（白薯）粉被压酥了，~的不好卖。

是时候儿（shì·shihòu·le）：到了最适合的时机。如：这核桃该打了，~了。/你来得~，再晚来一会儿可就见不到我了。

可了儿的（kěliǎor·de）：同义词“可惜了儿的（kǐxīliǎor·de）”，可惜。如：这么大块儿的馒头就撇喽，多~！/让你这个大学生蹲办公室，确实有点儿~。

斜调角儿（·xiediàojiǎor）：斜对角儿。如：我俩一个住东北角儿，一个住西南角儿，正好~。

斜么调角儿（xiē·modiàojiǎor）：①物体等位置不正。如：那个板凳儿做的，~的没法儿坐。/这个县城的大街都是~的。②形容人思路、做法等走偏。如：就你小子~的事儿多！

斜腰儿拉胯（xiēyáorlákuà）：形容人身体歪斜、不正。如：你走道儿走直喽，别~的。/你看他累得~的，直不起腰儿来了。

离了歪斜（lī · lewáixiē）：歪歪斜斜。如：你看这坝墙垒得~的，一看你就不会垒。/你看那人走道儿~的，是不是病了？

歪七扭八（wáiqíniǔbá）：①七扭八歪。②比喻人心不齐。如：就那么几个人儿，还~的闹不到一块儿！

歪脖儿横榔（wáibōrhènglāng）：①弯；不直。如：你看那树长得~的。②歪着头脖子发狠。如：你~的，干啥？不服气？

里出外进（lǐchúwàijìn）：不齐整。如：这墙垒得~的，一点儿都不直。/你看你们这队站的，~的！

嘎巴嘎巴热（gábágábáruò）：形容天气干热。如：这麦秋天~热。

鼓捏儿鼓捏儿的（gúniérgúniér · de）：形容鼓状物特别软。如：这疮化脓了，一捏~！

呼咧儿呼咧儿的（húliérhúliér · de）：形容纸片儿、布条儿等被风吹起的样子。如：那纸糊的窗户都震坏了，被风一吹，~。

（四）表示人、事物以及动作、行为的数量的方言形容词

平谷话中表示数量的方言形容词不多，现将常用的一些归纳如下：

小（xiǎo）：用在数词或量词词组之前表示数目或数量与之接近。如：我都是~五十的人了，还有啥想不开的？/他家存的陈谷（存有两年或两年以上的谷子）有~半缸。/一个双人床就占了~半间儿屋。

洼（wá）：①同普通话，指地势低洼。②形容人水平低。如：我水平~，比不了你。

趁（chèn）：①富有；拥有。如：他可~钱了。/人家儿~三辆汽车。②富足。如：他们家可~了。

侉（kuǎ）：①粗大。如：那孩子长了个~大个儿。②与本地口音在发音上差异较大。如：他不是本地人，说话~。

厚（hòu）：果品结得多。如：这颗杏儿树挂得（杏儿）真~。

口重（kǒuzhòng）：口味重。如：他吃~，炒菜时多加点儿盐。

口轻（kǒuqíng）：口味轻。如：他吃~，炒菜时少加点儿盐。

老了（lǎo · le）：同义词“老鼻子了（lǎobī · zi · le）”。形容很多、多极了。如：村里受他欺负的人，~！

出数（chúshù）：形容一定体积中所含个体数量多，如：这些种子足够种了，谷种儿~。

见饭（jiànfàn）：指体积见大。如：这米做干饭~。

全科（quān · ke）：全面；齐全。如：他有儿有女，是个~人儿。/大饭店

菜~。

老些个（lǎoxié · ge）：形容量多、量大。如：哪儿，咋那~人呐？/你给我拿这~（点心）干啥！

不丁丁儿（búdíngdíngr）：同义词“不点儿（bùdiǎnr）”“不丁点儿（búdíngdiǎnr）”。①很小。如：他都40岁了，孩子还~呢！②很少。如：她在面条儿汤喽倒了~香油。/小明掰了~白薯给小刚。

不大点儿（búdàdiǎnr）：同义词“不大儿（búdàr）”。指很小。如：他的儿子才~。/天旱，地里儿的萝卜长得~。

缕缕行行（lǚlǚhānghāng）：同义词“缕缕（lǚlǚ）”。喻指接连不断。如：一到春季，到平谷旅游的人~的。

第二章　延庆县

第一节　历史沿革

图 2－1[①]

延庆县是北京市辖域西北部的远郊郊县，县城距北京德胜门 73 公里，县境东临北京市怀柔区，南连北京市昌平区，西、北两面分别与河北省怀来县、赤城县接壤。

全境地处延怀盆地东部，燕山沉降带西端，地势东高西低，县域呈东北向西南延伸的椭圆形板块，东西最长处 73 公里，南北最宽处 45. 5 公里，境域面积 1992. 5 平方公里。

① 图选自北京工艺美术出版社 1991 年出版的《北京百科全书彩图 · 地图集》。

延庆县北、东、南三面皆山，境内千米以上的高峰 80 余座。北部群山连绵，高峰竞举，海拔多在千米以上，其中海坨山为北京市第二高峰，海拔 2241 米；东部为中低山地，山间河谷众多，山峦起伏，沟壑纵横，植被丰茂；南部为低山群列，山势平缓，起伏连绵，谷地宽阔；西部有敞口接官厅水库；中部为盆地，平川沃野，阡陌纵横。盆地北、东、南部川地与山地过渡明显、界限清晰，在山前地带形成许多洪积扇，洪积扇相连又形成洪积裙。由于洪水日久切割，洪积扇与洪积裙内沟谷形成许多坡梁地。延庆全县有四级以上河流 18 条，河道总长 280 公里，分属海河流域的潮白河、永定河及北运河 3 个水系。其中白河、妫水河为三级河流，为本县最大河流。妫水河源于本县，自东而西穿越县城汇入官厅水库。

延庆古临朔漠，历史悠久。史载黄帝与炎帝三战而后合，得其志于阪泉（其中有一说在延庆。本境有上、下阪泉古村落及阪山之野）。考古发现的大量新石器时代文物，证明六七千年前延庆境内即有居民活动。延庆地处北京通向山西及内蒙古咽喉要冲，历史上兵燹战火频仍。自秦汉后延庆境内屡有州、县建置，但时建时废，历史上曾有四次大规模变迁。秦统一中国后始设上谷郡，置上兰、居庸县，今延庆属之。西汉时，上谷郡领县十五，其中的夷舆、居庸二县均在本境。东汉时，撤夷舆合为居庸一县。北齐废居庸并入怀戎县。唐初怀戎属北燕州，贞观八年（634 年）北燕州改名妫州，天宝年间妫州改为妫州郡，今延庆属地始从怀戎县析出，设置为妫川县（以妫水名之）；唐末及辽金时，改为缙山县（以缙山名之）。元世祖至元初年，缙山县属大都路奉圣州；元仁宗爱育黎拔力八达因出生于本境香水园，其登基后，于元延祐三年（1316 年），升缙山县为龙庆州。元灭明立，废州设隆镇卫。明建文元年（1399 年）改隆镇卫为隆庆卫，永乐十二年（1414 年）复置隆庆州，直至隆庆元年（1567 年）为避穆宗年号遂易为延庆州。清仍沿用延庆州。民国二年（1913 年）全国废州改县，时称延庆县并沿用至今，民国时期属察哈尔省。1948 年 4 月 23 日，人民解放军解放永宁，5 月 19 日解放延庆，从此全县人民获得了新生。1952 年撤销察哈尔省后改属河北省张家口地区。1958 年 10 月规划北京市，成为首都西北门户。

延庆曾为五朝畿辅要隘及京北交通之枢。明代前，延庆的历史资料多已散佚，据明以后各时期延庆旧志记载，元明以来，延庆按州、县、里、甲区划沿用 500 余年；19 世纪末，改为州、县、十四里、五屯、一卫和九字号地区；1929 年改为县、区、乡、村区划；1949 年底，全县合为 7 个区，下辖 281 个行政村；1951 年 9 月，撤四海县将其原属两个区划入延庆县，至此全县共设 9 个行政区，下辖 330 个行政村；1958 年 8 月，全县合并为 5 个大公社，1961 年又划分成27个公社；1983年公社改为乡建置，全县共设25个乡、1个镇，共辖383个行政村；1990年将康庄、永宁、张山营乡改为镇，城关乡并入延庆县（设延庆、城关两管区）；1994年将西拨子乡改为八达岭镇。又经过1998年、2000年、2009年三次调整区划，成为今天11镇、4乡3个城镇办事处，下辖376个村委会和26个居民委员会。

延庆居于八达岭和居庸关要塞之上，古延庆历代为兵家必争之地，人口规模亦曾经历了六度变迁。废时居民南迁，兴时居民来源却非一途。明初在居庸关设隆庆卫，兵士多为江淮人，散于各处从事守卫和屯垦，俟后成为延庆县早期居民；明永乐十二年（1414年），设隆庆州和永宁县后，本州、县、卫又安置了大量山西移民和贬谪官吏，1593年蒙古部族鞑靼及其他少数部族归顺明朝，亦安置于本州、县。1644年清兵入关后，圈占大量土地安置八旗子弟。明清时期迁入的大量居民，经数百年相处逐步融合，形成了具有地方特色的方言语音、民风民俗，这在北京地区较为特殊。

延庆县城最早建于何时，现已不可考。但有史料载，秦汉时期，“居庸”“上兰”即在此置县；后经兵患战乱，逾200年无署治。又据1975年在延庆城西南谷家营发现的唐防御军城防副使张乾曜墓志铭载：张卒于唐宪宗元和八年（813年），葬之“军城西南五里”，可见防御军城即今延庆城。明永和十二年（1414年），明朝向延庆移民，隆庆州由赵玨主持规划乡村街道，州城初具规模。明景泰二年（1451年），副总兵纪广率驻军筑起包砖城墙，南北长800米，东西宽700米，县城面积0.56平方公里，城内以玉皇阁为中心，东西南北四条大街通向四门（西门仅为一过水洞），街巷虽窄，但城池巍然壮观。明清至民国五百年间，延庆老城历经风雨剥蚀和兵燹战火，解放前夕已是残垣断壁。新中国成立后，经过多次道路拓宽和街道改造，虽然城区规模扩大，但格局依旧。为充分发挥县城政治、经济、文化、教育和科技中心作用及其辐射力，进入20世纪80年代以后，县城建设重新规划，建设重点开始逐步东移南展，先后建成东西向四条干道和南北向两条干道，构成以妫水河中心公园为特色的城区交通环线。县城总面积达7.8平方公里，相当于旧县城14倍。街道全部为沥青路面，两侧设有隔离带、人行道。隔离带植有花木，两侧街灯林立。为改善居民居住条件，从1976年起开始建居民小区，到1994年，县城共建成13个居民小区，新建住宅楼225栋，建筑面积97.8万平方米；机关、企事业单位建办公楼64.8万平方米，办公条件也有了较大改善。自20世纪70年代农村开始建新房，80年代达到高峰。到1994年，全县农村80%以上农户建了新房，城乡面貌有了极大改观，加之基础设施条件改善，延庆已成为京郊最佳人居环境之一。

第二节　方言的基本情况

延庆这片神奇而古老的大地，抚育了一代又一代勤劳、智慧、淳朴、热情的延庆人。悠久的历史、独特的地理位置、特定的生活环境形成了具有自身特色的方言。延庆方言属于我国北方方言、华北次方言、北京官话区的西北片。延庆永宁地区位于延庆县的中心地区，其他地区或多或少受到与之毗邻的河北省赤城县、怀来县和北京市怀柔区、昌平区方言的影响，语言都产生了程度不同的变化。延庆镇和永宁镇及其附近的方言因有政治、经济、军事、文化等因素，成为全县的“官话”“通用语言”。虽然这一地区面积不到全县总面积的50%，但人口却超过了全县的60%。所以，将延庆永宁地方话作为延庆话的代表。概括起来说，延庆语言是延庆人创造、吸收、使用、传承的，以晋中南的语音为基调，融合了全国多地区多民族的方言而形成的独特的地方语言。

一、地域范围

全县语言分为6个区域：1. 妫水河流域的延庆—永宁地区。2. 康庄—西拨子—八达岭一线，原为延庆卫军屯，这一地带自古就是内地通往大西北的交通要道，语言受外来影响较大。3. 张山营地区。该地区与河北省怀来县、赤城县接壤，有的村屯原属怀来县管辖，语言也受雁北地区影响较大。4. 菜食河流域的四海—珍珠泉地区，类似怀柔话。5. 白河流域的千家店—沙梁子地区，比延庆其他地区更接近普通话。6. 大庄科地区，语言接近昌平语言。

以上六个方言区域界线是模糊、不确定的。一乡一村之内，兼有两三种小方言的并不少见，甚至一家一户、男女老少、夫妻之间说不同方言，也不稀奇。

二、历史成因

延庆县三面环山，处于华北平原到蒙古高原的过渡地带，是华北地区和西北、北方联系的必经之路，南来北往的人口流动迁徙不断。据专家考证，历史上有四次大的断代和迁徙，最后一次是在明朝。明永乐十二年（1414年），明成祖朱棣第二次北征时，看中延庆的重要战略位置和优越的地理条件，决定设隆庆州，并从山西大量移民。所以现在延庆最早的居民，多数是来自山西晋中南地区。因此，延庆人的语音和方言也明显带有晋中南语音的特点，保留了大批山西方言，如“机密（清楚、明白）、老爷儿（太阳）、夜个（昨天）、老奶子（老太太）、妹子（妹妹）、伯伯（bǎi · bai，叔父）、蝎嘞虎子（壁虎）”等，特别是管“崖子”叫“窑头”，更带有山西的印记。

毫无疑问，随着延庆州的设立，全国各地的移民陆续进入，使延庆话潜移默化地发生了变化。尤其是清军入关，许多东北人特别是满族人来到延庆，这些特权阶层的生活方式和语言必然对延庆人产生了巨大的冲击，许多东北方言随之在本地流行。像“卯劲儿（使劲）、鞋窠拉（鞋里边）、撮（吃）、饽饽（面做的点心）、勿拉（卖力气又利索）、棒碴（玉米糁）”等。这个时期的移民只是作为客体进入，因此语言也只是一种“入乡随俗”的融入和结合，是对延庆方言的丰富。

对延庆话影响最大的是北京话了。1958 年，延庆县划归北京市后，大批延庆人到北京学习、工作、生活、串亲访友，大批北京人到延庆下乡、工作、游玩。进入 20 世纪 80 年代以后，随着经济的发展和交通的改善，相互来往更加频繁。像过去延庆人管“香果”叫“胡拉车”，现在改称“香果”。过去管找的女朋友（对象）叫“媳妇”，现在基本上改称“女朋友”了。其他如“步碾儿（步行）、吃挂络儿（受牵连）、臭了街（食品过剩，成了滞销货）、倒了血霉（非常倒霉）、发福（恭维人身体发胖）、干巴老头（很瘦但有精神）、甩脸子（使性子让人看）”等。如今，延庆方言更加向北京话靠近，特别是青少年，讲的大多是普通话。

朝代的更替，社会的发展，每一个历史时期都会给延庆话打上深深的烙印。明清时的延庆州、永宁卫，当时军事活动多，留下许多军事术语，如小孩哭闹叫“闹营”，管在一个地方呆的时间太长叫“扎营”，管起内部矛盾叫“窝反”等。新中国成立后各个时期都有一些词语流传或消失。新中国成立初期的“二尺毛（妇女留短发）、解放脚、剥削、寄生虫”；合作化时期的“生产队、工分、社会话（符合社会发展的话）”；1958 年时的“大跃进、除四害、公社、大队”，以至于今天很多农村人还说“我们生产队、我们大队”；三年困难时期的“代食品、净面窝头、黄金塔、吃粮票（有正式工作，有粮食供应）”；“文化大革命”中的“知青、文攻武卫、支左、串联、红卫兵、走资派、揪斗、红五类、黑五类、臭老九（指知识分子）”；80 年代“万元户、承包、改革、五讲四美、延庆精神”等。到了今天，新词语大量涌现，极大地丰富了延庆语言，如“打工、打的、大款、大腕、小蜜、黄米（暗娼）、卡拉 OK、网吧、上网、焗油、发廊、高消费、生态环境、环保、民俗旅游、绿色食品、坐台、开涮”等。当然，这里面有的是不文明、落后的东西，以后当然会消失，但今天还存在，所以就要有语言来反映。

再有就是历代文化的影响。戏剧语言对延庆话影响较大。明清以后，除了正月十五的玩艺儿，较常见的就是演大戏了。因为移民因素，20 世纪 70 年代以前在延庆流行的主要是河北梆子和晋剧，山西梆子次之。春旱祈神降雨，秋天还愿，要唱戏，因此也留下歇后语叫“秋报子戏——谢神了”。再有就是庙会。据考证，明清时期延庆有庙宇四百多座，较大的寺庙都要在固定的日子举办庙会，而庙会的重要活动之一是唱戏。如县城和永宁的泰山庙会、康庄的养鹅池庙会、千家店的朝阳寺庙会等。此外，有些村子在春节期间组织演出，如沈家营镇连家营、康庄镇小丰营、永宁镇营城子等村。戏剧语言深入浅出，入情入理，打动人心。当然，新中国成立后大规模电影放映和广播电视的影响亦不能低估。除了戏剧之外，明清话本亦有一定影响。有一些说书艺人，走乡串镇演出，使明清白话文小说中的语言在群众流传。

三、方言定位

延庆方言属于现代汉语北方语系，是比较接近于标准化、规范化的普通话。但是延庆语言又与普通话有着明显的差异，与周边的昌平、怀柔、怀来、赤城县亦有很大的不同，从而使很多人感到困惑。

四、内部差异

上面提到全县语言分为六个区域，一是妫水河流域的延庆—永宁地区。明代此区域同属隆庆（延庆）州，但是延庆永宁两地语言有差异，如疑问代词“啥”，延庆说“shuàir”，永宁说“vàir”；“粽子”，延庆说“zòng · zi”，永宁说“zèng · zi”；“哥哥”，延庆说“gě · ge”，永宁说“gē · ge”等。

二是康庄—西拨子—八达岭一线。这一地带原为延庆卫军屯，自古就是内地通往大西北的交通要道。语言受外来影响较大，尤其自清末建设京张铁路开始，筑路工人多为外地人，铁路建成后一些人就留在这一地区。随着铁路工人与家属的不断增加，形成该地区语言的多样化和复杂化的特点。在此可以听到全国各地的语言，有“延庆的‘shuàir’，永宁说‘vàir’，康庄的‘大杂拌儿’”之说。

三是张山营地区。该地区与河北省怀来、赤城接壤，有的村屯原属怀来县管辖，语言也受雁北地区影响较大。怀来方言属于晋语——张（张家口）呼（呼和浩特）片，与普通话存在着较大差异。这一地区发音“zh、ch、shi”读成“z、c、s”，“en”读成“eng”，“ei”读成“e”。

四是菜食河流域的四海—珍珠泉地区。该地区与怀柔接壤，语音高亢而抑扬，陈述句也多后升调，类似怀柔话。如不爱吃说成“不耐吃”，饿了说成“nè 了”，昨天说“列个”。

五是白河流域的千家店—沙梁子地区。位于延庆县东北部深山区，是延庆又一个语言特区。当地话语音、语调较和缓，比延庆其他地区更接近普通话。

当地人不说“shuàir”“vàir”而说“什么”即可见一斑。

六是大庄科地区。语言更接近昌平语言。旧时，大庄科处于县南部深山中，沙塘沟等后七村历史上曾归属昌平管辖，与其联系也较密切，语言受其影响也较大。

延庆为全州（县）的政治、经济、文化中心，延庆话为全县的官话和通用话。永宁旧设永宁县，为另一政治、经济、文化中心。延庆永宁话可以作为延庆语言的代表，所以后面以其作为主要研究的对象。

第三节　方言的特点

一、语音特点

1. 比普通话多两个辅音，即国音中“ㄑ（q）、ㄎ（k）、ㄫ（ng）、ㄏ（h）”的“ㄫ（ng）”。“ㄫ（ng）”是舌根鼻音，发音时将舌根抵住颚口盖，使气息从鼻腔中透出，在现代汉语中已不用。延庆话对“ㄫ（ng）”的保留虽不如雁北地区和怀来、赤城重，不把“我”说成“我（ngě）”，但在单用元音“ɑ、o、e、ɑi、ei、ɑo、ou、ɑn、en、ɑng、eng”时，都要加上“ㄫ（ng）”做辅音，如“鹅”读“nge”“安”读“ngɑn”“熬”读“ngɑo”等。再一个就是ㄐ（j）、ㄑ（q）、ㄋㄧ（ni）、ㄒ（x）中的“ㄋㄧ”。其为舌前鼻音，发音时将舌尖抵住硬口盖和牙根，使气息从鼻腔里透出，在现代汉语中亦不用。这个音较多表现在疑问句和陈述句中的“呢”上，还有一个就是对“娘”的昵称，读“nià”。

2. 语音厚重平直。延庆人讲话语调生硬，低声慢语，咬字较重，和普通话相比，其总体声调绝对值偏低。

3. 部分两字词组重音前移。后缀带“儿”“子”肯定是这种读法，其他如“鸡蛋、垃圾、夹撒（捎带、连带）、苹果、咯吱（捅人腋窝使其发痒）、打（dɑ́）扮”等，读时重音在前且拉长声。如果后字重读则是为了强调，如“妈娘（乳母）、大爷（爷爷的兄或弟）、奶光（出窝的小猪）、家雀儿（雀读巧）、老爷儿（太阳）”。动宾词后重读多一些，如“拜把子（结义兄弟）、坐蜡（失信）、剃头”等。带后缀的还有“娘啧（啧读 zèi，表示惊叹）、吆耶（读 yɑ́oyè，表示惊叹，但程度大于前者）”。

4. 带“儿化韵”的字词占一定比例。儿化韵的字词连读，不像房山、顺义强调“儿”字。延庆方言中的“涮儿”字，读音为“shuàr”，是“什么”的意思，比如说到延庆“干涮儿、玩涮儿”等。这个字在延庆口语中使用量颇大，正宗写法是流传的民谣："一点一横长，言字顶房梁，你扭我也扭，你长我也长，中间加个马大娘，心字底月字旁，金钩挂衣裳。"简写为"帅儿"或"涮儿"。再如："出气儿、鸡子儿（鸡蛋）、密密群儿（海棠果）、碟儿、凳儿"等。还有"是儿"，表示疑问拼音为"shír"，表示恍然大明白为"shǐr"，表示肯定为"shìr"，用量很大。

5. 变音。在延庆方言中，虽然和普通话一样有阴平、阳平、上声、去声四声，但有许多字音的声调与普通话的对应有调类错位的现象，部分字还有古入声字，因此更使人困惑。变音字比较多，且变化无常，不像上面说的"辅音"那样有规律，不熟悉延庆方言的人不太容易掌握。方言的变音分声母变音、韵母变音和变调等。

声母变音。如："结束"变音为"结 sù"，"撞车"变音为"chuàng 车"，"输赢"变音为"chū 赢"，居庸关的"庸"变为"龙"，"就是"读"zòu 是"等。

韵母变音。如："娘"读成"nià"或"niè"，"别去"变音为"bái 去"，"耳朵"变音为"耳 · dao"，"鲤鱼"变音为"lǐn 鱼"，"粽子"读成"zèng 子"（表示用绳等捆着，是河北南部和山东的话），"学"读"xiáo"，"笔"读"bēi"（受冀东话影响）等。

声母韵母皆变。如："永宁"变成"永庸"，"躲清净"变成"妥清静"等。

变调。如："康庄"变调为"kǎng 庄"，"而且"变调为"而 qiè"，"灭灯"变调为"miē 灯"，"横（héng）"变调为"hèng"等。

古入声字。如："八达岭"的"达"读轻声，"全活人"指家庭成员健在的人，被认为是吉祥人，常在办喜事时做被子、铺床等事情，"活"也读轻声，而且很短促。

二、语义特征

1. 一词多义

一词多义最有代表的是"可以的"一词，延庆人使用量非常大，根据语气，可以表示"非常肯定、肯定、不加可否、否定、特别否定"和"非常好、好、中不溜、比较坏、非常坏"的感情色彩。再如"唧咕"一词，细分起来有四种含义：①私下里窃窃私语，"嘀咕"的变音；②背地里要小阴谋，搞小动作，"挤对（挤兑、挤对、挤得）"的变音；③有话要说，憋着难受；或饮食不卫生，腹内不舒服；④花零钱，同"零扔"。再如"划拉"，其词义有三种解释：①字迹潦草，随意书写；②用眼巡视；③找寻。

2. 一字多义或一音多义

在延庆方言中有个发“dāo”音的多义字，除为“菜刀”的“dāo”以外，还有四种含义：①用爪子抓或抓取，如“鱼被猫刀（走）了”；②用工具或手抓、抓取，如“从羊身上 dāo 羊毛”；③靠运气发财，被称为“dāo 着了”；④“捞”的变音，延庆人把从汤里往外捞腌制的蔬菜称为“dāo”，如“dāo 一碗酸菜”。

3. 一义多词

如动物交配，猪是搭圈子，猫是走时子，狗是恋单，蛇是拧绳儿，禽类是踩蛋，牛羊是配种。表示动物公母，猫叫郎猫、咪猫，狗叫牙狗、母狗，驴叫叫驴、草驴，马叫马公子、骒马，猪叫跑葫芦、母猪。称某人愣怔、木讷、显得手足无措，为“二愣巴症”“木症”“癔症”等；称某人糊涂、不明事理，为“糊吝嗒涂”“糊涂六咧”等。

4. 多种词汇反映程度不同

如天黑前后：晚半晌、马糊影子、合了黑、认灯，反映天黑的程度。说开水有乌了巴叽儿、乌突、认口、满口满口的、烫嘴烫嘴的、滚烫滚烫的，表示水温的差异。

三、语法特征

1. 多单句，少复句

有些单句或复句，往往用紧缩句形式表达。如：

老张是不？——你是不是老张？

见没？——看见没有？

你爱咋着就咋着。——你爱怎么样就怎么样，不爱怎么样就不怎么样。

吃没？——吃饭了吗？

2. 多倒装句

（1）主语倒置

将主语放到句子最后，更强调了主语。如：

走不哩，咱们？

要上哪去呀，你俩？

（2）状语倒置

将状语放到句子最后，更强调了状语。如：

这事干不干，今个？

到百落（大柏老、大老伯子）什么时候动身，初一、初二？

哪去了，都？

(3) 状语谓语颠倒

如：知不道——不知道

认不得——不认得

3. 疑问句有时加序语或简化

如：那是谁们家的牛？——那是谁家的牛？

那是什么家的羊？——那是谁家的羊？

你娘的病好没？——你娘的病好没有？

四、构词特征

1. 生动形象

说一个人爱占便宜，叫“尖得戴不住帽子”。说饥饿难忍，叫“饿得前心贴后心”。说待的时间太长，叫“屁股沉”。

2. 构词独特

许多延庆方言非常特殊，让外来人费解。如说“人扯了，把他 nāo 住，把东西抬起来。”“扯”为跑，“nāo”为抓，“抬”为藏。还有一个感叹词，叫“儿来塞”，也非常叫人费解，曾有人拿这个词与李白的《蜀道难》中的“噫吁嚱”相比，倒很贴切。

3. 加后缀

延庆方言的四字格组成的词或成语非常多。这些词又以形容词居多。有的在收尾时加“嘎叽”“格叽”“呱叽”“吧叽”。如说丑、不好看叫“寒碜嘎叽”，说一个人装腔作势、摆谱叫“势（儿）了嘎（吧）叽”，形容土气叫“土了吧叽”，形容味道叫“酸了吧叽”。有的后缀加了“搁刀”，如“寒碜搁刀”等。

延庆方言的形容词中，有大量的三字含二叠字格。三字中的叠字，有的可能有意义，有的可能无意义，只做强调加强语气之用。叠字中第二个字一般读轻声。如“劈乃乃（pīnāi · nai）”，指东西不成形，劈了；呼哧哧，形容喘气的样子。

第四节　方言词汇

一、名词

延庆方言中的名词与普通话中的构词相同，不外联合、主谓、动宾、偏正、后补、带后缀等结构。下面按类别加以介绍。

1. 称谓

娘（nià 或 niè）：对母亲的昵称。

兄弟：弟弟。

姊妹：姐妹或兄弟姐妹。

妈娘：乳母。

姑娘：娘读轻声，姑母。

姨娘：娘读轻声，姨妈。

小写子：或写子，即小男孩。

挑担："担"读轻声，即连襟，亦称一担挑。

大爷："爷"读二声是爷爷的哥弟，读一声为伯父。

伯伯（bǎi · bai）：叔父。

隔山兄弟：同母异父兄弟。

老妈妈子（lǎomǎmǎ · zi）：老妻。

老奶子：老太婆。

老家儿：指父母。

老公母俩：夫妻俩。

老爷们儿：大男人。

老娘儿们儿："们"重读，认死理的妇女。

大大：大伯。

大姑姐姐：丈夫的姐姐，又叫大姑子。

大老伯（bǎi）子：又叫大伯子，丈夫的哥哥。

老姑奶子：男方家的姐妹，大一辈的叫老老姑奶子。

媳妇儿（xí · fenr）：媳妇（儿化音）。

2. 人事

蓦生：父亲去世后出生的。

双生（shuàngshēng）：又叫撞生，双胞胎。

月壳子：没出满月的婴儿。

买月：满月（口音）。

知客：办喜事的总指挥。

画匠：亦说花匠，即裱糊匠。

毛毛匠："匠"读 jiàng，做皮活或擀毡子的手艺人。

钉盆碗的、焗锅的：小炉匠。

鼓属：吹鼓手。

杠手（杠子手）：从事搬抬物品的人，亦称爱抬杠的人。

挑小挑的：挑担的流动商贩。
勺子：办事说话不循常理，与“潮性”同义。
打伙计：无证婚姻。
忙活人：红白喜事做杂活的人。
大拿：能独当一面不可或缺的人。
讪皮脸：亦称人来疯，有客人时疯闹，多指小孩。
半熟脸：半生不熟的人。
愣瓜杵：办事鲁莽的人。
拨落拐：碍事的人。
卤虾酱：鲁莽的人。
雾里悠：不干正事儿的人。
二尺毛（子）：妇女梳短发，亦称梳短发的妇女。
呓症：办事太超常理，也叫撒呓症。
魔症：疯疯癫癫的人。
解心影儿：心理安慰。
琉璃瓶：脆弱、弱不禁风的人。
连毛僧：很长时间不理发的男人。
瘦蛤蚌：指精瘦的人。
挖能肺（窝囊废）：指动物器官；指没本事、窝囊的人。
打糠灯：把人不当回事。
疯魔：不检点，放肆。
侧（·zhai）不冷：侧向跌倒。
仰巴脚子：向后跌倒。
狗吃屎：向前跌倒，马趴。
骨咧：跌倒又滚了一下。
马趴：向前跌跤。
老显包：特别爱表现自己的人。
能带梗：逞能的人。
秃尾巴鹰：指办事没把握，放飞了。
有把烧饼：有证据的事。
聊天机儿：神吹的人。
麻刀肺：疯闹的小孩。
人灵子：特别精明，能算计别人的人。
三孙子：不成个人样。

硬柴头：特别倔强的人。
搁艮头：个色（各色），孤僻的人。
经纪神（精气神）：精神。
老讨吃：乞丐。
过节儿：小的矛盾。
顶缸：代人受过。
兜圈子：有话不直说。
假招子：虚情假意。
猫儿腻：隐私，私情。
念秧儿：说败兴话。
蔫土匪：不爱说话而心里有数的人，贬义。
傻冒儿：傻，也代指傻子。
顺毛儿驴：喜欢听人赞美，不喜欢听批评的人。
愣登雀儿：傻子或脑子特不够使。
白薯：二百五，傻瓜。
白皮狮子：嘻嘻哈哈爱开玩笑的人。
话篓子：话多的人。
神仙：后字轻读，戏称搞迷信骗钱的人。
老贱堆儿：老年人自谦。
3. 人体、病症
条个："个"轻读，指身材线条。
细了门子：额头。
葫芦系子：喉结。
后脊梁（niāng）：后背。
脊梁（niāng）骨：脊椎骨。
牙齿骨（gū）：牙床骨。
老和尚、烧饼盖儿：膝盖骨。
脖梗子：脖子后面。
胡毳：胡子。
眼支毛：眉毛。
妈妈（mā · ma）：乳房。
奔儿头：额头突起。
勺子：后脑勺子，指后脑勺突出。
熟桃：指人身体特别虚弱挺不起个来。

灯草人子：体质过弱，弱不禁风。
雾蒙眼：指眼患白内障或瞳孔变白。
萝卜花眼：眼睛长东西，视力不好。
二成眼：视力不好。
二五眼：指判断事物离实际相差太远，或做事不靠谱。
脑仁儿：脑子里面。
骨拐：大脚趾后的骨头突起。
杵子：拳头。
大腿瓜：大腿前面的肌肉。
腰眼：后腰肾区。
皴皮罐儿：指全身皴很多的人。
转筋：抽筋。
奴疾：手足骨关节突出的包。
跌肚：或称掉跌肚，指脱肛。
四六风：新生儿破伤风。
羊羔疯：癫痫。
创磕：癔病，说话声音语调像故去的人，迷信说法是阴魂附体。
小痨：也叫小儿痨，小孩得的难治的病。
大肚子鼓：黄疸腹水。
黄瓜秧子：指人柔弱不堪。
痨疾病：肺结核或一些长期治不好的大病。
能能仙儿：身体非常虚弱的人或不要强的人。
心口疼：胃痛。
跑肚：“跑”读 pào，拉肚子。
失奶子：婴儿失去了母乳喂养。
半病人：身体极虚弱的人。
4. 人物贬语
狼干粮：让狼吃的人。
贼抱的：贼的儿子。
贼孙子：贼的孙子。
小炮仔儿：坏小孩。
挨刀货儿：要杀掉的人或动物。
砲拽子：挡炮弹的人。
棺材瓤子：快死的人。

兔崽子：淘气的小孩。
杂种（zōng）：不同种族人的后代。
混蛋、混球：不懂事的浑人。
兔头：说小孩是淘气包，骂大人不正经干事。
5. 野生动物
马狼子：狼。
土豹子：猞猁。
花了棒槌儿：松鼠。
扫挠子：岩鼠。
老鹞鹞：老鹰。
寒老鸹子：老鸹、乌鸦。
夜猫子、咕咕蚴（yǒu）子：猫头鹰。
蛾娄（ngē · lou）：云雀。
水老鹳：鹳类、鹤类或鹭类。
大家贼、家雀（qiɑor）：麻雀。
臭咕咕：鹧鸪。
苇扎喽：苇莺，在水面苇子丛里筑巢。
吱吱黑（zìzìhēir）：一种住在墙洞中的小鸟。
奔达木："达"读轻声，啄木鸟。
原变虎儿（盐巴虎、雁么虎）：蝙蝠。
长虫：亦称蟒羔子，"蟒"读 mánɡ，即蛇。
白降杆（ɡǎn）儿：白色毒蛇。
土珠子：土色毒蛇，个小。
蝎勒虎子：亦叫蝎斧子，即壁虎。
蛇出溜子：蜥蜴。
疥河蚂：亦称疥毒、老疥毒、疥蛙、老疥蛙、疥河蚂子，即蟾蜍。
青虫："虫"轻读，亦称河蚂，即青蛙。
圪豆：蝌蚪。
凛鱼：鲤鱼（口音）。
鲫（jǐ）瓜片子：鲫鱼。
黄帮子、嘎鱼：黄颡。
蛇鱼钻：泥鳅。
绵鱼：鲶鱼（口音）。
瞎娄：鼹鼠。

搬仓子：小田鼠，尾短。
蜜蜂巴巴：蜂蜜。
蛛蛛：蜘蛛。
蛐蛐：蚯蚓。
蚂蚱：蝗虫，亦叫蚂蚱墩儿。
洋孙子：象鼻虫，害虫。
黑斗牛：黑色金龟子，害虫。
花牛儿：白点黑底花天牛。
水叮叮：蜻蜓、豆娘。
蜜虫、蜜：腻虫。
蚂瞎子：蚂蚁。
扑腾蛾子：飞蛾。
老扁儿：蚱蜢一种，通体绿色，头尖有须，会飞。
蝲蝲蛄：蝼蛄。
土蚕：蛴螬。
钻心虫：玉米螟或桃小食心虫。
洋刺子：刺蛾。
虫艺儿：昆虫。
污属：鱼的不干净的内脏。

6. 家畜

奶光：出窝的小猪。
坷拉：半大育肥猪。
跑葫芦：公种猪。
搭圈子：猪交配。
马公子：种公马。
骒马：母马。
儿马：小马。
驴骡：母驴公马配出来的骡子。
马骡：母马公驴配出来的骡子。
乳牛：母牛。
犍牛：公牛。
咪猫：母猫。
郎猫：公猫。
走时子：猫交配。

叫春子：猫发情。
炸窝：鸡发情孵蛋。
踩蛋儿：鸡交配。
牙狗：公狗。
（狗）练单：狗交配。
串秧：猪等动物串种。
7. 植物
山药：土豆。
白薯：红薯。
棒子：玉米，亦称老玉米。
甜菜：一种是做糖用似萝卜的植物，一种是玉米高粱甜杆。
甜杆儿：甜而有水的玉米、高粱秸杆。
大麻子：蓖麻。
高粱头：高粱穗或掐下来的成捆高粱穗。
高粱挠儿：脱去高粱粒的穗子。
黍穰：脱去黍子粒的穗子。
豆秸子：脱去豆粒的豆棵子。
豆黄子：去皮，破成四六半的豆子，做豆腐磨饹馇浆用。
䠞子（chǎi · zi）：将高粱、玉米等磨成粗面，煮成糊糊，喂猪用。
黄米：分大黄米（黍子去皮）、小黄米（黏谷去皮）。20 世纪 80 年代将女性性工作者叫做黄米。
秫米：高粱米。
半了瓜：果蔬类不完整，只剩下半个左右。
破货儿：豆子被虫咬，不完整了。
撅伤：被镢头刨坏了的薯类。
格挡子、秫秸：高粱杆。
格挡剪儿：高粱穗下到节前一段，可做盖点儿（盖帘儿）。
格挡卢儿：高粱头后一段高粱杆儿。
格挡裤儿：高粱杆儿的结子。
秸秆：玉米、高粱秸杆。
谷子：读 gū · zi。
谷莠（yǒu）子：似谷的草。
谷芠子（gūwěn · zi）：瘪谷子。
鬼子姜：一种植物，块茎可腌酸咸菜。

芫荽（yán·sui）：香菜。

倭瓜：本地南瓜。

傻瓜：角瓜。

裂瓜：瓜蒌。

花生：“生”读 shēn。

寄籽儿：头年播种，第二年发芽。

菜栽子：萝卜、白菜等两年生蔬菜留种第二年种上开花打籽，留的种苗叫栽子，也叫菜栽子。

苣菜：苣荬菜。

婆婆丁：蒲公英。

楷棠花：指甲花。

凉丹花：玉簪花。

闪丹花、卷丹花：本地百合花。

刺芽儿（cìryár）：蓟菜。

麻参菜：马齿苋。

车骨鲁儿：车前子。

黄火亮子：一种山柴，夜间可做照明用。

刺薇花：亦称刺玫，即玫瑰。

密密群儿：海棠。

槟秋子：一种水果，似海棠比海棠大。

胡拉车、胡拉槟：香果。

菜不拉：菜树，学名蒙古栎，亦称橡树。

榆拨子：丛生榆树。

枣圪针：酸枣刺。

桑儿：桑椹。

茅菇：蘑菇。

狼咬：薯类被虫子咬过。

淤枝：随洪水飘下来的树或树枝。

8. 工具、用品

平集柜：老式立柜。

帽镜：摆在柜子或桌子上的半高镜子。

胡胡：胡琴。

起灯（取灯）：或叫洋起灯儿，即火柴。

猪胰子：民间用猪胰脏掺火碱做成的肥皂。

洋胰子：香皂。

寨子布：粗平纹布。

铜璇子：用铜做的盆。

缸茬儿（chǎr）：少半截破缸。

降蓬：用山草编的蒸锅屉帽。

大印盆、二印盆、三印盆：大中小三种瓦盆，大的如今天的大洗衣盆，小的如今天的脸盆。

疙瘩盆儿：小号瓦盆，如中号盘子大小。

合罐：也叫合了罐，口小的瓦罐。

拢栋：用荆条编的牲口驮子。

盔儿：像帽盔一样的小盆碗。

袱屉子：用布包棉花做的鞍子。

碓臼杵子：小石臼及做锤子用的石块。

擦蹭：擦丝用的工具。

酒嗉子：斟酒、温酒用的酒壶。

排（pǎi）子车：马车。

铁钎、铁锨：铁锹。

线镢：镢头一种，头窄，刨砂石用。

板镢：镢头一种，头宽，刨埴土、收土豆等用。

锛镢（bēnjuē）：一种能劈能刨的工具，刨树根劈柴用。

找刀子：形状似火镰，刀有刃儿，收高粱用。

扒楼子：撬棍一种，一头扁分叉，一头弯回扁分叉，起钉子撬石头用。

荆系筐：用荆条编的元宝形的小筐，系儿用荆条拧就。

箩的筐：用荆条编的筐，较大，系儿用粗树枝弯成，挑东西用。

荆的筐：样子同上，较小，系儿用粗树枝窝成，扛东西用。

小红筐：用一年生的桁条编成，外面是红色，较好看。

柳斗子：提水工具，用去皮柳条编就。

戳干儿：旧时浇地提水工具，井上架一横梁，上面一立杆，杆底栓柳斗子，梁那面一粗杆，杆底栓一较大的石头配重，提上一斗倒垄道，再提再倒，比用绳子提省力。

双拍子：用高粱穗下一段编成，京城叫盖点儿（盖帘儿）。

箅子：用高粱杆或竹子类做成的蒸锅屉。

洋车：自行车。

小卧牛子：亦叫王八牛子，即小轿车。

电驴子：摩托车。

挎子：带斗摩托车。

扭扭车：坝上地区一种牛拉的木轮串车。

纸袼褙儿：做纸盒、纸箱用的硬纸或马粪纸。

钥匙：yuèshi。

锔子：铁锔子，用于锯锅、缸、盆、碗，大号的锯在山墙上。木锔子拴在绳子一端，绑东西用。

别棍儿：起固定作用的小棍。

9. 饭食

八六席、八八席：延庆的喜庆宴席。

咕嘟酒菜：砂锅炖菜就酒，或简单菜喝酒，仓促间招待客人的饭食。

样肠：一种本地灌肠。

火勺（火烧）：烤制的面饼，延庆人对其情有独钟。

油炸鬼：两头相连，中间圈状油炸，类似油条，已失传。

馈馏：有的写作魁垒，读作 kuǐ · liu、kuǐ · lei、kuǐ · ling、kuǐ · lin，一种面食。

拿糕：一种面食，也可以转义为事情糟糕了。

拨疙瘩：亦称拨鱼儿，一种面食。

干饭汤：小米饭和疙瘩汤。干饭米汤仅有米汤。

大发："发"重读，发了的黄黏米面擀成薄饼晾干油炸，脆的。

饹馇夹：饹馇中间放拌好的肉馅切成小块油炸。

野鸡脖儿：鸡蛋摊薄饼卷拌好的肉馅切成一寸长油炸。

摊黄菜：将鸡蛋淋成细丝，在油锅里炸，放白糖。

黄金塔：窝窝头。

黄儿：用小米面掺玉米面做的发糕。

吃儿（chīr）：零食，专为小孩准备的。

熬菜（ngāocài）：炖菜。

熥饭：蒸，回回锅。

合碗儿：亦叫折合碗儿，即扣肉。

戳菜：一种腌渍的酸菜，原料为芥菜和萝卜缨子。

积菜：腌渍的酸白菜或酸圆白菜。

黄菜：一种腌渍的酸菜，原料为芥菜缨子。

折箩：宴席后倒在一起的剩菜。

杂和（huō）菜：放一块的剩菜。

咂水儿：嚼嚼，咂水，再吐掉。
老山串：本地山茶黄芩茶。
盒子：一包糕点，过去按面算分量，一包大约一斤半左右。
10. 衣物
手巴掌：手套。
拽腰子：类似马甲。
汗格勒子：热天穿的类似马甲一类衣服。
侉鞋：一种鞋底前三角形翻上来的鞋，旧时多是干活人穿用。
暖箍：老年妇女头上的箍，多绣着花。
被卧：被褥。
袄（ngǎo）：上衣。
褂子：自制单袄。
叉裤：只有裤腿，保护裤子用。
铺陈：“陈”读轻音，旧布片，打袼褙用。
枕头护盖：亦称枕头护子，类似起枕巾作用的布。
鞋护盖：鞋上的保护布面。
盖物：被子。
袜头子：女人缠足穿的袜子。
铃铛壳儿（kēr）、球壳子：戏称帽子。
11. 生活
心肠：后字轻读，指心思。
巧敏活儿：技术活。
末子：指茶叶末。
疲茶：泡没了味的茶叶。
磁手：有本事、能耐、办法。
饥荒：荒读轻声，亏空。
嚼裹：“裹”读轻声，吃喝费用，也作嚼谷、嚼骨。
揆场（kuí · chang）：规矩。
垩淋（ngé · lin）：衣被弄脏的痕迹或水印。
车轱辘话：翻来覆去说一件事。
拉抽屉：说来回话，不拿确切主意。
倒粪：翻来覆去说一件事惹人不爱听。
闲噶（xiánɡá）：闲聊。
闲篇儿：也叫聊闲篇儿，闲聊。

嚼舌头：或叫嚼舌头根子，说坏话。
贴舌：告黑状，帮腔说坏话。
话痨：太能说话的人。
虚嘴儿：虚让。
捅胳拉肢：背人商量事。
露白：露出底细。
彩气儿：利益。
呕心（ngōuxīn）：烦恼事多，操心。
设辙儿：啰嗦或麻烦事。
关饷：发工资。
执照（zhí·zhao）：官方证照。
出彩儿：干得漂亮的事。
逼瓜：掌嘴。
逼斗：掌嘴，稍轻。
脖搂子：掌打后脖颈。
拔帽儿：拔尖。
涝天地：落到极差的后果中。
给劲儿：得力。
倒斗子：不小心东西从容器或口袋中倒出来，或反胃呕吐。
剪口：不经意捆口袋绳开了，东西撒出来了。
逗闷子：玩笑话。
逗皮壳儿：开玩笑逗着玩儿。
拉偏架：偏向一头的劝架。
鬼瘾：耍鬼。
坏了醋：坏事了。
味儿事：做事不起作用。
扒猴：盯着看，想要把东西拿到手。
拾猴：捣乱，乱翻东西。
熬鹰：彻夜不让睡眠。
拌蒜：走路不稳的样子。
犯心：多心。
犯病：引起病痛。
掉嚎子：掉眼泪。
压轴（yāzhòu）：最后表演。

架秧子：起哄。
捞毛：献殷勤。
磨顿（mòdùn）：吃饭到最后也难吃完。
磨饭碗子：吃饭磨蹭到最后。
立楞楞（lìlēng · leng）：显强势，呈霸道。
怵窝子：怕见生人。
打平伙：共同拿钱或东西聚餐。
打喳喳（dǎchā · cha）：低声说话不让外人听到。
磨豆腐：唠叨，反复说一件事。
豆腐磨子：同上。
碎嘴子：嘴碎。
黏头瘟儿：提问题太多的人。
逼叨：后字轻读，嘴巴。
砸垡子：挨数落。
二眼灯：干瞪眼的人。
哑牙脑袋：活该受穷困。
烧煤子（shào · mei · zi）：烟囱炟着了。
洋沤子：擦脸油。
书兜子：书包。
小脸子：脸读轻声，使小性。
打驳词儿（ · cir）：推却。
凉粉（liáng · fen）：指事情不行了。
憎儿（zéngr）：歪着、怪着。
扳杠：抬杠，吵嘴，辩论。
摆谱儿：摆架子。
拔份儿：显示比众人高一筹或高一头。
成心：存心，故意。
成示：成色。
点卯：报到或打个照面儿的意思，显摆。
断了念想儿：不再思念，难再思念。
葫芦码儿：可能出现的情况。
音信：行踪信息。
底儿掉：根底，非常彻底。
上脸：不听话，不要脸面。

顺竿儿爬：迎合别人的话。

添堵：北京土话，添麻烦，让对方讨厌的意思。

套瓷：拉近乎，搞好关系。

下套儿：下圈套的意思。

走嘴：本来不想说，没留神说出来了。

支着儿：给人出主意。

幺蛾子：耍花招儿的意思。例：你少给我玩幺蛾子。

洋落儿：吃剩下或用剩下的东西。落，读烙。最初洋落儿指洋货，后来通用。

打联联：在一起瞎混。

响儿动：声音。

打水飘儿：付出没有回报。

跌份：丢面子。

叫板：挑战，叫阵。

撇京：指刻意说北京话。

露怯：丢面子的意思。

奶浆子味儿：奶腥味儿。

戏眼儿（xì · yɑnr）：故事。

黏核（hú）子杏：原意是核与果肉粘连在一起的杏，转义指说话黏黏糊糊的人。

拧肠子话：不符事实的话。

马后屁：马后炮。

包葫芦头：包扫尾的工作。

挨（ngɑ́i）锣锤：指赶上事情快结束。

挑费：做事的成本。

宵场：“场”轻读，夜场（戏剧）。

压地头：地头歇息。

12. 房屋建筑

驳吊：关闭窗户用的菱形木块。

仰衬：纸糊的顶棚。

门插棍：门闩。

瓜柱：柁上的短柱。

山柱：山墙上的柱子。

炕坯（kàngpēi）：搭炕用的土坯，支撑的叫码子坯，做面用的叫方坯。

鸡头：实际是脊头，房脊两头用泥烧制的装饰物。

云瓦：房脊下方用泥烧制的装饰物，像扁桃形。

筒瓦：筒状的瓦。

板瓦：亦叫小板瓦，稍有弧形，板状的瓦。

猫头：装在筒瓦前端的装饰瓦。

滴水：装在板瓦前端的装饰瓦。

撅屁股傻子：指房顶一面流水的房子，一般用作配房。

土平房：顶子铺高粱杆抹泥，不瓦瓦。

炕梢子：炕远离灶台一头。

锅台脖溜：灶台连接烟道的地方。

外地下：堂屋。

门过道：门道。

盆木：井最下面的木头支撑。

淘井：清理井底下。

瓦瓦：安瓦。

搭炕：砌炕。

打地功：弄地基。

码槽：砌地基。

落（lào）架：指房架子塌了或拆除。

门脸儿：门脸有两种说法，一是商店的门窗等外貌；二是指人的脸面，如五官等。

茅房：厕所，官茅房就是公共厕所。

死旮旯儿：旮旯，角落。

背的晚儿：背人的地方。

13. 农田土地

隔檩：高大的土埂。

堰土：撒籽后的掩土，先备好放在畦埂上。

匀粪：把粪匀成小堆，分放在田地，播种时用。

帮耧（耘锄）：耩地或耘地拉牲口的人。

涝洼子：涝洼地。

漏风岗子：紧挨陡坡的田地，保水差。

切溜坡子：也叫折楞坡子，不规则的一面高一面低的坡地。

搭石（dá · shi）：为过河排的石头。

14. 喜事

随礼：参加喜庆活动交的钱。

随红：对亲朋的喜事表示的礼品。

添箱：对亲朋嫁女表示的钱物。

全活（·huo）人：指配偶、儿女齐全并健在的人，请其为婚庆做被子、铺床、压床等活动。

压床：结婚头晚请人住在新房。

份子：参加喜庆活动交一定数量的钱，叫份子钱。

装新：结婚新人穿用的衣被，亦称装新衣服、装新被子。

回酒：结婚三天女方家摆的酒宴。

回门：结婚三天新娘新郎回到女方家中的礼仪。

落忙的：办喜事做活的人。

设作儿（shèzuōr）：办喜事准备宴席的事。

起作儿（qǐzuōr）：开始为办事由准备宴席的事。

落作儿（·luo·zuor）：办事由准备宴席的事。

落梃儿（·lɑo·tingr）：办事由诸事已毕。

相媳妇：男方与女方见面，决定是否同意确定婚姻关系。

拉偏套：两个男人娶一个女人，非正式的一个叫拉偏套。

补虚儿：事后补请。

15. 祭祀、殡仪

挑扦：后轻读，人去世后在家门口挂立的标志，用较长条白纸剪上纸钱状。

报庙：人去世当天，死者儿子一天三次到土地庙上香，意味向土地神报到。

送路：出殡前的晚上的祭祀活动，祭祀队伍绕村一圈，在路口烧香上供，烧路马车，意味送死者上路。

路马车：纸糊的车马，男性为马，女性为牛，在出殡的头天晚上烧掉。

路路钱儿：出殡路上撒的纸钱，形状同有孔铜钱。

出灵：将死人棺木按一定程序送到坟地安葬。

替死人子：陪葬用的纸糊人，一般是童男童女，亦指动作僵化、脸色死白的人。

纸绉活儿：纸糊的物品，为祭奠逝去的人而焚烧。

阴阳宅：纸糊的宅院，下葬时烧掉。

棺材脸子：棺材前脸，有时比喻经常脸色阴沉的人。

圆三：下葬时儿子兜回一兜土，第三天放回坟头上的仪式。

寒应纸：阴历十月一送寒衣烧的纸，有冥币和纸糊的衣服。

蛇淋纸：单颜色的纸，送寒衣用。

老爷爷：指灶王爷牌位，以及所有的神仙牌位。

喜神码子：插在秫秸上的喜神牌位，大年初一早上在村头路口迎喜神时烧掉。亦称人笑个不停，说其得了喜神码子。

送瘟神：亦叫送五瘟。插在秫秸上的五瘟牌位，大年三十夜里在村头路口烧掉，称为送瘟神。

叫魂：迷信说孩子的魂吓掉了，用烧火棍架上孩子的衣服到出事的地方，一路叫孩子的名字回家。

打（dā）坑：为埋死者挖坑。

哭丧（sāng）：哭悼逝者，大声哭诉叫嚎丧。

挺尸：死尸变僵硬。

犯木猴：诈尸。

镇物：亦叫镇子，反制外人犯忌的物品，如对方房脊头对着家门。一般用一块玻璃镜反照回去，亦有用其他办法的。

16. 时节、天气

后晌：下午。

当午：端午。

合了黑：刚入夜。

擦黑儿：刚刚天黑。

发哨：天将要亮。

马糊影子：才天黑还不算太黑。

晌忽歪：中午刚过。

夜个：昨天。

黑价（黑介）：晚上。

冷子：亦作冷巴蛋子，即雹子。

冒着（màozháo）：有时。

回当儿：呆会、过一会。

贼星：流星。

拦午：月晕。

土赐：沙尘暴，过去延庆认为这种气象是好事，下肥土。

蒙僧雨（ménsēngyǔ）：毛毛雨。

忽雷雨：雷阵雨。

白毛雨：有太阳下的雨。

被雨：避雨。

夹阴天：半阴半晴天。

捱口（ngākǒu）：节骨眼。

当口：时机。

守等着：不用多少时间。

打个呆（dàir）儿：过一小会。

回头：以后，过一会儿。

裉节儿：事情关键时刻。

渐天儿、渐天见：天天，见天儿。

一绷子：北京土话，很长时间的意思。如同“一晃儿”，但比“一晃儿”的含义要时间长。

打这儿：从此之后。

这当儿：这时候，这个节骨眼儿。

眯一会：休息一会。

17. 游戏

打悠秋：荡秋千。

打滑次儿：滑冰。

捻捻转儿：手捻陀螺。

地牛：用鞭子抽的陀螺。

摸瞎儿：一个孩子蒙上眼，逮其余的孩子。

逮蒙：大家藏起来，让一个孩子去逮。

尜蹴：尜尜。

呱嗒板：竹板。

摆家家：过家家。

逗牛：抖空竹。

撞拐：二人各提着一条腿互撞，提着的腿落地算输。

摔泥碗儿：将泥做成碗状，摔到地上看谁的响。

扳不倒：不倒翁。

二、动词

延庆方言由于流行区域窄，受众范围小，多无现成的汉字或本义字（很多用字都是根据发音和词义推测形成的，不一定准确）。如“跑”，延庆方言称其为“挠”和“扯”，称藏起来为“抬起来”，称抹一抹或蹭一蹭为“杠（gàng）一杠（gàng）”，等等。此外，“瞭”和“瞭瞭”使用量相当大，相当于“看看、瞅瞅”的意思。还有（按汉语拼音音序排列）：

阿腻（ngǎ · ni）：苦求。
霸连：占份儿。
掰：断交。
掰哧：分辨。
白霍（bái · huo）：说话不着边际。
白吆：可不要啊。
比试：除原意外，还有策划试做的意思，亦称比等。
编排：安排、矫正。
憋咕：（小孩）要哭的样子。
补擎：补人情。
布点（bù · dian）：为客人夹菜。
蹭：不花钱的享受。
抄哧：哄走。
嗔得：怪罪。
嗔心：疑心，犯心。
趁：拥有。
凑得（ · de）：接近。
出溜：滑、顺势滑倒。
喘喘：后字轻读，休息一会儿。
撮：吃。
哒哒：后一个字读轻声，多是妇女在一起儿闲谈。
打点（dádiǎn）：收拾准备东西，送礼求人办事。
打拨辞：推辞。亦称打拨浪。
打澄（dǎ · deng）：将水澄清。
打连连：打交道受连累。
打坐盆儿：退缩。
打住：到此为止，别再说了。
得逼：唠叨个没完。
得得：说个没完的样子。
蹬达（dēng · da）：躺着腿乱蹬，或表示努力做生活。
颠儿：走、跑。
垫补：吃些零碎食品。
抖搂：“搂”读轻声；①摆弄、抖动之意；②说一说，亮出来之意；③来回给小孩换衣服。

堵挡（dú · dɑng）：搪塞。
对嚷：搅理。
墩得搡得：言语冲撞。
掇掂（duó · din）：伺候，商量。
放话儿：向外宣示说明。
分（fèn）：繁殖，如分窝。
轧（gǎ）：截开或分开。
肐撒（gá · sɑ）：把物品夹在腋下，或藏在身上家中。
肐拉：把物品夹在腋下。
概搂：聚敛物品。
格勒（gè · le）：用手或棍状工具搅动。
根细：追查底细。
鼓锯：用锯子或钝刀截。
鼓求（ · qiu）：捣鼓。
鬼求：没把握的捣鼓。
鼓蠕：蠕动。
顾连：照顾。
裹罗（guó · luo）：照顾帮助、拢到一块，亦指包裹婴儿。
害祸：祸害。
横是：可能是。
横憎：哼唧磨人。
轰捧：聚众人力做事。
糊持（hū · chi）：赖上、粘上。
胡（hù）弄：蒙骗人。
擢擢：乱搅动。
挤兑：逼迫，亦叫“挤得”“挤对”。
夹间：掺杂。
搅和：拿棍子把物品搅匀，把事情搅乱。
搅磨（ · mo）：辩理。
结记：牵挂。
解在（jiɑ̀ · zi）：注意爱护。
解解（jiě · jie）：意思同上。
解自（jiě · zi）：注意保护。
经不住：耐不住，承担不了。

开涮：拿别人的短处开心。

尅（kei）：尅人，批评、斥责别人，而被别人训斥叫挨尅。

挎哧（kuá · chi）：用有刃的东西把容品壁上的物品蹭下来。

括（kuō）：用棍子抽打。

拉钩儿：搞定、和解。

拦挡（lán · dang）：劝阻、制止。

浪荡（lāng · dang）：迟延、拖延。

抡：神侃，胡说八道。

卯：看。

抹泥（mǒ · ni）：把事情办妥帖。

磨叽：絮叨。

拿：要挟。

拿搪：推脱刁难。

耐荷（nāi · he）：捎带、引领。

挠（nāo）：抓或捉的意思，显摆。

闹牛劲儿：犯牛脾气，使性子的意思。

捏合：消除分歧。

榜：提的条件虚高。

茄：赖着讨说法。

糗：赖着。

学（xué）：除原意外，还有向别人要东西的意思。

扑撒（ · sa）：散乱放开。

掐算：掐指头算计，一般指迷信算命。

撒拉：东张西望。

塞搡（sái · sang）：大口吞咽。

煽忽：挑动，撺掇。

哨：除原意外，还有海阔天空神吹的意思。鸟叫出好听的声音也叫“哨”。

捎脚：顺路捎带。

捎偏儿：捎带。

拾翻（ · fan）：乱翻乱找。

耍把（shuá · ba）：折腾，刻意做出的动作。能折腾的人叫耍把家。

拾把儿：把最后的事情做完。

涮：骗、耍的意思。

顺：偷。

提溜：随便叫来。

捂求（着）：后字轻读，刻意藏着事情的真相。

显白（·bai）：炫耀的意思，显摆。

斜楞：斜着眼看。

卸（树）：放倒树木。

修饰：除原意外，还有找寻、采摘的意思。

踅摸：四处看（寻找东西）。

约活（yuē·huo）：盘算、掂量。

缯绷（zéng·beng）：反复辩理，极力反对做某一事。

张经（·jing）：张罗。

招攉（·huo）：卖劲干。

招惹（·re）：冒犯。

侧歪（zhāi·wai）：偏沉，侧身躺。

挣把（zhèng·ba）：挣扎，想挣脱。

挣得（·de）：指卖命。

支等：支应。

揍是正个事：就是这个事。

拽喂：塞喂，饱了还让吃。

不系逼：不自制。

三、形容词

延庆方言的形容词中，使用量最大的是“机密”，该词有清楚、明白的意思。其他有：

1. 动作

彪：干活积极主动卖力气。

奶：喂养孩子或给庄稼追肥。

紫了：太费力气或时间太长了。

溜腾（liù·teng）：灵活。

大发（fā）了：厉害了，过头了。

打嗑呗儿：说话结巴或不果断。

匆拉：干活积极主动。

行得：发迷的样子。

手毛：手不干净，爱小偷小摸。

就筋：筋骨丧失功能不能恢复。

云施（·shi）：过分积极、热烈，带有贬义。
轰央：场面热烈。
翻铲：亦称落落翻，来回反复折腾。
神道或神叨（shén·dao）：乱说乱动。
欢实：活泼，爱动。
单待儿（dǎndáir）：故意。
娄勾：吃多了吃坏了。
猛妨：也叫瞅猛妨，突然的意思。
磁蹬：发呆，拖延时间。
浑事儿：干事卖力气。
瞅冷子：瞅准一个机会。
背工：耽误浪费时间。
薄斥：轻视，小看。
甭丢的：使性子。
疯泼燕儿：疯得没边了。
溲干了：事情办坏了。
不来迨：不简单。
不了条：坏事了。
懒得动弹：有病不想活动。
落落翻：反复多次。
能个叽儿：有气无力，娇态（贬义）。
二老来："来"重读，重做二次。也叫二来来。
聒痛：声音太响震耳。
值事：值得。
醋不溜：使性子。
蛛蛛爬：字写得特别潦草。
行不住香儿：困极了的样子。
够行味儿：讨厌极了。
当个夜儿的：故意的。
干哕（gān·yue）：想吐。
熬甚（ngāo·shen）：脏。
肥风：在外疯玩。
上阵：让人操心。
张把：事情做过头了。

迭忙：赶紧，赶快。
生棱子：没事找事。
抖机灵儿：显示自己，特指轻浮表现，含贬意。
硌应（gè · ying）：厌恶、厌烦。
海（hāi）：超常多。
坏醋：也作坏菜，事情结局不好。
姥姥：相当于哼、胡说、你敢等。
磨挲（mō · suo）：磨磨蹭蹭，不利索。
闷得儿蜜：背着人亲热。
牛：非常厉害的意思，带有贬意。
蔫儿坏：表面上没什么，背地坏。
蔫不唧：人不爱说话或精神不振。
拧股：颠倒，相反。
起腻：腻在一块。
肉：木讷、迟钝、慢性子，办事不麻利。
虾米了：傻了眼。弄明白了怎么回事儿，而束手无策。
消停：事情完结踏实。
油儿：滑头。含贬意。
眼毒：独具慧眼的意思。
悠着：适当地。
事儿：爱挑剔，爱找麻烦。
岔劈（chǎ · pi）：想的做的两叉去了。
猴投（ · tou）：（小孩）不老实，乱动乱闹。
不拾闲儿：同上。
闪展（ · zhan）：失误。
错（cuō）失：不小心造成失误。
云实（ · shi）：积极、欢。
扎活：干活积极卖力气。
响快：答应得快干得快。
爽快：直爽，快人快语。
快性：积极主动。
2. 思想、感觉
贼：机灵。
横（hèng）：人厉害或庄稼长得好、出众。

豪横（háo · hen）：坚强、扛病。
嘎尼（gā · ni）：性格另类，不好沟通。
濡条：舒服。
兴僧：舒服。
得撅：亦称得闲撅，得意。
摆醉：反胃、恶心。
黏晚儿：办事啰嗦。
黏勺儿：经常办事过于啰嗦。
憋屈：地方狭小或是伸展不开。
黏歪：亦称黏晚、粘糕、膏药粘子，粘人。
腻歪：粘人，使人生厌。
啰巴嗦：啰嗦。
木不透：想不清楚。
各自（gé · zi）：不合群。
乌逑：亦叫乌摆，指拖拉，不迅速。
牙个滋儿：自满，自我感觉良好。
鲜正：蔬菜和花新鲜。
肉筋：筋道，有嚼头。
茶筋：比前一个词更筋道，文火煮硬物。
牛筋（· jin）：指小孩闹牛。
紫泥（· ni）：细致密实。
不值娄：后字重读，不用费多大的力气。
油捻似（shì）的：指心中万分焦急。
瞎了：事情办坏了。
郎当（lāng · dan）：拖延、浪费时间。
不得劲儿：生病不舒服，一般指小病。
疑影：心理作用，暗中怀疑。
同光：当面说清。
三头陆光：多头一块当面把事情说清。
3. 形态、程度
笨：引申义为糕饼不黏。
暴：过量，痛快淋漓。
卟叽（bū · ji）：踩、溅出水来。
停个的：不乱动，老实呆着。

抽抽儿：缩短或收缩变小。
溜溜儿：后一字重读，满满，整整。
出展（chū·zhan）：舒服、舒展。
格撩（·liao）：扭曲，不顺溜。
涝汤（·tang）：含水过度渗出水来。
圆全：周密、周到。
挨排（ngāi·pai）：有条理。
薄面：指人长得耐看。
条顺：指人身材好。
牢绷：结实，稳定。
估能（·neng）：凑合，勉强。
将能（·neng）：勉强够高（重、长、数量等）。
疙瘩：指实物又多又密实。
糟不耐：没韧性、没嚼头。
字挨字儿（zì ngāi zìr）：物品挨得非常紧密。
堆攮：东西多，置放无序，乱堆。
大屎骨咧：个大蠢笨。
巴古鲁：又粗又短。
门儿清：麻将术语演变而来，意为明白、清楚。
抹腻：方方面面照顾周全了。
劈：声音嘶哑。
皮实：结实。
鏊扇：额头、高墙外倾。
整在（zhéng·zai）：（人）有才华品德，能成就点事业。
柱壮（·zhuang）：结实健康。
毛糙：粗、不细致。
停当：准备齐备。
阁正：纸张平展，硬度大。
一拧拧：一点。
久（·jiu）长：长久。
瞎掰：干事不起作用。
老么咔哧眼：年老的样子。

4. 颜色、味道

气气（·qi·qi）：煤油味儿。

黄格撩：颜色发黄不正。

破破臭：烧布或棉花的味道。

白个蔫：又叫白蔫蔫、白个蓝单，放盐过少没有咸味。前两个词又是说话风趣幽默，或耍贫嘴的意思。

酸不唧儿：有点酸，但不让人讨厌。

味儿：指不地道的味儿，如臭味、馊味等。

苦不英儿：略带苦味。

5. 温度

乌突：水不热。

冰拔（bīngbá）：温度太低，接近冰点。

扎或铡（zhá）：冰水刺骨。

四、三叠字

直倍儿倍儿：人、物顺直。

眼睁睁：瞪眼看着。

鲜整整：鲜灵。

黑又又：视野很黑的样子。

阴又又：天气或脸色阴沉的样子。

白灵灵：颜色白而鲜灵。

白乃乃："乃"字轻读，白而发糟。

白蔫蔫：说话不着边际，逗笑。

黄了了：颜色发黄的样子。

黑黢黢：颜色发黑的样子。

粉嘟嘟：粉而较胖、可爱的样子。

红堂堂：满是亮红色。

凉糁糁儿：物品稍凉的样子。

黏糊糊（niān·huhā）：物品黏稠或人黏黏糊糊不痛快。

黏歪歪（nián·waiwāi）：物品黏糊糊的样子。

絮歪歪：唠唠叨叨烦人的样子。

凉歪歪：后一字重读，说话不着边际。

土腾腾：沾土多的样子。

贡颠颠：黏稠的样子。

实腾腾：实实在在。
铺采采（·cai·cai）：发散，不成形。
满当当、满登登：容器过满。
糊皴皴（·cun·cun）：烤得恰到好处。
努踸踸：肚子装的食物太多。
憋唧唧：口袋装得过满。
瘪塌塌：口袋或肚子装的东西少。
肥吞吞：肥肉较多。
格凛凛（零零）：独一个，特显眼。
搁几儿几儿：人或物品均匀，个顶个。
凉甚甚：非常冷凉。
乐颠颠儿：喜滋滋儿。
哭唧唧：似哭又没流泪的样子。
哭哚哚：似哭有一点流泪。
粗墩墩：又粗又敦实的样子。
胖墩墩：又胖又结实的样子。
细溜溜：细而高的样子。
油乃乃：油乎乎的样子。
高嗖嗖：人个高或物品位置高。
渴咧咧：口渴的样子。
皱巴巴：衣物或纸张褶皱多的样子。
僵巴巴：物品较僵硬的样子。
熟囔囔：鲜叶菜揉烂，像熟了一样。
格瘆瘆：使人恐惧、不舒服。

五、四字格

临年傍节：临近过年。
猪汤狗食：猪狗吃的饭食，比喻饭菜质量特别差。
曲溜拐弯：道路、棍子不直。
唠三八四：说怪话。
吆五喝六：胡乱指挥众人。
疯得连毛：不稳重。
奔达瓦勺、前奔后勺：脑袋长得前后突起。
水腥瓜蛋：人轻浮、不自尊。

鬼三话四：说话爱说假话。
贼鬼溜猾：奸猾。
嘟噜翻浆：说话快又说不清楚。
道不着凉：说话不着边际。
疾拉蹦跳：又跑又跳、性格活泼。
精灵古怪：特别精明。
跟头力集：跌跌撞撞的样子。
拉钩扯蛋：拉拉扯扯。
吭憋努蛋：办事不痛快、费劲。
滴答白是：吃饭抢吃又乱洒乱掉的样子。
比比拃（zhà）拃：做活不熟练。
零头害水：形容粥或汤太稀。
边头麻脑：肉的边角，不是精肉。
瘪肚瞎眼：同瘪瘪瞎瞎，指果实仁不饱满。
枯出白杲：物品折皱太多。
乌眉皂眼：物面不干净不明亮。
疲黄蜡色（pǐhuánglàshǎi）：不正常的淡黄色。
清汤寡水：饭食稀、不丰盛。
密栉麻林：树木庄稼或物品排列密实。
屁股悬天：事情做得太出格或宣传太过。
胡吃海塞：食欲好，吃得多。
吐（tǔ）天哇地：指大量呕吐。
气气搭哄：煤油味太强。
呜呜滞滞：哭得伤心又断断续续的。
仨瓜俩枣：东西少。
云山雾哨：说话不着边际。
裂纹八吃：东西裂缝多。
个别另样：人或物品与众不同。
一马胡酣：东西分类太不清楚。
一股笼通：不分清责任，一样看待。
一股狼烟：一溜烟跑了。
一自充强：逞强。
长毛搭撒：头发长又散乱。
粗股仑敦：过粗、臃肿。

胡里打都、胡涂麻烦：糊涂、不明白。
扬风扎冒：做事冒失。
五脊六兽：感觉浑身不自在。
流脓搭水：伤口发炎的样子。
皮吃害脸：厚脸皮。
麻插害脸：混闹，不管场合。
白菜瓜脸：脸色发白，不正常。
白个蓝单：太味淡。
古了怪趣：说话怪异又有趣。
稀枝捞叶：树枝叶果或东西稀少。
死乞别嘞：死磨硬泡。
虚逼溜溜：过分说嘴。
作作实实：实腾腾地。
棒打石凿：事实确凿，没有虚的。
朝性光当：性格卤莽。
隔三差五：经常。
急赤白脸：心急而脸色改变。
老老带带：指有老有少，没有青壮年。
家三获四：家底儿。

六、其他词类

1. 代词
涮儿、帅儿（shuàir）：什么。使用量极大。
您们：对第三者的尊称。
巴希儿的：等等、之类的。
2. 方位词
那厢、这厢：那边、这边
半拉（lǎ）子：一边，旁边。
3. 副词
猛妨：或称瞅猛妨，突然，立即。
倍儿：特别、非常。
提另：特别。
将将：刚刚好。
才刚、方才：刚才。

觉来（jié · lai）：非常。
起根儿、压根儿：本来，到底。
不吝：不在乎。
归齐：归纳到一块儿。
果不齐：果然。
葫芦码儿：大概。
大概齐：大约。
保不齐：说不定。
归了包嶵：归罗到一块。
一刬（chǎn）：一律，清一色。
铲儿茬：全部。
礽（rēn）嘣：突然。
且个：时间很长。
整格地：难道是吗。
不至于：后字重读，不可能。
冷不丁：突然。

5. 感叹词

哎唉（ngēi · ya）：一声表示小的惊叹，二声表示失望。
吆耶（yáoyè）：表示感叹。
娘嗳：表示惊叹。
儿来塞：表示惊叹。
哎唉（ai · yao）："哎"四声，表示感叹；二声表示失望。
罢罢罢：无可奈何、认可的口气。

6. 数量词

一嗐（hài）子：一下子。
一胡揽儿：一片地。
一枯除儿：少半袋以下。
一格门儿：一小会儿。
一隔儿：半升。
一拧拧儿（yīnīngníngr）：很少一点。
一拤（qiā）拤：物品可以用手拤过来。
半拉子：读"bànlá · zi"为一半，读"bànlǎ · zi"为一边。
半拉瓜：半个瓜果。
半尺腰：物品一半的地方。

一古鲁（lú）：一截。
一捏捏：很少一点儿。
一丁丁：很少一点儿。
一星星：极少一点儿。
一眼泪壳：极少一点液体物质。
一帽头子：物品装满一帽壳子，也有开玩笑说费了一帽头子劲儿。
一骨都儿（yīgūdú）：一小堆粘稠的物品。
一不溜儿：一排。

七、谚语

谚语是在群众中间流传的固定语句，用简单通俗的话反映出深刻的道理。

1. 气象谚语

由于延庆特殊的地理气候环境，形成了与周边地区不同的气候气象规律。如：

小雪封地，大雪封河。
五九六九，开门大走。
七九河开河不开，八九雁来雁不来。
清明刮去坟上土，一刮四十五：指清明节若刮风，以后刮风天多。
清明前后地气通：指冻地化通了。
过了清明寒十天：清明过了还要冷十天。
早雨下不长，下长要塌房：早晨一般雨下不大，如下大就会非常大。
呼雷雨，三场：雷阵雨一般爱连下几天。
开门雪，闭门雨：早晨下雪大，傍晚下雨大。
早雾晴，晚雾阴：早晨下雾预示天晴，晚上下雾预示天阴。
雾晴十八天：早上下雾会连续多个晴天。
风吹一大片，雹打一条线。
大暑小暑，灌死老鼠。
阴天没有露，风天没有雾。
白露前后一场风。
寒露百（bō）草枯。
霜降见冰茬。
十月雪，硬似铁（阴历）。
腊七腊八，冻死俩仨；三九四九，冻破碓臼。

2. 农谚

农谚反映延庆特殊的气候条件对农业的影响或延庆人对农业生产的总结。如：

谷雨前后，安瓜点豆。

春分麦入土。

芒种芒种，不可强种。

立夏耩河洼，高粱谷子一齐抓。

黑介下雨白天晴，打的粮食没地盛。

头遍苗，二遍草，三遍抱着大锄跑（锄地）。

六月六，看谷秀。

麦子不受伏来气：麦熟不到伏天。

头伏萝卜二伏菜，三伏四伏耩荞麦。

夏至不种高苫黍：夏至不种高秆作物，那时种的不会成熟。

处暑耕地一篓油，白露耕地半篓油，霜降耕地没有油。

立冬不使牛，强使半天牛。

七月十五定旱涝，八月十五定收成。

土换土，两石五：把土地换一换也能多打粮食。

有钱买种，无钱买苗。

3. 畜牧谚语

寸草锄三刀，无料也上膘。

乳牛下乳牛，三年五头牛。

猫三狗四猪五羊六牛七马八（指怀胎时间）。

鸡抱鸡二十一，鸡抱鸭二十八。

猪八戒：指猪八个月出栏。

家有千万，带毛的不算：过去饲养畜禽极易死亡。

夏放阴，冬放阳，春秋两季放当梁（放羊）。

小雪卧羊（杀羊）。

4. 林业谚语

桦树不打皮，当年烂如泥：砍倒的桦树不去皮，一年就腐烂了。

旱枣涝梨：开花期旱收枣，涝则收梨。

桃三杏四李五年，枣树当年就换钱：指树结果。

榆树当年不算死，柳树当年不算活（栽树）。

白露打核桃。

桑木扁担榆木槌。

5. 生理卫生方面的谚语

会生的二八月，不会生的六腊月。

五黄六月冻胎儿。

五个月闻着五谷香：小孩五个月可以吃粥等。

三翻六坐七爬哧：小孩三个月可以翻身，六个月可以坐，七个月可以爬。

小孩的屁股三把火。

小孩子能担七分病。

小子不吃十年死饭。

女长十八，男长二十。

女大十八变，越变越好看。

奶孩子的婆娘，吃过二十四个和尚。

半大小子，吃死老子。

身大力不亏。

十七八力不全，二十七八正当年，三十七八英雄汉，四十七八一年不如一年。

人过四十天过午。

七十岁不留过夜，八十岁不留吃饭。

节气不饶人，年龄不饶人。

6. 饮食保健方面谚语

冬吃萝卜夏吃姜，不用医生开药方。

会吃的吃十顿，不会吃的吃一顿。

好汉禁不住三泡稀。

聋人爱打岔，秃舌子爱说话，哑吧爱啊啊。

病走熟路。

咳嗽吐痰，背心着寒。

河开河冻，齁子挣命。

男怕穿靴，女怕戴帽（脚肿、头肿）。

男怕伤肝，女怕伤肺。

虚老婆实汉子：指身高体重。

饱吹饿唱。

饱洗澡饿剃头。

七天不吃阳间饭，八天到了望乡台。

病来如山倒，病去如抽丝。

有钱难买老来瘦。

春梦秋屁：春天爱做梦，秋天爱放屁。
多好的刀伤药不如不拉口。
伤筋动骨一百天。`
7. 生活经验谚语
肉饱十分。
高灯下亮。
火旺无湿柴。
一分钱憋倒英雄汉。
能花憋钱，不说憋话（憋指吃亏）。
老不歇心，少不用力。
人不知哪死，车不知哪翻。
家有千万，不大萝卜就饭：指萝卜能助消化，费粮食。
头辣尾巴熬（脏），吃萝卜吃当腰。
吃个萝卜甜如蜜，打个饱嗝赛过屁。
干活人人夸，痨病年年发。
山沟里的炕，四面烫。
炕热屋子暖。
财帛儿女争不得气。
银子钱，硬头物。
赶集上店当日的福。
男的是筢，女的是匣。
吃不穷，喝不穷，盘算不到就受穷。
省着省着，窟窿等着。
家家有本难念的经。
一家不知一家，和尚不知道家。
好吃不贵，稀苏蹦脆。
当面教子，背后教妻。
小树得镟（去掉多余树枝，让树干长高长顺溜），小孩得管。
小孩子贱，巴掌劝。
小孩子的嘴里掏实话。
虚打实吆喝（教育小孩）。
鞋不大分，衣不大寸。
十层单不如一层棉。
好过的节令，难过的日子。

穷酒篓，富油篓：容器装酒能倒净，装油不易倒净。
零打酒，囤买盐，家里没事不置烧酒坛。
稀稠一样饱。
宁没做官的爹，不没叫街（讨饭）的娘。
有后娘就有后爹。
一个老子养十个儿子，十个儿子养不了一个老子。
儿想娘线儿长，娘想儿路长。
会说话不在老少。
在家多钉钉，出门多带绳。
好吃不过可口，舒服不过自由。
好吃还是家常饭，恩爱还是结发妻。
老伴老伴，赛过火炭。
打人别打脸，揭人别揭短。
前不栽桑，后不栽柳：家宅前院不栽桑树，后院不栽柳树。
8. 生活哲理谚语
住在坡上不嫌陡。
一处不到一处迷。
逛景不如听景。
心急吃不了热豆腐。
没病不怕冷干饭。
不打勤的，不打懒的，专打不长眼的。
自在不成人，成人不自在。
人挪活，树挪死。
饱汉子不知饿汉子饥。
省在囤尖上，别省在囤底上。
身上有力养一口，心中有力养千口。
少年丧父，中年丧妻，老来丧子：指人生最大的倒霉事。
破锅烟灶火，炕上躺个病老婆：指人生倒霉事。
多远只多远；三步没有两步近：指人际关系。
不刮清风，不下细雨。
前头有车，后头有辙。
脚上泡，自己走出来的。
亏众不亏一。
会的不难，难的不会。

拔了萝卜有眼在。

萝卜快了不洗泥。

顺眼不如对眼。

越坐越懒，越吃越馋。

天作（zuō，后同）有雨，人作有祸。

有钱难买不卖的物。

没娘的孩，天照应。

背着抱着一般沉。

勤俭勤俭，一老把准。

瞎老婆捡个破包袱。

瞎娘抱个秃乖乖，人家不爱自己爱。

羊马比君子。

好狗不挡道。

能做一井的，不做没影的：指干同一种活出活，这一下那一下不出活。

9. 其他活计谚语

三月四月不抹房，五黄六月骂龙王。

石头怕上墙。

齐不齐，一把泥。

和泥拉锯，叫死不去（活累）。

调脊发梢，供（gōng）作（zuōr）的（壮工）睡觉。

土木之工，不可妄动。

干净泥匠，邋遢木匠：指泥匠干完活，把现场打扫干净，而木匠干完活了不收拾就走人。

山花尖，扇忽尖：指山墙顶部不使线，都垒得不太直。

是匠不是匠，先看好作挣（作挣就是工具）。

斧子出榫，不如拿牙啃：指安斧子把不能出榫头。

长木匠，短泥（铁）匠：指木匠做活用料打长，铁匠、泥匠做活用料打短，不够尺寸再补也容易。

巧眼不如拙线。

是艺（儿）不亏人。

蹲七不蹲八：指厕所的坑应为七寸宽。

上七下八：指盖老式房子，下边用八个木匠工，上面用七个。

立木经千斤。

蹲不过席匠，坐不过皮匠。

厨子一进门，大小二十四盆。

长圣人，短艺人：指艺人教徒多留一手，教师则反之。

第三章　门头沟区

第一节　历史沿革

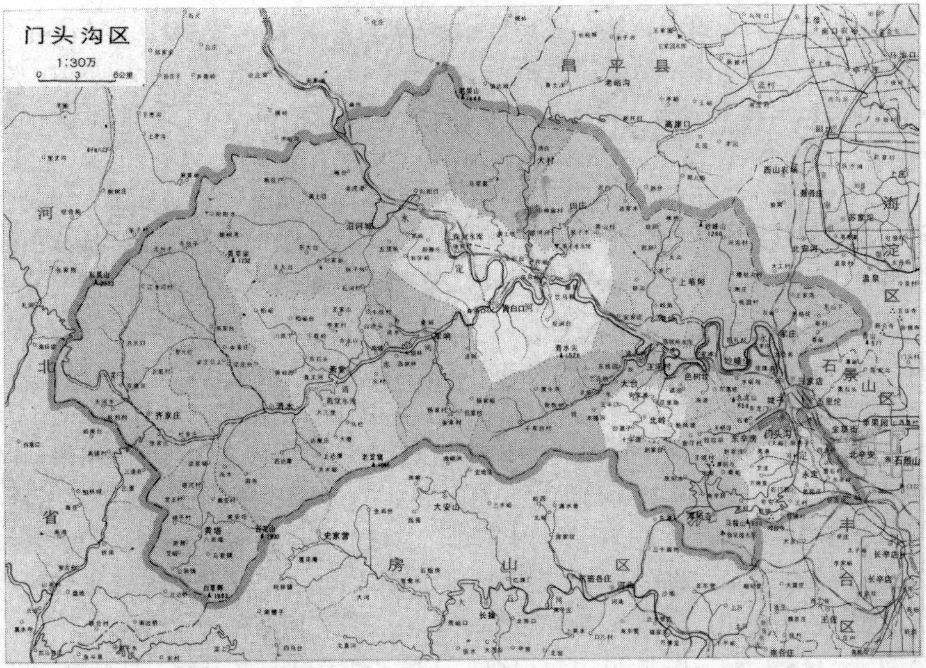

图 3－1①

门头沟区（见图 3－1）系北京市辖区，位于北京市西部。北部与昌平区、河北省怀来县为邻，东部与海淀区、石景山区毗连，南部与房山区接壤，西部与河北省涞水县、涿鹿县交界。东西长 62 公里，南北宽 34 公里，呈扇面形。面积 1455 平方公里，山地占 98.5%。

门头沟区的自然面貌，具有显著的山区特色。境内地势西北高，东南低，有四列东北—西南走向平行排列的山梁，其间形成多条沟谷。区境地处华北平

① 图选自北京工艺美术出版社 1991 年出版的《北京百科全书彩图·地图集》。

原向内蒙古高原的过渡地带，境内山峰林立，层峦叠嶂，海拔1500米以上的山峰有160余座，是北京大西山的核心部分，素有“神京右臂”之称。西北端东灵山海拔2303米，为北京市第一高峰，海拔800米以上的山面积占全境的40%。永定河是区内最大的过境河流，区内河道全长达100公里，流域面积为1368.03平方公里。清水河是永定河官厅山峡段最大的支流，河道全长28公里，为区内第二大河流。源头有两支，北支发源于东灵山，南支发源于百花山，两支于塔河口汇合，始称清水河，于青白口村汇入永定河。

境内气候，东西部差异明显，属暖温带半湿润半干旱季风型。冬季受西伯利亚、蒙古冷高压控制，夏季受太平洋副热高气压影响，四季分明。春季干旱多风，夏季炎热多雨，秋季凉爽晴朗，冬季寒冷少雪。冬夏长，春秋短。水、热分布随山形地势而由东南向西北递减。东南山前一隅呈暖区，西北深山呈冷区。

大约距今一万年左右，新石器时代的早期，区内就有“东胡林人”生息繁衍。在东胡林人生活的遗址，发现有似小螺壳制成的项链和用牛肋骨穿成的骨镯散件，反映出人类对美追求的历史和原始畜牧业的萌发。同期，在沿河城地区的小东宫村和斋堂镇的柏峪村也发现这个历史时期人类生活所留下的石斧、石凿等新石器时代的遗迹。说明当时在区境内已有一定数量的人类群落居住。

西周初年，区境分属蓟、燕二诸侯国，燕并蓟后，属燕。在军庄村北土台上，曾出土夹砂红陶罐、青铜剑、青铜戈以及燕国刀币等文物，反映出战国时期区境内政治、经济、文化已具有一定发展水平。秦统一天下后，区境分属广阳、上谷二郡。西汉分属广阳国与上谷郡，东汉分属广阳郡与上谷郡。三国时，公元250年，魏征北将军刘靖屯垦于区境，组织军士上千人修建车箱渠和戾陵堰（位于今石景山区与门头沟区交界处），在三家店附近引㶟水（永定河）入高梁河，浇灌了蓟城南北20万亩田地。这是北京历史上第一个大型水利工程。西晋时，佛教进入，现北京地区最古老的寺院——潭柘寺即为当时所建。西晋时，北方先后出现十六国割据政权，北魏太武帝（446年）修筑畿上塞围，使今区境内留下北魏长城遗址。东魏武定三年（545年），东魏政权动员民工1500余人，在区境内王平地区河北村西北修筑了防御城堡，现城堡竣工的碑刻文字尚存。隋朝设州县二级地方行政建制，上苇甸乡、王平地区以东属幽州蓟县，其余地域属燕州沮阳县。隋大业三年（607年），废州为郡，区境分属涿郡蓟、怀戎县。唐初，区境东部为广平县。唐武德五年（622年）前，马鞍山麓出现一座声名显赫的寺院——慧聚寺，老百姓俗称戒坛（台）寺。此后，这里成为北方僧人重要的受戒说法之所。此期间，位于深山的齐家庄创建了灵严寺；斋堂白铁山建起灵岳寺。嘉福寺（潭柘寺）进行大规模重修，改名龙泉寺。这既体现出佛教的兴盛，也反映了人烟逐渐稠密。

唐天宝元年（742 年），析蓟县分置广宁、广平二县，三年后（745 年）撤销。至德年间（756—758 年），复置广平县，广平县即析蓟县置。光启年间（885—888 年），区境西部属矾山县。乾宁三年（896 年），李克用兵征幽州卢龙节度使刘仁恭，刘仁恭取得胜利后，撤矾山县、幽都县，设玉河县，门头沟区全境属玉河县。治所在今城子村（一说在新城村）。五代中，后晋石敬瑭割云、燕十六州送契丹，玉河县属契丹。辽开泰元年（1012 年），改幽都县为宛平县，宛平县名始于此。宋、金结盟攻辽，辽败，玉河县先属宋，后归金。金天眷元年（1138 年），玉河县废，门头沟区属宛平县。辽、金两代，兴寺拜佛，戒台寺进行大规模修整。现戒台寺所保存的建筑多为辽代风格；其佛塔、经幢、戒台等为辽代佛教艺术的珍品。“辽三彩”在中国的瓷器史上占有重要的位置，龙泉务村辽瓷窑遗址中出土的辽代“寿昌五（年）”款的三彩残片，解开辽三彩烧造地址不明之谜。

金元时期，北京城市功能的强化对门头沟的开发提供了机遇，这种开发主要体现在开采煤矿、石材、伐木烧炭和琉璃砖瓦的烧制。辽金时期，妙峰山附近的仰山成为金章宗的游幸之地，其建筑有五峰八亭之说。仰山栖隐寺则成为京师的著名寺院之一。

元朝时，区境大部属宛平县，仅沿河城一带初属矾山县，后属怀来县。元代宗教信仰较为自由，出现佛、道、儒三教共存现象。燕家台的通仙观、后桑峪村的天主教堂等均为当时所建。在门头沟设立的“西山煤窑场”和在琉璃渠村设立的“琉璃窑场”，说明门头沟区煤炭、石灰的开采与琉璃制品的烧制已经有相当规模。元代，著名学者熊梦祥（号自得）在斋堂村完成了北京地区著名的早期志书《析津志》的撰写。

明洪武元年（1368 年），元大都改为北平府，后又改为顺天府，宛平县属之。嘉靖三十三年（1554 年）沿河城地区归属宛平县，至此，门头沟全境均属宛平县。明迁都北京以后，促进了煤炭业和建材业的进一步发展。据明代户部《万历会计录》记载，仅乾清宫在门头沟境内的直属煤窑就有 70 余座。宫廷的建设，使琉璃烧造业愈加发达。自明清以来，北京地区的琉璃制品大多出于门头沟的琉璃渠。景泰二年（1451 年），为加强西部防御能力，朝廷在沿河口设立守备一级的军事组织，辖石港口、东小龙门、天津关、洪水峪、梨元岭等 17 个隘口，总长 40 多公里。后来，又在沿河、斋堂两地修筑城防和敌台，成为京师西部与北部防线重要的组成部分，其遗址已经成为今年的一道风景线。鸦片战争以后，区内民族工业有所发展。清光绪九年（1883 年），在三家店村附近创办北京近代第一家机械工厂——神机营机器制造局，开始制造新型火炮。清光绪二十三年（1897 年），区内创办北京第一家以蒸气动力为提升设备的通兴煤矿（今门头沟煤矿前身）。

1914 年 10 月，顺天府改为京兆地方，宛平县从属。20 世纪 20 年代，中国共产党开始在门头沟矿区宣传党的主张，建立党的组织。1927 年初，中共北平市委在门头沟矿区建立第一个支部——门头沟特别直属支部。1932 年，在西部山区成立中共田庄高小党支部，成立了第一个县委——中共宛平临时县委。

1937 年“七七事变”以后，门头沟地区燃起抗日斗争的烽火。1938 年 3 月，八路军邓华率晋察冀第一军分区三大队在东斋堂村建立北平地区第一个抗日民主政权——宛平县抗日民主政府。斋堂地区成为北平地区第一个抗日根据地。1938 年 6 月，八路军晋察冀军区第四纵队（宋时轮、邓华支队）在斋堂地区成立。1939 年 1 月初，八路军冀热察挺进军在斋堂川成立。斋堂地区成为平西抗日根据地的中心。1945 年 4 月，抗日军民将侵略军全部逐出西部山区，平西斋堂川获得解放。1948 年 12 月 14 日，门头沟区全境解放。门头沟东部地区先为军事管制委员会领导，后隶属北京市第十六区（曾称第二十八区、第二十区），余部为河北省宛平县所属。十六区治所在今东辛房街道办事处窑神庙，宛平县治所在今大台街道办事处桃园村。1952 年 9 月，北京市十六区与河北省宛平县合并，成立京西矿区，京西矿区治所在新桥大街。宛平县从此在北京版图与河北省版图上消失。1958 年 5 月，京西矿区撤消，区境改称门头沟区至今。

第二节　方言的基本情况

在千百万年的生产生活实践中，门头沟地区的人们创造了灿烂的历史文化，产生了一整套自己的风俗习惯，同时经过几番更替融合，还形成了自己独特的方言俚语，俗称斋堂话。

北京大学语言学家李小凡教授说，斋堂话属于北京官话，它所处的地域位于北京官话区京承片京师小片西南边缘，西与晋语区涿鹿县怀来县相邻，东与冀鲁官话区涞水县相邻，是北方方言内部北京官话、冀鲁官话、晋语三大次方言的交汇地带。斋堂是京西古道上的重镇，长期隶属京师，与京城关系密切，其方言接近北京官话自不待言。但因地处方言过渡带，又带有不少冀鲁官话和晋语的味道，显得与北京话颇有些不同。而斋堂川东端青白口以东诸村则因发生方言混杂，显得京味十足。与冀鲁官话的过渡区具有北方方言特点，同时因为其在历史中毗邻京畿，又处于古代交通要道——京西古道上，因此又独具特点。在周边各个不同方言的包围中，斋堂川古老而美丽的山川上就生长出了斋堂话这样一朵方言奇葩。

人类的历史活动总会留下一些蛛丝马迹，供人们合理科学地推演。斋堂话中就发现了语言初创和再创的线索。而斋堂话中疑似“初创型词汇”却源自琉璃河（大石河）流域，燕国都城董家林距斋堂仅50公里，路相通、习相近、语相同是必然的。至今两地都还保留并使用着：野兔——野毛，喜鹊——烨雀，母猪——扩猪，公猪——芽猪，公羊——骚呼，告诉——说给，夸奖——谝饰，淘气——战打等词汇。

门头沟地区的地理历史环境为其语言声调的多样性创造了条件，形成了离京城越远京味儿越淡，受周边语言的影响越深的规律。灵山上的浆水河村，历史上长期属河北省涿鹿、怀来辖界，且距离怀来极近，语言为怀来语音，百花山下黄塔、黄安坨、龙王及大台沟板桥儿等村接近房山语音，雁翅镇大村、田庄地区接近昌平语音，妙峰山镇、军庄镇与海淀语音相似，只有斋堂镇、清水镇及雁翅镇的西部（青白口、黄土贵、碣石、书字岭、杨树地、避静寺、塔儿上、珠窝诸村）为门头沟区的代表性方言——斋堂语音，俗称斋堂话。

斋堂话之所以成为永定河流域方言的代表，那是因为整个流域都曾使用过斋堂话，只是由于这一较古老的语言在发展进程中发生过几次历史性音变，而在斋堂川由于种种原因被抛在了历史进程的后边，致使较早的语言声调、词汇、语法停滞在了这一地区。以斋堂为中心，其东、南部已变成北京话，北部停留在高原语音晋语时期，只有斋堂处在北京话与高原语音晋语区的过渡带上。在当今社会大变革的历史时期，我们要研究探讨古人类在劳动中是怎样创造语言的，就要从永定河流域的方言代表门头沟的斋堂话入手。

辽金元时代，大量少数民族以北京作为都城并驻兵移民，时间长达430年，汉语北京官话加深了与阿尔泰语系的接触，并加强了与东北官话的联系，反而与汉语中原官话在政治上完全分离。处于开放环境中的官话发展迅速，时称元大都话，成为现代北京官话的源头。明朝定都北京后，130多万各地的汉族移民到此，由于当时汉族人来源不一，汉族移民都使用已占少数地位的北京汉族土著居民所使用的元大都话作为通用语言。也就是说，这才是我们今天所说的斋堂话的源头。这也说明斋堂话是首先脱离白沟以南的中原话语音，与宣、涿、怀语音及周边其他地区曾有过一个语音相同的时期，可能是元末明初时期。到明代推广官话时期，斋堂地区时处拱卫京师的前线，依天门关、天津关、弩寨口、沿河口、镇边城等要塞为托，和关外几乎断绝来往，明代官话几乎推广不到关外，长此以往斋堂话便停滞在西山腹地斋堂川，语音与宣、涿、怀便拉开了距离。

明万历年间宛平县知县沈榜在其所撰《宛署杂记》中所言：“辇毂上民声音可入律吕，第民杂五方，里巷中言语亦有不可晓者。”从中我们可以了解到，明代所谓“可入律吕”者为居住北京的上层人物讲大家都能听懂的明代官话。“第民杂五方”为京城市井中，不同层次的居民有来自东西南北及本地土著，“里巷中言语”为各地和本地的方言，还真有听不懂的。

第三节 方言的特点

斋堂话是门头沟方言的代表，门头沟方言的特点也大多集中在斋堂话上。当我们深入了解了斋堂话后，发现斋堂话的特点集中表现在其初创性与再创性，民俗性和口头性上。

一、语音特征

汉语方言分类是以语音特征为标准的，首要的一条标准是中古时期的浊音声母在今天的读音。官话方言下的次方言划分则以中古时期入声调在今天的读音为标准。拿这条标准来看，斋堂话和北京话一致，而与滦水的冀鲁官话以及涿鹿、怀来的晋语不同。例如，“磕、壳、渴、克”几个古入声字，斋堂话和北京话都是分别读作阴平、阴平、上声、去声四种不同的声调；滦水、涿鹿、怀来这几个字则都读同一种声调。斋堂话的特点就是兼具官话三大次方言的若干语言特征而又自成一体，与众不同。

斋堂话的语音特点是声母、韵母同时变化而成为一种独特的语音。斋堂话特殊的语音声调是区别于汉民族其他方言的重要标志。语音虽是语言的外壳，但却是语言相互区别的关键。

我们发现，斋堂话的语音特点是比普通话声调低，有的读音是已不再使用的入声和已消失了的独特读音，大多数是声母、韵母各有不同的声调相拼的读音。从历史上看斋堂话的语音是介乎于北京官话京城语音和北京官话宣涿怀语音之间的语音。

二、构词特征

构词特征也是区别语言的显著特征之一，虽不像语音那样一听就明白，却是语言相互区别的实质性内涵。那么斋堂话的构词都有哪些特征呢？

（一）初创性与再创性构词

北京先民最早的语言是什么样子？我们已无从知晓，但从斋堂话中我们似乎发现了语言初创的遗痕和再创的大量线索。

（二）构词的民俗性

明代万历年间的《宛署杂记》将方言列在“民风”条之中，斋堂话也属民俗语言。我们这里所说的民俗语言是一定范围内，人们约定俗成的语言，不单单是表述相关的民俗事象；也是先民用已掌握的语言词汇，解释或注释某些事物，形成的特定地理历史范围内使用的语言。

就是说，无论每一个词的语音和语义如何，它们都是一定范围内，社会习惯使之成为语言的构成材料，都是约定俗成，并人相习、代相传。公元前3世纪，我国荀子就说过“名无固宜”“约定俗成为之宜”的话。如前所说，在汉语中很多词是用已有的词去注释、解释新发现的事物。现代汉语中的“水车”可以是以水为动力的车，可以是汲水的、拉水的、装水的车；这种认识绝不是随意的，不是简单的俗成，更不是随意的外加。

（三）构词的口头性

语言是劳动创造的，同时也是劳动的需要，是这种需要迫使人们不得不说话的时候逐渐产生了语言。它的最初形式是以口头语言的形式出现的。经过广泛的田野调查，到目前为止，我们尚未发现过用斋堂话撰写的文献、碑碣等资料。从此我们可以认定，斋堂话是口头语言，不是书面文字语言。尽管后来吸收了一些官话和书面语言的成分，如语音、词汇、语法等，但总体上看，斋堂话基本上是口头语言。

三、语义特征

（一）初创型词汇的语义

初创型构词一是早，二是少。其语义都在书面语言出现之前，是非文字性语义，如“呱呱鸟”一词，在字典中查“呱呱”和“鸟”是查不着其语义的。“哇吆”“吆呼”“吃啦姆咦”“知不道”“干啥咦嘿”“坐下嘿！拉拉家拉家”“可是不当咦！”“是姆嘅！”“没（姆）音儿拉撒”“黏莫之”“慌（吭）莫之”“鸦默轻声儿地”“别战打”“静住地”等，又如称“疼痛难忍”为“疼得治不地”，还有“渴得治不地”“饿得治不地”“累得治不地”“使得治不地”等。还有如“萨”“苔起来”“高里”“一庹（tǎo）”“一直儿”等的语义，只能本地人了解。

（二）民俗型词语的语义

斋堂话中的所谓民俗语言就是约定俗成，是这一语言范围内部约定俗成。如：个头较大的松鼠叫“骚羊”“核挑驴”，蝉叫“鸣音哇子”，会飞的蚂蚱叫“大飞串儿”，地基称作“地巩”，门神龛称作“仙登台儿”。

“压捏根儿”“搅颊绿”，这些民俗语的语义只是约定俗成，这也正是斋堂话的独特之处。

第四节　方言词汇

一、自然和自然现象类

老爷儿：太阳，日。斋堂话中也称："爷儿爷儿""爷儿"，与太阳、日，相对而称。例句"爷儿爷儿落了""爷儿底下晒晒一会就干"。

月色（shǎi）：太阴，月，月亮，也有与"老爷儿"相应称"老奶"的。

色（shǎi）之音在斋堂话中是读音的变化，如某人贪女色，即为好（hào）色（shǎi）；某人面色不好看，色（shǎi）气不好。有村名色（shǎi）树坟（色shǎi 石坟）。又如称"灰色"读做"灰色（shǎi）"意思是让人下不来台，没面子。说人色迷瞪眼、流里流气为"色（shǎi）里色（shǎi）气"等。

将月亮称作月色（shǎi），也有与太阳相比，月有阴晴圆缺望朔的经常变化，故称月色（shǎi）。佛教用语"色"（sè），即凡诸事物如五根（眼耳鼻舌身）、五境（色声香味触）等足以引起变化者，皆称"色"。

亮明星：启明星，因其在太阳升起之前先出现在东方，天亮了，天明了，故称为亮明星。

扫帚星：彗星，因其慧尾形如扫帚而得名。多贬称某人为扫帚星，又称丧门星，会带来灾祸。

三星：猎户座中央三颗明亮的星。冬季天将黑时在东方出现，天将亮时在西方落下，斋堂地区有"三星落年来到"的谚语。三星也是传说中的福星、禄星和寿星。

打闪：闪电。与打雷并举，神话中也是雷公电母所为。

雷劈了：大霹雷。传说人作恶、物成精怪便遭雷劈。

凌子：冰雹，雹子。讳称恶雨。

垅扒：泥石流。意为急流的水将山岭、土地冲垮：扒了垅扒。

发水：洪水暴发。

蒙星（sēng）子雨：蒙蒙细雨。

风潲（shào）雨：风吹雨斜，潲窗户。

一扫（sào）雨：带状雨，形如条帚扫了一下，不是普通雨。斋堂川有"雨下一条线，雹打一大片"的谚语。

地动：地震。京西斋堂川人认为大地是平整的一块，是一条巨龙单手托着，龙累了一倒手，地就会动，于是山崩地裂，房倒屋塌，遂称地动。此名与汉代称谓一致，东汉天文学家张衡所发明的浑天仪、候风地动仪，就称地震为地动。

冒腔干：山崖腔隙充满了雨水，冒出来，很快就干枯了。久雨渗入地下又冒出，属裂隙泉。不是深度地下水。《西山韵语·连檐》“群蝉齐鸣天将开，忽见毛雨细似筛。家家炉坑已成井，户户门前香成排”，就说的是冒腔干了。

嵲（nié）头：即高而险峻的山崖，如“大嵲”“跳嵲”。

魂子：险要的土崖。附形之灵为魄，附气之神为魂，险要之处令人失魂。如：吓失了魂。

石堂：开口的山穴，可避风雨。山之平阔处为堂，崖之凹进处也为堂。

巷（jiang）：较浅的山谷，有水，有耕地，有通道。李家巷、娘娘巷、南巷，实为“埢”字，约定俗成书面写“巷”字了。

沟：较深的山谷，本作田间水道。《周礼·考工记》记载“九天为井，井间广四尺深，谓之沟”。有“河沟”“鳖鱼沟”“岖里沟”（俗称七里沟）“龙门沟”“石岩沟”“狮子沟”“塔岭沟”。有流水、有田地聚落的山间峡地，门头沟即山谷。元人王恽《秋涧集·泌水道中》诗“苍巅互出缩，峪势曲走蛇”。清顾炎武《天下郡国利病书》：“边方营砦，称谷称庄……然谷有两音，南人称谷，北人呼峪。”

斋堂川的峪多指“称谷称庄”。如洪水峪、杨家峪、刘家峪、柏峪、通舟峪、黄龙峪、麻黄峪、艾峪等，皆村庄之名。

岭：本指山峰、山脉。斋堂话中指著名的山。晋代以前为岭子、斗岭子，而后加山字，现作岭。斋堂地区有大寒岭（大汉岭）、长头岭、蔡家岭、摘星岭、塔岭、老婆岭、麻涧岭、东岭、幡杆岭、大将岭、梨园龄、大石岭、黄土岭、弩寨岭、马脊岭等。

梁：本意为桥。《诗经·大雅·大明》“造舟为梁，不顾其光”。《国语·周语》中“九月除道，十月成梁”。斋堂话指连接两座高山之间、有分水岭和界山作用、较大而平长的山岭。如斋堂地区的秒庵梁、黄草梁（荒草梁、黄花梁）、马栏梁、煤窝南梁等。

坨：貌似丘陵状的独立而圆形的山头。如黄安坨、南大坨、大北坨、鹞子坨。

鞍：两山之间凹下的地方，形似马鞍。如骆驼鞍儿、黄鞍、杨家峪鞍、囊里鞍、庙鞍等。

台：山前平阔的地方（山上平阔的地穷古称“堂”，如房山区北部的“堂上”，有人说“斋堂”也是古代在山顶祭祀的地方，后来山平了原地仍称斋堂，但无考）。如燕家台、东大台、西大台、王大台、柏峪台、张家台、杨家台、马栏台、龙门台、城子台，还有梁庄台上、李家台、军响台上、木兰台、梨树台、立石台等。

涧：沟谷中有水，两侧山石峻峭且狭窄称之为涧。如青龙涧、东麻涧、西麻涧、底下涧、双涧子、东龙门涧、西龙门涧、挑树涧、杀虎涧等。

嘴子：山岭上孤立而突出的部位，称为嘴子或山嘴。斋堂地区有庞嘴子、鹰嘴子等，多以嘴子特形或归属命名定名。

白毛风：冬季下雪后刮大风，将地上的雪卷起来，漫天像飘舞的白毛，是极寒冷的天气。

鬼旋风：一种被人们神化了的怪风鬼风。某家的庄稼、晾晒的衣被、粮食、房屋等有被这种风破坏和卷走的现象，人们常点灯花、烧香礼拜，求神灵保佑。

拉拉汩（或：戽）（hú）：涌出的泉水，从高处流下。拉拉：流出状、落下状，水量不大谓之拉拉。一拉拉水，常喻水小而少。《庄寻·达生》："与其俱入，与汩皆出。"注回伏而涌出者为汩也。（也作"戽"，水利设施，水车上的斗子）。

冰凌汩（·hu）：冬季的小溪或拉拉汩冻成一定高度的冰瀑，称冰凌汩。煤窑、特别是大的煤业行道较陡的坡，也称汩（·hu）。

连檐雨：夏季大暑小暑间常有的天气，雨下起来不停，因屋檐总连续淌落着雨水，故称此，也称连阴雨。并有"大暑小暑，灌死老鼠"的民谚。还有"有钱难买五月旱，六月连檐吃饱饭"的谚语。

阴凉：树之阴、山之阴、墙之阴、物之阴等可避晒纳凉处。

影阴（yī）儿：影子。

月色地（·di）儿：月亮照着的地方。斋堂川有儿歌"杨家村的戏，瞧不瞧的过得去。穿着掌子鞋，披着骆驼绨。没钱打油灯，就着月色地。"

嵲（nié）豁豁儿：两山崖间的裂口。

墙豁子：墙坍塌了的状态。

马牙石：白色呈小方块状颗粒组成的石头。

火石：有白色、黑色，相撞能蹦出火花，可作火源。农家火镰触击火石，先引着葛绒子，再成火种，以点火和点烟袋。

麻子石：砾岩的一种。

板儿石：扁形火成岩块石，泛指石头。

片子石：水成页岩，嵲片子。

河流石：河沟中长期冲刷、滚动磨圆了石头，有的形如卵，也称河卵石。

风化石：见风即酥的水成岩。

灰石：可以烧大灰（石灰）的石头。

煤矸石：含热量较低的矸石。

磨石：可以磨刀具的石头。

二、时间、空间和度量类

在斋堂话的表示时间、空间以及度量的词汇中，和斋堂地区周边的叫法有着明显差别的，主要有以下几种。

普通话	斋堂话	普通话	斋堂话
今天	今儿个	今年	今年
明天	明儿个	明年	过年
昨天	列列个	去年	年生隔
前天	前儿个	两年后	后年
大前天	见前儿个	三年后	大后年
后天	后儿个	两年前	前年
大前天	大前个	三年前	大前年
大后天	大后个		
蒙蒙亮儿	马（mā）虎（·hu）亮	太阳快落山了	老爷儿蹲山儿了
五更	五更（jīng）	太阳下山了	老爷儿落（lào）了
早晨	早下	晚上	后生
11 点前后	小晌午	夜里	黑介
前半天上午	前半晌	深夜	半夜三更（jīng）
中午	晌午	前（后）半夜	前（后）半夜儿
中午 12 点过了	晌乎错了	今天中午	今儿个晌午
后半天下午	后半晌	昨天晚上	列列后生
9 点左右（多指夏季和春秋的农忙时节）	老爷儿一拐子高	明天夜里	明儿个黑介
10 点多（多指夏季和春秋的农忙时节）	老爷儿一杆子高	前天早晨	前个早起
时间好一会儿了	有程子了	半个小时	一顿饭功夫
同“程子”	那丈子那会子	半天的一半，从劳作到中间休息	一趁儿
一会儿	一会儿会儿	推迟中午饭时间	靠晌了
约 10 分钟	一袋烟功夫	干活中午不休息了	卖晌了

普通话	斋堂话	普通话	斋堂话
时间特别短	绝例不大会儿/屁大的功夫/一屁时	当天往返	拉当
这边	这（zhèi）头	下边	底下/下头
前边	前头	里边	里头
那边	那（nèi）头	外边	外头
后边	后头/倒后	近处	脚底下
中间	当间儿	一个地方，两个地方……	一辖里，两辖里……
左边	左手里	眼底下近处	眼皮子底下
右边	右手里	夹缝中	蟞拉
胸前	怀里	四周有围挡的空间	壳郎儿
上边	高头/高里/浮上/上头/脑瓜顶子上	什么都没有	空不拉（lǎ）
不远	一直儿（一直是两点之间最近的距离）	左右脚各向前移动一次的距离约5尺	一步（农村丈量土地时，所说的“长十六，宽十五，不多不少整一亩”是步数）
远一些	一大直	半天耕的土地量约二亩	半晌地
没有走多远	一小直	一天耕的土地量约四亩	一天地
约5尺，两手臂申开的长度	一庹（tǎo）	10斗，100升	一石（dàn）
弓，制式量具约5尺	一弓	半升的一半	半介子
码，木匠用量具，约5尺	一码	一稀呼	一掂滴儿

三、动物类

斋堂话	现代汉语
阔（kuó）猪	母猪，大分裂性变化，一个母猪可以阔生出很多猪来，斋堂人将秧苗称作扩阔也是这种意思。
芽猪	公猪，也是种子的意思。
肉猪	商品猪
壳（kě）郎猪	架子猪，还没长膘的半大子猪。
增（zèng）猪	幼公猪
儿马	公马

斋堂话	现代汉语
骒（马 kē）	母马
公马	种马
忙牛	公牛
乳牛	母牛
尖牛	劁过的公牛
瓜（guá）刮	公羊
乳羊	母羊
骚呼	种羊
骟角	阉割了的公羊
公鸡	公鸡
草鸡	母鸡
雏鸡	下蛋前的母鸡
儿狗	公狗
草狗	母狗
芽猫	公猫
米猫	母猫
叫驴	公驴
草驴	母驴
骡子	骡子，驴、马混血变异家畜
驴骡	驴为父体，马为母体
马骡	马为父体，驴为母体
狐子	狐狸
花狸子	猹猁
土狗子	狗獾
山羊	羚羊
狍子	野鹿
臊羊	大松鼠

斋堂话	现代汉语
花背鬃	花松鼠
火把鬃	花松鼠
野毛	野兔
搬仓	田鼠
老豹	豹子
山猪	野猪
狼	狼
山耗子	山鼠
水耗子	水獭
香子	麝香
黄鼠狼子	黄鼠狼
耗子	家老鼠
呱呱鸟	猫头鹰
奔奔凿凿	啄木鸟
奔哒啦木	啄木鸟
家雀儿（qiǎor）	麻雀
老鸹	乌鸦
烨（yè）雀（qiāo）	喜鹊
咯布咯	布谷鸟
呼布啦	杜鹃
大飞串	叫天子
鹞子	鹞鹰
石鸡子	石鸡
山鸡	野鸡
山鸽子	野鸽子
臭咕咕	布谷鸟的一种
黄雀（qiǎor）	黄鸟

斋堂话	现代汉语
老雁	大雁
山雀（qiǎor）	山鸟
雀（qiǎor）	鸟
长虫	蛇
蝎赤子	蜥蜴
蝎虎子	壁虎
蛐蜒	蜈蚣
蚂兰虫	蛐蜒
水牛（niū）子	蜗牛
鱼针子	小鱼
疥肚（疥蟆蛤子、癞蛤蟆）	蟾蜍
蛤（hé）蚂（mǎ）	蛙类
蛤蚂（蛤豆子）	蝌蚪
蛤蚂（腻）	青蛙卵
蚂蛉（·ling）	蜻蜓
扑灯蛾	蝴蝶
补丁蛾	蝴蝶
棉花虫	荧火虫
大特儿蝼	飞蚂蚱
老蛋	绿色尖头蚂蚱
大肉墩子	蚂蚱蝗虫
鸣音蛙子	蝉
官娘子	花大姐
铜咯唧	金黄色的蜣螂
屎咯唧	黑色的蜣螂
瞎虻（méng）	虻科昆虫
吱拉子	知了

斋堂话	现代汉语
蛛蛛	蜘蛛
巧鸟鸟	螟蛉
别蜉	蚍蜉（大蚂蚁）
泻淡虫	蛾类幼虫
灶虻儿	蟋蟀
虮牛子	蟑螂
洋拉子	核桃树虫
山药虫	瓢虫
咯绷蹦	磕头虫
猛子	果蝇
吊死鬼	柳蛾幼虫

四、植物类

葫芦槟：一种较原始的苹果。

闻香果：同上。散发出香气。

酸槟子：同上。但味酸。

牛叠嘟：野生植物，圆形，红色，味同桑椹。

牛梨：野生植物，果实酸甜。

马梨：同上。小黄果，味酸甜。

醋瘤柳：沙棘的一种，果实有红黄两种。

屎瓜：味臭。

香瓜：味香。

树挺（·ting）子：无枝叶的树干。

蝎子娘儿：娘儿，母亲之意。一种带刺的野草，阔叶刺人皮肉，如蝎蜇，故称蝎子之母。

黄金塔：向日葵。

刺榔头：苍术。

赤根（chìgēn）：菠菜。

蔓菁（mánqīng）：头似馒头的萝卜类蔬菜。

人情（qīng）：野菜，春季采嫩叶可食用，不是白苏。

涝沥：形似菠菜叶，背面呈紫色带灰质。

蓬蒿：嫩芽可食用，吃多了涨肚。

莳疾疾（lìjíjī）：带刺的一种野菜，嫩食，开紫花。

苦荬（mǎir）：即苦荬菜。

马肉苗：沙参。

拉拉蒿：茵陈幼苗，多年生草本。

老鸹嘴：蒲公英的一种。

拉拉秧：藤蔓类野菜。

蕨菜：古生植物类蕨类，一亿四千五百万年前食草恐龙的食物，百花山、灵山有生长。水焯后浸泡 24 小时祛其毒可食。

壮菜：古生植物类蕨类。

钊镰片：猪耳朵片、扁豆角。

扫帚苗：蓬蒿的一种，嫩时可食。

曲曲菜：马齿苋。

山柳叶：野柳春天的叶子，浸泡去苦味后可食。

椴叶：野椴树春天的嫩叶，可直接食用。

桲（bǒ）：丛生的灌木和草，也作量词。

妈妈阔：地黄，因其开粉色的喇叭花，吮之有甜汁，斋堂称乳房为“妈妈”，故而俗称其为“妈妈阔”，斋堂人称菜苗类为“护阔”。

木兰芽：实际为栾树的嫩芽，因其树所产之籽称木栾子（可做佛珠），而称其嫩叶为木栾芽、木兰芽，一声之转也。

秸帐：秸秆。

枝棘：荆棘（酸枣棵子）。

山扭：土豆，也称山药蛋。

黍子：碾出大黄米、粘米的一种，即糜子。

黄米：粘谷碾出的米。

五、人物称谓类

第一人称：称自己为“个（gér）人儿（rénr）”“俺”“自个（gěr）”“我”等。

第二人称：称“你”，没有称“您”的习惯。

第三人称：称“他”。

对自己之外的人泛称“人家”“别人”“大家伙儿”。

妻子对丈夫称：我们当家的，我们掌柜的，俺家老爷们儿；借用孩子称我们他爹；也有借用其他人来称呼自己丈夫的，如某某他姐夫，某某他哥等。一般不直呼丈夫之名，实在无可借用他人称呼时，夫妻间常以“我说”相呼称谓。

丈夫呼妻子时，基本和妻子呼丈夫的方式相似，只是称：俺家内当家的，俺家里，俺家老娘儿们儿，俺媳妇儿，俺孩子他娘（niā）。

对孩童时期的伙伴、朋友称：小搭伙儿，哥（gēr）们儿，哥（gēr）几个，弟（dí）兄们。

女孩称伙伴：姐们儿，也有称小搭伙儿的。

不同辈份称：男人称爷们儿，女人称娘们儿。“咱们爷们儿”“咱们娘们儿”。

长辈妇女称晚辈：称“洒（sā）”，可能有蒙古族的语音。

多年的老朋友、老伙伴称：老伙计，意思是长期合作、长期共事之意。

交通：邮递员。

军队：对单个军人称军队，众多军人则称队伍。

先生：知识分子，如教师——教书先生，医生——瞧病先生，阴阳家——阴阳先生，算命的——算先生等。

挑挑儿的：肩挑商贩。

小篓夫（fù）：背篓商贩。

箍漏（lú）锅的：修理锅、壶等金属器皿的游街工匠。实际上是“补漏锅”，他们串村走巷流动作业需挑一担子，一头是炉火，另一头是各种工具、材料和风箱。他们挑着担子喊道：箍漏锅！实际上是补漏锅。

小炉匠：是以修补瓷器、陶器等器皿为业的游动工匠。因他们从小到酒盅茶碗，大到缸瓮盆盎都能修补，他们肩挑一担，一头是炉火，一头是大小钻具等工具材料，到一村便高喊：钉盆锔碗锔大缸！

劁（qiāo）猪后（hòu）的：为牲畜去掉睾丸或卵巢，即做绝育的行当。他们每到一村，便把一铁片串成的响器弄得哗哗唰唰作响，似在抖动他们的刀、剪之类工具，并连续高喊“劁猪后！”如果有需骟牛、羊、马、驴者，则问：“骟大牲口不？”回答说“骟！”问“刀骟哪，火骟哪，还是砸骟？”回答说“你说怎么骟就怎么骟！”所谓刀骟就是用手术刀取出睾丸或结扎输卵管，将伤口缝合；所谓火骟就是用烧红的烙铁进行，无需缝合伤口；所谓砸骟就是用铁石等钝器为工具，是最为原始的方法，一般不用。

映（yǎn）电影儿的：放影员。

羊倌儿：放羊的。

牛倌儿：放牛的。

掌鞭的：赶牲口搞运输的。

耕（jīng）地：以畜力耕种或秋翻土地。

跟牛的：赶牛的。

护犁的：扶犁的。

走窑的：从事煤业的煤窑工。

凿（zuǒ）头：负责领导作业的窑工。

六、婚姻、家庭、生育类

带肚儿：女人出嫁时已怀身孕，为带肚。多为丧夫妇女，或其他原因怀孕者。

招拐：妇女丧夫，招夫入门，新夫即为所招之“拐”。拐，人们行走不便时的助力工具，招拐之夫多为帮助寡妇拉扯孩子。一般不改姓氏。

绝户：身后无子，所谓断了香火者即为绝户。也是骂人的话。

办事由：办喜事，娶媳妇、聘闺女均称办事由。

暮生：孩子出生时，生父早已亡故，为暮生。也有称梦生者，多指母亲生下子女便去世了的子女。

双身子：妇女怀孕了称双身子。

害孩子：妇女怀孕后呕吐，不能安食，称为害孩子，意为被腹中孩子所“害”造成。

坐月子：产妇生产后需静养一个月，不出屋，故称坐月子。

小月：即流产，不够月份因各种原因造成流产。因正常生产产妇需休息一个月，流产只需休一至两周，不到一个月，故称小月。

要着人哩：指妇女长期和一名男子通奸的行为。

偷人养汉：偷着和人家的男人通奸，也称养汉，一般指和诸多男人有一定的卖淫性质。

隔夜：也称葛拽，即两口子打架，第二天（隔了一夜）就和好了。另一说是孩童扭打起来，纠缠在一起，相互拉扯的意思。

分爨：即分家。爨即炊具，古时游牧烧水、煮饭、煮肉的炊事用具。分爨即分炊具，分家。

童子尿：俗认为产妇生育后肾虚，喝小孩尿可补。

七、宗教信仰和凤俗类

灯花：斋堂川的一种祭祀用品，举行祭祀时则称点灯花。灯花用纸制作，古时以绢吊、棉布、棉花制作，是“神灯”的一种传承和变异性祭物。高二寸许，多以五彩纸制成。祭祀时蘸以食油点燃，以三、六、九之倍数布点灯花。当地有“神三鬼四”的说法，即祭神时数以三、六、九数，祭鬼时则二、四、六、八数。点灯花多为避邪，除灾求保佑等，产妇祈奶时也行此仪。牧业方面行此俗也较多。

祃祃礼儿：(mǎmǎlìr) 对神祇、祖先、尊长、宾客表示敬意和规范人们行为准则的道德标准。"祃"是古代军队行军中在驻地举行的祭祀仪式。在斋堂话中的意思是做某某事有什么忌讳，有什么规矩，有什么要注意的。《礼记》中所谓"入家问讳"就是有什么祃祃礼儿（lìr)，不能失礼，不能失敬，不能违反风俗和道德规范。

叫魂儿：斋堂话称"唤唤"。多在除病祛灾时使用和受到惊吓时使用。人生病，久治不愈或病危，家人用桃木做弓，柳木为箭，挂于门簪之上，俗称门楼头上，用病人之鞋柏打门槛，并由病人之子女、父母边拍边呼其名字或称谓某某回来吧（有的则由巫婆神汉呼喊，有的连哭带喊，以叫其魂不得远去，快快回来。

洒小灰：小灰，斋堂人称草木灰为小灰，与大灰即石灰相别。小灰有杀虫、消毒、去污之功效。农家常用小灰洗衣去污，洒于圃畦为蔬菜除病虫害。大灰之消毒除病虫害之作用要强于小灰，但有碍植物生长，农家不用。村中人亡故，出殡所经街巷各家，在门前洒以小灰，也有洒大灰者，以避邪免灾，防病毒、殃气冲伤。

殃气：人死之际吐出的最后一口浊气，毒性极大，若人遭殃气冲打，轻者病倒，重者必死。人们形容某人无精气神，或干什么都无精打采时说："瞧你那个像儿，一当是殃打了。"

仙登台儿：人们称供门神的佛龛和自认为某神仙居住的地方为侧登台。有的是狐仙、蛇仙，一般在巫婆神汉、阴阳先生指示地点建仙登台，以得家丰人安。门神在居家大门口的左侧墙腿内侧一米五高处以砖雕成一长方洞。也有在居舍之后或山墙之上砌筑仙登台，供奉其他神仙者。

打坑：人死后要入土为安，需人去坟地挖出墓穴，称为打坑。如果是白菜窖、萝卜坑等则叫挖坑不叫打坑了。

抱土：人死后入坟地前，需家人到坟地将基穴之土包在一白布中抱回，称为抱土。抱土者不能和送葬队伍及棺木碰面，回到家中将所包之土藏于门后盛水缸后边，意为取材下之土藏"财"泽后。

八、劳动类

勒叶子：是人们采集可食树叶的一种劳动。

挛叶子：是秋后人们将落下的树叶汇集利用的劳动。

挛柴禾：将枯枝、禾桔收集当柴烧的劳动。

串核桃：核挑秋过后便刮风，将未被打下的刮落于地，人们便去拾取。

掏獾：冬季人们从山洞里将冬眠的獾用铁钩掏出。

套毛：用绳套逮野兔。

下狐枷：猎取稍大野兽，将狐枷隐埋设伏。

追毛：下雪天追逐野兔。

打围：打猎，围猎。

扣鸟：用筛子逮鸟。

拿鱼：用锤砸水中之石将鱼震晕或掏干水湾等方法捉鱼。

扎鱼：用叉、镖、梭等逮捉较大的鱼。

打雁：用弓箭、灯、网等工具捕雁。

剜菜：用剜菜镢子将野菜连根剜出。

掐拉拉蒿：茵陈尖鲜嫩可口，采集时多掐其尖。

钊火茬子：一种原始的耕作，也称烧荒。

钊地：将荒地用镐开出来。

钊挖炮：将荒地用镐翻出草土团形，同古代战争中的炮石、滚石。

钊菜：原始的耕作方式，烧荒后，将菜籽撒遍，再用镐刨、钊来完成种植。

耕（jīng）地：用犁翻松土地。

钊漏犁：耕（jīng）不到的地角，犁漏的地方用镐钊补种称为钊漏犁。

盖地：地耕（jīng）过后，用荆芭进行平整。

点种儿：耕种时将种子布点在垄沟中。

施粪：耕种时施底肥。

扶（hū）犁：耕种时撑握犁具的深浅方向。

跟牛：耕地时驱使牛，使之前进。左转右转驱牛语：哦，为左转；哒哒，为右转；咧咧，为调头；吁，为停止。

卸套：将牛套解下，使牛休息。

饮牛：给牛以水喝。

咴牲口：给牲口喂盐。

咴羊：给羊喂盐。

耩地：用耧播种为耩。

扶（·hu）耧：扶耧掌握耩地深浅，并摇耧使种子均匀洒漏于土地中，踩地的将拢洼踩实。

耧地：用耙子将地整平。

沤挖炮：用柴草𤆬肥。

起圈：将猪圈中肥料取出。

除圈：将猪圈中肥料清理出去。

垫圈：将杂草和生土垫在圈中沤肥。

拾粪：用粪箕子背篓将野外粪肥捡回。

掰（pǐ）棒子：将玉米从禾杆上取下来。

栽白薯：将白薯秧插在白薯埂上。

点山药（niū）：将土豆切成若干块，有芽的做种，埋种在土中，也有种埋山药的。

刨山药（niū）：收获土豆，从土中刨出。

盘楷帐：用背架子、背篓将禾秸从地里运回作牲草。

打羊叶子：将胡枝子从山上割回，备冬季大雪封山时喂羊。

打梢子：多指割荆梢子。其可编篱笆，在梢门和煤窑中挡护洞壁沙石之用。

砍插木：长1.5米左右的灌术棒。在煤窑洞壁上，窑柱与窑柱之间捌查，使梢子紧贴洞壁以挡阻沙石。

簪豆子：在庄稼地的缝隙点种豆类。

趟荞麦：因荞麦种植较浅，撒种子后用镐在地上一趟即可，“狗趟荞麦”，形容胡闹。

沟葱：春季将小葱去叶，剪须，斜埋于两土埂之间的土沟中，随着葱的生长再将埂土培在葱沟中，逐渐沟变成了埂，埂成了沟，斋堂人称这种栽培方式为沟葱。

栽阔扩：先育苗再移栽的劳动，多指蔬菜。

砍架梢：为黄瓜搭架用的细直而坚硬的灌术，多为雏榆。

砍大棍：砍来做镐柄等用途的硬杂木。

砍短截子：砍做秤杆、鞭杆用的红色硬木，俗称石嘣子。

砍绽子：做纺纱绽轴用的灌木。

琐尖：将木头用斧子削尖顶部的劳动称琐，令其尖小之意。

抢谷：秋季谷熟，恐因风起谷粒脱落减产而抢割。

赶牲口：山区驱赶骡、马、驴运输，称赶牲口。

倒搂墙豁子：梯田墙堰因雨坍塌，重垒之前需将大小石头和石碴分开的劳动。

扒拉算盘珠：拨动的意思。

扶唇（shūn）垒堰：为保持水土，将墙堰加高，将坍塌了的墙垒上的劳动。

挖跟脚：挖地基槽。

打地巩：为建房打地基。

皋驮：将载物的拢驮或物品抬到牲口背上。

卸驮：将牲口驮着的物品卸下来。

插拢驮：为拢驮插上矩棒。

打拢驮：编织拢驮。

编行李：编织各种荆条、柳条器。

打冰：将冰从河中刨成块背回。

劁猪：为猪做绝育手术。

骟驴：为驴、马、牛等做绝育。

铰衣裳：剪裁衣裳。

糊窗户：为窗户糊纸。

打绳：将麻、皮等绞制成绳。

捏煮饽饽：包饺子。

杀（shǎ）糕：将粘米面和成干面团蒸熟。

耪地：锄地。

拨仁子：砸开核桃、杏核，将皮仁分出。

要大棍：（要，强迫之意）将弯曲的细木经火熏软，再在一木架上将其调直。

嗑棒子：将玉米粒从玉米胡上取下。

打谷：脱粒。用打谷拍子将谷穗上的谷粒脱下。

插鞍子：为牲口驮运的背鞍上木版、上鞍屉、垫草纸等。

杵碾子：为碾子凿制纹牙。

打碾子：将大石料雕造成碾子。

放树：伐树，将树放倒。

伐蜀黍米：将玉米用热水掏过，上碾子创压，去其皮，并箩出，使之成为不规则的颗粒。

打荆芭：编荆芭。斋堂话用打字为动词的地方非常多，连化妆都叫打脸儿；又有“打坑”“打家具”，还有如“打油”“打酒”“打肉”“打醋”“打颏（kuǐ）绿”“打叶子”等。

扎冱瘰（hǔ · lei）儿：旧时对患急性心脑血管疾病的患者，从静脉放血的急救措施。用利器在“尺泽”穴位处将静脉刺破放血，阻止脑溢血等疾病发生。

摁疙瘩：旧时摁破喉中肿块，血出即愈的土法治疗急性白喉。

拾掇屋子：将房间扫、擦干净，将物品弄整齐。还有如拾掇火，拾掇地，拾掇鱼（即刮鱼鳞去内脏等），拾掇牲口等。

掏窑户：将地炉的炉坑中的煤灰掏出，运至圈中垫圈沤肥。窑户，斋堂话称小的洞为窑窑儿，火炕又似烧砖和石灰的窑，其门则称户，故称窑户。

耪地：耪小苗子。用锄头翻松土地。耪玉米，耪谷。

九、劳动工具类

礁臼：杵米的石器。斋堂川至今各处可见。

碌碡：压场的石器。

磙子：耩过的地，用磙子将垄沟压实保墒。

臼子：加工调味品和药草的石器。有蒜臼子、药臼子等，用铜、铁、木头等制作。

碾子：加工粮食的工具。

大磨：加工粮食的工具。

小磨：加工粮食的工具。

洗石：洗衣服用的石器。

磨石：磨刀用的工具。

拴马石：固定在墙上用于拴马的工具。

上马石：蹬其上马。

过门石：由于石料坚硬耐磨，置于入门处（农家多在此石之上加工核桃、杏核，砸烂带骨的野鸡、野毛肉等）。

阶条石：用于砌筑台阶和台阶两侧的垂带等用石。

柱脚石：垫于房柱下的方圆形建筑用石。

种施：耩地种谷物的农具，即耧犁。

盖：耕地时为平整耕过的土地编制的工具，长约四尺，宽约一尺五寸。

叉子筐：用荆条编制的双耳，一边开口，搬运粪、土等物的劳动工具。

粪箕子：用荆条编制，一边开口，三梁交织的拾粪工具。

篮子：用荆条、胡枝子柳条编制的圆形挎筐，因上有一挎梁，周边有围护，故称为篮子。分荆条篮、柳条篮，因用胡枝子编时需将枝条一破为二，故称破条篮。

宅篱：用梢子编成的院栏。

莆篮：用荆条编成的大筐，平底矮梆。放粮食或做囤底用。

窑筐：煤窑中拉运煤的装载工具，椭圆形，下置铁制长方形窑床子，并固定在筐底。窑工拉窑筐时有窑绳、窑拐等。

拢驮：弧形底，扁体，椭圆口，辫子形沿儿的荆筐，用两条矩棒将两只拢驮头串拢成双虹形，称为拢驮。用以牲畜驮负物品如粪、土等。

篓子：用于背负的方圆柱形荆筐。有篓子、一道眼花篓、两道眼花篓、三道眼花篓等，都不同于其他地区的背筐。

鞍子：牲口驮负物品时，系在背上的垫护工具，有前后鞍桥、横梁、鞍子板、毡屉和垫入的草纸等。

驴轴根：牲口驮负用的鞍子需固定在其背上，轴根是一条横棍，两头用绳子与鞍子相连，置于尾下，从后边固定鞍子。前边用盘胸，下边用肚带，这样鞍子就牢牢固定在牲背上了。

山镐：又称板镐。斋堂地区多山地，石头多（说到石头，斋堂人有谚语：一个石头四两油，没有石头种老球。说的是石头的保墒作用），开荒地时多草团，镢头、铁锨均不适用，故创造了山镐，即板镐。镐刃中有镐沟，开刃略呈燕尾形，宽二寸许，由镐把、镐襻（pàn）、镐契（xiè）、镐身、镐刃等组成。板镐极便于刨种。

洋镐：旧十字镐，因从东洋传入，抗日战争期间才有，故称此。

儾（nàng）子：匕首，短而尖的刀。

韭菜挠子：细铁条制作，多齿，为韭菜畦松土而制。

拨吊子：打绳用工具，形如“丁”字，主体由一长六寸、直径二寸许的两端粗中间细的木料制成，如两个顶端相对的锥形体，中间有一金属钩或木质棍钩固定。

镖车：打绳用工具，形如一把扇子，中有轴，转动扇面以打绳坯。

菠子：俗称打谷拍子，也称联枷，用牛皮条缠编硬棍制成，拍子长约 2 尺许，宽 4 寸许，拍子柄约 5 尺许。齐楚江淮之间称“秧”，北谓“菠”。

剖（bào）刀：解剖牲畜用的斜刃角刀。

打核桃杆子：用于打核桃的木杆，多由雏榆制做。打杏、打枣也用杆子，只是稍短。

抽子：盛鱼的荆条编织器具。山里人在河沟里打鱼叫拿鱼，是因他们打鱼的方法是用大铁锤在鱼栖息的水中石头之上用力砸，将鱼震晕漂上水面，顺手便拿，故称拿鱼。而鱼一会儿就醒了，放在抽子里很难出来，于是便创造了抽子这一器具。

耨（nòu）子：耨子多齿，可将草拔下并可挛出。与保定地区的耨锄并非一物。

镬（huò）子：开沟松土的农具，中有高脊梁，比犁更轻便，常作锄谷子用，一人拉，一人扶着作业。也可用作播种工具。

十、食品类

䐔（chǎi）子粥：京西山区农家的主要饮食，也称小䐔子粥。将玉米上碾子压成碎碴做成的粥，锅中水开后，一手抓䐔子，往锅里洒，一手用筷子搅和，称踖乱子。出现疙瘩用勺子捞起用筷子打碎。经滚煮七成熟，再用小火馏至十成熟便可食用，锅底沉淀的饼状物称饹馇，可当即食用，也可晒干后备食。汤饹馇是农家的较上乘食品。

大踖（chǎi）子粥：也称大秫黍米粥。将玉米粒用热水淘一下，置于筐箩中，待玉米表皮湿透便上碾子压至皮脱，用簸箕将皮颠出，所余称瘤秫黍米，或大秫黍米，凉干后储藏。食用时先浸泡，后加热至熟。可即熟即食，也可冻成坨，备食。属京西农家较好食物种类。

踖（chǎi）子干饭：京西山区人民的主食之一。锅中垫以豆角、土豆、萝卜片等硬菜类，加适量的水，待水开，将踖子层层洒在锅中菜的上方，蒸煮至七成熟，再小火馏至全熟，搅拚均匀即可食用。

搅頍（kuǐ）绿：京西山区一种古老的食品，将谷物炒至七八成熟，捣成粉粒状，锅中以菜蔬垫底，将谷物粉粒洒在其上，加热至熟，搅拌食用，干松香甜可口，古代燕民多以此为为盛餐。因谷物炒熟加工成粉粒状要比生加工容易，而且好吃。“弁”在《诗经》中有载，朱熹以为是“燕兄弟亲戚之诗”。“茑萝施于松柏，以比兄弟亲戚缠绵依附之意。盖亦贵族宴飨亲族之食品”。后“頍绿”为宴请兄弟亲戚的美食。绿者多指蔬菜。“搅頍绿”就是将炒熟的谷物粉粒加上菜类至熟，经搅拌后食用的食品。这一食品向我们传递了古燕地人民生产生活的信息和饮食风俗习惯。

搅拿糕：古代燕地人民的原始食品，是用手抓拿进食的食品。其做法是：将细谷物面洒在垫着蔬菜的开锅中，蒸馏至八成熟，再用勺子或杵棒搅翻至全熟，用手抓拿，醮着汤、汁调味食用。其形似糕，搅拌制作，手拿蘸汤汁食用，故称搅拿糕。

压河捞：京西山区一种粗粮细做的主食。用细萝筛出的玉米面（也有用麦面、高粱面、莜麦等面制作），掺入榆树皮细粉，俗称榆面（也有一种植物民间称洋榆面，也可作粘合剂），增加其粘合力，加水和成面团，分成约4寸的圆柱体，放入置于开锅上方的压河捞床的装填孔中，将木杵对准孔口，用压扛使劲压挤成形，孔便涌出条条面须来，垂入开锅中煮熟，浇上各类汤汁、炸酱即可食用。因制作此品需用力压，并直接压入滚滚像河流的开锅中，煮熟捞出来即可食用，故称其为“压河捞”。这是斋堂话构词的一种原始方式，模形、模动词。后来被写作“饸饹”显然错误。

压捏根儿：比压河捞面软，使用手捏式加工工具制作的面食。其形比压河捞细一些。食用方法与压河捞相同。因靠压力，双手挤压杵柱至根部，故称“压捏根儿”。这也是斋堂话的原始构词方法。

糗糕蜜：粘米煮粥，因小火糗至熟故称。

烙馇：用玉米面、小米面等发酵后的面糊烙制的蒙古族食品，为糕饼类食物。馇馇，本作饧馇，糖稀模样，早已有之。

炸油腥：佛教道教食品，有三角形、圆形等形状，多为上供时使用，为炸供食品，后民间广泛食用。麦面、玉米面为其主要原料。也称油炸鬼。

煮饽饽：即饺子，也称扁食，有俗语"哑巴吃扁食，心中有数"。

拨鱼子：山西称"铁扒骨"，为豆面类食品，因其制作方法是用拨鱼子铲拨制，其形若鱼故名。

板条儿：是玉米面加入榆皮面制作的宽面条，约寸宽。

蒸饽饽：馒头。

馇子饽饽：用豆腐碴加入些玉米面蒸熟而成的饭食。

杏仁粥：古称饹，杏实粥，将苦杏仁磨成浆，在热锅中反复滔煮至甜，再加入面米之类而成。

踳（chǎi）子饽饽：用踳子捏成的蒸饼子。

饧馇：用砉达根等含糖类植物熬成的糖稀。

杏汤粥：杏仁熬油剩下的浆液做的粥。

糊涂汤：疙瘩汤。

乱粥：小米粥熬煮至粘香。

香椿炸鱼：用香椿醮面糊炸成的食品，因其形似鱼而得名。

杏子盐：产妇食品，多为用炒熟的核桃仁和甜杏仁制成，因加适当的盐，故称杏子盐，旧时妇女生产获取营养的一个方法。

月子粥：旧时，产妇的主食是小米粥就杏子盐。

汤饹馇：用油呛锅，溜锅巴。

乱糊涂：炒熟的玉米碾磨后做成的稀饭。

猫耳朵：用莜面、荞麦面等和成面泥后，在锅盖上搓制的形似猫耳的食品。

煮白果：煮鸡蛋（炸白果、煎白果）。

碗巴子：没吃完在碗中的剩饭。

蒸根：蒸莜面卷。

压肉：煮熟的猪头肉和碎肉压平至凉食用。

炸干菜：麦面和枣糖等蒸熟再炸食。

杀（shǎ）糕：将粘米面开水和成面坯上锅蒸，俗称蒸糕馏坯（·pi）。有民谣儿歌："扯锯拉锯，蒸糕馏坯（·pi），姥姥家门口唱大戏，接闺女，请女婿，没脸的外甥赶哩去。"

豆腐奶子：豆浆。

杏实板：将苦杏仁泡淘至甜，去皮加盐食用，称杏实板。甜杏仁，泡涨去皮即食。

十一、服装鞋帽类

棉大氅：棉大衣。

大袄：夹大衣。

大褂：单大衣。

披拈：斗蓬或护住后背的服饰。

棉袄：棉衣。

皮袄：羊皮袄毛朝里。

皮裤：羊皮裤毛朝里。

夹袄：春秋穿的双层上衣。

夹裤：春秋穿的双层下衣。

单褂：夏季穿的上衣。

单裤：夏季穿的下衣。

裤蹭：裤叉、短裤。

腰子：三尖腰子、背心类。

坎肩：套在衣服外面的无袖短上衣。

背心：多指棉背心。

垫肩：背、挑、抬物时套在肩部的圆布垫。

叉裤：砍山人、牧人、铁匠穿用的帆布护腿裤。

大襟袄：女性穿的右侧系扣的上衣。

对襟袄：中间系扣的男式服装。

裤叉子：内裤。

衬衣：内上衣。

衬裤：内下衣。

护襟：脖子系带，后腰系带能护住衣襟的女式厨房工作服。

围裙：护住腰以下部位的工作服。

搭缚（bù）：男性围系在腰间的布腰带。

洋袜子：进口的线织袜子，泛指棉线袜。

皮袜子：用羊皮制作的袜子，猎户山户穿用。

胶皮鞋：对球鞋和橡胶制作的鞋的俗称。

扎头钉子鞋：此鞋麻绳纳底，粗线纳邦，鞋底前端钉有七颗呈半圆形分布的约两公分直径的圆帽铁钉，后端钉有五颗，用皮革包头护跟，俗称山鞋，非常结实，故称扎头钉子鞋。

纳帮鞋：用布挂袼褙儿，做底做帮，底用麻绳，纳邦用粗棉线，不分左右脚，鞋头醮黄蜡，过一段时间再做皮包头。

粘帮鞋：与纳帮鞋的区别在鞋帮为双层布面粘成，面为青布，里为白布，粘而不纳，也不分左右脚。

扎（bā）花鞋：绣花鞋。

两块瓦棉鞋：鞋底布质麻绳纳成，鞋帮面、里间絮似棉花，分两块，中缝相接，形如两块瓦相合，故名。

牛鼻子鞋：与两块瓦棉鞋相似，只是鞋头稍跷起，中缝接线两条，末端卷出两个圆圈来，形如牛鼻之双孔，故称牛鼻子鞋。与古代履极相似，为古时鞋之做法。

踏拉板：古代木屐（jī）的简化制做，雨季穿用。

水袜子：橡胶底，帆布帮，高腰；鞋之前头、后跟均有胶粘附，中絮毛毡，保温防水，故称水袜子。

布袜子：白布制作，阔口，中缝，纳底。

裹脚：约二寸宽，三尺多长的白布条，旧时女性缠足无袜可穿，用“裹脚”代之。

腿带子：男女为防尘、防寒、防虫，封裹裤脚的二寸宽、二尺多长的布带子，制式的两头带穗，自制的一般为黑布制作，举丧戴孝者用白布制作。

鞋垫：破旧布刮袼褙，附以里面，纳合并绣以字或花。

上底袜子：将绵袜底部劗开，毛茬卷起缝纳，头部缝一三角布装饰，再将多层袼褙缝纳的绣花底缝上，美观结实。

娃袜裤：幼儿服装，上为背带，下为连体袜裤的防寒服，因多为儿童穿用，袜裤一体，故称娃袜裤。

虎头帽：孩童用品，因绣有虎头而得名。

虎头鞋：孩童用品，因绣有虎头而得名。

虎头枕：孩童用品，因绣有虎头而得名。

斗蓬：无袖大衣，有单有绵，孩童穿用，旧时富家成人也穿用。

护蛋儿：屁帘，屁股帘子，保护屁股蛋和生殖器，简称护蛋儿。

小护襟儿（围嘴）：孩童吃饭多洒落，多由单布缝制，为护上衣襟的服饰。

接（jiè）子：孩童炕床铺垫用品，介乎于小孩与床炕之间，以接屎尿之用，故也称介子，子为语缀，无意义。

屎补丁：为孩童擦屎尿的破布，多用了洗，洗了再用，破了缝补，补了再用，故称屎补丁。

尿布子：尿不湿的原型。

骑马布子：旧时妇女的卫生巾，多洗烫后反复使用。

暮生：出生前父亲亡故。而刚生下母死为梦生。

带肚儿：妇女丧夫或离婚，怀着前夫的孩子改嫁。

光棍儿：未婚成年男子，或丧妇的男人。

十二、生活用具类

砂盬（gǔ）子：砂性陶器，平底，分大、中、小号，民间称头号、二号、三号盬子，可以为炊。

帽锅：砂性陶器，有盖，锅略圆，有三个不明显的腿。多为煮粥之用。

支炉子：砂性陶器，形似盬子，底部布满均匀的圆形小孔，使用时倒扣在炉火上，烤制各类饼、馍等食物。

夜壶：砂性陶器，男性夜间尿具。

药锅：砂性陶器，比帽锅小的器皿。有带柄者，有带双耳者，有带提梁者等类型。

砂锅：比帽锅大的圆平底陶器。

大鸭儿瓮：鸭蛋形，大而圆，小底，大肚收口的釉陶。

缚子：小口缸。

碟子：瓷盘子。

浅盘：大的瓷盘，稍浅。

茶铫（diào）子：金属梁的沏茶用瓷器。

窜子：烧开水用的直筒金属用具。有的用大型炮弹壳制成。

色（shǎi）盔子：釉面陶器，因有釉色又似头盔而得名。

大锅碗：极大的碗，小底大口，因其容积大而得名，又称大海碗。有花者称大花锅碗。

茶盅：饮茶用的小型瓷器。

酒盅：饮酒用的极小型瓷器。

酒嗉（sù）子：盛酒、热酒用的瓷器、铜器。有锥形、壶形等。

酒漏子：将酒用酒墩子从缸、坛中提出灌入瓶中的用具，也有油漏子、醋漏子等。

拨鱼子铲：食用拨鱼子的制作炊具，实为一大圆形铁铲，用一尖形铁筷子将稀软面拨入开锅中煮熟即可食用。

压河捞床儿：制作压河捞的木制炊具。

压捏根床儿：制作压捏根的炊具。

豆腐架子：做豆腐时，为挤压豆汁放置在器皿之上的“多工形”木架子。

火窜：透火（通火）用的铁棍头尖，木柄有圆孔形的把手。

炉子规规（炉子骨规）：支锅用的用具，一般有三枚，用泥制作，也有用其他耐热材料制作的代用品。由支锅石演变而来。

炊火儿：以烧柴为燃料的炉灶。有连炕灶，有砌于檐下的固定灶，也有在破旧盆或桶中抹筑的可移动灶。

馇（huǎngr）帽子：即鏊（ào）子，摊烙馇（也称锅发儿）的铁制炊具，圆形凸面，主要摊烙小米面、玉米面发酵后的食品，烙馇儿。

床子：小板凳的一种。两侧的腿是由煨弯的桑木制成的。有卯榫的仍称板凳。有长板凳、方板凳、高板凳、板凳床（小板凳）之分。

茶叶搠子：搠本为玻璃瓶。盛茶叶的纸制桶罐，也称茶叶搠子。

浅盘：也称碟子，即盘子。

茶壶：烧开水用的铁制壶，因烧开水为沏茶而称茶壶。抗日战争时期，日本鬼子一进村，斋堂川各村负责警戒的人就高喊："座茶壶喽！"各家便有所防备和坚壁清野。

坐柜儿：既能装物品又能充坐位的矮柜。

厨柜子：放置碗筷的家具，两个抽屉的矮柜。

煤匙铲：和煤泥搭火用的窄铁铲，木柄。

炕护沿：火炕前沿一条长丈许、宽四寸许、厚二寸许的方木，以阻挡炕席外溜，并防止火炕所炕干之谷物、杏核儿滚落所设。也起美观之效。

十三、身体类

牙床子：牙龈。

鼻迎洼：鼻子两侧的沟谷部位。

虎牙：尖牙、犬牙。

槽牙：磨牙、臼齿。

郎袋或蛋：阴囊。

蛋仔儿：睾丸。

脊硬骨：脊背。

大肚子：上腹。

小肚子：下腹。

嗓咳眼：喉咙。

脾气窝：肚脐眼。

脑瓜门子：额头。

脸鼓拐：颧骨处。

腮鼓肚（dū）：两腮处。

脚脖子：小腿与脚之间的部位。

滑子疙瘩：足髁骨。

脚鼓拐：脚面骨。

尿脬：膀胱。

屎脬子：胃。

腻脬子（也称脬宫）：子宫。

本儿本儿：男性生殖器。

娘肠子：女性生殖器。

雀舌：声带。

腰子：肾。

脾食：脾脏。

瘿嗉：喉头。

二异（yǐ）子：非男非女的两性人。

十四、形意类

哒笛子：即唢呐，以其发出的声音定名。“哒”是模声词，“笛子”是名词，但又是形意词，组成“哒笛子”，虽然是名词，可又是形意词。

家小：杭州话本作为媳妇，而斋堂话则指的是“一家老小”。

盖的（dì）：即被子。这是把它本身的作用、用途作为其名而组成词汇，褥子当然就是“铺的”了。

煤圊：在火坑靠窗子一边的坑箱处，凹进去的一个小洞，专为和煤泥用。圊本为臭水坑，因煤黑污故也称圊，也称煤穹。

吵子班：农村丧葬礼仪中的乐队。

对对：即看看。将眼睛“对准”所视目标才能看到。

听听：即闻闻。古汉语耳闻目睹。闻作为鼻子的功能始见于《孔子家语》之《六本》，“与善人居，如入芝兰之室，久而不闻其香，即与之化矣”，而《论语》中又有“听其言而观其行”的说法，汉代才出现“耳闻不如目见”（汉刘向《说苑·政理》的说法）。看来“听听”是斋堂话中的独特称谓，典型的口语。

梢稍：尝汤汁类食品的味道，用筷子之梢；稍，即少许蘸而尝之。斋堂话中“梢”是筷子的末端，“稍”是界定汤汁的数量。这是既有“形”又有“意”的形意词。

吧嗒吧嗒：即尝尝。是以尝时的动作和发出的声音确定的词。

梗缯子：梗，挺脖颈，或歪头，脖颈扭转；缯，封口袋。意为成心闹别扭，不听话。

撒达：撒，取其放开之意；达，取其夹室之义（凡是能到达的地方连夹壁也不放过）。满世界寻找，撒开了，放开了，张开了寻找。

踅眸：踅（xué），取其盘旋义；眸（mòu），取其眼睛之义。低目而视，认真地寻找。

煓（duàn）：双手举起石头，将物品砸断。

掴（guāi）：用手巴掌打。

挂（guā）：用较轻的物品投击。

缕（lǚ）：凡物细而长者皆为缕。例：再淘气拿细条子缕你。斋堂话称抽打为缕。

亡（wàng）：用石头将对方打跑。例：再胡说我拿石头亡你。

楔（xiē）：锤砸式打击。楔，本名词，此处用作动词。例：再淘气我楔死你。

溜：溜石子玩，溜达儿。溜也作蒸热。例如：把馒头溜一下。

揍了：打碎了，摔了，也做干了，意为糟了，坏事了。

蹧（zào）：踩。

乐：笑。

叫（juè）：哭。

纳模：思量，寻思。同思模。

炸尸：站打，乱打乱闹，淘气。本意是，传说中人死后尸体被猫蹬踩后忽然坐了起来。

说给：告诉。告，告知：诉，诉说。

扸（kuǎi）：半躺半卧。累了扸一会，稍事休息。扸扭，小脚女人走路，步行也称扸着。也做盛舀之意，“扸瓢面”。

盘：短途搬运，非最终目的的运输。

滚：熬煮。似滚滚流水状，故名。例如：滚粥，滚猪骨头，也有炖、煨之意。

觇（chàn）头：追上并超过。

砸着：盯着。

大臂刀：用手抡圆了胳膊打脸，以臂为刀。例如：再胡说，我拿大臂刀抽你！/可别乱说，小心挨臂。/我什么也没说，他上来就扇了我一个大臂刀。

透透（tòutǒu）：即给炉火用通条（斋堂话称“火窜”）扎一扎，使乏煤灰落下，氧气充足火旺起来，通透气畅。

焐（·wu）暖：即用温度较高的将温度较低的焐热。例如：这天冷的，快来焐暖（nòng）焐暖手和脚。饭在炉脖里焐暖着哩。

吱儿吱儿：叫喊，叫唤。似乎是人类最初发生危险时的示警求救信号。

哇哟：呼喊，是不是人类最初发出的某些行动信号呢？也许是一呼一应，最原始的语言雏形。“哇……哟……”这样呼喊着，人们互通信息，交流彼此的感情和愿望呢？荒古时代，原来在树上营巢而居的祖先——“一种特别高度发展的类人猿”（恩格斯：《劳动在从猿到人转变过程中的作用》），由于自然环境的变化，不能继续在树上找到足够的食物，只得移居到地面上来，他们为了谋求生存，抵抗猛兽的袭击，集群而居，结队觅食。那时候，他们虽然能发出一些不同的声音，但只能利用这样单调的声音去充当某些行动的信号，或表达某种感情。千百万年的历史进程，是不是人类最初的语言信号在斋堂话中保存了下来呢？如果是这样，“吱儿吱儿”“哇哟”这些是多么宝贵的古人类语言的化石，是多么有价值的历史文化遗产。

苔起来：即藏起来。苔是一种隐花植物，将其隐藏的特性借指将某物品隐藏起来。

闹不及迷：即弄不明白，还有听不及迷、说不及迷等。“闹”在京西斋堂话中常作名词使用。例：没闹儿了，喻没有办法了。没闹头了，就是说没有理由，没有便宜和利益了，源自明代的一种有采游戏。“闹腾”，折腾之意。“闹不及迷”中的闹即搞，弄；迷，即问题；不及就是达不到。谓不能将“迷”，解开，不明白。

找不济（找背幸）：济之意为度过，成功，增益等含义。找不济就是度不过，失败，损益，得不到救助，就是倒霉。“找背幸”即背离幸福和顺利。

扫听：即打听，像扫地一样认真地、普遍地打听。扫着即窥视，扫了一眼，偷看了一下。

打鼾睡：即打呼噜。

不应：不要，不用。与“可别”同义。

上学（·xiɑo）：去学校读书。

擦督督儿：玩滑梯。

量：用拐杖打为量（liánɡ），从量刑、杖量引申而来。

楞：用粗棍打为楞（lènɡ）。

搭火：用和好的煤泥封火。将物品抬到牲口背上为搭驮；将物品取下为卸驮；下雨时披的雨搭苫；还有搭葫芦苗架等。

劐开：用刀剪将物品断裂开。牛用觭角劐人。自下向上用力为劐，自上向下用力为劈、撕。

说相嘻儿：开玩笑，说笑话，逗乐。嘻逗，相声一词的雏形。

言语儿：吭声儿。

咧咧儿各生：不严肃，人没正形，话无常理，大大咧咧，和别的正常人不一样，故称“咧咧儿各生”，也指不成熟，不懂事。

裂瓜：不好接近，不近人情，不合群。

楞瓜：生瓜，手黑，不分轻重。

咯生：本义半生不熟，喻不合群。

齐大乎地：大家一起合作，大家一起。

浮皮潦草：草率，轻率。轻描淡写，浮光掠影。有应付、不认真、不负责任的含义。

二傻半尖：二，数词，两个的意思，两成，两分；傻，不聪明；半，一半，半个；尖，上品，俊利；两分傻，半分尖，自以为聪明，却还是个傻子。形容自作聪明做傻事、说傻话的人。，

傻生格拉气：生，不成熟，阅历浅薄；格，死板不灵活；拉气，屁也。说傻话，做傻事，自觉很聪明，其实屁也。

二把刀：疑是二半刀。刀，纸的数量词，一刀一百张，二半刀，二百五十张。指对某项工作知道不多，一知半解、技艺不高的人。似乎二把刀还有两只手持刀的姿势，不懂兵器的使用方法，武艺不高。

二百五：二把刀的更进一层。称愚笨，冒失，莽撞不顾后果的人，也指虽懂点某种知识、技术，只是一知半解的人。一刀纸为一百张，五刀纸为一封，即打成一包装件，二百五为半封（银子一封五百两，半封二百五）。封同疯谐音，二百五即为“半疯”，多指冒失，莽撞，愚直粗莽。

榆木疙瘩：榆木，乔木的一种，木质坚硬，扭丝，结构紧密；疙瘩，树结子。榆木再生满疙瘩，劈柴时较难劈开，形容愚钝，不开窍。

戾（lì）把：即“戾家”，非行家、外行的意思。仰巴脚下蛋——戾把鸡，鸡本卧伏下蛋，仰腹下蛋外行。把，即把式，行家。斋堂话还有“老娘（接生婆）抠屁股（肛门）——戾把外行”的歇后语。宋灌圃耐得翁《都城纪胜·四司六局》：“凡四司六局人只应惯熟，便省宾主一半力，故常谚曰：烧香点茶，挂画插花，四般闲事，不许戾家。”也都是外行的意思。

痴傻呆茶：愚笨，精神失常；不聪明，精神不振。

楞而格叨：楞，反应迟钝，不机敏；格，死板。

二不愣：不懂事理。二，不男不女，不傻不灵，很愣。

愣头青：愣，莽撞；青，不成熟。

青头愣：本意是指不成熟的核桃。借指不成熟、不懂事理的人。

邋遢：脏，不干净、不利落。“邋遢醯子车”，形容极污的人。古时富家粪便车，因多用砂醯子装粪便而名。斋堂川有腊月“二十七洗疚疾，二十八洗邋遢”的风俗。并有民谣“咯咯咯儿，上草林儿，草林儿垛，你娘（niā）养活（生孩子）了七八个，拣着好的都卖了，剩下你个邋遢货。”

栽培：嘱咐。叮咛。告诉。

干着了：即受益了。干，做事；着，干到点上了。也称闹着了。斋堂话中，干、做、闹通用。指意外的收获。

不戴见：即不喜欢，也称懒戴见、不待见。戴，尊崇，拥护，爱戴。

呕头：即脏。呕，读作“ǎo”。头，开始，源头。引起呕吐的根源，脏得令人呕吐。

腻歪：也是脏的意思。腻，斋堂话泛指动物的胎盘，称腻包子。青蛙的卵称蛤蟆腻。歪，倾也，过头了。脏得过头了，太脏了。

拿糕了：糕，粘米面做成的食品。于粘在糕上，即喻糟了，也称糟糕了。形容事情或情况不好。

崴泥了：陷入泥中，脚陷到泥里去了。崴了脚，也意糟了、坏了。斋堂话称铲泥也为崴泥，和泥称拃泥，和煤称拃煤。拃，大拇指与中指伸开的距离。（也称一虎，因大拇指与食指中间称虎口而借称一虎）。

薄（báo）：即淡，盐少，味不厚。

老了：即死了。

干了：坏了，糟了。

不理会儿：也称不许会儿。即没注意。

恶咯嘤地：即恶心。

矬子：即个子不高，多贬义。斋堂话中有“麻脸无须不可交，矬子杀人不用刀”的谚语。

治不得：极严重的程度，无法治愈的状况。使（累）得治不了，饿得治不了，疼得治不得了。

鼻涕流圊：脏污的面孔。满脸鼻涕眼泪，汗道子流在脸上，像臭水坑一样脏臭。圊，臭水坑。

脓带酷痴：脓带，鼻涕。满面脏物，酷似一个痴呆人，或像一个严重的痴疯之人。

骨立：挺拔，干净，俊秀，利落。

乱木搁穰：横七竖八的木头乱放，像和泥中加的穰一样纵横交错，无头无绪。

不敢：不准这么说这么做的。犯忌讳，或违反法规，得罪神灵，有碍家规或道德伦理纲常。

猫盖屎：比喻做事不认真、不扎实、不负责任、不顾质量的行为，像猫掩埋自己的粪便一样。

加拽：加，复加；拽，拉扯。形容结实，禁得起拉扯。

癫嗒：癫，一种病，抽疯。办事无一定目的，无一定方向，背离常规，不稳重，还不听别人的劝说。

剔另：剔，鸟啄羽毛的动作。借指单独的、专门的。斋常话也称“故此”（古汉语的遗留）。

手佝佝了：冬天冻得手指不能自由伸展曲直的状态。

姆喀：元代蒙古语的遗存。语气助词，常加在语后“对了姆喀”“是姆喀”等。

住住儿地：令孩子老实呆着，别“战打”。

站站儿：停一下。

沉沉儿：等一会儿。

犯款：即犯法。法律条文中常有第几条、第几款，古作“条目”。《元曲选》中《神奴儿》中有：“现如今暴骨停尸，是坐着那一款罪犯招因？”款，即犯了那条目罪。

牛心：脾气扭硬，犟。也称犟牛根儿。

难揍：不好惹，难打交道。斋堂话中秽称男子使女子怀孕为“揍上孩子了”。说人不像样子谓：“你爹怎儿揍你来着。”难揍也指厉害，不好伺候。

刺闹：刺头，也称刺而闹翻。不近人情，有理无理不让人。不吃亏，好争斗。对人言谈无礼，态度不好。

一似似（sǐ）：读如“一司死”，相像。（山西话“一样样”）。

拉家：本为拉家常，引申为讲故事、聊天、说悄悄话儿、汇报、讲课等。

谝示：显耀，表扬，夸奖。谝你哩，意为斥止别人不知好歹的行为。

鸦莫轻声儿的：似乎是“鸦雀无声”的最初语言形态。也读作：轻（qīng）声儿的吧。

呕格嬴地：见了就想呕吐。呕，吐；格，标准；嬴地，超过了标准；令人呕吐的程度到了极点。（见恶咯嘤地）

没因儿拉撒：没有必要的言行，没有根据的乱说，不必要的想法；过分的谦恭客气，脱离现实的要求和奢望，不分场合的说道；小心眼，计较，算计，对别人的要求过于尖刻。不同的语言环境则可以是褒，也可以是贬。本意是：没有原因的拉尿。

胡扯六丢：胡说八道。胡，东拉西扯；六丢，六即西周时学校教育的六个科目，礼（礼仪）、乐（音乐）、射（射箭）、御（驾车）、书（识字）、数（计算）。说了半天，和这六个科目不沾边，即是胡扯而丢了真东西。“四六八不懂”中的数字即四书，六科（或六经），八音。

胡吹六嗙（páng）：自夸，胡说，漫无边际地胡说八道。六，即六合（上，下，左，右，前，后），也为上、下及东、南、西、北。

按拍儿：条理清楚并有节奏感，如同音乐的拍节一样，和谐而有美感的处事模式，井井有条。

苛不当佳：自责，如“这是怎么说来着，苛不当佳”，对自己做的、说的产生的坏结果的惊讶式的自责悔恨。不同语言环境可以是对别人的赞誉，对别人称赞自己的言行产生极好的效果而惊讶和谦逊表示。例：“老张啊！幸亏你从河水中把我救上来，要不我早见阎王去了，你就是我的再生父母啊！”“咳，苛不当佳，没那么严重。”

不自在：即不舒服，身体不适，染沾小疾。不舒坦，难受的程度似乎不能自我控制了。

不大（dài）好：同“不自在”相似。

盹了：睏了。

知不道：不是知道不说，是不知道。

对不见：看不到。

背里逃荒：背，离开；里，村子（故乡）；逃，离；荒，没去过的地方。即离开家乡狼狈逃窜，丢盔卸甲。

褛嫽：也作捋嫽（liào），美好，聪慧。褛，外衣；嫽，干净漂亮。也有相貌漂亮精神的意思。

嘎呗：声音清脆，斋堂话指干净利落的人。例：别看老娘子八十多岁，还像年轻时那么嘎呗。

粘莫之（niángmù · zhi）：即不要粘粘糊糊，要干净利落，要快。例：大家伙儿，粘莫之干，天黑前把地锄完。

估莫之：即估计。

慌（hǎng）莫之：小心谨慎，不要慌张。

低塔：谦恭过分，有奴颜卑骨之状。例：老爹子低塔之哩，给儿媳妇倒垃圾、送早点，吃饭还坐在下座。/出门办事别太低塔喽，让人家瞧不起。

窝囊：动作太慢，有理说不出，干受气。例：王二在单位，活儿不少干，气不少受，真窝囊，连气都不敢出，糟蹋了。/李四干什么都行，官没当上，财没发成，窝囊喽！

窝囊肺：也称窝囊废。办事不力，无能无耐。本意指肺有疾，不疼不痒。

这（zhèi）之：这样。20 世纪 60 年代，北京大学的师生在斋堂下乡时用斋堂话编了文艺节目“你说这（zhèi）之，他说恁（nèn）之，怎儿（zǎi）之呢？不信你就对对，不信你就对对，欸（ēi）姆齰（·kei）”。

恁（nèn）之：那样。

怎（zǎi）儿之呢：怎么着，怎样。

顿言丧语：说话生、冷、硬，表情冷漠，如丧事中的言语。

将克：稀少，不够，不足，缺乏。

一稀乎：一点点。

萃：读作“徂”，“粗”“吴”相拼的读音。攥的意思，但比攥用力要轻。

盖搂：全部拿走，都拿起来，相互在一起不离散。小盖搂，什么都稀罕，什么都要，都拿。抚养（再困难也要盖搂着老人，他们养咱们小，咱们就得养他们老），团结，别丢掉。

耍贱：耍贱眼，贱眼，贱哩巴及，弄情卖骚。令人看不惯的言行，多指卖弄风骚的女人，为讨别人欢心作出的令人肉麻的言语动作。

一抹：老娘子吃蹜粥——一抹，形容很容易。

一杪（sào）：一缕，像扫地形成的印迹。或写作“一扫（sào）”。

十五、俚语类

短子：骂人话，即短命鬼。

罗成：骂人话，也即短命鬼。

兔崽子：骂人话，语言环境不同，有时也是好话。

嘎吱儿吱儿地：骂人话，马上就折断，即死。

胡球日鬼：胡，胡乱无规则，无程序地办事，瞎干，无准谱；球，冀鲁方言中常中污秽词；日鬼，瞎鼓捣。含有应付、不认真、敷衍的含义。

下地黑：本指赌博下赌注数量多，泛指给人家东西多。如做饭时不问人多人少，“下地黑”地下米，做菜“下地黑”地放油盐等。

浪声可拉气：其言行如同妓女拉客一样的声调、语言、表情和动作。常指人说话做事违反常规，不被人认同，令人肉麻。有耐贱眼、颠达、低塔的含义。

薄俗：瞧不起，寒碜，贬低，矮化。薄，不厚；俗，低级。

嫁（jiā）憎：没有根据的指责；将遭人憎恶的罪名转嫁给别人。也称作“扣帽子”。

喜戴：喜欢和爱戴。常用在对别人奉承自己时的谦辞。

瞧扁了：扁，无厚度，小。即瞧不起，同瞧俗了。

鸡零狗碎：不正经，像鸡零和狗杂碎一样不是正经东西。也指办事不稳重，不注重仪表，行为举止不雅。

事儿妈五六：制造麻烦的根源，闹事，找事之母，说三道四，挑五问六的人。

不兴扫：不舒服，难受。专指某部位，多指五官科疾病。

不舒坦：不舒服，多指呼吸、消化系统尚不明原因的疾病。

不精神：各种疾病引起的精神不振，少言寡语，打蔫了。也有称“蔫拉巴叽”的。

别裂：性格执拗难处。

个色（sè）：性格孤僻与众不同。

裂璺（wēn）：陶瓷，玻璃器物等上边的裂痕。

揾儿吻儿：脸贴地趴着。例：我进屋一对，俺家他爷掉炕了，在地下揾儿吻儿哩，幸亏我脚绍，要不非揾死不可。揾即趴着。

脚绍：绍，引荐，介绍。脚来引见，介绍。不管什么地方，抬腿就去，抬脚就走；不用请，不用叫，推门进；形容行动随便。

贱（·jian）水：卑鄙下流得像水一样没形儿了。也作奸水，狡诈邪恶得没一点正经形儿了。平时多用作对出风头、要赖、淘气、显示自己、霸道、卖弄风情、搭讪异性行为者的指斥。

浪贱眼大之哩：基本同“贱水”。还包含其他超出常理常规的行为和语言。有时也是对不听父母劝告的晚辈的一种贬低之言。

竟故意儿地：直接，专门，故意。有意识的行为，不是过失，也不是故作姿态。

恶（ǎo）心儿：即寒碜，不好看，难看，丑陋。

烧糟：也作烧道。有些作为，有些钱财，有些荣誉，好炫耀、表现，也称烧烧叨叨。斋堂话中还作臭美，好谝示自己。

邪乎：读作邪会儿。超出平常的，过于敏感的，视猫如虎的神经质反映。例：手扎根刺，慌忙去医院，又是照片子，又是做手术，太邪乎了。有的小孩刚生下来，稍有不适就哭，遂取乳名为“邪乎（huìr）”。

谣谣儿：说话扩大其词，距离实际太远，同谣言一样无根据，一般常形容太邪乎的人的言行。也称“谣发势气”“邪呼道事”等。

体式：指一个人在“体统”中的形式和类型。有无规矩，有无礼貌，有无道德，也就是一个“人”的标准的体现。常说“某某体式不好，一身的贱体。”即办事说话太浮浅，不漂亮，让人看不惯。

结巴：本指口吃，借指核桃仁难取出的为“结巴核桃”。道路凹凸不平也作“结巴”。

侗弟：环境优越上档次，特别舒适而方便。
一类（lì）带件：全部。
归类包堆（zuì）：总共。

第四章　密云县

第一节　历史沿革

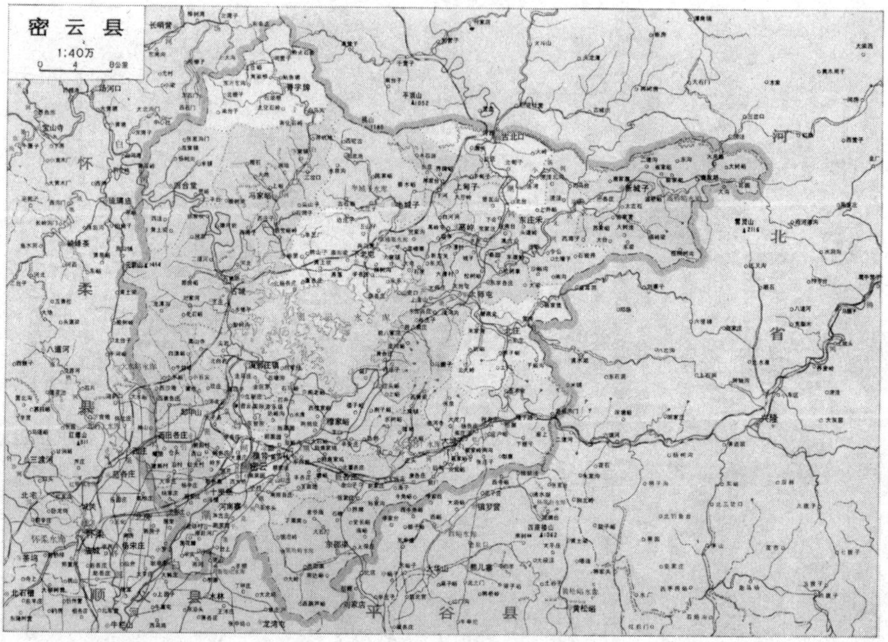

图 4－1①

密云县（图 9－1）位于北京市东北部、燕山山脉南麓、华北大平原北缘，是平原与山区交接地带。北邻河北省滦平县，东接河北省承德县和兴隆县，南与平谷区、顺义区相连，西与怀柔区毗邻。全县总面积 2226.5 平方公里，县域略呈三角形。

密云历史悠久，早在 10 万年前，县域内已有人类活动。约 6000 年前，先民们已聚居而形成村落。约新石器时代后期，传说舜流共工于幽陵，共工所居之处“共工城”，即位于现密云县燕落村南，幽陵自然成了密云县最古老的名

① 图选自北京工艺美术出版社 1991 年出版的《北京百科全书彩图·地图集》。

字。商代为商域，西周与春秋时期为诸侯国燕的领地。战国时期一度被东胡进占，燕昭王二十九年（公元前283年），燕大将秦开击退东胡，收复密云地区，并于此地设郡，郡址在现密云县统军庄村南的南城子。因其位于渔水（现白河）之阳，故称之为渔阳。这是文字记载县境内最早的行政建制，故密云县被称之为渔阳古郡。

秦统一全国，分天下为36郡，县境内设渔阳郡、渔阳县。密云县域内建县始于此。此时的渔阳郡，辖现北京市的东部、天津市大部、河北省北部部分地区。它西挽上谷郡，东结渤海，北依内蒙古草原，为当时北方名郡之一。西汉时期，县域内为渔阳郡的渔阳、犷（音 gǒng）平、奚三县分治。西晋初，郡、县均废，改属燕国，后又复郡、县之置。东魏元象元年（538年）密云县始寄治渔阳县境内，同时寄治的还有安州及所属密云、安乐、广阳三郡七县。密云之名始于此。密云县原建于现河北省丰宁县境内，治所在丰宁县大阁镇东北的南关村。据记载，原密云县城南15公里处有一高山，终年云雾缭绕，故名密云山（现丰宁县云雾山）。县名来自山名。后几经并废，至隋开皇十八年（598年），县域内置檀州，辖密云、燕乐二县。后为州、为郡、为县，数度兴废。明洪武元年（1368年）省檀州入密云县，其间经清代至民国，县建制未变。

1937年日本侵略中国，密云县沦陷。中国共产党及其领导的八路军挺进密云地区开展抗日斗争，在密云及其邻县边界地区建立抗日联合县。以潮河为界，密云县被分成两个地区：河西地区主要建有丰（宁）滦（平）密（云）联合县，河东地区主要建有承（德）兴（隆）密（云）联合县。解放战争时期，河西、河东分建乙化县和密云县。至1949年8月，河西、河东地区始重新合并，密云县原建制恢复。

新中国成立后，密云县隶属河北省通县专区。1958年4月改属河北省承德专区。1958年10月划归北京市管辖至今。

第二节　方言的基本情况和特点

现代汉语可分为北方话、吴方言、赣方言、湘方言、客家方言、闽方言、粤方言等七大方言，北方话里面的华北东北次方言中包含北京方言，密云方言属于北京方言的一部分。

密云县城距离北京东直门65公里，地处北京至承德的交通要道上，是清代皇帝每年去承德避暑的必经之路，檀营等地还建有八旗兵营，所以历史上密云与北京联系十分紧密，人员交流频繁，语言上很接近北京方言，特别是密云县城、石匣、古北口一线及周边地区的语音与北京话大同小异，而密云的部分山区因山川阻隔，交通不便，其语音与北京方言有较大区别。北京方言是最接近标准普通话的方言，但是，北京方言并不等于普通话，普通话以北京语音为标准音，是就整个语音系统而言，并不包括北京的土音土语。密云话不完全等于北京话，当然更不等于普通话。

随着时间的推移，密云方言也逐渐在发生着变化，其趋势是向普通话靠近。出现这种趋势的原因有三个：第一个原因是教育的发展。新中国成立以来，随着教育的普及，人们学习语言不再单靠与父母、亲属、邻居的口耳相传，而是从学校学习规范语音，特别是20世纪五六十年代，大批北京城区的师范毕业生到密云任教，对学生的语音潜移默化地产生了影响。第二个原因是广播电视媒体的普及。现在人们几乎每天都离不开广播和电视，在收听、收看新闻和其他节目的同时，也就受到了普通话的熏陶。第三个原因是交通的发达。现在密云和北京之间的距离虽然没变，但是往来的时间已经大大缩短了，交通的便捷使人员的交流越来越频繁，普通话也就更为迅速地在密云普及开来。密云方言向普通话靠拢的一个明显标志是方言词语在逐步消失，如前些年人们把日光灯叫“电棍儿”，东邵渠一带百姓把自行车叫“洋车”，现在生活中还用这两个词的人已经不多了。

密云方言内部差异有两个：一是各镇之间调值不完全相同，大至以“三河”划分，潮河川在密云城至古北口一带，是清代御路，交通繁忙，人口流动较大，声韵、声调和北京几乎一样；清水河一带为密云城东，接近兴隆、平谷，声韵和声调有所不同。东邵渠镇即接近平谷、顺义，所以该地区语言较为复杂。白河川大多为原住民，又是山区，方言受外来人口影响较小，还保存了较早、较系统、较独特的语言。二是儿话音，密云大部分词语后面都带有儿话音。

一、密云方言的语音

说明

1. 注音一律只标本调，不标变调。

2. 条目中的轻声音节，注音不标调号，但在注音前加圆点，如巴结（bā · jie）

（一）语音特点

1. 密云方言的地方音与北京方言的语音基本相同，但又有一定区别：

以密云县城至古北口一线及周边地区为代表的密云方言与北京方言十分接近，其中大部分词语的读音完全相同，并且与普通话标准音有相同的区别，如：

“自个（gè）儿”的“个”，北京方言和密云方言都读为 gě。

“榆钱（qián）儿”的“钱”，北京方言和密云方言都读为 qiǎn。

"连着三天都是晴天"的"连着（lián · zhe）"，北京方言和密云方言都读为 liān · zhe。

密云方言的语音也有和北京方言的语音不一致的，如：

"骑车"的"骑"，北京方言读为 qí，而密云方言读为 qú。

"爱国"的"爱"，北京方言读为 ài，而密云方言读为 nài。

"邮局"的"邮"，北京方言读为读为 yóu，而密云方言读为 yōu。

2. 密云方言中的地方音主要存在于方言词语中：

密云方言中有地域特色的语音多存在于方言词语特别是生活用语中，如：

"岔"在单念时读 chà，可是在"岔（chǎ）皮"中"岔"就变成了上声。

"双"在单念时读 shuāng，可是在"双（shuàng）伴儿"中"双"变成了去声。

"小"在单念时读 xiǎo，可是在"小（xiě）子"中"小"的韵母从 iǎo 变成了 iě。

3. 密云方言的地方音存在着内部分歧：

密云方言的地方音并不统一，如：

村庄名"田各庄"的"庄"，有读 zhuāng 的，也有读 zhāng（丢掉了韵头 u）的，"高各庄"的"庄"当地人多读 zhǎngr（变为上声，丢掉了韵头 u，儿化），而"辛庄"的"庄"当地人多读 zhuàngr（变为去声，儿化）。

"啥"，有读 shá 的，也有读 shà 的，还有读 hà 的。

"夜个"，有读 yè · ge 的，也有读 liè · ge 的，还有读 lièr · ge 的。

（二）语音分析

下面从声母、韵母、声调三方面将密云方音与普通话标准音进行比较。

1. 声母比较

（1）开口呼零声母音节的前面加上了声母 n－或 ng－：

安全（ānquán）在"ān"的前面加"n"，读为 nānquán。

藕粉（ǒufěn）　在"ǒu"的前面加"ng"，读为 ngǒufěn。

（2）变换声母

①将不送气音换成送气音：

庇（bì）护："庇"的声母是不送气音 b，换成送气音 p，读为 pì。

歼（jiān）灭："歼"的声母是不送气音 j，换成送气音 q，读为 qiān。

龇牙（zī）："龇"的声母是不送气音 z，换成送气音 c，读为 cī。

②将送气音换成不送气音：

活泼（po）："泼"的声母是送气音 p，换成不送气音 b，读为 bo。

糊涂（tu）："涂"的声母是送气音 t，换成不送气音 d，读为 du。

③其他声母变换：

半夜三更（gēng）：将 g 换成 j，读为“半夜三更（jīng）”。

酵（jiào）母：将 j 换成 x，读为“酵（xiào）母”。

尾（wěi）巴：将 w 换成 y，读为“尾（yǐ）巴”。

膝（xī）盖：将 x 换成 q，读为“膝（qī）盖”。

2. 韵母比较

（1）将撮口呼音节读为合口呼音节

伴侣（lǚ）：“侣”是撮口呼音节，读为合口呼音节 luǐ。

绿（lǜ）色：“绿”是撮口呼音节，读为合口呼音节 luì。

（2）将 i 换为 ü

骑（qí）车：“骑”读为 qú。

（3）将 eng 换为 en

花生（shēng）：“生”读为 shēn。

（4）将 ong 换为 eng

流脓（nóng）：“脓”读为 néng。

（5）将 ing 换为 eng

地很泞（nìng）：“泞”读为 nèng。

（6）将 e 换为 uo

发热（rè）：“热”读为 ruò。

（7）将 u 换为 ou

二叔（shū）：“叔”读为 shōu。

（8）将 uo 换为 ou

做（zuò）饭：“做”读为 zòu。

（9）丢掉韵头 u

疃（tuǎn）里（地名）：“疃”读为 tǎn。

（10）将 an 换为 en

含（hán）着：“含”读为 hén。

（11）将 o 换为 ai

大伯（bó）：“伯”读为 bāi。

（12）将 o 换为 an

我（wǒ）们：“我”读为 wǎn。

（13）将 ai 换为 an

埋（mái）怨：“埋”读为 mán。

（14）将 a 换成 e

蛤（há）蟆：“蛤”读为 hé。

3. 声调比较

密云方言与北京方言在语音方面的区别主要体现在声调上。

（1）将阴平和阳平互换

阴平与阳平互换的情况在东部渠一带非常明显，县城至古北口及周边地区不明显。

喝粥（zhōu）：“粥”是阴平，密云方言读为阳平 zhóu。

知（zhī）道：“知”是阴平，密云方言读为阳平 zhí。

淘（táo）换：“淘”是阳平，密云方言读为阴平 tāo。

拾（shí）翻：“拾”是阳平，密云方言读为阴平 shī。

（2）将阴平读为上声

黑（hēi）豆：“黑”是阴平，密云方言读为上声 hěi。

细菌（jūn）：“菌”是阴平，密云方言读为上声 jǔn。

（3）将阴平读为去声

玫瑰（guī）：“瑰”是阴平，密云方言读为去声 guì。

憎（zēng）恨：“憎”是阴平，密云方言读为去声 zèng。

（4）将阳平读为上声

惩（chéng）罚：“惩”是阳平，密云方言读为上声 chěng。

媳（xí）妇：“媳”是阳平，密云方言读为上声 xǐ。

（5）将阳平读为去声

嫉（jí）妒：“嫉”是阳平，密云方言读为去声 jì。

穴（xué）位：“穴”是阳平，密云方言读为去声 xuè。

（6）将上声读为阴平

针灸（jiǔ）：“灸”是上声，密云方言读为阴平 jiū。

沼（zhǎo）气：“沼”是上声，密云方言读为阴平 zhāo。

（7）将上声读为阳平

骨（gǔ）立：“骨”是上声，密云方言读为阳平 gú。

脊（jǐ）梁：“脊”是上声，密云方言读为阳平 jí。

（8）将上声读为去声

卑鄙（bǐ）：“鄙”是上声，密云方言读为去声 bì。

颈（jǐng）椎：“颈”是上声，密云方言读为去声 jìng。

（9）将去声读为阴平

傍（bàng）晚：“傍”是去声，密云方言读为阴平 bāng。

内疚（jiù）：“疚”是去声，密云方言读为阴平 jiū。

(10) 将去声读为阳平

友谊(yì):“谊”是去声,密云方言读为阳平 yí。

火焰(yàn):“焰”是去声,密云方言读为阳平 yán。

(11) 将去声读为上声

憷(chù)窝子:“憷”是去声,密云方言读为上声 chǔ。

亚(yà)洲:“亚”是去声,密云方言读为上声 yǎ。

二、密云方言的词汇

(一) 词汇特点

1. 密云方言词汇中有一些来源于古代方言词语

“奘(zhuǎng)”,在密云方言中的意思是粗而大。“奘”这个词有悠久的历史,至晚在汉代就有这个词,汉代扬雄所著《方言》卷一:“……秦晋之间,凡人之大谓之奘,或谓之壮。”这段话既说明了“奘”的含义是“人之大”,又说明了“奘”在当时的通行区域是“秦晋之间”。这段话对我们了解密云方言词语的源头有一定参考作用。

“兀秃(wū · tu)”,在密云方言中的意思是水不凉不热。元代就有这个词,元曲《生金阁》有这样的句子:“酿些兀兀秃秃的酒与他。”

“急料子(jíliào · zi)”也是出现在元曲中的一个词,在密云方言中的意思是蝉。北京方言把蝉叫“唧鸟(jìniǎor)”,与密云方言不同。

清代的北京方言词语在今天仍具有很强的生命力,白话小说《红楼梦》等书中就运用了很多当时流行的北京方言词语,这些词语在今天的密云方言中也广泛使用,下面这些仍活跃在密云方言中的词语均选自《红楼梦》。

撺掇(cuān · duo):“刚才我忘了,为什么不当着老爷,撺掇着叫你作灯谜儿?”

气不忿(qìbùfèn):“你们气不忿,我明日偏抬举他。”

日头(rì · tou):“这么热天,毒日头地下,晒坏了他,如何使得呢!”

2. 密云方言词语中有一些来源于少数民族词语

北京在漫长的历史时期中,经历了不少战争和民族迁徙,期间各民族往来频繁,互相交融,北京语音和北方各少数民族语音不可避免地相互影响,北京方言也必定受到少数民族语言的影响,吸收了一些少数民族词语。密云自古以来是个五方杂处之地,清乾隆四十三年(1778 年),建八旗驻防营(檀营),四十五年(1780 年)九月,从海淀调满、蒙马甲 2100 名驻防,其眷属约 5000 余人也随迁密云,促进了民族交融。密云方言词语有些是从少数民族词语借来的,是少数民族词语的音译或转写,如:

巴拉饼子（bā · labǐng · zi）：北京方言称之为“核桃酥”或“桃酥”，密云方言叫“巴拉饼子”。巴拉，是藏语，巴拉面是喇嘛教敬佛的一种油面，用它做成的糕点叫巴拉饼子。

骨立（gú · li）：满语原义为“情意相投”，在北京方言和密云方言中的意思是结实，精美。

乌拉（wū · la）：意思是能干。蒙语、满语、藏语中意为差役，源于突厥语。

3. 密云方言词语中一些词语有鲜明的地方特色

密云方言中有些词语在北京方言中也有，词形完全一样，但是含义却大不相同，如：

勾当（gòu · dang）：北京方言的含义是“坏事情”，密云方言的含义是特指“红白喜事”。

炉箅子（lúbì · zi）：北京方言的含义是“炉子里起间隔作用的器具”，密云方言的含义是“油饼儿”。

楞（lèng）：北京方言的含义是“呆”，密云方言的含义是“等”。

密云方言中有些词语有较强的地域性，只通行于密云县一带地区，居住在北京城区的人很少使用，也难以理解其含义，如：

大庄稼（dàzhuāng · jia）：意思是“大秋作物”，如：“天凉了，该收大庄稼了。”

褂衩儿（guàchǎr）：意思是“短袖衫”，如：“天热，该穿褂衩儿了。”

一出儿（yīchǔr）：意思是“单程”，如：“从密云到东直门一出儿得多少钱?”

密云方言词语存在一些同义词，如：“啄木鸟”有叫“鸽搭刺木”的，也有叫“锛得儿木”的；“向日葵”有叫“老阳儿转”的，也有叫“爷爷儿转”的；“蝌蚪”有叫“蛤蟆蝌子”的，也有叫“蛤蟆蚪子”的。

4. 密云方言词语中有大量的儿化词语和轻声词语

密云方言与北京方言有一个共同的特点就是存在着大量的儿化词语和轻声词语，儿化词语和轻声词语的使用，具有明显的地域特点，可以使语言显得亲切、自然、随意。

（1）密云方言儿化词语举例

伴刺儿（bànlǎr）：旁边，附近。他们家伴刺儿就是学校。

抻茬儿（chēnchár）：对别人的言语、行动做出反应；带头张罗。我动员了半天，楞没人抻茬儿。

（2）密云方言轻声词语举例

掰扯（bāi · che）：分辩，争辩。这事儿，我非得跟他掰扯掰扯不可。

少相（shào · xiang）：显年轻。他长得挺少相，不像六十岁的人。

（3）在密云方言口语中，有些轻声音节由于读得过轻，就造成了吞音现象，如：

“四个（sì · ge）”是两个音节，由于“个”读得过轻，这个词就被读成一个音节“sè”。

“不知道（bùzhīdào）”是三个音节，由于“知”读得过轻，这个词就被读成两个音节“bùrdào”。

“密云县（mìyúnxiàn）”是三个音节，“云”字也是因为长期被读成轻声而被吞掉，变成了两个音节“mìnxiàn”。

5. 密云方言词语具有生动形象的特点

密云方言词语绝大部分是人民群众在生产劳动和生活中创造出来的，所以具有浓厚的生活气息，很接地气，体现出人民群众的聪明智慧，以及对生活的感悟和敏锐的观察力，如：

“摆忙（bǎimáng）”意思是像钟摆一样不闲着。“摆忙”这个词大约产生于西洋钟表传入中国之后，人们看到座钟或挂钟的钟摆一刻不停地摆动，联想到人不停地做事，于是创造了这个词，当人们使用“摆忙”这个词时就会想到不停息的钟摆，这比“忙碌”“忙乱”更生动、形象。

“汤儿稀（tāngrxī）”意思是差劲。旧社会农民吃得很差，很难吃到干饭，认为干饭就是好的，而稀的就是差的，像汤一样的稀粥当然是很差的了，用“汤儿稀”表示差劲，能引起联想，非常形象。

“老了（lǎo · le）”意思是老人去世。人们说话时有一种趋吉避凶的习惯，为了避讳“死”这个不祥的词，人们创造了“老了”等词以减少负面情绪。

“歪瓜裂枣儿（wāiguālièzǎor）”形容相貌丑陋。用“歪瓜裂枣儿”形容相貌丑陋，极为形象。

6. 密云方言词语中有很多异形词

异形词是指读音相同、含义相同、用法相同，仅仅是书写形式不同的词。方言词语都是口语词，在人民群众中口耳相传，很少能进入书面语系统，而汉字又不适于转写口语，所以在书写方言词语时一般是从同音字或近音字中选择汉字，随意性很强，缺乏规范，这样就会出现异形词，即同一个词语有不同的词形。

在密云方言词语中，存在着有音无字的现象，如“hēn · da”（意为斥责）一词，在生活中常常用到，如：“别老 hēn · da 孩子，有话好好说。”但是“hēn · da”就找不到相应的汉字。

在密云方言词语中，存在着按音寻字，劳而无功的现象，如“田各庄”“李各庄”“王各庄”及其他“某各庄”中的“各”字，就是按音寻字得来的，无法解释其含义。其实“各”就是“家”，“各”是古代读音的遗存，古代“家”的读音是“各”，随着时间的推移，“家”的读音和字形分离了，只能选择同音字“各”，现在，这种写法已经约定俗成了。

在密云方言词语中，有很多轻声词语，其中的轻声音节应该写哪个汉字，认识不统一，于是就出现了异形词，如：“嚼裹”也有写作“嚼谷”的，“掰哧”也有写作“掰扯”的，容易造成书写时的困扰。

在密云方言词语中，有些词语本来有相应的汉字，但是书写者不了解，因而用同音字或近音字代替，这样也增加了一些异形词，如“破闷儿（mèir）”（意为猜谜语）一词，其中“mèi”应写作“谜”，“谜”是一个多音字，第一个读音是“mí”，第二个读音是“mèi”，《现代汉语词典》中就收有“破谜儿”一词，可是知道的人不多，人们就把这个词写成了“破闷儿”。

在密云方言词语中，有些字的读音产生了音变，如“夜个”读成“liè 个”，“花生”读成“花 shēn”，“喜鹊”读成“qǐ · qiu”，书写者不了解这种情况，就把“夜个”写成“列个”，把“花生”写成“花深”或“花参”，把“喜鹊”写成“起秋”，这样书写就使人难以理解词语的含义。

在密云方言词语中，有一些确实很难找到相应的汉字，如“啥前儿”（什么时间），“这前儿”（这时候），其中的“qián”，现在通常写成“前”字，可是这样书写难以解释词义，其实“qián”写成“签”更合理。这个词很可能与古代计时工具“滴漏”有关。“滴漏”是用铜壶盛水滴漏来计时刻。整件滴漏由四个铜壶组成，最上层叫日壶，第二层叫月壶，第三层叫星壶，最下为受水壶，受水壶中有一个铜尺，铜尺上有 12 时辰的刻度，铜尺前面插一木制浮签，木签下端是一块木板，叫浮舟。受水壶中的水逐渐增加，浮舟便托起木签缓缓上升。将木签的顶端与铜表尺上的刻度对照，就可知道当时的时间了。犹如现代人看钟表时将指针与表盘上的刻度对照来确定时间一样。“啥签儿”就是“签”指到什么位置了，“这签儿”就是“签”已经指到这个位置了，所以写作“啥签儿”“这签儿”更合适，因为密云方音把应读阴平的“签”，读为阳平，就使人们误以为是“前”字了。

（二）构词特点

密云方言词语都是口语词，口语表达的特点是话语出口，转瞬即逝，为了能使听者留下印象，在造句方面就不能像书面语那样追求精炼，而是要有一定的冗余度，以加强听者的印象；在构词方面则常通过重叠或增加附加成分等方法使词义得到加强，语气得到加重，感情色彩更加鲜明，这些词语生动、形象、活泼，在人民群众口语中具有很强的生命力。

1. 重叠

密云方言的一些词语在口语中一般都重叠使用，而且已经固化下来，成为一个新词。

（1）ABAB 式

轧搭轧搭：意思是“商量一下”，如：这批货的价钱得跟他好好轧搭轧搭。

哪儿哪儿：“哪儿”单用时意思是“哪里”，重叠后已经成了一个新词，是“到处”的意思，增加了强调意味，如：他家里哪儿哪儿都是脏衣服。

（2）AABB 式

病病殃殃：意思是久病萎靡，没有精神。

抠抠索索：意思是小气。

（3）增加附加成分

白不呲咧：意思是颜色发白或滋味淡薄，“不呲咧”是附加成分。

黑不溜秋：意思是黑得难看，“不溜秋”是附加成分。

（4）增加数字成分

四六不懂：意思是不明事理，增加了数字“四”和“六”。

五迷三道：意思是思维混乱，增加了数字“五”和“三”。

第三节　方言词汇

凡例

1. 本“例释”每个条目包括词头、注音、释义、举例四部分；例句优先从文学作品中选取。

2. 本“例释”所列条目按汉语拼音音序排列。

3. 本“例释”所列条目如遇难用恰当汉字表示者，借用音同义近的汉字代替。

4. 本“例释”所列条目的注音以密云本地读音为准，注音一律只标本调，不标变调；条目中的轻声音节，注音不标调号，但在注音前加圆点。

5. 本“例释”所列条目如不止一个义项，则标注①②……以示区分，并分别举例。

6. 本“例释”举例中遇本条目，用“ ~ ”代替。

7. 本“例释”举例中凡有出处者，均加以注明。

挨班儿（āibānr）：逐一，顺次。如：以后，还要 ~ 地修马路呢！（老舍《龙须沟》）

巴达儿（bādár）：物体上的乳头状物。如：别把暖壶胆上的～弄掉了。

巴结（bā·jie）：努力，勤奋。如：他这几年紧溜儿～着，才没有被同学们甩下。

巴巴结结（bābājiējiē）：凑合，勉强。如：一般书报他爱人～能看懂。

巴拉饼子（bā·labǐng·zi）：核桃酥。如：柜橱里有～，你自己去拿吧。

巴拉开眼（bā·lakāiyǎn）：睁开眼（多指睡醒）。如：这孩子早上一～就喊饿。

八下里（bāxià·li）：指方面很多。如：如今这事，～水落石出了，连前日太太屋里丢的，也有了主儿……（曹雪芹《红楼梦》）

八九不离十（bājiǔbùlíshí）：几乎接近（实际）。如：我能猜个～。

八下里去（bāxiàlǐqù）：背离本来的意图，违反初衷。如：我反复向他交代了我的设想，没成想，还是让他办得～去了。

拔（bá）：①把东西放在凉水里使它变凉。如：把西瓜放在凉水里～一～再吃。②把冰冻的水果蔬菜放在凉水里使其化开。如：冻柿子得放在凉水里把冰～出来才能吃。

拔份儿（báfènr）：因成绩超出一般而十分光彩荣耀的样子。如：这次足球赛青年队得了冠军，看人家多～。

拔尖儿（bájiānr）：①超出一般。如：这孩子的学习在班上～。②突出个人。如：什么事他都要～。

拔不开麻了（bábùkāimá·le）：形容十分忙乱。如：别捣乱了，没看我都～吗！

跋扎（bá·zha）：踩。如：别让孩子到草坪里乱～。

把牢（bǎláo）：坚实可靠（多用于否定式）。如：这件事能不能办成还不～。

把镰（bǎ·lian）：约束，控制。如：说话前过过脑子，别总是没～似的。

把式（bǎ·shi）：有某种专门技术的人。如：他以前是村里的车～。

把准（bǎzhǔn）：有把握，有把握的事。如：这事交给他办，一定～。

掰不开镊子（bāibùkāiniè·zi）：①数不清，分不清。如：刚给他四百多本书就～了。②忙不过来。如：这阵儿忙得我都～了。

掰扯（bāi·che）：分辩，争辩。如：这事儿，我非得跟他～～不可。

掰了（bāi·le）：分裂，失和。如：听说小张跟小王最近～。

白（bái）：①饭菜没咸味。如：这菜吃着～了点儿。②说话没内容，或过于浅显。如：这场报告太～，没啥听头。

白话（bái·hua）：说（含贬义）。如：甭听他～，没什么听头。

白果儿（báigǔor）：鸡蛋。如：午饭时他做了一碗～汤。

白端碗儿（báiduānwǎnr）：指吃饭没有菜。如：今天没买到菜，晚上只能～了。

白嘴儿（báizuǐr）：指光吃饭，不就菜。如：他舍不得买菜，每天晚饭都是～啃馒头。

白不呲咧（bái · bucīliē）：颜色发白或滋味淡薄。如：晚饭的熬白菜～的，一点儿味儿都没有。

摆忙（bǎimáng）：像钟摆一样不闲着。如：你怎么这么～啊，老实待会。

般配（bānpèi）：结亲的双方相称。也指人的衣着、住所等与其身份相称。如：他们俩人倒是挺～的，一个才子，一个美女。

绊绊拉拉（bàn · banlālā）：碍手碍脚。如：这孩子不仅帮不上忙，还～的，碍我的事。

板眼（bǎn · yan）：比喻办法、主意等。如：瑞丰没有做过官，而想在一旦之间就十足地摆出官架子来，所以他的架子都不够～。（老舍《四世同堂》）

半拉（bànlǎ）：半个。如：今儿个早饭他只吃了～馒头。

半晌儿（bànshǎngr）：半天。如：他想了～才想起来。

半彪子（bànbiāo · zi）：不通事理、行动鲁莽的人。如：那人是个～，甭理他。

拌蒜（bànsuàn）：形容走路蹒跚。如：孙七像醉鬼似的，两脚～跟着李四爷走。（老舍《四世同堂》）

拌嘴（bànzuǐ）：吵嘴。如：平日，他和小崔～瞎吵，可是在心里他的确喜爱小崔，小崔是他的朋友。（老舍《四世同堂》）

伴剌儿（bànlǎr）：旁边，附近。如：他们家～就是学校。

棒子（bàng · zi）玉米。如：现在街上已经有卖青～的了。

棒（bàng）：（体力或能力）强；（水平）高；（成绩）好。如：这人的身体真～。

包拎（bāo · ling）：包袱。如：这块布做～皮儿正好。

包了儿（bāoliǎor）：干完。如：今天这点儿活儿，我们把它～再回家。

包圆儿（bāoyuánr）：①把货物或剩余货物全部买下。如：这点儿西红柿您要是～，可以便宜点儿。②全部担当。如：剩下这点儿活儿我～了。

包葫芦头（bāohú · lutóu）：同"包圆儿"。

抱（bào）：（衣、帽）大小合适。如：您看，这双鞋还真～脚儿，肥瘦都合适。（老舍《龙须沟》）

抱胛子（bàojiā · zi）：因感觉冷双手紧抱双肩。如：冷就加件衣服，别～

待着。

抱团儿（bàotuánr）：团结。如：大家~干，什么事都能干好。

暴土狼（攘）烟（bàotǔlángyān）：尘土飞扬。如：他使劲扫地，弄得屋里~的。

背包窝伞（bēibāowōsǎn）：形容带的东西多而杂。如：你这~的要去哪儿呀？

背拉（bēi·la）：平均计算。如：两天一~，合着每天卖了八本书。

背（bèi）：倒霉。如：他可够~的，什么好事都轮不到他。

背旮旯儿（bèikālár）：偏僻的角落。如：有意见当面提，别~议论人。

倍儿（bèir）：特别。如：他的身体~棒。

备不住（bèibùzhù）：说不定。如：咱们先走吧，~他不来了。

笨嘴巴舌（bènzuǐbāshé）：形容不善言辞。如：她~的把这个决定首先告诉了韵梅……（老舍《四世同堂》）

甭（béng）："不用"的合音。如：我送给你一碗茶喝，你就~卖那套生意口啦！（老舍《茶馆》）

笔管条直（bìguǎntiáozhí）：站得非常直。如：~地在那儿站了半天，可把我累坏了。

边儿起（去）（biānrqǐ）：旁边。如：把这本书放~。

变方儿（biànfāngr）：想方设法。如：你可真是~骗人。

别介（bié·jie）：不可，不要。如：我给他钱，他嘴里说~，手可是伸过来了。

别（biè）：改变别人固执的意见。如：谁也~不过他。

病病殃殃（bìngbìngyāngyāng）：久病萎靡，没有精神。如：他想象得到自己的死和儿媳妇的死——她老是那么~的。（老舍《四世同堂》）

拨火儿（bōhuǒr）：敲锣边，使双方火气更旺。如：看见别人打架，他还在旁边~。

脖棱盖儿（bó·lenggàir）：膝盖。如：河水已经没过~了。

不赖（bùlài）：不坏。如：大茶馆，老裕泰，生意兴隆真~。（老舍《茶馆》）

不济（bùjì）：不好，不顶用。如：每年都不肯赏些体面，用过晚饭再过去，果然我们就~凤丫头了？（曹雪芹《红楼梦》）

不善（bùshàn）：很可观，非同一般。如：这几年他干得可~，都当上经理了。

不铆（bùmǎo）：指两人关系不好。如：不要把他们俩人分一组，他们历来～。

不介（bù · jie）：不行。如：你让着点儿他不行吗？偏～，把他惹哭了吧？

不伍（bùwǔ）：用于形容词后，构成“……不伍”的格式，表示与前面被否定的形容词相近的含义。如：不疼～的，你哭什么？

不离儿（bùlír）：差不多。如：别拼命了，～就得了。

不差嘛儿（bùchā · mar）：①差不多。如：这件衣服我穿～。②平常，普通。如：～的人都能听懂。

不错眼（bùcuòyǎn）：目不转睛地看。如：你怎么～地看着我呀？

不呲（bùcī）：词尾，表示某某的样子。如：他贱～的，让人看不起。

不大禁离儿（bùdàjīnlír）：差不多。如：～就得了，别太认真了。

不该该（bùgāigāi）：谁也不欠谁。如：你打我一下，我还你一下，咱们是～。

不泡头（bùpào · tou）：数量不够。如：东西～，大家匀着用。

不唧（bùjī）：用在形容词后，表示某某的样子。如：天气有些凉～的，应该加件衣服。

不禁不由（bùjīnbùyóu）：不由自主地。如：听大家唱歌，自己也～地唱起来了。

不来歹（bùláidāi）：自我感觉很不错。如：你别腰里挂茄子，～～的。

不搂嗖儿（bùlōusōur）：不在话下。如：这点儿活儿，对他来说是～的。

不识闲儿（bùshíxiánr）：闲不住。如：“他总坐不住，像个手脚～的大孩子。”（老舍《正红旗下》）

不眼儿猴（bùyǎnrhóu）：不差。如：别看你学习好，我比你也～。

擦黑儿（cāhēir）：傍晚。如：天刚～，他就到家了。

踩咕（cǎi · gu）：贬低。如：他太骄傲了，经常～别人。

草鸡（cǎojī）：①母鸡。如：王大妈昨天买了五只小～。②比喻懦弱、畏缩。如：他平时挺能吹的，可真遇上事就～了。

噌（cèng）：斥责。如：昨天，老师狠狠～了他一顿。

插锄就榜（chāchújiùpǎng）：比喻说话做事直截了当，不耽搁。如：他讲话向来是～，不像有些人总要说些客套话。

插杠子（chāgàng · zi）：不适当地插话；在做一件事时又插入另一件事。如：那人很没礼貌，别人一说话他就～。

插空儿（chǎkòngr）：抽空儿。如：你～到我家一趟。

馇（chǎ）：①边煮边拌猪狗饲料。如：大妈提着半桶～好的猪食喂猪去了。②熬（粥）。如：早晨她～了半盆粥。

碴子（cházi）：玉米等磨成的碎粒。如：他去加工厂磨了一口袋玉米～。

差壶（chàhú）：弄错。如：让他去拿东西，结果～了。

岔皮（chǎ · pi）：错了。如：这事让我给弄～了。

茬口（chá · kou）：时机，机会。如：今年可以异地高考，他赶上了好～。

拆兑（chāiduì）：借。如：我想跟你～点儿钱花。

柴（chái）：①干瘦。如：这孩子长得真～。②食物不鲜嫩。如：这只烧鸡肉太～。

长虫（cháng · chong）：蛇。如：那棵树上有一条大～。

长短儿（chángduǎnr）：无论如何。如：今年放假我～回老家一趟。

长瓜脸儿（cháng · gualiǎnr）：长脸形。如：那个人是～，大眼睛。

抄上了（shāoshàng · le）：走运。如：他算是～，赶上扩招，上了大学。

车连（chē · lian）：条状物因悬空而摆动。如：他的自行车上带着两根钢筋，虽然骑得很慢，可还是～～的。

扯淡（chědàn）：胡扯。如：他说禁食能治癌症，这不是～吗？

扯布（chěbù）：买布。如：刘太太，你去～，扯回来，帮着祁大奶奶赶缝寿衣。（老舍《四世同堂》）

扯臊（chěsào）：胡扯，瞎说。如：别～了，哪有这样的事儿。

抻茬儿（chēnchár）：指对别人的言语、行动做出反应；带头张罗。如：我动员了半天，楞没人～。

碜（chěn）：丑，同“寒碜”。如：这人长得真～。

称（chèn）：富有。如：他们家～两辆汽车。

成天（chéngtiān）：整日。如：你怎么～待着不干活呀？

成性（chéngxìng）：成才，有出息。如：老李家的孩子没一个不～。

程子（chéng · zi）：一些日子。如：我不是到上海去了一～吗？（老舍《骆驼祥子》）

诚唧是（chéng · jishì）：实在是。如：今年的庄稼长得～好呢！

吃心（chīxīn）：疑心，多心。如：我说的是他，你～干啥？

眵目糊（chī · muhū）：眼屎。如：刚起床吧？～还有呢。

冲嘴儿（chòngzuǐr）：打盹儿。如：这孩子睏得直～。

搊（chōu）：扶起。如：孩子摔倒了，你把他～起来。

抽抽（chōu · chou）：萎缩。如：我要是把袜子弄脏了，弄～了，也还有他们那么一说。（老舍《女店员》）

抽斗儿（chōudǒur）：抽屉。如：书在～里，你自己去拿吧。

抽冷子（chōulěng · zi）：突然。如：他～给了我一拳。

出溜（chū · liu）：滑行。如：脚底下一~，摔了一跤。

出数儿（chūshùr）：产生的数量大。如：这种米做饭~。

出门子（chūmén · zi）：出嫁。如：他姐姐~了。

憷窝子（chǔwō · zi）：指怕见生人。如：这孩子没出过门，有点儿~。

触（chù）：用石头或土块打。如：他用石头把小王的头~了一个包。

憷头（chùtóu）：胆怯，不敢出头。如：他对面试有点儿~。

欻（chuǎ）：①雨天蹚水。如：大雨天别到外面~水去。②占先。如：这人什么事都想~尖儿。

踹货（chuàihuò）：指懦弱无能的人。如：这人真是~，这点儿事儿都办不成。

穿换（chuān · huan）：交换。如：字典不够，大家~着用吧。

噇（chuáng）：大吃大喝。如：你就可劲儿~吧，早晚得得胃病。

捶巴（chuí · ba）：打。如：你这么大年纪啦，招他~一顿，受不了。（老舍《四世同堂》）

春上（chūn · shang）：春季。如：今年~雨水多。

呲嗒（cī · da）：批评，责骂。如：李老师特爱~人。

瓷（cí）：①结实，坚固。如：这块木板挺~的。②关系密切。如：他俩关系倍儿~。

刺挠（cì · nao）：发痒。如：蚊子叮了一口，有点儿~。

刺儿头（cìrtóu）：遇事刁难，不好对付的人。如：祥子是头等的~。（老舍《骆驼祥子》）

刺儿巴哄（cìrbāhōng）：①刺很多。如：这根木棍~，不光溜。②爱闹事，不好管理。如：他刚进厂时~的，后来转变过来了。

从打（cóngdǎ）：自从。如：~我到这儿，没吃过鱼。

凑份子（cōufèn · zi）：添麻烦。如：本来够乱的了，你就别跟着~了。

窜（cuàn）：味儿特别浓。如：这炖肉的味儿真~。

撺儿（cuānr）：发怒。如：没说三句话，他就~了。

撺掇（cuān · duo）：怂恿。如：刚才我忘了，为什么不当着老爷，~着叫你作灯谜儿?（曹雪芹《红楼梦》）

脆生（cuì · sheng）：清脆，干脆。如：①这萝卜吃起来挺~。②这炮仗的声音真~。

皴（cūn）：皮肤上积存的泥垢。如：这孩子身上的~快有一寸厚了。

寸（cùn）：巧。如：也没那么~，刚出门就碰上你了。

撮子（cuō · zi）：簸箕。如：用~把土撮走。

矬（cuó）：身材矮小。如：这人长得太 ~ 了。

答艮（搭跟）（dā · gen）：理睬。如：他人缘儿不好，没人爱 ~ 他。

搭茬儿（dāchár）：接别人的话。如：他的话没头没脑，叫人无法 ~。

搭补（dā · bu）：补贴。如：他自己并不宽裕，可还经常 ~ 更困难的人家。

搭石（dā · shi）：供人过河时踩的石头。如：紧走 ~ 慢走桥。

搭窝（dāwō）：非常差，糟糕。如：他这件事办得够 ~ 的。

搭脚儿（dājiǎor）：免费搭车。如：要是你的车去县里，我正好 ~。

搭街坊（dājiē · fang）：做邻居。如：你家搬到这里住，我们正好 ~。

打奔儿（dǎbēnr）：①说话不连贯。如：他说话很流利，从不 ~。②走路时被绊了一下。如：刚一岁的孩子，走路能不 ~ 吗？

打尖（dǎjiān）：旅途中休息下来吃点东西。如：带点吃的，半路上 ~，要不该饿坏了。

打落（dǎlào）：停歇。如：你们别在半路上 ~，免得回来晚了。

打耙（dǎpá）：反悔。如：因为他说话经常 ~，很多人都不信任他了。

打眼（dǎyǎn）：走眼。如：今天这件衣服买 ~ 了。

打夜作（dǎyèzuō）：连夜工作。如：这工作很急，就是 ~ 也得完成。

打游飞（dǎyóufēi）：到处游荡。如：安安顿顿地在这儿混些日子，总比满天 ~ 去强。（老舍《骆驼祥子》）

大荒儿（dàhuāngr）：大致。如：这院子很大，今天你扫个 ~ 就行了。

大拿（dàná）：掌大权、有权威的人。如：在我们单位，老张是 ~。

大庄稼（dàzhuāng · jia）：大秋作物。如：天凉了，该收 ~ 了。

大估摸（dàgū · mu）：估计。如：~ 一家得出多少钱？

歹（dǎi）：非常。如：打得我 ~ 疼。

怠了二意（dài · leèryī）：不郑重其事。如：他做事总是 ~，没个认真劲儿。

当子（dāng · zi）：空子。如：不要留那么大 ~，靠近一点儿。

当间儿（dāngjiànr）：中间。如：坐在 ~ 的是李书记。

当家子（dàngjiā · zi）：本家。如：咱俩是 ~，以后多照应。

当不住（dàng · buzhù）：可能发生。如：他说明天来，~ 今天下午就能到。

叨咕（dāo · gu）：念叨。如：他小声 ~ 着。

捯根儿（dáogēnr）：寻找事情的根源。如：如果不 ~，说不清这件事情。

倒腾（dǎo · teng）：翻腾。如：把粪 ~ 到地里去。

倒牙（dǎoyá）：吃酸的东西，使牙难受。如：酸枣吃多了会 ~ 的。

倒抢（dào · qiang）：颠倒。如：把瓶子 ~ 过来，水不就流出来了吗？

捣咕（dáo·gu）：①摆弄。如：不要～这些东西了。②搬运。如：他把公家的财产都～到自己家里了。

道道（dào·dao）：办法，主意。如：这事怎么办，你得给想个～。

到了儿（dàoliǎor）：到底。如：别看他凶，～还是让我治服了。

嘚啵（dē·bo）：说话絮叨。如：她～～说个没完。

得过儿（·deguòr）词尾，表示值得。如：这螃蟹味儿不错，吃～。

德行（dé·xing）：讽刺人的话，表示瞧不起。如：看他那～，有什么狂的。

嘚（dēi）：扔。如：他用小石头～那只麻雀。

得亏（děikuī）：幸亏。如：～你帮我，要不然我就栽了。

扽（dèn）：拉。如：你～住了，不要松手。

提溜（dī·liu）：提。如：客人～着，到门外边包儿散啦，满街滚。（老舍《骆驼祥子》）

底儿掉（dǐrdiào）：调查得彻底。如：老师把我的家庭情况问了个～。

地脚（dì·jiao）：地基。如：新房子的～还没打，台风就来了。

地毂辇儿（dìgǔniǎnr）：步行。如：他从乡下～来，累得够呛。

递价儿（dìjiàr）：不怕威胁，敢于应对。如：哥儿几个敢～的过来。

颠儿（diānr）：跑。如：刚散会他就～了。

掂量（diān·liang）：权衡。如：不管干什么事儿，事前总得～～。

垫补（diǎn·bu）：稍微吃一点儿东西。如：二则天长了，姑娘们玩一会子，还该～些小食。（曹雪芹《红楼梦》）

点儿正（diǎnrzhèng）：时运好。如：他～，头一次彩票就中奖了。

点儿背（diǎnrbèi）：时运不好。如：我这几天～，做买卖赔了本儿。

垫背（diànbèi）比喻代人受过。如：出了事拿我～，这不公平。

电棍儿（diàngùnr）：日光灯。如：屋里安上～，亮多了。

吊（铫）子（diào·zi）：茶壶，酒壶。如：快拿大铜～来，给客人泡茶。

吊儿郎当（diǎorlāngdāng）：形容仪容不整，作风散漫，态度不严肃。如：他整天～，不好好工作。

掉价儿（diàojiàr）：降低身份。如：到什么时候，都不能～。

掉系把儿（diàoxì·bar）：不能保持荣誉，失信。如：要是总表扬他，他该～了。

调算（diào·suan）：筹划，计算。如：这么大的事他一个孩子能～得开，真不容易。

跌份儿（diēfènr）：掉身价。如：他们这样做真差劲，会～的。

丁丁儿（dīngdīngr）：很小。如：他脸上没有一~笑容。

盯盯儿（dīngdīngr）：专心看。如：小孩儿围着变戏法的，~看艺人表演。

顶截（dǐng · jie）：顶棚。如：他家正糊~呢。

定规（dìngguī）：决定。如：跟他~好了，明天一起去县城。

兜（dōu）：承担下来。如：您说吧，有错我~着。（老舍《龙须沟》）

斗牙签儿（dòuyáqiānr）：打嘴架。如：几个人凑一块儿就~，真没劲。

抖搂（dǒu · lou）：揭露。如：把这些年他所作所为都~出来，教他这个坏小子吃不了兜着走。（老舍《龙须沟》）

逗闷子（dòumèn · zi）：开玩笑。如：他没事就爱跟同事~。

逗咳嗽（dòuké · sou）：说闲话。如：你不好好办公，又跑这儿~来了？

多咱（dūo · zan）：什么时候。如：你~想明白了，就可以走。

耳楞（ēr · leng）：歪，斜。如：这扇窗户有点~，关不上。

耳朵底子（ěr · duodǐ · zi）：中耳炎。如：他家孩子这两天生~了。

二等（èrděng）：被别人用自行车带着。如：他指了指小海的自行车说："我是坐这~来的。"

二乎（èr · hu）：犹豫。如：今天到底去不去县城，我也有点儿~。

二话（èrhuà）：不同的意见。如：只要是组织布置的工作，他从来没~。

二娄（èrlóu）：神经质。如：这人倒是不傻，就是有点儿~。

二拉蛋（èr · ladàn）：说话、办事没有分寸，不分场合、对象。如：这家伙真是~，跟他亲爹怎么能这么说话呢？

二把刀（èrbǎdāo）：技术不好。如：别看他说得很好，其实是个~，没什么真本事。

二百五（èrbǎiwǔ）：有些傻气、做事莽撞的人。如：这人说话办事分不出轻重，有点儿~。

二楞五勺（èrlèngwǔsháo）：智力低下。如：他儿子~的，指望不上。

哦儿喽（ērlōu）：叹词，表惊讶。如：~，他家又买了一辆汽车。

发憷（fāchù）：胆怯。如：别人好说，我就~他。

垡儿（fár）：指一段时间。如：最近这~得禽流感的不少。

犯歹（fàndǎi）：犯忌。如：你和他说话又不~，怕啥呢？

放树（fàngshù）：砍树。如：前面正~，汽车过不去。

肥不噜嘟（féi · bulūdū）：很肥。如：新买的裤子~，没法穿。

费劲巴伍（fèijìnbāwǔ）：十分费力。如：~地弄回来一堆没用的东西，真叫人恼火。

份节儿（fènjiér）：地步。如：都到了这~，还说那些话有什么用？

富态（fù · tai）：身体胖。如：瑞丰太太，往好里说，是长得～，往坏里说呢，干脆是一块肉。（老舍《四世同堂》）

嘎渣（gá · zhar）：①痂：他腿上的伤口已经开始定～了。②锅巴：米饭蒸过火儿了，靠边的地方都成了～。

尜尜儿（gá · gar）：玉米面做的煮熟食品。如：来，吃碗～汤吧。

噶东儿（gǎdōng）：打赌。如：咱俩～，谁输了谁请酒。

嘎杂子（gǎzá · zi）：无职业，经常胡闹的人。如：每打一仗，小偷儿，私运烟土的和～们，就都抖起来一回。（老舍《四世同堂》）

嘎七马八（gǎqīmǎbā）：乱七八糟。如：别看他专业没学好，～的没少学。

轧搭轧搭（gá · dagá · da）：商量商量。如：这批货的价钱得跟他好好～。

该着（gāizháo）：该当。如：这回～他倒霉，干什么都不顺利。

概搂（gái · lou）：把东西搜罗到自己那里。如：他当村长没少往家～公家的东西。

盖顶儿（gài · dingr）：锅盖。如：她从娘家拿回两个～。

干（gān）：①使人难堪。如：不要动不动就～人。②慢待。如：他被～在那儿，下不来台。

干里干担（gà · ligàndān）：干事儿马虎，靠不住。如：这个人～，什么事也做不好。

肝儿颤（gānrchàn）：害怕。如：在钢丝绳上做动作，看着都让人～。

赶汗（gǎnhàn）：使出汗。如：喝碗姜糖水～，能好得快点儿。

赶罗（gǎn · luo）：①催促。如：别～他了，他已经够忙的了。②时间紧张。如：一天到晚，还挺～的。

赶趟儿（gǎntàngr）：来得及。如：吃完饭再走也～，甭着急。

敢情（gǎn · qing）：原来。如：我以为是谁呢，～是我小学同学。

干了（gàn · le）：糟了。如：可～，屋里漏雨了。

杠头（gàngtóu）：指爱抬杠的人。如：老张头是出了名的～。

岗尖儿（gàngjiānr）：非常满。如：他端起～一大碗米饭让我吃。

高低（gāodī）：无论如何。如：他～要留我在家里吃晚饭。

告布（gáo · bu）：用言语刺激对方。如：你还少拿这话～我，我才不怕呢。

格楞（gē · leng）：怂恿，招引。如：小海～上小娟看电影去了。

割挡儿（gēdǎngr）：指秫秸去皮后的一节。如：他到地里掐了一捆～，准备钉锅盖用。

割栏儿（gēlānr）：一段。如：快找一～绳子来。

个别另样（gèbiélìngyàng）：与众不同。如：今天上操大家都穿校服，怎么就你~啊？

个个儿（gègěr）：自己。如：要管别人，先管好~。

各色（gésè）：个性强，与人难相处。如：这人怎么这么~呢？

硌应（gè · ying）：忌讳。如：农村人家最~在过年时说丧气话。

艮（gěn）：①说话生硬。如：他说的话太~。②食物不脆。如：这萝卜有点儿~。

供作儿（gōngzuōr）：打下手。如：一个瓦匠需要三个人~才行。

公母俩（gū · muliǎ）：夫妻二人。如：年轻的~，老是蜜里调油，一时一刻也离不开，真也不怕人家笑话。（老舍《四世同堂》）

拱火儿（gǒnghuǒr）：帮腔，煽动。如：老师批评我，他不但不帮我说话，还在一边~。

佝偻（gōu · lou）：脊背向前弯曲。如：老人的腰略微有些~。

狗（gǒu）：性格特别。如：这小子真~，大家都不待见他。

勾当（gòu · dang）：办红白喜事。如：今天王家办~，你不随份子吗？

咕容（gū · rong）：蠕动。如：这条蛇没死，还在那儿~呢。

咕节（gū · jie）：一小段。如：你去拿一~铜丝来。

咕崩（gū · beng）：紧绷。如：这衣服太瘦，穿在身上~得慌。

咕搭儿（gūdār）：块儿。如：你给我拿一~布来，我要补裤子。

估摸（gū · mo）：估计。如：我~着，他快来了。

鼓捣（gǔ · dao）：摆弄。如：他没心听戏，也不会~那个洋玩艺。（老舍《四世同堂》）

鼓球（gǔ · qiu）：翻动。如：这孩子睡觉不老实，~个没完。

骨拐（gū · guai）：①颧骨。如：这姑娘长得不错，就是脸~高了点儿。②大脚趾旁突出部分。如：他脚~很大，不好买鞋。

骨立（gú · li）：结实，精美。如：这所房子……前六年翻修过的，砖瓦木料全~硬棒。（老舍《四世同堂》）

刮搭（guādā）：形容衣服湿透的样子。如：这身衣服淋得~~的。

挂搭扁儿（guà · dabiǎnr）：绿色尖头蝗虫。如：逮个~给孩子玩儿。

挂火儿（guàhuǒr）：生气，发怒。如：祁老人不甚满意韵梅这样树敌，她更~。（老舍《四世同堂》）

褂衩儿（guàchǎr）：短袖衫。如：天热，该穿~了。

挂不住（guà · buzhù）：因受到羞辱而沉不住气。如：大家都埋怨他，他有点儿~了。

官样（guān · yang）：体面。如：这样一来，倒显得挺~。

掴打（guāi·da）：抽打。如：你把衣服上的土~~。

乖打打（guāi·dadá）：形容多而密。如：树上的枣儿长得~的。

归置（guī·zhi）：整理。如：你抽空儿把屋里的东西~一下。

归里包堆（guī·libāozuī）：都算在一起。如：咱们铺子里见，~，该给你多别少钱，回头咱们清账。（老舍《四世同堂》）

贵贱（guìjiàn）：无论如何。如：今天不说清楚，是~不让你走。

馃子（guǒ·zi）：点心。如：你带上一包~看望看望丈母娘。

馃匣（gǔoxiá）：点心盒，成盒的点心。如：提个~看亲戚，挺体面。

果木（guǒ·mu）：水果。如：每年出售点儿园子里的~，也能有点儿进项。

过话（guòhuà）：交谈。如：我们虽然见面打招呼，可没过~。

过节儿（guòjiér）：矛盾。如：有什么~说开了就好了。

裹乱（guǒluàn）：捣乱。如：你二叔写字，不准去~。（老舍《四世同堂》）

哈（hā）：低三下四地乞求。如：为了借钱，我得到处~去。

哈巴（hà·ba）：走路时两膝向外，姿势难看。如：他走路~~的，太难看了。

哈喇（hā·la）：食用油变质的味道。如：这油都~了，别吃了。

哈哈儿（hāhār）：可笑的事。如：这可是个~。

哈喇子（hālá·zi）：口水。如：这孩子爱流~。

海了货（hǎi·lehuò）：很多的样子。如：今天赶集的人真是~。

害口（hàkǒu）：妇女因怀孕而影响胃口。如：这些日子她正~呢，总想吃酸的。

酣（hān）：雨后地很湿。如：地里太~，别进去踩。

顸（hān）：粗。如：你的胳膊真~。

寒碜（hán·chen）：①丑陋。如：这人长得太~。②没面子，使失面子。如：有机会我好好~~他。

号丧（háosāng）：哭（贬义）。如：别在这儿~了

豪横（háo·heng）：性格刚强有骨气。如：他~了一生，难道就真把以前的光荣一笔抹去而甘心向敌人低头吗？（老舍《四世同堂》）

好生（hǎoshēng）：好好地。如：天黑了，~睡觉吧。

耗（hào）：拖延。如：别院里都有了响动，咱们也不能老~呀！（老舍《四世同堂》）

河趴（hépā）：向前跌倒。如：小孩儿刚学走路，免不了要摔个~。

河光石（héguāngshí）：鹅卵石。如：村里人都用～垒墙。

蛤蟆蝌子（hé · mokē · zi）：蝌蚪。如：池塘里～很多。

活当（hè · dang）：活动，不牢固。如：我的门牙被磕得～了。

黑家白日（hēi · jiabáirì）：不分昼夜。如：姐妹们和气，也有个分寸，也没个～闹的。（曹雪芹《红楼梦》）

黑灯瞎火（hēidēngxiāhuǒ）：黑暗，没有灯光。如：老二，这是怎么回事，～的把我找来。（老舍《神拳》）

黑不溜秋（hēi · buliūqiū）：黑得难看。如：这人长得～的。

嘿儿喽带喘（hēir · loudàichuǎn）：既咳又喘。如：他父亲～，离不开人照顾。

哼哼唧唧（hēng · hengjījī）：低声说话或唱歌。如：他～地往外走，听戏去了。

横是（hēng · shi）：大概。如：慢慢地熬着吧，～离好日子不远了！（老舍《龙须沟》）

横竖（héngshù）：反正。如：姐姐～知道，不用我说。（曹雪芹《红楼梦》）

齁（hōu）：①太甜或太咸，使喉咙不舒服：这豆浆太甜，～嗓子。②非常：今天的菜～咸。

猴蹲（hóu · dun）：蜷缩。如：挺大的人，往那儿一～，真难看。

吼唧（hǒu · ji）：央求。如：小孩儿想出去玩儿，跟爷爷～半天，爷爷也没同意。

后上（hòu · shang）：晚上。如：昨天～下了雨。

后余儿（hòuyūr）：后面。如：快去买，等到～该没了。

后半晌儿（hòubànshǎngr）：下午。如：我今天～到家找你。

后尾巴子（hòuyǐbá · zi）：最后面。如：别坐在车～，小心甩下去。

烀（hū）：半蒸半煮，把食物弄熟。如：晚上～点儿豆馅儿，明天蒸豆包儿。

胡勒（húlēi）：胡说。如：你别听他～。

胡噜（撸）（hú · lu）：①抚摸。如：小孩儿的头碰了，赶紧～～。②拂拭。如：把瓜子皮～到地上。

胡吣（húqìn）：胡说。如：柳家的忙完了手里的活计，便上来说道："你少满嘴里～。"（曹雪芹《红楼梦》）

胡剌儿（húlār）：地方。如：你把这～扫扫。

胡溜儿（húliùr）：地方。如：我在这～丢了一把钥匙。

胡噜噜（hú · lulū）不明白。如：虽然听了课，可这些知识我还是～。

胡吃海塞（húchīhǎisāi）：不加节制地乱吃。如：他整天~，都胖成什么样了。

胡打海摔（húdǎhǎishuāi）：乱磕碰。如：比不得咱们家的孩子，~的惯了的。（曹雪芹《红楼梦》）

葫芦倒屉（hú·ludǎotì）：形容糊涂。如：这孩子~，都十岁了，还分不清左右。

糊涂锤子（hú·duchuí·zi）：糊涂。如：你真是个~。

糊里巴涂（húlǐbādū）：糊涂。如：他那么大岁数了，~的，干不了什么事了。

糊弄（hùnōng）：蒙混，敷衍。如：他尽~人。

糊塌子（hùtā·zi）：掺菜的饼。如：今天吃西葫芦~。

护短儿（hùduǎnr）：袒护缺点。如：虚心接受意见，绝不~。

花销（huā·xiao）：花费。如：没什么~，用不了这些钱。

花哨（huā·shao）：花样多。如：穿衣服不要太~。

花马掉嘴（huā·madiàozuǐ）：说话油滑。如：做人不能整天~的，要干实事。

划拉（huá·la）：寻找。如：你花点时间，帮他~个对象。

滑秸（huájiē）：秸秆。如：你去抱点儿~来，和泥用。

滑不唧溜（huá·bujīliū）：很滑。如：这凉粉儿~的，不太好吃。

话把儿（huàbàr）：话柄。如：老李这件事成了全村人的~。

话茬儿（huàchár）：话头，口风。如：听这~，我的建议白提了。

欢势（huān·shi）：活泼。如：这两只小鸡儿挺~。

黄了（huáng·le）：不能实现，失败了。如：看来，明天的旅游~。

灰不溜秋（huī·buliūqiū）：灰色。如：他那身西服~，很难看。

回头（huítóu）：稍等一会。如：~到我家那儿喝茶。（老舍《全家福》）

荤的（hūn·de）：脏话。如：他一张口就是~，真没教养。

混的噜（hún·delū）：混。如：这孩子不懂事，~的。

豁剌儿（huōlár）：小缺口。如：不小心，把水杯磕了个~。

活便（huó·bian）：灵活。如：这人手脚很~。

活茬儿（huóchár）：农活。如：这阵子~太紧。

活泛（huó·fan）：灵活。如：他心眼儿~。

活扣儿（huókòur）：可以打开的结。如：系个~就行。

激（jī）：①刺激。如：最大的损失是被冷水~病。②冷水冲泡食物使变凉。如：把西瓜放冷水里~一~。

激菜（jīcài）：酸菜。如：给你捞两根~带上，尝个鲜。

机灵（jī · ling）：受惊吓而哆嗦。如：一声霹雳，吓我一~。

机了赶蛋（jī · legǎndàn）：到处都是。如：院子里~都是碎砖头。

饥荒（jī · huang）：①矛盾，争吵。如：他为香菱儿不能到手，和姑妈打了多少~。（曹雪芹《红楼梦》）②债务。如：他们家拉了三万块钱~。

叽里旮旯儿（jī · ligálár）：角落。如：我~都找了，也没找到。

急的喽（jí · delōu）：非常急。如：一听着火了，他就有点儿~了。

急料子（jíliào · zi）：蝉。如：树上的~叫得人心烦。

急赤白脸（jí · chibáiliǎn）：着急。如：金三爷~地叫李四爷回家。（老舍《四世同堂》）

挤对（jǐ · dui）：①逼迫使屈从。如：他不愿意就别~他了。②排挤，欺负。如：他刚来时挺受~的。

鲫瓜儿（jǐguār）：小鲫鱼。如：他买来的都是二寸来长的~。

加伍（jiāqǔ）：过多地。如：这菜够咸了，别~搁盐了。

加塞儿（jiāsāir）：插队。如：按秩序上车，别~。

家伙（jiā · huo）：指工具或武器。如：你唱，我给你打~。

家里的（jiā · li · de）：指妻子。如：我跟~商量一下再决定吧。

家雀儿（jiāqiǎor）：麻雀。如：老天爷饿不死瞎~。

架不住（jià · buzhù）：禁不住。如：谁也~天天熬夜。

间量（jiāngliàng）：房间的面积。如：这房子~不大，光线挺充足。

兼饥（jiānjī）：禁饿。如：吃馒头比吃米饭~。

糨（jiàng）：稠。如：这粥熬得够~的。

嚼裹（jiáo · gu）：指生活费用。如：挣的钱刚够~。

矫情（jiáo · qing）：强词夺理，无理取闹。如：这人太~。

脚钱（jiǎoqián）：运费。如：你先把~给了。

叫水（jiàoshuǐ）：①抽水。如：今天浇地，电工~去了。②口渴。如：今天菜太咸了，一个劲儿~。

叫驴（jiàolǘ）：公驴。如：他买了一头~。

较劲儿（jiàojìnr）：①较量。如：他俩明面上和气，暗中~。②使劲。如：双手一~，木棍就断了。

叫份子（jiàofèn · zi）：挑衅。如：他也敢跟我~。

叫真章儿（jiàozhēnzhāngr）：认真。如：他凡事都要~。

街筒子（jiētǒng · zi）：整个街道。如：满~都是人。

揭不开锅（jiē · bukāiguō）：生活困难，难以维持。如：家里都快~了。

节骨眼儿（jié · guyǎnr）：关键环节。如：没想到这个～上他病了。

解（jiě）：从。如：～这儿往东就是我们村儿。

解饱（jiěbǎo）：耐饿。如：吃窝头～。

戒在（jiè · zai）：小心，爱惜。如：他穿衣服很～。

今儿个（jīnr · ge）：今天。如：～是爱牙日。

尽自（jǐn · zi）：总是。如：别～伤心了。

紧溜儿（jǐnliūr）：赶紧。如：放学就～回家。

近乎（jìn · hu）：关系亲密。如：他最爱跟人套～了。

进项（jìn · xiang）：收入。如：这月有六千块钱～。

禁劲儿（jīn · jinr）：一定程度。如：别看他不言语，到～他就该说话了。

经由（jīng · you）：督促。如：你想着～他早点儿睡觉。

精（jīng）：非常。如：刚下过雨，地里～湿的。

精细（jīng · xi）：①精明。如：这人也过于～了。②精神状态好。如：小孩儿这会儿真～。

精气神儿（jīngqìshénr）：精神。如：年纪虽然大了，～还不错。

净意儿（jìngyìr）：故意。如：您这不～的要折我的寿么？（邓友梅《那五》）

揪心（jiūxīn）：担心。如：这孩子到处闯祸，老让父母～。

就合（jiù · he）：迁就。如：不要事事～孩子。

就手（jiùshǒu）：顺便。如：你～把菜买回来。

拘挛儿（jū · luanr）：曲伸不灵。如：天真冷，手都冻～了。

卷（juǎn）：骂。如：他要是急了，谁都敢～。

撅（juē）：不讲情面，拒绝。如：他特爱～人。

觉乎（jué · hu）：觉得。如：我老～着咱们的大缎子，川绸更体面。（老舍《茶馆》）

咔哧（kā · chi）：批评。如：这回我非～他一顿不可。

开喽（kāi · lou）：吃了。如：这儿有俩馒头，你把它～。

侃（kǎn）：闲聊。如：他跟我～了一通生意经。

炕（kàng）：烤。如：把湿褥子放在热炕头上～一～。

靠边儿（kàobiānr）：近乎情理。如：他这话～。

磕碰（kē · peng）：比喻挫折。如：我受不住～。（老舍《女店员》）

磕巴（kē · ba）：结巴。如：每说一句话都要～几下。

可（kě）：满。如：～大街都是摆摊儿的。

可着（kě · zhe）：尽着。如：～脑袋做帽子。

可身儿（kěshēnr）：合身。如：这件衣服穿着很~。

克哧（kè · chi）：分蘖。如这棵葡萄又~出两根杈。

尅架（kēijià）：打架。如：这几个孩子凑一块儿就~。

尅尅咕咕（kēi · keigūgū）：小气。如：别老是~，大方一点儿不行吗？

裉节儿（kènjiér）：关键处。如：你怎么一到~就不行了呢？

吭哧憋肚（kēng · chibiēdū）：吞吞吐吐。如：他说话~，让人听不明白。

抠搜（kōu · sou）：节省。如：他处处~，不敢乱花钱。

抠门儿（kōuménr）：吝啬。如：他真~，从来没请过客。

抠抠索索（kōu · kousuōsuō）：小气。如：别~的，该花的钱得花。

抠抠扎扎（kōu · kouzhāzhā）：动作迟缓，放不开手脚。如：他干起活儿来~的，让人觉得费劲。

扣皿儿（kòumínr）：纽扣。如：你帮我把衣服上的~钉一下。

侉子（kuǎ · zi）：有地方口音的人。如：卖衣服的是俩~。

擓（kuǎi）：走。如：今天我是~着来的。

框外（kuàngwài）：额外。如：这孩子很安分，~的事从来不做。

盔子（kuī · zi）：小盆。如：刚才买了一个铝~。

邋遢（lā · ta）：不整洁。如：你可真~，衣服也不洗洗。

拉呱（lā · gua）：闲聊。如：经理跟大家~起来挺随和。

拉嚓（lá · cha）：说粗话。如：他说话~，太不文明。

拉巴（lá · ba）：粗糙。如：这墙抹得不光滑，挺~的。

剌乎（lǎ · hu）：马虎。如：这人干什么都~，很难把事情办好。

砬子（lá · zi）：山崖。如：他从~上摔下来了。

郎唧（lāngjī）：等等。如：柜子里都是衣服~的。

郎当（lāngdāng）：左右。如：这小伙子也就二十~岁。

狼虎（láng · hu）：吃饭匆忙。如：这人吃饭真~，大家都看着他。

狼烟儿（lángyānr）：尘土。如：这孩子不好好扫地，弄得四处都是~。

捞摸（lāo · mo）：用不正当手段获取利益。如：别看他能~，可心里总不踏实。

老了（lǎo · le）：老人去世。如：听说王先生~。

老鸹（lǎo · gua）：乌鸦。如：那棵树上有个~窝。

老八板（lǎobābǎn）：拘谨，守旧。如：他这人整个一个~。

老鹞鹞（lǎoyào · yao）：老鹰。如：~把小鸡叼走了。

老鼻子（lǎobí · zi）：形容多。如：今年田里的蚂蚱~了。

老骒儿（lǎokēr）：母猪。如：他家养的~下了一窝猪仔儿。

老家儿（lǎojiār）：父母。如：他对～特别孝顺。

老腌儿（lǎoyānr）：用盐腌了很长时间。如：他家的咸菜都是～。

老爷儿（lǎoyér）：太阳。如：～落山了，回家吧。

老爷子（lǎoyé · zi）：①年长的男子。如：这～身体不错。②年老的父亲。如：过节时准备把～接来住几天。

老油子（lǎoyóu · zi）：非常油滑的人。如：别看他年轻，做买卖可是～。

老实巴交（lǎo · shibājiāo）：规矩、谨慎、胆小。如：这孩子～的，从不惹事。

老阳儿转（lǎoyángrzhuàn）：也叫太阳转，向日葵。如：～开花时一片金黄。

落忍（làorěn）：心里过意得去。如：看他累成那样子，我有点不～。

落忙（làománg）：帮忙。如：他家办喜事，～的人很多。

肋腻（lē · te）不整洁，不利落。如：这人真够～的。

嘞嘞（lē · le）：说闲话、怪话。如：该怎么干就怎么干，别听他瞎～。

落生（làoshēn）：花生。如：到超市买点～去。

楞（lèng）：等。如：你先～会儿，我拿书包去。

楞头磕脑（lèngtóulèngnǎo）：形容冒失的样子。如：他～的，进门就问："今天谁挨批评了？"

楞楞磕磕（lèng · lengkēkē）：反应迟钝或痴呆。如：她们～的站住。（老舍《四世同堂》）

楞眼巴睁（lèngyǎnbāzhēng）：不够清醒。如：他似乎没把话都听明白，～的走出来，又～的随着老人往外走。（老舍《四世同堂》）

楞头儿青（lèngtóurqīng）：指鲁莽的人。如：这人真是个～。

冷不丁（lěngbudīng）：冷不防。如：～的从屋里走出一个人来，吓他一跳。

漓漓拉拉（līlilā · la）：形容零零散散，断断续续。如：他干活不细致，麦子～撒了一地。

里外里（lǐwàilǐ）：合计。如：～我亏了二百多块。

哩格楞（lǐ · gerlēng）：伎俩。如：你可别跟我弄那～。

立马（lìmǎ）：立刻。如：他恨不得～离开这是非之地。

立时马当（lìshímǎdàng）：立刻。如：让我～拿出这么多钱，真够为难我的。

力巴（lì · ba）：外行。如：你真是个～头。

利落（lì · luo）：①灵活、敏捷。如：他动作挺～。②完毕。如：事情已经办～了。

利生（lì · sheng）：利落、整洁。如：他总是那么干净、~。

栗扑棱（lìpū · leng）：栗子外壳。如：不小心让~把手扎了。

俩嘛（liǎ · ma）：两个。如：~大小伙子都抬不动一个冰箱。

脸子（liǎn · zi）：脸色。如：我们要看他的~行事。

脸巴子（liǎnbà · zi）：脸。如：这孩子~冻得通红。

敛喽（liǎn · lou）：收集。如：你去把外面的柴禾~回来。

练场（liànchánɡ）：把场院洒水压平。如：你们三个人下午去~。

瞭（liāo）：看。如：他~了孩子一眼，赶快走了。

蹽（liāo）：快走。如：他走得很快，半天就~了五十多里。

撩人（liáorén）：招人喜欢。如：这孩子真不~，到处拉屎。

尥蹦儿（liàobènɡr）：蹦跳。如：听到这消息，他高兴得直~。

裂歪（liē · wai）：裂开。如：汽车的槽帮向外~了。

咧咧（liē · lie）：胡说。如：别听他瞎~，他的话没把握。

夜儿个（lièr · ɡe）：昨天。如：~小王找过你。

零嘴儿（línɡ · zuǐr）：零食。如：这孩子最爱吃~。

溜号儿（liūhàor）：开小差。如：这次义务劳动他又~了。

溜（liù）：①抹墙缝。如：和点儿泥把墙缝给~上。②扔。如：别拿土块~人。

溜哄（liūhōnɡ）：等等。如：你找点儿黄土~的垫垫院子。

溜平儿（liūpínɡr）：光滑而平。如：经过平整，操场~。

溜光儿（liūɡuānɡr）：光滑，干净。如：这街道被学生扫得~。

溜溜儿（liūliūr）：整整。如：快坐下吧！~站了一天，够受的。（老舍《女店员》）

溜圆儿（liūyuánr）：很圆。如：小肚子吃得~。

溜嗖（liù · sou）：敏捷。如：他打起球来还挺~。

遛道（liù · dao）：神经质。如：老太太说话有点儿~。

遛够（liùɡòu）：达到很高程度。如：为了找书，他把办公室翻了个~。

笼子（lónɡ · zi）：篮子。如：拿个~装点儿土豆来。

喽（lōu）：禁。如：这点儿饭不~吃。

搂头盖顶（lōutóuɡàidǐnɡ）：不由分说。如：刚进门就被他妈~一顿臭骂。

撸（lū）：①捋。如：把袖子~了上去。②撤销。如：他的官被~了。③训斥：他挨了一顿~。

炉箅子（lúbì · zi）：油饼儿。如：你给孩子买几个~回来。

胪数（lú · shu）：底数。如：对于以后的工作心里得有个~。

路道（lù · dao）：行径合乎常规。如：这孩子可是不大～。

缕唇（lǖ · chun）：皮肤上的红痕。如：他挨了一鞭子，身上起了道～。

缕理儿（lǖ · lir）：道理。如：为什么这样做，你得说出个～。

缕缕行行（lǚ · lühānghāng）：行人很多。如：大门外～过去很多人。

罗乱（luó · luan）：乱子。如：别没事给自己找～。

蚂螂（mā · lang）：蜻蜓。如：农村有句童谣：～～过河，荞麦饺子包得。

妈儿（mār）：乳头，乳汁。如：还不快去给孩子吃～。

麻利儿（mālīr）：赶快。如：时候不早了，你～上学去。

麻爪儿（mázhuǎr）：慌乱。如：遇上这点儿小问题就～了？

麻应（má · ying）：因害怕、恶心而不适。如：看见蛇就觉得～。

马上（mǎshàng）：现在。如：我～在局里上班。

埋汰（mái · tai）：脏。如：他们家挺～的。

卖晌（màishǎng）：不午休。如：老这样～，身体会吃不消的。

满世界（mǎnshì · jie）：到处。如：刚才你去哪儿了，～也找不到你。

猫儿腻（māornì）：隐秘或暧昧的事。如：你少玩儿～，小心我揍你。

毛窝（máowō）：棉鞋。如：这是新做的～，挺暖和的。

铆劲儿（mǎojìnr）使劲。如：他～往前赶。

茅窖子（máojiào · zi）：厕所。如：那边有个～。

冒蒙（màomēng）：试探。如：大家都没经验，～着干吧。

没戏（méixì）：没指望。如：这次评职称他～。

没成想（méichéngxiǎng）：没想到。如：真～县长来看我们。

没治儿（méizhìr）：非常好。如：这部电影好得～了。

没劲奋撒（méijìndāsā）：没意思。如：他觉得这个工作干起来～的。

没深沉儿（méishēnchénr）：不掌握分寸。如：他这个人真是～。

没完到散（méiwándàosàn）：没完没了。如：他念叨起过去的事～。

抿插（mǐn · cha）：花铲。如：你拿～去间苗吧。

抹泥（mǒ · ni）：①合适。如：这事办得挺～。②合得来。如：我们哥俩倍儿～。

磨牙（móyá）：费口舌。如：别跟他～了。

磨叽（mò · ji）：磨叨。如：老太太爱～，挺招人烦。

磨烦（mò · fan）：纠缠。如：这孩子真能～人。

磨不开（mò · bukāi）：难为情。如：几句话让他觉得挺～。

腌臜（nā · za）：脏。如：那宝玉是个“丈八的灯台——照见人家，照不见自己”的，只知嫌人家～。（曹雪芹《红楼梦》）

拿（ná）：控制，祸害。如：地里的菜苗都让虫子给～死了。

拿摸（nā·mo）：琢磨。如：你好好～～，这样干对得起谁？

拿糖（nátáng）：装模作样或故意表示为难，以提高自己的身价。如：他刚有了一点儿本事，就～了。

拿捏（ná·nie）：扭捏。如：宝玉答应了个“是”，只得～着，慢慢的退出。（曹雪芹《红楼梦》）

哪儿哪儿（nǎrnǎr）：到处。如：他家里～都是脏衣服。

挨个儿（nāigèr）：逐一。如：大家～买，谁也别加塞儿。

攮（nǎng）：栽。如：他在地上～了个跟头。

孬头（nāo·tou）：①脏，不卫生。如：大家嫌他做的饭～。②心情不好。如：这件事使他心里挺～。

挠头（náotóu）：因事情难办而伤脑筋。如：怎么办才能让双方都满意，很让他～。

脑壳（nǎoké）：头。如：这些事别多说，说着说着就许掉～。（老舍《茶馆》）

恼心（nǎo·xin）：恶心。如：我一闻汽油味儿就～。

闹天头（nàotiān·tou）：指天气变坏。如：别出门了，下午可能～。

闹不登的（nào·budēng·de）：食物有刺激味道。如：这点心有点儿～，吃着不顺口。

恶应（ně·ying）：恶心。如：这碗真脏，让人～。

能格儿（néng·ger）：有能耐。如：这孩子真～，刚五岁就能说快板了。

能水儿（néngshuǐr）：能耐。如：看看他到底有多大～。

腻烦（nì·fan）：讨厌。如：我最～爱迟到的人。

腻味（nì·wei）：同腻烦。

腻眼巴睁（nìyǎnbāzhēng）：没睡醒的样子。如：看他～的，还没睡醒吧？

蔫不唧（niān·bujī）：①形容人情绪低落，精神不振的样子。如：这两天小王有点儿～的。②悄悄。如：大家都在聊天，他～走了。

年下（nián·xia）：过农历年的时候。如：咱们送他的，趁着他家有～送鲜的船，交给他带了去。（曹雪芹《红楼梦》）

年根儿（niángēnr）：年底。如：都到～了，该买年货了。

念叨（niàn·dao）：谈论。如：我们经常～你。

念心儿（niàn·xinr）：纪念。如：这只钢笔送给你，做个～吧。

娘们儿（niá·menr）：女人。如：我不跟她打交道，她是个不禁揍的老～，我来管教管教你！（老舍《龙须沟》）

派拉（pài · la）：不讲究卫生。如：这人真够 ~ 的。

盘缠（pán · chan）：路费。如：等攒够 ~ 了，就回老家。

抛坡（pàopō）：从山上摔下来。如：张家老三就是 ~ 死的。

抛洼（pàowā）：从山上摔下来。如：邻居的一头牛 ~ 了。

屁颠儿（pìdiānr）：过度兴奋，不能自持。如：她刚抱了一个孙子，乐得 ~ ~ 的。

皮实（pí · shi）：结实。如：这孩子挺 ~，摔了跟头也不哭。

便宜车（pián · yichē）：免费搭乘的车。如：我今天是坐 ~ 来的。

贫（pín）：絮叨。如：真真这凤丫头越发练 ~ 了。（曹雪芹《红楼梦》）

破谜儿（pòmèir）：猜谜语。如：咱们一块儿玩儿 ~ 吧。

破衣拉撒（pòyīlāsā）：衣衫破烂。如：看他俩 ~ 的样子，他怀疑招弟与瑞丰是否真做了特务。（老舍《四世同堂》）

气不忿（qìbùfèn）：不服气。如：你们 ~，我明日偏抬举他。（曹雪芹《红楼梦》）

七成八落（qīchéngbáluò）：差不多少。如：他不认真听讲，也能会个 ~。

齐活（qíhuó）：完事。如：再干上一个钟头，~。

起急（qǐjí）：着急。如：你先别 ~，听我慢慢说。

起秋（qǐ · qiu）：喜鹊。如：树上飞来一只 ~。

起根儿（qǐgēnr）：原来。如：我 ~ 就不同意。

起火儿（qǐhuǒr）：着急。如：我跟你说件事，你可别 ~。

起小儿（qǐxiǎor）：从小。如：他 ~ 就聪明。

签儿（qiánr）：时候。如：明天你啥 ~ 来接我。

前儿个（qiánr · ge）：前天。如：~ 我看电影去了。

悭薄（qiān · bao）：吝啬。如：这人 ~ 得很。

鹐搭（qiān · da）：数落。如：他特别爱 ~ 人。

鹐搭剌木（qiān · da · lamù）：啄木鸟。如：那边飞过来一只 ~。

戗（qiàng）：支撑。如：拿一根木头 ~ 住这墙，要不就倒了。

锵锵（qiāng · qiang）：争吵。如：你们俩就别 ~ 了。

抢坡儿（qiǎngpōr）：有坡的路。如：前面是个 ~，帮我推一下车。

炝火儿（qiānghuǒr）：斗气。如：你说这话不是 ~ 吗？

瞧不说（qiáo · bushuō）：别说。如：~ 我还有点儿钱，够花几个月的。

悄气（qiāo · qi）：挑剔。如：这孩子吃饭挺 ~ 的。

乔粉（qiáofěn）：粉条。如：他买了一捆 ~ 回来了。

翘棱（qiáo · leng）：因受潮而弯曲。如：这块木板 ~ 了。

雀子（qiāo · zi）：雀斑。如：她脸上有不少～。

雀盲眼（qiǎo · mangyǎn）：夜盲。如：他是个～，夜里看不清东西。

俏式（qiào · shi）：俊俏。如：这孩子长得挺～。

切克（qié · ke）：揭短处。如：他总爱～人，人缘不好。

怯勺（qièsháo）：土气。如：他是个～，到现在还不会用手机。

取灯儿（qǔ · dēngr）：火柴。如：划根～，照照亮儿。

蛐蟮（qū · shan）：蚯蚓。如：菜地里有不少～。

穰秸（rángjiē）：和泥用的稻麦秸秆。如：把泥里再加点儿～。

绕了（rāo · le）：跑了。如：别让他～。

绕世界（ráoshìjie）：到处。如：几个人～找你，就是找不到。

饶着（ráo · zhe）：虽然、尽管、不但。如：～你不去，还不让别人去。

任咋儿（rènzār）：怎么样。如：还没～呢，他就喊累。

日头（rì · tou）：太阳。如：这么热天，毒～地下，晒坏了他，如何使得呢！（曹雪芹《红楼梦》）

容闹（róng · nao）：热闹。如：他的婚事办得挺～。

肉头（ròu · tou）：软和。如：这个馒头蒸得挺～。

肉鼓囊（ròu · gunāng）：像肉一样丰满而柔软。如：摸上去～的。

擩（rǔ）：往里塞。如：往口袋里～了不少稻草。

挼（ruá）：①皱。如：这衣服穿～了。②身体弱。如：他身子骨有点儿～。

撒癔症（sāyì · zheng）：刚睡醒，神志不清。如：别理她，她～呢。

仨嘛（sā · ma）：三个。如：给我拿～馒头。

三青子（sānqīng · zi）：做事莽撞，不分好歹的人。如：他是个出了名的～。

搡（sǎng）：推。如：他差点儿给我～个大跟头。

扫听（sǎo · ting）：打听。如：你去～～，看他们干什么呢？

臊眉耷眼（sàoméidāyǎn）：害羞。如：他见了我～的。

傻眼（shǎyǎn）：不知如何是好。如：平时不好好学习，一考试就～了吧？

晒暖暖（shàinǎngnǎng）：晒太阳。如：王大爷每天都出来～。

扇乎（shān · hu）：煽动。如：要不是他～，事情不至于到这地步。

山药（shānyào）：土豆。如：你去买几斤～。

晌午歪（shǎng · wuwāi）：刚过中午。如：都～了，这孩子怎么还不回家呀？

上赶（shànggǎn）：巴结。如：他～着跟我说话。

上脸（shàngliǎn）：卑幼对尊长开玩笑。如：好了，你们越发～了。（曹雪

芹《红楼梦》)

上眼药（shàngyǎnyào）：在领导面前说别人坏话。如：你少到领导那儿给我～。

稍（shào）：后退。如：把马车往后～一～。

潲（shào）：洒水。如：打桶水～～院子。

勺儿（sháor）：冒失。如：这人说话有点儿～。

烧包儿（shāobāor）：急着把东西送人。如：你真是～，这么多人你帮得过来吗？

少相（shào · xiang）：显年轻。如：他长得挺～，不像六十岁的人。

身板儿（shēnbǎnr）：体格。如：他～挺结实。

身子骨儿（shēn · zigǔr）：身体。如：这老爷子～真结实。

瘆人（shènrén）：使人害怕。如：这个山洞挺～的。

慎着（shèn · zhe）：故意拖延。如：你不抓紧干，还～干什么？

神说海哨（shénshuōhǎishào）：吹牛。如：你不要在这儿～了。

拾翻（shī · fan）：翻动、寻找。如：你瞎～什么，衣服就在柜子里。

事儿了吧唧（shìr · lebājī）：煞有介事。如：你看你那～的样儿。

手欠（shǒuqiàn）：乱动手。如：这孩子～，没事拿菜刀干什么？

手巴掌（shǒubā · zhang）：手套。如：天冷，戴上～吧。

手镏子（shǒuliù · zi）：戒指。如：他买了一个纯金的～。

数落（shǔluo）：批评。如：他挨了一顿～。

鼠蔑（shǔ · mie）：倒霉。如：今天真够～的，半道碰上个死人。

耍巴（shuǎ · ba）：舞动。如：你看舞龙的～得多欢啊。

耍飘（shuǎpiāo）：显能耐。如：他骑自行车老爱撒把～。

耍贫嘴（shuǎpínzuǐ）：爱多说废话。如：这孩子没事就爱跟大人～。

刷利（shuà · li）：敏捷、利落。如：他干什么都挺～。

甩（shuǎi）：故意说。如：他觉得不～点儿闲话对不起谁似的。

栓对儿（shuānduìr）：在两人之间制造矛盾。如：她常爱给人～。

涮（shuàn）：戏弄。如：你们别拿我开～啊！

双伴儿（shuàngbànr）：双胞胎。如：这两个孩子是～。

爽（shuǎng）：挑选。如：把坏的～出来再卖。

爽的（shuǎng · de）：索性。如：既然已经迟到了，～我就不去了。

谁讲话儿（shéijiǎnghuàr）：虚指出处。如：～，瑞雪兆丰年，下这么大雪，明年收成准错不了。

水梢（shuǐshāo）：水桶。如：～在墙角，你自己去拿吧。

水牛儿（shuǐniūr）：蜗牛。如：~~，先出犄角后出头儿。

顺溜（shùn·liu）：①有次序。如：把头发梳~了。②顺从。如：他比那几个孩子~。

顺口搭音儿（shùnkǒudāyīnr）：不经意地应声。如：他~地说了几句话，不知算不算数。

说了归齐（shuō·leguīqí）：归根到底。如：~，你去不去啊？

撕布（sībù）：买布。如：小王去商店~去了。

撕啰（sī·luo）：理顺。如：没事你把这团毛线~~。②分析。如：这件事得跟他~清楚。③撕打。如：刚出门他俩就~起来了。

死活（sǐhuó）：无论如何。如：我说了半天，他~不答应。

死样（sǐ·yang）：反应迟钝。如：他真~，一点儿也没帮我说话。

四致（sì·zhi）：讲究。如：没时间了，不要太~了。

四六不懂（sìliùbùdǒng）：不明事理。如：这孩子一点儿也不听话，~。

松分（sōng·fen）：轻松。如：休息了一会儿，身体感到~些。

松拢（sōng·long）：松散。如：车里人不多，挺~的。

怂（sǒng）：推。如：别~他，掉下去就麻烦了。

碎嘴咯叨（suìzuǐgēdāo）：说话喋喋不休。如：老太太整天~的，招人烦。

缩苛（suō·ke）：吝啬。如：在生活上不能太~了。

胎子（tāi·zi）：样子。如：看你那~，谁爱理你呀。

抬（tái）：藏。如：这本书别让人看见，赶紧~起来。

抬杠（táigàng）：争辩。如：他最爱跟人~了。

太阳转（tài·yangzhuàn）：向日葵。如：他种了几棵~。

汤泡饭（tāngpàofàn）：不怎么样。如：他干工作是~，没什么成绩。

汤儿稀（tāngrxī）：差劲。如：这活儿干得够~的。

淘换（tāo·huan）：寻觅。如：当约翰休假的时候，他想~几个英国字，好能读留声机片上的洋字。（老舍《四世同堂》）

踢里秃噜（tī·litūlū）：①形容穿肥大衣服的样子。如：他穿上这身衣服~的。②形容吃面条的样子。如：一大碗面条，一会儿他就~吃完了。

提另（tílìng）：另外。如：计划我还没写好，你~写一份吧。

提气（tíqì）：争气。如：那孩子真不~，才考了七十多分。

添补（tiān·bu）：补贴。如：他儿子也工作了，每月能~家里俩钱。

天头（tiān·tou）：天气。如：今天~不错。

甜甘（tián·gan）：会说好话。如：小王的嘴很~，大家都喜欢他。

填馅（tiánxiàn）：做牺牲品。如：连太太、宝玉都有了不是，这会子你又去~去了（《红楼梦》）。

填和（tián·huo）：给予。如：我这一年的收入都~他了。

挑眼（tiāoyǎn）：挑剔。如：把屋子扫干净点儿，留神他~。

挑刺儿（tiāocìr）：挑剔。如：我一说话你就~。

调唆（tiǎo·suo）：挑拨。如：她经常~儿子跟媳妇打架。

听（tīng）：嗅。如：你~~这是什么味儿啊？

梃（tìng）：打。如：再不听话我就~你了。

头里（tóu·li）：前边。如：你慢慢走，我~买票去了。

透着（tòu·zhe）：显着。如：他~一股傻气。

秃噜（tū·lu）：①松散。如：袜子~了。②脱口失言。如：刚研究完的事就让他给~出去了。

忒（tuī）：太。如：你们娘儿俩~好了，见了面总舍不得来了。（曹雪芹《红楼梦》）

腿着（tuǐr·zhe）：步行。如：你们去坐车吧，我~去。

腿肚子（tuǐdù·zi）：小腿后面隆起的部分。如：他~上划了个口子。

豚儿（túnr）：小母猪。如：他买了一个~。

坨子（tuó·zi）：地方。如：您家住在哪~。

歪瓜裂枣儿（wāiguālièzǎor）：形容相貌丑陋。如：这几个人一个个~，怎么能当主持人呀。

崴泥（wǎiní）：比喻陷入困境。如：出国忘了带护照，这下~了。

外道（wài·dao）：过于客气。如：别再推辞了，要不就显得~了。

外道儿（wàidàor）：外遇。如：村里人都说她有~。

玩儿完（wánrwán）：失败。如：要不是而今黑旋风~了，你也不会说这么甜甘的话。（老舍《龙须沟》）

搋（wēi）：使物体弯曲。如：用铁棍~个火钩子。

维人儿（wéirénr）：使与人关系好。如：他倒挺会~。

为难着窄（wéinánzhāozhǎi）：很为难。如：谁家没有个~的时候。

委咕（wěi·gu）：磨蹭。如：别~了，快点儿走吧。

味儿扯（wèirchě）：不怎么样。如：你说我不行，你也~。

窝火（wōhuǒ）：生气而难以发泄。如：今天这事真~。

窝心（wōxīn）：因受委屈不能发泄而心中苦闷。如：他正为白天的事~呢。

窝憋（wō·bie）：不舒畅。如：心情不好就出去走一走，老是~着，会生病的。

窝脖儿（wōbór）：碰钉子。如：本来想争面子，结果弄了个大~。

窝囊废（wō · nangfèi）：无能的人。如：我们再低着头装～，世界上恐怕就没有一个人同情咱们，看得起咱们了。（老舍《四世同堂》）

乌嚷（wūrāng）：形容很多。如：街上的人～～的。

无常了（wúcháng · le）：死了。如：听说王家老爷子前两天～。

五迷三道（wǔmísāndào）：思维混乱。如：这小子气得我～，真想揍他一顿。

伍的（wǔ · de）：等。如：开饭时间过了，你到街上买点馒头、面包～吃了得了。

乌拉（wū · la）：能干。如：他干活～着呢。

误（wù）：车辆陷入泥沼。如：汽车～在沟里了。

稀楞（xī · leng）：稀疏。如：地里的苗儿长得挺～。

稀里马虎（xī · limǎhū）：马马虎虎。如：他干工作总是～的。

细发（xì · fa）：细致。如：这布织得很～。

细高挑儿（xìgāotiǎor）：细长身材。如：小王是个～。

喜相（xǐ · xiang）：表情喜悦。如：这孩子长得挺～。

瞎掰（xiābāi）：瞎说。如：净～，哪有这种事？

瞎唬（xiā · hu）：欺骗。如：我不会～你的，这事没错。

瞎了（xiā · le）：糟蹋了。如：河水泛滥，庄稼全～了。

瞎目合眼（xiā · muhéyǎn）：看不清。如：祁大爷呀，你看我这～的！（老舍《四世同堂》）

下作（xià · zuo）：下贱。如：他对领导总是溜须拍马，真～。

嫌乎（xián · hu）：厌恶。如：这一家人都～他。

显摆（xiǎn · bai）：炫耀。如：他做了点好事就爱～。

显美（xiǎn · mei）：同“显摆”。

现眼（xiànyǎn）：出丑。如：别修的像我嫁个糊涂行子，守活寡；那就是活活的～了。（曹雪芹《红楼梦》）

鲜活（xiān · huo）：鲜艳。如：她今天穿得真～。

消停（xiāo · ting）：安静。如：假若在夜里睡不～，白天他心里也不踏实。（老舍《四世同堂》）

笑不唧儿（xiào · bujīr）：形容微笑的样子。如：现在，他还是那么～的，可是不泪汪汪的了。

小子（xiě · zi）：小男孩儿。如：他家有两个～。

蝎唬（xiē · hu）：恐吓。如：孩子小，不要～他。

邪乎（xié · hu）：很多。如：抗战时期，中国人死～了。

邪行（xié·xing）：特别。如：他干什么都比别人～。

邪门儿（xiéménr）：不正常。如：看多么～，好容易有了花生米，可全嚼不动。（老舍《茶馆》）

斜楞（xié·leng）：用斜眼看人。如：他～我一眼。

斜么戗儿（xié·meqiāngr）：斜着。如：他～就躺床上睡着了。

血霉（xiěméi）：非常倒霉。如：我孙七要是跟这小子在一块儿才倒了～。（老舍《四世同堂》）

懈了哈撒（xiè·lehāsā）：松散。如：这把椅子～的，能坐人吗？

心肠（xīn·chang）：心思。如：再不然他见我不去，他也没～去。（曹雪芹《红楼梦》）

心窄（xīnzhǎi）：憋气。如：在这儿住着，让人～得慌。

寻思（xín·si）：琢磨。如：我～着，事情没这么简单。

星崩儿（xīngbēngr）：数量极少。如：地里～能看到几棵小苗。

惺惺（xīng·xing）：喧闹。如：他觉得这里太～，就走开了。

兴兴儿（xīng·xingr）：习俗。如：这村有个～，一家有喜事，各家都要随份子。

凶实（xiōng·shi）：充足。如：家里的钱不大～。

嘘乎（xū·hu）：假意相让。如：他从来没请人吃过饭，可经常～～，张罗一阵子。

许会（xǔhuì）：注意。如：听说来了客人，我怎么没～呢？

煊乎（xuān·hu）：软。如：这馒头挺～的。

踅摸（xué·mo）：寻找。如：你到处～什么呀？

牙碜（yá·chen）：食物中有沙子。如：这米饭吃着～。

压根儿（yàgēnr）：根本，从来。如：我～不知道这件事。

言语（yán·yu）：说。如：有事你就～一声。

严实（yán·shi）：严密。如：把门关～了。

芫荽（yán·sui）：香菜。如：熬冬瓜汤要放点儿～。（芫荽是学名）

掩（yǎn）：关。如：把门～上。

眼不前儿（yǎn·buqiánr）：眼前的。如：从来我又不递茶水拿东西，～的一件也做不着，那生让得呢？（曹雪芹《红楼梦》）

眼力见（价）儿（yǎnlìjiànr）：见机行事的能力。如：这孩子真没～，看我拿这么多东西也不帮忙。

幺蛾子（yāoé·zi）：坏主意。如：你可真能出～。

遥赶（yáo·gan）：彼此接近。如：我们俩考试成绩～，谁也超不过谁。

噎（yē）：顶撞人。如：这人说话真～人。

掖咕（yē · gu）：塞进。如：你把钱～哪去了？

爷爷儿（yé · yer）：太阳。如：你也不怕晒，怎么在～地里待着呀。

爷爷儿转（yéyérzhuàn）：向日葵。如：满院子种的都是～。

曳挣（yè · zheng）：凄惨，可怜。如：这俩孤儿真～。

曳累（yèlèi）：受罪。如：一个人养活五口人，真是～。

一水儿（yī · shuǐr）：一色。如：他家的家具～是白松打的。

一槽烂（yīcáolàn）：一直到用坏。如：他穿衣服总是～。

一出儿（yīchǔr）单程。如：从密云到东直门～得多少钱？

一程子（yīchéng · zi）：一段日子。如：这～，大家不是老抱怨你老人家吗？（老舍《四世同堂》）

一窟出（yīkū · chu）：一些。如：家里就剩下～米了。

一般沉儿（yībānchénr）：姐妹的丈夫互称。如：在丈母娘家和～喝了一顿酒。

一丁点儿（yīdīngdiǎnr）：极少。如：老大！给咱们的祖宗留点脸吧，哪怕是～呢！（老舍《正红旗下》）

一溜歪斜（yī · liuwāixié）：走路不稳。如：他～地从家里走到街上。

一拉溜（yīlāliù）：一排。如：左边～都是杨树。

一连气儿（yīliánqìr）：连续。如：他～干了七天。

一朴纳心儿（yīpǔnàxīnr）：一心一意。如：虽然报酬不多，他还是～去干。

一推六二五（yītuīliùèrwǔ）：推卸责任。如：不能一出事就～。

一脑门子官司（yīnǎomén · ziguān · si）：恼怒。如：东阳这两天老～，她要是不发气，他就必横着来。（老舍《四世同堂》）

营由（yíng · you）：工作。如：你应该找个～，别老在家待着。

瘿袋（yǐng · dai）：长在脖子上的囊状瘤子。如：他脖子上长了个大～。

硬朗（yìng · lang）：老人身体健壮。如：您身子骨真～。

硬棒（yìng · bang）：结实有力。如：这孩子真～。

悠停（yōu · ting）：控制着，不使过度，同“悠着点儿”。如：买车也得～着来，当是你是铁做的哪！（老舍《四世同堂》）

油子（yóu · zi）：油滑的人。如：他可是个老～。

油箅子（yóubì · zi）：同“炉箅子”。

油脂麻花（yóuzhīmáhuā）：形容油污。如：你的衣服～的，快洗洗吧。

游磨（yóu · mo）：无聊。如：这么大的小伙子，一天到晚游游磨磨的没点事做，也难怪他去喝盅儿酒。（老舍《四世同堂》）

有一搭无一搭（yǒuyīdāwúyīdā）：漫不经心。如：天佑太太与祁老人和孩子们~的说话儿。（老舍《四世同堂》）

冤（yuān）：欺骗。如：谁~你，谁是这么点的小耗子。（老舍《女店员》）

圆全（yuán · quan）：圆满。如：这事办得真~。

圆遭儿（yuànzāor）：周围。如：屋子~都摆满了书。

咂摸（zā · mo）：辨别，考虑。如：你~~这个滋味儿吧。（老舍《正红旗下》）

砸锅（záguō）：也说“砸了”，指失败。如：我十几年没唱了，万一唱~，可怎么办呢？（老舍《龙须沟》）

砸衣服（záyī · fu）：用缝纫机做衣服。如：我有块布，帮我砸件衣服。

杂八凑（zá · bacòu）：胡乱拼凑。如：这个戏班子是~的草台班子。

咋（zǎ）：怎么。如：你~不去了？

栽面儿（zāimiànr）：丢面子。如：今天的事，他觉得有点~。

宰人（zǎirén）：坑人。如：旅游时难免碰上~的商贩。

奘（zàng）：粗鲁。如：他脾气很~。

糟害（zāo · hai）：糟蹋。如：别~青蛙，那可是益虫。

糟改（zāogǎi）：讽刺、挖苦。如：有意见可以提，别~人。

糟践（zāo · jian）：糟蹋。如：这衣服刚穿旧了一点儿就扔了，真是~东西。

贼（zéi）：特别。如：这灯~亮~亮的。

扎窝子（zhāwō · zi）：躲在家里不敢见生人。如：还有那边大老爷，虽然淘气，也没像你这~的样儿，也是天天打。（曹雪芹《红楼梦》）

扎咕（zhā · gu）：打扮。如：他把女儿~得像一朵花似的。

扎花儿（zhāhuār）：刺绣。如：我看看你们扎的花儿。（曹雪芹《红楼梦》）

眨巴（zhǎ · ba）：眨。如：他老爱~眼。

乍（zhà）：刚。如：想起~由山上逃回来的时候，大家对他是怎样的敬重，现在会这样被人看轻，他便觉得难过了。（老舍《骆驼祥子》）

乍不哧儿（zhà · buchīr）：刚开始的时候。如：你~不会做，过一段时间就好了。

诈（zhà）：欺骗。如：别怕，他是在~你呢。

诈尸（zhàshī）：指突然叫嚷或作出发狂的动作。如：嚷嚷什么，~呢？

诈庙（zhàmiào）：说谎骗人。如：别听他~了，哪来的好事呀。

咋乎（zhà · hu）：吆喝。如：你瞎~什么？

炸把（zhàbǎ）：把握不住。如：管理五个人还至于～吗？

炸刺儿（zhàcìr）：不顺从。如：你甭～，看我怎么收拾你。

侧歪（zhāi · wai）：倾斜。如：车子～了。

侧棱（zhāi · leng）：同"侧歪"。

窄巴（zhǎi · ba）：狭窄。如：你这屋子够～的。

窄憋（zhǎi · bie）：同"窄巴"。

沾包（zhānbāo）：沾嫌疑。如：离他远点，免得～。

栈房（zhànfáng）：旅馆。如：从这儿往南走有处～。

掌儿（zhǎngr）：被磕碰处。如：把这筐苹果里有～的挑出来。

着调（zhāodiào）：听调遣。如：这孩子干活不～。

招呼（zhāo · hu）：干、做、打。如：他们俩～起来了。

找补（zháo · bu）：把不足的补上。如：祁老人由典租而后又～了点钱，慢慢的把它买过来。（老舍《四世同堂》）

找寻（zhǎo · xin）：故意挑刺。如：你可不要老～人。

褶子（zhě · zi）：糟了。如：这可～了，忘带身份证了。

真格的（zhēngé · de）：实在的。如：这回整顿纪律要动～的。

针鼻儿（zhēnbír）：针眼儿。如：他的心眼儿小得跟～似的。

震了（zhèn · le）：好极了。如：你表演的节目～。

争竞（zhēng · jing）：争论。如：别跟人家～。

正经八百（zhèngjǐngbābǎi）：严肃认真。如：他～地跟我说了这件事。

制子（zhì · zi）：尺子。如：你拿～量量，看需要买多少布。

轴实（zhóu · shi）：粗壮。如：这小伙子长得真～。

柱桩（zhù · zhuang）：结实。如：这桌子做得真～。

抓尖儿（zhuājiānr）：抢先。如：遇上好事，他总要～。

拽（zhuāi）：扔。如：把皮球～得很远。

转悠（zhuàn · you）：漫步。如：他在街上～了半天。

装修（zhuāng · xiu）：门窗。如：房子刚盖好，还没打～呢。

奘（zhuǎng）：粗而大。如：他拔根汗毛比咱们腰还～。

茁实（zhuó · shi）：健壮、结实。如：这小孩儿长得多～呀。

滋腻（zī · ni）：细发。如：这席子编得真～。

滋润（zī · run）：形容生活舒服。如：他家的日子过得挺～。

仔本（zí · ben）：节俭。如：他们家过日子很～。

紫里蒿青（zǐ · lihāoqīng）：又紫又青。如：他把脖子憋得～的。

自打（zìdǎ）：自从。如：～上学他就开始骑自行车。

自个儿（zìgěr）：自己。如：我～会做。

走脚（zǒu·jiao）：东西变形。如：这扇门～了。

走过程（zǒuguòchéng）：确定恋爱关系后举行的仪式。如：他们俩人已经走了过程。

走溜儿（zǒuliǔr）：因急躁或忧愁而来回走动。如：瑞宝无聊地悲伤地在院中～。（老舍《四世同堂》）

撙（zǔn）：节省。如：这点钱是他从生活费中～出来的。

嘬牙花子（zuōyáhuā·zi）：形容无可奈何的样子。如：他正为借钱的事～呢。

作脸（zuòliǎn）：争光。如：这孩子真～，考上清华了。

坐蜡（zuòlà）：承担过错。如：我说今儿个又得～不是。（老舍《龙须沟》）：

做就（zuòjiù）：反正；已然。如：～这样了，你着急又能怎样？

座实（zuò·shi）：形容好、充分、旺盛等。如：今年的庄稼长得真～。

作养（zuó·yang）：教养。如：这人真没～。

第五章　怀柔区

第一节　历史沿革

怀柔区为北京市郊区县之一，位于全市东北部，南邻北京市顺义区，西南为昌平区，西是延庆县，东邻北京市密云县，西北至东北部，分别与河北省赤城县、丰宁县和滦平县接壤。区域南北长 90 公里，东西最宽处 37 公里，最窄

处 11 公里，全区面积 2122.6 平方公里。

怀柔区地处燕山南麓，华北平原北端。地势北高南低，位于区域最南端的梭草村是区境内最低点，海拔 34 米。怀柔境内多山，明代弘治年间大学士谢迁曾说："怀柔为邑，崇岗叠嶂，绵亘千里。"全区山区面积占总面积的 88.7%。北京著名的高山黑坨山，海拔 1533.9 米。位于喇叭沟门满族乡的南猴顶山，海拔 1705 米，为全区第一高峰。区内不仅山地广大，而且河泉众多，水源丰富，水质优良。全区有属于潮白河、北运河两个水系的白河、汤河、天河、琉璃河、怀沙河、怀九河、雁栖河、白浪河等 4 级以上河流 17 条。

怀柔历史悠久。新中国成立后，区内出土了古犀牛牙齿和大象门牙化石，说明远古时代的怀柔同整个北京地区一样，栖息着适于在茂密森林、广阔河流地带生活的古代巨型动物。在帽山、西府营等地出土的旧石器遗物，是和周口店山顶洞人同期的古人类遗存；在宝山镇转年村出土的新石器时代早期遗物，是与东胡林人同期的古人类遗存；在宝山镇四道河、九渡河镇杏树台出土的新石器遗物，是和雪山文化大体同期的古人类遗存；在怀柔城区出土的陶盆等夏商代遗物，是和夏家店文化同期的古文化遗存。

燕昭王中兴后，设置渔阳郡，今怀柔区北房镇梨园庄村一带是渔阳郡的郡治所在地。由梨园庄以西的南房到县域西南的桃山一带，是战国到秦汉时期渔阳地区经济活动的中心地带。新中国成立后，在发掘怀柔城地区的战国墓葬和桃山、南房汉墓时，出土了大量珍贵的古陶器、铜器等，反映了当时渔阳郡治一带的繁荣盛况。魏晋十六国以后，渔阳在混战中衰落。隋唐时期，渔阳郡治迁至今天津蓟县一带，怀柔在战乱中人口减少，经济受到破坏。

怀柔区地形狭长，万里长城横亘于区域中部。历史上，长城以南属中原农业经济区范围，长城以北属北方少数民族游牧区范围。这些游牧区春秋、战国时代为东胡、山戎属地，西汉属匈奴、乌桓，东汉属鲜卑，隋属奚，唐为契丹属地。秦汉时期，怀柔地处渔阳军事防御第一线。中原民族和北方游牧民族在不断的和平交往和战争中，发展了商贸交流，"开上谷胡市之利，通渔阳盐铁之饶"，匈奴南下，也使渔阳的商业经济得到发展。到了盛唐，唐王朝采取了允许少数民族入关定居的政策。唐开元四年（716 年），契丹弹汗州部落到桃谷山定居，唐王朝在今顺义区境置怀柔县，是为怀柔县立县之始。但今怀柔区辖域地区，除城南庙城、杨宋庄一带少数村庄外，大部地区均与唐代的怀柔县无关。唐开元二十五年（737 年），数千粟末靺鞨人也到桃谷山定居。这两次较大规模的民族迁移，进一步促进了汉民族和北方少数民族的融合。后晋天福元年（936 年），后晋石敬瑭向契丹割让燕云十六州，怀柔成为契丹的属地。金天德三年（1151 年），海陵王迁都北京，北京成为金、元、明、清四朝首都，怀柔历四朝均为首都的畿辅要地。

元代怀柔属京都大都路，明代属京都顺天府。明洪武元年（1368 年），十二月，在今怀柔区治所在地置怀柔县。“天险曾开百二关，黄花古镇暮云间。”明代，怀柔是“京师北门，长陵玄武”的边关要塞地区。隆庆年间，爱国将领戚继光等督修了“北京结”、慕田峪、黄花城等处的长城，在长期的屯兵镇边中，发展和壮大了长城沿线地区的经济林带和繁盛的居民村落。1644 年，清王朝入关建都北京后，怀柔成为北京通往热河“御路”的交通要冲之一。清王朝由顺治二年（1645 年）到康熙五年（1666 年），在怀柔大规模圈地共 111823 亩，占当时怀柔全县总耕地面积 139222 亩的 80.3%。圈地破坏了原来的农村经济，造成怀柔农村长期凋敝。清同治三年（1864 年），因不堪忍受压迫，爆发了怀柔、顺义等地的农民聚众起事，农历四月九日，清廷下令将起事风潮较大的怀柔、顺义、通州等知县、知州革职交部议处。1900 年怀柔县城的义和团团民响应北京城区义和团教习“拳艺”的风潮，在县城设坛演技。农历九月，怀柔知县焦立奎拘捕义和团首领数人下狱，激起团民义愤，夜间攻入县署，杀死焦立奎，打开监狱，救走被捕团民，一时震惊京城内外。民国时期怀柔属河北省辖县。民国十三年（1924 年）9 月，冯玉祥将军在怀柔县城与胡景翼的代表李仲三会谈后，发动北京政变，囚禁了大总统曹锟，驱逐溥仪出故宫。民国二十二年（1933 年）5 月 23 日，侵华日军入侵怀柔，傅作义将军命令所部在怀柔石厂、茶坞一带，发动了著名的“长城抗战”中的“怀柔战役”。1937 年“七七”事变后，怀柔县内广大山区成为平北抗日根据地之一。1938 年 6 月 11 日，由宋时轮、邓华领导的八路军第四纵队在沙峪村与侵华日军展开激战，歼灭日军 120 余人。同年 7 月，在怀柔头道梁村成立了平北地区第一个抗日民主县级政权滦昌怀联合县。由 1946 年到 1949 年，怀柔人民开展了推翻几千年封建土地制度的改革，实现了耕者有其田。在抗日战争、解放战争和抗美援朝战争中，刘士绥、苏凤梧、学甫、袁恩等 1000 多名优秀的怀柔儿女，为了正义事业，献出了宝贵的生命。1948 年 12 月 6 日，怀柔全县解放。

中华人民共和国成立后，怀柔于 1958 年 10 月由河北省划归北京市。2001 年 12 月 30 日，国务院批准怀柔撤县设区。2002 年 4 月 16 日举行建区挂牌仪式。2010 年全区有 12 个镇、2 个民族乡、2 个街道，辖 284 个行政村、24 个社区。全区总人口 385024 人，户籍常住人口 276517 人，外来流动人口超过 10 万人。

怀柔旅游资源丰富，全区有各类旅游资源 58 处，其中自然旅游资源 32 处，人文旅游资源 26 处，已开发的慕田峪长城、红螺寺、雁栖湖等旅游风景区 22 处，吸引了大批中外游人。2010 年，接待游客 1280 万人次，旅游综合收入

17.4 亿元，旅游业已成为全区的支柱产业之一。

第二节　方言的基本情况和特点

根据中国社会科学院和澳大利亚人文科学院共同编写的《中国语言地图集》（1989 年）的分区，怀柔方言属官话，具体为北京官话区的怀承小片。怀柔方言与普通话极为接近，然而还是有自己的特点。在语音方面，怀柔方言中的部分字与普通话读音不同，如“矮”“安”“袄”等字，普通话分别读“ǎi”“ān”“ǎo”，而怀柔方言分别读“nǎi”“nān”“nǎo”。在语汇方面，怀柔方言中的部分词语在普通话中没有，如“做手（zòu · shou，要手艺）”“治不得（zhì · bu · de，好或坏到极点）”等。在语法方面，怀柔方言的词缀与儿化现象比普通话更加普遍，如“剁巴剁巴（随意剁剁）”“美得什么似的（美得不知怎么形容才好）”“根根儿襻襻儿（事物的底细）”“不近不离儿（差不多，合适的时候）”。怀柔方言在不同地区、不同人群中有不同的表现，比如西部沙峪地区和北部满族地区就是两个极具特色的方言点。此外，由于历史上社会变动、人口迁移等因素的影响，外地方言在怀柔地区也有各种各样的遗存，比如“亮子（门窗上面的小窗户）”一词原本是山西理发行业的隐语；作为姓氏用的“宿”字，怀柔本地人多数不知其读“xú”，也应当来源于外地方言。

第三节　方言词汇

（本表以实际读音注音，但儿化音节不考虑音变，唯“二”拼作“àr”。）

二（àr）：“二百五”的简称。/你真～，没有分寸。

二把刀（àrbǎdāo）：技术不熟练的（人）。/这事儿我可～。

二不愣（àr · bulēng）：莽撞的（人）。/这人是个～，净捅马蜂窝。

二乎（àr · hu）：犹疑。/他这一说，反而让我～了。

二糊（àrhù）：糊涂加倍的（人）。/啥都不懂，简直是个～。

二皮脸（àrpíliǎn）：不知羞耻的（人）。/挨呲儿没够，～。

二屋儿（àr · wur）：错伸胳膊腿。/这只胳膊伸到～去了。

二五眼（àr · wuyǎn）：①目光不敏锐的（人）。/在眼皮底下都看不见，真是～。②半会不会的（人）。/别让他去，他是个～。

二意思思（àryìsīsī）：踌躇不定。/痛快点，别～的。

拔（bá）：吸出（毒、脓等）。/用火罐～～。

耙（bà）：果实庄稼收获之后，再次捡拾。/～棒子。

吧吧（bā · ba）：说（贬）。/领导都说了，你还～什么？

把边儿（bǎbiānr）：位置靠在一边儿。/找个～的地方坐。

跁踏（bà · cha）：在泥地里走。/刚下完雨，别出去～。

巴嗤（bā · chi）：费力地看。/字儿太小，～半天也没看清楚。

八杆子打不着（bāgānzidǎbùzháo）：拉不上丝毫关系。/这事儿和我～。

掰扯（bāi · che）：用言语分辩。/找他～～。

败道（bài · dao）：挥霍。/家业被不肖子孙～光了。

白干（báigàn）：无能的（人）。也说“白给”。/这都不会，真是～。

白话（bái · hua）：空谈。/不要瞎～。

白睖（bái · leng）：白瞪眼。/他没事儿总爱～人。

摆忙（bǎimáng）：①不必要的忙碌。/你安静一会儿，别～了。②心里不安。/这几天心里～似的。

百嘛儿不是（bǎimárbúshì）：干啥啥不成的（人）。/这个人不行，～。

百嘛儿似的（bǎimár · shi · de）：不知怎么办好。/急得～。

摆邪（bǎixié）：找茬儿闹事。/没惹你，不要跟我～。

八九不离十（bājiǔbùlíshí）：指与实际情况很接近。/不用你说，我能猜出个～。

八开（bākāi）：用在动词后，表动作持久。/说了～。

拔凉（báliáng）：彻骨地凉。/井里的水～～的。

绊绊罗罗（bànbànluōluō）：缠绊貌。/工地上到处是钢筋，走起来～的。

半彪子（bànbiāo · zi）：鲁莽的（人）。/稳重着点，不要～。

扳杠（bāngàng）：无谓地争辩。/俩人一路上～。

梆当（bāng · dang）：敲打。/你就闹吧，快挨～了。

棒针儿（bàngzhēnr）：织毛线用的粗织针。

膀轴子（bǎngzhóu · zi）：肩与臂相接处。

棒子（bàng · zi）：玉米。亦指某些长而硬的东西。/掰～。/骨头～。

半拉（bànlǎ）：分开的一部分。/那一溜是炼钢厂，这～是炼铁厂。

伴拉儿（bànlār）：旁边。/柴禾放在门～了。

叭儿叭儿（bānrbānr）：叫狗的声音。

吧儿吧儿（bānrbānr）：口齿清晰伶俐。/说话～的，办事蔫儿蔫儿的。

半晌儿（bànshǎngr）：半天儿。/走了～才到。

绊子（bàn · zi）：绊人的动作。也说“绊儿”。/脚底下使～。

抱膀儿（bàobǎngr）：冷得双手互抱，引申为袖手旁观。/～一站，看热闹儿。

保不齐（bǎobùqí）：难保，备不住。/犯点小错儿是正常的，谁都～。

报好儿（bàohǎor）：喊“好”。/他的为人，没有不～的。

包葫芦头儿（bāohú · lutóur）：承担剩余。亦说“包圆儿”。/大家吃不了，我～。

抱秸（bàojiē）：谷物光长秧不秀穗儿。

宝儿（bǎor）：有滑稽行为的人。/他是年级～。

暴腾（bào · teng）：尘土飞扬。/这屋里太～了。

暴腌儿（bàoyānr）：临时或快速腌制。/这鸭蛋是～的。

把式（bǎ · shi）：拥有某种技术的（人）。/车～。

八屋儿（bāwūr）：言语离题太远。/你说啥呢，都扯～去了。

八下里（bāxià · li）：许多地方。/～找不着你。

巴眼儿（bāyǎnr）：在旁边看（别人玩儿）。/你们玩吧，我～。

八宗事儿（bāzōngshìr）：没影儿的事儿。/净瞎说，没那～。

背（bèi）：不走运，不顺利。

被（bèi）：把东西苫起来，使免受日晒雨淋。

背包斡伞（bēibāowòsǎn）：形容远行时携带的东西多。/～去旅行。

被货（bèi · huo）：被子。/拿个～盖上。

背脚儿（bèijiǎor）：偏僻。/住在～的地方。

背拉（bēi · la）：调匀，分均。/这儿好点儿，那儿差点儿，两边一～，说得过去。

倍儿（bèir）：非常，很。/～酸。/～好看。

背晌儿（bèishǎngr）：错过阳光照射。/浇花儿要～。

背眼儿（bèiyǎnr）：看不见或不大注意的（地方）。/要亲密，到～的地方去。

背影儿（bèiyǐngr）：有阴影的（地方），背眼儿。/找个～的地方凉快会儿。

背着抱着（bēi · zhebào · zhe）：“背着抱着一般沉儿”的省语。/怎么干都行，～的事儿。

背嘴儿（bèizuǐr）：吃东西不叫人看见。/这媳妇不好，跟婆婆～。

笨（bèn）：不黏的（谷物）。/～高粱。

锛（bēn）：刀斧卷刃或出缺口。/这刀～了。

奔（bēn）：啄。/小鸡儿把手给～了。

锛锛坎坎（bēnbēnkǎnkǎn）：坎坷。/他这一生，～。

奔得儿木（bēndérmù）：啄木鸟。

甭（béng）：“不用”的合音字，亦说“甭用”。①表示阻止或反对。/你～

干了。②表示猜测语气，相当于“莫非”或“备不住”。/~是出事了吧。

绷（běng）：板着。/不敢笑，强~着。

甭介（béng·jie）：别介，不用这样。/~，用不着你干。

甭儿你（béngrnǐ）：“你不要这样闹”的缩略语，表示对特定人的警告。/~，快挨揍了。

锛儿拉（bēnr·la）：前额突出。/前~，后勺子。

锛子（bēn·zi）：木工用的一种削平木料的平头斧。

吧嗒（biā·da）：使嘴唇发出“咂咂”声。亦读 bā·da。

吧唧（biā·ji）：同“吧嗒”，亦读 bā·ji。/吃饭~嘴不好。

辫（biàn）：像梳辫子那样，把蒜编成串，亦指编成串的蒜。/~上蒜。

扁（biǎn）：①踩踏。/~死一个蚂蚁。②不好好穿鞋走路，或走在不该走的地方。/刚抹的水泥，不要上去~。

边边溜溜儿（biānbiānliūliūr）：紧靠边缘的地方。

边边沿沿儿（biānbiānyànryànr）：同“边边溜溜儿”。

编排（biān·pai）：胡乱编造情况。/这些事都是别人~的。

摽（biào）：依附，紧密相处。/老是~着她姐。

摽劲儿（biàojìnr）：①较劲儿。/他俩经常~。②比劲儿。/两人~学。

逼兜（bī·dou）：巴掌。/给他俩~。

憋宝（biēbǎo）：比喻迟迟不出手，静待更好的时机。/大家都买涨，他就是不买，~呢。

瘪咕（biě·gu）：空心物体变形。/脸盆~了。

瘪壳儿（biěkér）：因受窘而不出声。/你咋~了，能耐呢？

憋囚（biē·qiu）：①地方窄小，令人憋气。/这个地方太~。②憋闷。/这几天~得慌。

憋屈（biē·qu）：同“憋囚”。

别是（biēshì）：表示推测语气，也说“别不是”。/他~出事了吧。

憋死猫儿（biēsǐmāor）：比喻地方窄小。/楼梯底下~。

哔拉卜碌（bī·labūlū）：胡乱摆动。也说“哔拉卜楞”“噼里扑楞”。

比临（bǐ·lin）：比照。/有啥吃啥，甭~人家。

宾（bīn）：感到有约束，与“得慌”连用。/跟领导在一起，~得慌。

病病怏怏（bìngbìngyāngyāng）：因病而精神不振的样子。/这几年总是~的。

病秧子（bìngyāng·zi）：多病的人。/他是个~。

宾着（bīn·zhe）：不主动，矜持。/大家都吃呀，别~着。

鼻儿（bír）：能吹出声儿的物件。/火车拉～了。

辟鼠（bìshǔ）：称猫有伏鼠能力。/这猫不～。

䥽面（bómiàn）：做面食时撒在案板上的干面粉。

脖儿搂儿（bórlōur）：掌击耳根的动作。/话没说完，就挨了一个～。

不不楞楞（bū · bulēnglēng）：不驯服，不听管教。

不差什儿（bùchāshénr）：差不多的时候。"不差什么"的缩略语。也说"不差么儿"。/～回家看看。

不打单儿（bùdǎdānr）：不当回事。/领导拿我～。

不带（búdài）：绝对不。/说什么你都～听的。

不打扰儿（bùdǎrǎor）：不往心里去。/叫他干什么，从来～。

不的（bū · de）：置句末，表示否定选项。/你闹吧，回头看我揍你～。

不的话（bū · dehuà）：不然的话。也说"不的"。/上课认真听讲，～学不好。

不得烟儿抽（bùdéyānrchōu）：得不到重视、好脸儿。/他在单位～。

不抵（búdǐ）：不如。/小王～小张好交。

不丢丢儿（bùdiūdiūr）：不丁点儿。/他吃了～点儿。

不对茬口（bùduìchákǒu）：饮食搭配不够合理；办事前后不能衔接。/先外后里～。

不赶（bùgǎn）：赶不上。/干得太慢，～我这老头。

不见（bújiàn）：说不定。/看着好好的，～哪天就坏了。

不近不离儿（bùjīnbùlír）：合适的时候。/别老躲着，～地去看看。

拨拉（bū · la）：摆动。/让他去，他～脑袋。

不老少（bùlǎoshǎo）：很多。/这点活儿，花了～钱。

不咧（bù · lei）："呗"的分音词。/他让你去，你就去～。

不论（búlùn）：不讲究。/人要是精神，穿衣服可以～。

不傻不苶（bùshǎbùnié）：精神智力正常。/他～的，犯得上说他吗？

不善乎（búshàn · hu）：不简单，不一般。也说"不善"。/这几天干得可真～。

不拾闲儿（bùshíxiánr）：不肯稍作休息。/老太太天天～。

不希得（bùxī · de）：不稀罕。/～要那几块钱。

不行（bùxíng）：不得了。用在句末，表示程度达到极点。/疼得～了。

不须会儿（bùxūhuìr）：未曾理会。"不是必须理会，所以不知"的缩语。/他啥时来的，我～。

不咋着儿（bùzǎzhāor）：不怎么好。也说"不咋的儿"。/这件衣服～。

不着调儿（bùzhāodiàor）：办事不牢。/这人～，别让他干。

擦黑儿（cāhēir）：天快黑的时候。/道上堵车，～再走吧。

踩洑（cǎifù）：踩水游泳。

踩咕（cǎi · gu）：贬低。/别背后～人。

猜闷儿（cāimènr）：猜迷。“闷儿”是指硬币上字少的一面，与“字儿”对称。

藏猫儿（cángmāor）：捉迷藏。

蚕儿似的（cánrshì · de）：比喻不停地吃。/这孩子饿坏了，吃饭～。

草鸡（cǎo · ji）：畏缩。/打～了。

草驴（cǎolú）：母驴。

草扒子（cǎopá · zi）：一种吸血昆虫，学名全沟硬蜱。

䃰（cèi）：砸，打。/把茶杯～了。

䃰头家（cèitóujiā）：一种儿童猜拳游戏，即“石头、剪子、布”。

噌（cēng）：斥责。/爸爸～了他一顿。

噌噌（cēngcēng）：形容走路快。/他～几步就到了。

馇（chá）：熬东西时边煮边搅。/～粥。～猪食。

岔背儿（chǎbēir）：说话办事南辕北辙。也说“岔乎”。/两人说～了。

差壶（乎）儿（chǎ · hur）：出差错。也作“差和儿”。/张家有事，不是李家有事，你闹～了。

长虫（cháng · chong）：蛇。

焯（chāo）：在开水中稍煮。/先～～再炒。

碴儿（chár）：①说过的话或事儿。/话～。/我忘了这～了。②嫌隙；争执的口实。/他们俩有～，现在谁也不理谁。

差势（chà · shi）：情形减弱。/刚吃了药，疼得～点儿了。

扯淡（chědàn）：胡扯；闲扯。/净说那些～的事儿。

车轱辘菜（chēgū · lucài）：车前草。

抻碴儿（chēncháanr）：出头提议或参与某事。也说“伸碴儿”。/不用你～，自会有人干。

成其（chéng · qi）：很是，实在是。也是“成是”。/这两天～累了。

牚儿（chèngr）：桌椅等腿间的横木。

成天价（chéngtiān · jie）：整天总是。

吃挂络儿（chīguàlàor）：受牵连。/瞎跟着闹，你等着～吧。

眵目糊（chīmùhū）：眼屎。也叫“眵目糊”。

吃心（chīxīn）：多心，疑心。/没说你，不要～。

匙子（chí·zi）：拳头。/给他两~。

抽巴冷子（chǒubalěng·zi）：突然。也说“抽冷子”。/正在吃饭时，~掉下一块泥。

臭大姐（chòudàjiě）：蝽象的一种，发臭气的昆虫。

杵（chǔ）：①立。/成天在道边~着。②用长形的东西戳。/用手指~他一下。

抓工夫（chuǎgōng·fu）：抽出时间。/这事儿你~给办了。

搋（chuāi）：用力揉物。/~面。

揣（chuāi）：塞进。/往怀里一~。

搋子（chuāi·zi）：疏通下水道的工具，由木柄和橡胶碗制成。

抓空儿（chuǎkòngr）：找个空闲时间。/~把车修修。

串（chuàn）：①重蒸。/把包子~~。②去除谷壳，简翻地皮。/把高粱~~。

串儿（chuànr）：串种的动植物。/这狗是个~。

遄死的（chuánsǐ·de）：快死的（人），咒人的话。亦简为“遄”。/你个~玩艺儿。

抓子儿（chuǎzǐr）：一种玩石子的儿童游戏。

出出（chū·chu）：进馋，挑唆。/经常背后瞎~。

出咕（chū·gu）：同“出出”。

出溜儿（chūliūr）：①滑行。/在冰上~。②打滑。/没踩住，~了。

春气味儿（chūnqìwèir）：割草、切菜时产生的气味。

戳儿（chuōr）：图章。也说“戳子”。

处（杵）窝子（chǔwō·zi）：很少外出，不善与人交往的人。/你这个~，啥事儿也办不成。

瓷（cí）：刮鱼鳞。

瓷不丁丁（cíbùdīngdīng）：不松软。/这馒头~的。

呲打（cī·da）：训斥；斥责。/他~得小张连大气也不敢出。

呲喽（cī·lou）：任风吹干。/衣服不太干，~~。

刺挠（cì·nao）：痒。

呲儿（cīr）：训斥。/他又挨~了。

刺儿菜（cìrcài）：一种野菜，学名“小蓟”。

瓷实（cí·shi）：坚实。/把土砸~。

从打（cóngdǎ）：自从。/~出事，家里就没消停。

窜（cuàn）：香气浓烈。/这味儿真~。

汆（cuān）：把食物放在开水里微煮。/～丸子。

蹿儿（cuānr）：恼怒。/刚说几句，他就～了。

皴（cūn）：①皮肤上积存的泥垢。②皮肤因冻开裂小口子。

存筋（cúnjīn）：韧带受外力影响而难以舒展。

撮（cuō）：吃。/咱们去～一顿。

搓磨（cúo · mo）：折磨，打。/他叫这伙人～了一顿。

打（dǎ）：扑，咬。/粮食都叫虫～了。

打唪儿（dǎbēnr）：说话或背诵中出现短暂的间歇。

打不住（dǎbúzhù）：开外，超出一定的数量或范围。/这东西的份量一百斤也～。

打春（dǎchūn）：立春。

哒哒（dá · da）：赶牛前走的吆喝声。

大大咧咧（dà · daliēliē）：粗心大意的样子。/别看他～的，心里有数。

打嘚嘚（dǎdēi · dei）：哆嗦。/冻得他直～。

大发（dà · fa）：变得严重，过头。/这事闹～了。

大概齐（dàgàiqí）：大体上差不多。/地里的活儿～完了。

答跟（dā · gen）：答应，答理。/叫你你不～。

大公母儿（dàgōngmǔr）：大概齐。/这事儿不用太认真，～的就可以了。

大荒儿（dàhuāngr）：大略。/活儿只干了个～。

带犊子（dàidú · zi）：妇女改嫁带上与前夫生的儿女。

待见（dài · jian）：让人喜欢。

带劲儿（dàijìnr）：①漂亮。/这姑娘长得～。②起劲儿。/正玩儿得～，下雨了。

大尽（dàjìn）：农历 30 天的月份。

打落（dǎlào）：因闲聊而停留。/快去快回，别～。

打马虎眼（dǎmǎhuyǎn）：故意装糊涂骗人。

啖（dàn）：给牲口喂盐。/河边儿一溜儿石头，正好用来～羊。

掸（dǎn）：拂。/把桌子～一～。

大拿（dàná）：掌大权的人，有权威的人。

挡戗（dǎngqiàng）：起作用，有作用。/干这活儿还是年轻人～。

当院（dāngyuàn）：院子。

啖嘴儿（dànzuǐr）：简单地吃。/这点东西还不够～呢。

捯（dáo）：两手不停地替换着把线纱或绳索绕好或拉回。/～回风筝。

叨（dāo）：①抓，啄。/小心叫猫～着。②乱抓乱翻。/把箱子里～得乱七八糟。

捣饬（dáo · chi）：打扮。/她没事儿好～。

捯根儿（dáogēnr）：追寻事情的起源。/什么事儿他就好～。

捣鼓（dáo · gu）：背后算计、使坏。

倒嚼（dǎojiào）：牛羊等动物的反刍。

刀螂（dāo · lang）：螳螂。

捯气儿（dáoqìr）：费力地呼吸。

倒骚（dǎosāo）：不必要地频繁挪东西。/搬来搬去，～呢。

打耙（dǎpá）：反悔变卦。/说得好着呢，一较真就～了。

打掩儿（dǎyǎnr）：在车轮下放障碍物。

大眼儿贼（dàyǎnrzéi）：老鼠。

打油飞（dǎyóufēi）：到处闲逛。/一天到晚～。

嘚啵（dē · bo）：絮烦，喋喋不休。也说"嘚嘚"。

得回（děihuí）：幸亏。也说"得亏"。/～他帮忙，要不就干了。

得会儿（děihuìr）：需要再过较长时间。/先喝点儿水，饭～才能好。

嘚嘞（dě · le）：穿衣不利落。/这个人无冬立夏都是这么～。

扽（dèn）：一紧一缓地拉。/～一下绳子。

嘚儿（dér）：吆喝牲口前进的声音。

得瑟（dè · se）：卖弄，显摆。/有了臭钱儿就～。

垫补（diǎn · bu）：吃少许东西暂时充饥。

掂掇（diān · duo）：掂量。

掉蛋（diàodàn）：屡改措施使人厌烦。/一会这样，一会那些，成心～。

吊儿郎当（diǎorlāngdāng）：指对事情不认真，不负责任，或态度、作风不庄重。

蹀里蹀躞（dié · lediéxiè）：踉踉跄跄。/他喝多了，～地回家。

提溜（dī · liu）：①垂手拿着。/手里～着一条鱼。②提携。/有机会～～他。

提溜耷楞（dī · liudālēng）：随意下垂的样子。也说"提溜耷拉"。

叮当五四（dīngdāngwǔsì）：形容干活麻利快。/这点活儿，他～就干完了。

顶针儿（dǐngzhēnr）：环形指套，表面有凹痕，缝衣服时抵住针，以保护手指。

底儿掉（dǐrdiào）：比喻彻底。/什么事儿他都要问个～。

动肯（dòng · ken）：动身。"肯动"的语素颠倒。/大家都～了，你还呆着。

逗咳嗽（dòuké · sou）：开玩笑，取乐。也说“逗闷子”。

堆咕（duǐ · gu）：随意堆成一堆儿。/该放哪儿放哪儿，不要瞎～。

堆萎（duī · wei）：缩成一堆儿。/狗一叫，把他吓～了。

独闷儿（dúmēnr）：独自一人进食。

墩（dūn）：用拖把擦。

蹾（dūn）：往下重放。/易碎物品，勿～！

炖吊子（dùndiào · zi）：炖猪内脏。

扽抡（dūn · lun）：肉膘下坠而颤动的样子。/走起道儿来～～的。

多前儿（duōqiánr）：①很久以前。/那是～的事了。②什么时候。/～走哇？③晚迟。/他～才来。

耳蚕（ěrcán）：耳垢。

耳刮子（ěrguā · zi）：耳光。

耳棱着（ērleng · zhe）：像耳朵那样支棱着。/这角儿没压平，～呢。

耳头底子（ěr · toudǐzi）：中耳炎。

发憷（fāchù）：害怕，畏缩。/一说干活儿，他就～。

发河（fāhé）：河长暴涨。

乏煤（fáméi）：烧过的煤。

犯刺儿（fàncìr）：发脾气。

犯葛（fàngě）：耍脾气。/闹不闹就～。

放荒（fànghuāng）：野外着火。/不要玩火，小心～。

犯劲（fànjìn）：闹别扭。/别跟我～。

反圈（fǎnjuàn）：（猪）发情。

范儿（fànr）：派头儿，架式儿。/真有大师的～。

犯恶（fànwù）：招人恨的（言语或行为）。/不要揭短，惹人～。

犯相儿（fànxiàngr）：性格、见解及迷信上的命相冲突。/我俩～。

翻小肠（fānxiǎochán）：揪住别人过去的错误不放。/他净爱～。

发送（fá · song）：为去世的长辈办理丧葬事宜。

发旺（fā · wang）：风水意义上的发达和兴旺。/这地方不好，不～人。

发牙子（fāyá · zi）：发生争执后，赖在对方家里大闹不走。

飞薄儿（fēibáor）：极薄。/这张铁皮～的。

废物点心（fèi · wudiǎn · xin）：无用的人。

榧子（fěi · zi）：用拇指和中指相捻而发声的手技动作（含有轻佻意味）。

坟圈子（fénquàn · zi）：坟地。

咈囔咈囔（fūnāngfūnāng）：连续大口吃的样子。/～地吃个没完。

扶摇儿扶摇儿（fúyáorfúyáor）：漂漂荡荡。/小船儿在水上~的。

嘎疤（gá · ba）：痂，糊状物凝结。/鼻涕~。

嘎疤啾啾（gá · baqiūqiū）：嘎疤多貌。

嘎锛儿（gābēnr）：<骂>死。

嘎咕（gǎ · gu）：（儿童）聪明乖巧而调皮。

盖顶儿（gài · dǐngr）：用高粱秸编的锅盖。也说“盖帘儿”。

改搂（gái · lou）：揽取。/别什么都往家里~。

概儿（gàir）：一概。/~不论。

改锥（gǎizhuī）：螺丝刀。

轧拉（gá · la）：整天腻在一块儿。

旮旯儿（gāláér）：角落。/每一个~都打扫干净了。

干（gàn）：坏，糟糕。/这下可~了。

擀（gǎn）：用棍棒碾轧。/~面。

干巴呲咧（gān · bacīliē）：干巴巴貌。

干白儿（gānbáir）：独，仅仅。/不就菜，~吃饭。

敢道（gǎn · dao）：难道，莫不是。也说“敢莫是”。/他没来，~又要失约?

杠（gàng）：在布、皮或石头上磨擦。/把刀~一~。

杠荡（gàng · dang）：不断地摇晃。

岗尖儿（gàngjiānr）：满得上尖。

杠头（gàngtóu）：好抬杠的人。

赶落（gǎn · luo）：①时间紧。/一天就完，太~了。②催迫。/一个活儿接着一个，把人~得扒不麻了。

甘露儿（gānlùr）：草石蚕的地下茎。

干嘛（gànmá）：干什么，为什么。有时简称为“嘛”。/你~不去呀?

干嘛吃的（gànmáchī · de）：对（错误行为）人的斥责。

敢情（gǎn · qing）：也说“敢是”。①原来。/~天亮了。②当然。/都是好人，那~好。③兼有前二义。/她唱得那么好，~受过专业训练。

泔水（gānshuǐ）：家畜的半液状食物。

赶趟儿（gǎntàngr）：赶得上。/现在追也不~了。

干哕（gān · yue）：呕吐不出来的样子。

膏（gào）：涂抹。/你满手油，不要往我身上~。

膏墨（gàomò）：将毛笔在砚台边上杠，去掉多余的墨汁。

告儿（gàor）：告诉。/你先走了，应该~我一声儿。

告上儿（gàoshāngr）：同“告儿”。亦读合音 gàngr。
嘎七码八（gǎqīmǎbā）：庞杂而劣质。/～的人都到家里来了。
嘎悠（gà·you）：摇摆着慢走。/都快开演了，他还在～呢。
搁（gē）：①设若是。/这件事，～谁谁也不干。②从。/～这儿往南走。
格掰（gébāi）：特别。/大家都听话，就你～。
袼褙（gē·bei）：用碎布裱糊成的厚片，多用来做布鞋。
格档儿（gédāngr）：高粱秆上部多节的部分。
各个儿（gègěr）：自己。亦说“自个儿”。/累不累，只有～知道。
骼拉盖儿（gé·lagàir）：膝盖。也说“波棱盖儿”。
艮（gěn）：①瓜果等不脆。/这萝卜太～。②生硬。/说话太～。
跟（gēn）：在。/他～屋里呢。
艮搭（gěn·da）：身体随脚步上下晃动。/他走路～～的。
根儿嘎净（gēnrgājìng）：一干二净。/这盘菜吃得～。
根儿襻儿（gēnrpànr）：事物的底细。也说“根根儿襻襻儿”。
个儿（gèr）：够格的人。/论干活儿，谁也不是我～。
嗝儿喽（gér·lou）：打嗝。
各色（gèshǎi）：怪僻。亦读 gèse。/大家都去了，就你～。
搁稳（gē·wen）：安置，收留。/我这儿庙虽小，但还～不下你？
咯应（gē·ying）：讨厌。/这句话，听着让人～。
饹炸盒儿（gé·zhahér）：一种油炸食品。
胳肢（gé·zhi）：搔痒使人发笑，寻开心。/你俩合伙～我。
够（gòu）：用竹竿等将高处之物打下来。/把枝头的枣～下来。
够不够儿的（gòubúgòur·de）：过足生腻。/这东西，我吃得～了。
够捻儿（gòuniànr）：接续得上。/这绳子太短了，不～。
够戗（gòuqiàng）：难以支撑。/这事他干～。
呱嗒（guādā）：敲击发生“吧吧”声。/～凉鞋。
挂搭（guādā）：下垂。/他整天～着脸。
呱哒呱哒（guādāguādā）：形容衣服水淋的样子。也说“精湿呱哒”。
剐剐捞捞（guǎ·gualāolao）：胃久未沾油水而产生的不舒适感觉。
怪不得（guài·bude）：表示醒悟。也说“怪得”。
掴打（guāi·da）：拍打。/你先出去～～身上的土。
挂络儿（guàlàor）：连累。/他是吃～进去的。
关板儿（guānbǎnr）：开门停业，或中止营业。
关东儿（guāndōngr）：打赌。

管莫（guān · mo）：也许。/这么大的事儿，他～不知道。

鼓叨（gǔ · dao）：怂恿。/你天天～别人闹。

归置（guī · zhi）：归拢。/～屋子。

鬼子姜（guǐ · zijiāng）：菊芋的地下块茎。

归里包堆（gūlǐbāoduī）：说到底，终归。是“全算在内，包成一堆”的缩语。/不要找理由了，这事～没办成。

骨碌（gū · lu）：滚动。

果不其然（guǒ · buqírán）：果然。/这事儿～是他做的。

过年（guò · nian）：明年。也说“过年个”。

过晌儿（guòshǎngr）：中午之后。

咕瓤（gū · rang）：蠕动。也说“咕容”。/满地蛆，～直爬。

箍嘴儿（gūzuǐr）：防止牲口吃庄稼的笼头。

哈巴（hà · ba）：两腿分开的样子。/他走道～着腿。

哈巴裆（hǎ · badāng）：胯下。

哈哈儿（hā · har）：可笑的事。/他办的事，都成远近的～了。

害孩子（hàihāi · zi）：早孕反应。

海说（hǎishuō）：空说，泛说。/举点例子，光～不行。

哈拉（hā · la）：油脂日久变质产生味道。/这肉有点～了。

哈喇子（hālá · zi）：口水。

旱胞（hànbāo）：迷信中一种能作怪的僵尸。

寒碜（hán · chen）：①不好看。/这只狗长得真～！②使受嘲笑或愚弄。/叫人～了一顿。

薅（hāo）：拔，揪。/～草。

好模样儿的（hǎo · moyāngr · de）：平白无故的。/～，怎么说哭就哭了。

黑价（hēi · jie）：夜里。

黑茄儿（hěiqiér）：龙葵。

黑漆燎光（hēiqīliāoguāng）：像黑得发亮的黑漆那样黑。/晚上～的，不要出去了。

嘿儿喽（hēir · lou）：①喘息且带痰声。/老吃咸的，又该～了。②同“哏哆”。

饸饹（hé · le）：一种煮着吃的条状食品，多用荞麦面轧成。

饸饹床子（hé · lechuáng · zi）：制作饸饹的专用工具。

河蟆（hé · mo）：青蛙。

合目藏眼（hé · muzàngyǎn）：眼神不好，或没看仔细。/看着点，～地全给踩了。

哏（·hen）：叹词，表示愤怒语气。/~！甭你美。

哏哆（hēn·duo）：申斥。/吃饭时不要~孩子。

喝五吆六（hērwǔyāoliù）：大声喝令。/他天天就知道~的，从不干活。

河沿儿（héyànr）：河边。

齁（hōu）：①因过咸过甜而导致的喉咙不舒服的感觉。/盐搁多了，~得慌。②非常。/~冷。

后儿个（hòur·ge）：后天。也说“后儿”。

后晌（hòu·shang）：晚上。

后晌儿（hòushǎngr）：下午。/~再去。

烀（hū）：半蒸半煮。/~白薯。

幠（hū）：①覆盖。/小苗让草~住了。②紧裹。/出了许多汗，衣服~在身上了。

花大姐（huādàjiě）：瓢虫。

花瓜（huāguā）：比喻满脸污垢。/他被打得~似的。

花花搭搭（huā·huadādā）：颜色深浅不一。/这件衣服~的，不好看。

花秸（huājiē）：麦秸。

花拉棒儿（huā·labàngr）：金花鼠。

话痨（huàláo）：比喻话多生厌。/你真是~。

花里胡哨（huā·lihúshào）：颜色繁杂，华而不实。/~的衣服。

虎不拉（hǔ·bulà）：伯劳鸟。

胡吹乱嗙（húchuīluànpǎng）：夸耀，夸口，说大话。/整天~。

灰灰儿菜（huīhuīrcài）：藜草。也叫“落落（làolào）儿菜”。

胡撸（hú·lu）：胡乱地搂、擦、吃等。/赶快把桌子~~。

胡掳（hú·lu）：乱抓乱打。/别人打架不要近前，免得~着你。

葫芦倒替（hú·ludǎotì）：神魂颠倒。/一天到晚，~的。

浑大鲁儿（hún·dalǔr）：莽撞的人。/他是个~，别理他。

糊弄（hù·neng）：哄骗，敷衍。/好好干，别~。

和（huò）：量词，用于洗东西的遍数。/衣裳已洗了四~。

耠（huō）：用耕具划开土壤。/~地。

剨（huō）：划开物品。/用剪刀~开。

擢（huō）：铲起来掀到一边去。/~土。

火笼（huǒ·long）：受热致头晕。/大热天干活儿，回头~喽。

核儿（húr）：核果的中心坚硬部分。

胡哨（húshào）：胡诌。/别听他~。

积（jī）：迷信中指积善或积恶得到报应，多用于积恶。/日子好过，是他祖上~的。

驾（jià）：吆喝牲口使劲儿或快速前进的声音。

家伙什儿（jiā·huoshènr）：干活必备的工具。/把~带齐了。

贱不啰嗦（jiàn·buluōsuō）：不自重或故意撒娇。也说“贱不拉唧”。/要等人请，不能自己~地去。

虹（jiàng）：彩虹，一般单用。/东方出~了。

讲咕（jiǎng·gu）：评判，多指负面。/整天~别人。

将将儿（jiāngjiāngr）：比“正好”差一点点儿。“将将好”的省语。/这点灰~。

膙子（jiǎng·zi）：手或脚上因长久磨擦而生的硬皮。也说“趼子（jiǎn·zi）”，普通话多作“茧子”。/老~。

见见儿（jiànjiànr）：天天。“见了又见”的缩语。也说“见天儿”。/他~来。

见前儿（jiànqiánr）：平常。“此见之前”的缩语。/他~不来，今天来了。

教（jiào）：如果是。/这件事，~我可做不了。

较比（jiǎobǐ）：打比方。/~说穿鞋，合不合适只有穿穿才知道。

叫春（jiàochūn）：（猫）发情。

交待（jiāodài）：衔接。/墙留麻面，后面干活好~。

搅哄（jiǎo·hong）：搅和。

叫驴（jiàolǘ）：公驴。

叫水（jiàoshuǐ）：①想喝水的感觉。/菜咸了，直~。②抽水。常拆开使用。/泵站的作用是~。

觉照（jiǎozhào）：自觉，自知。/大家干活都要~，甭让人说。

嚼子（jiáo·zi）：横勒在牲口嘴里的小铁链，两端连在缰绳上，以便驾驭。

家雀儿（jiāqiǎor）：麻雀。

加盐（jiāyán）：乘机挑唆。/两口子吵架，你别~。

架秧子（jiàyāng·zi）：附合怂恿，希望纠纷扩大。常与“起哄”连用。

驾辕（jiàyuán）：套车时负拉车辕的牲口。

齑菜（jīcài）：酸菜。

挤对（jǐduì）：逼迫而使屈从，使受窘。/他在单位受~。

接（jiē）：①经由。/这条道~他家门口过。②放弃相接的一部分。/这一排房都做防水，唯独把他家~过去了。

节骨眼儿（jié · guyǎnr）：比喻关键的环节或时机。

疥蛤子（jièhǎ · zi）：癞蛤蟆。

节在（jiézài）：细心使用以避免或减少损耗。也说“节得”。/花钱～着点儿。

畸鼓（jī · gu）：畸形。/这道墙垒～了。

饥荒（jī · huang）：欠债。/盖房子，又拉下不少～。

犄角儿（jījiǎor）：狭窄、偏僻的地方。常与“旮旯儿”连用。

挤挤插插（jǐjǐchāchā）：物多人多，十分拥挤。

叽里赶蛋（jīligǎndàn）：连滚带爬。

紧（jǐn）：焯。/把肉～一～。

筋道（jīn · dao）：食物耐咀嚼。

靖（jìng）：迷信中指没有鬼祟而安宁。/他这一死，这院子就不～了。

惊（jīng）：瓷器玻璃等受震而纹。/这玻璃虽没掉下来，但已～了。

精（jīng）：甚，很。/～细儿（非常细）。

经地（jīngdì）：耕地。

经功儿（jīnggōngr）：①偶尔。/他～来一趟儿。②平常。/他～不来我家。

净意儿（jìngyìr）：专意。/快吃吧，～给你做的。

筋节儿（jīnjiér）：①最适宜的程度。/不到～不要表态。②关键。/话正说到～上。

矜劲儿（jīnjìnr）：矜持的火候。/说话办事要讲究～。

紧溜儿（jǐnliūr）：赶紧。/一听干活，他～走了。

劲儿（jìnr）：经常或刻意表现出来的某种情态。/整天～～的，好像都不如他。

今儿个（jīnr · ge）：今天。也读“zhēnrge”。也说“今儿”。

几儿（jǐr）：几号。

勼勼（jiū · jiu）：聚缩。/～成团儿了。

酒素子（jiǔsù · zi）：温酒用的酒壶。

激着了（jī · zhe · le）：突受雨淋而感冒生病。

圈（juān）：把禽畜关在圈（juàn）里。/把羊～上。

锯扯（jù · che）：①反复商量。/张三还在跟他们～呢。②犹豫不决。/想好了就定下来，别～了。

撅（juē）：①折。把竹竿～折了。②回绝。/你去说情，也得给～回来。

绝户头（jué · hutóu）：无儿无女的老人。

觉摸（jué · me）：感觉。/你～是什么味？

拘拘挛挛（jūjūluānluān）：形容蜷曲蠕动的样子。

拘挛儿（jūluánr）：①手脚冻僵，活动不灵。②卷曲。/纸边~了。

局气（júqì）：公平，顾及全局。/说话、办事~着点儿。

咔嚓（kā·cha）：也说“咔哧”。①刮。/把锅好好~~。②责骂。/回头好好~他。

开板儿（kāibǎnr）：开门营业。

开苗儿（kāimiǎor）：间苗。

开气儿（kāiqìr）：中式上衣两侧下方的开口。

侃大山（kǎndàshān）：长时间没完没了地说一些琐碎、不恰当或无效的话。也说“山侃”。

扛耠子（kǎnghuō·zi）：一种翻土使松的农具，可以代替犁锄等。

搭（ké）：①卡住。/抽屉~住了，打不开。②刁难。/故意~人。

嗑杈儿（kèchàir）：瓜类植物分杈、分蘖。

可得（kěděi）：岂。/你借钱，我~有哇。

可丁可卯儿（kědīngkěmǎor）：恰好，不多不少，程度正适合。/这点砖儿买得~的。

剋（kēi）：①骂，严厉地斥责。/下回来早点，小心头儿~你。②挖，抠。/把墙皮~掉一块。

剋棒子（kěibàng·zi）：将玉米从秧上掰下来，或将玉米粒从玉米核儿上掰下来。

可劲儿（kějìnr）：尽力。也说“可着劲儿”。/碰着好东西，~地吃。

啃（kěn）：执着于某一件事，不知变通。/老~一双鞋。

裉节儿（kènjiér）：关键环节。/正说到~上，你来了。

空（kòng）：使东西中的液体自然滴落。/把锅里的面条捞出来，再~一~。

空巴寥寥（kòng·balāolāo）：空空荡荡。/这大屋子一个人住，~的。

眍瞜（kōu·lou）：眼珠深陷的样子。

扣迷儿（kòumír）：中式上衣的扣眼。

侉（kuǎ）：①口音跟本地语音不同的。/他说话有点儿~。②带有外地色彩的。/这衣服多~呀。

㧟（kuǎi）：①舀。/㧟一勺水。②步行。/没车就~。

㧟将儿（kuǎijiàngr）：象棋用语，把“将”移离中线。

苦巴英儿（kǔ·bayīngr）：微带苦味。/这种野菜~的。

咕哧（kū·chi）：熬（náo）。/把粥再~~。

亏（kuī）：①“幸亏”的反话，表示讽刺。/~你是个大学生，这个字都不认识。②难为，替人感到不易。/这么难的事，~他办成了。

苦死（kǔsǐ）：至少，最低。/盖这个房，~也得这个数儿。

剌（lá）：锯开。也作“拉”。/把这块木头~开。

剌（拉）（lǎ）：割破。也作“拉”。/手上~了一个口子。

剌巴（lá·ba）：粗糙。也作“拉巴”。/这地面~，得重新抹抹。

辣蒿蒿（làhāohāo）：辣而不爽的感觉。/这东西~的，不好吃。

辣蒿蒿儿（làhāohāor）：辣而爽的感觉。/这东西~的，真好吃。

拉忽（lǎ·hu）：粗心大意；马虎。/你太~，总是丢三落四。

拉荒（lāhuāng）：除草。

揽（lǎi）：拔，采摘。/他到地里~猪食去了。

来天儿（láitiānr）：天气转阴。

来天头儿（láitiāntóur）：天气转阴。也说“天头上来了”。

拉拉（lá·la）：①滴落，流下。/盛碗粥，到处~。②拉开时间。/别着急，~着卖。

拉拉秧（lá·layāng）：一种蔓生草，茎上布满短刺，学名葎草。也说“拉绊秧”。

漤（lǎn）：用热水或石灰水泡生柿子以除去涩味。/这柿子~一~才好吃。

郎当（lāng·dang）：①下垂摆动的样子。/这衣服太大，~着不好看。②表示年龄的大约数。/三十~岁了，还跟小孩一般见识。③列举一系列东西后结尾。/他买了好多好东西，皮鞋、礼帽、仔裤~的，都是进口的。

狼虎（láng·hu）：急骤（消耗或损坏得快）。/他吃东西太~。

狼饕（lángtāo）：骂人的话，指被狼吃掉。/整天在外边野，你个~的。

老鸹（lǎoguā）：乌鸦。

老家儿（lǎojiār）：指父母或长辈。

老家贼（lǎojiāzéi）：麻雀。

老科（lǎokē）：已生过猪崽的母猪。

唠嗑儿（làokēr）：闲谈。

落忙（làománg）：帮忙。/白给他~了。

老冒儿（lǎomàor）：见识短的（人）。也说“土老冒儿”，是“土里土气，老冒傻气”的缩语。

老眉咔嚓眼（lǎoméikā·chayǎn）：形容年老枯干的样子。

老爷儿（lǎo·yer）：太阳。也说“爷爷儿”。传说是太阳的小名儿。

老蟑（lǎozhāng）：蟑螂。

砬子（lá·zi）：悬崖。/他家在~下边。

肋膩（lē·de）：衣服不整洁，不利落。/这孩子穿得真~。

嘞嘞（lē·le）：絮烦，喋喋不休。也说“嘚嘚”。

棱（lēng）：用棍子打。/不要招惹他，小心他~你。

睖（léng）：瞪，怒视。在复合词中读轻声。/不是我说的，你~我干什么？

楞葱（lèngcōng）：楞头楞脑的人。/你个~，没看见人呀！

楞头儿青（lèngtóurqīng）：①莽撞的人。/他是一个~。②/一种青色的蝎子。也说“青头楞儿”。

楞眼儿巴睁（lèngyǎnrbāzhēng）：形容没有完全睡醒的样子。

楞怔（lèng·zheng）：发楞。

量（liáng）：用鞋底打人。/你再闹，看我不~你。

脸骨拐（liǎngū·guai）：颧骨。

亮子（liàng·zi）：门窗上方的小玻璃窗。语源为山西理发行业的隐语。

敛络（liǎn·luo）：收集，归拢。/把地上的东西~到一块儿。

缭（liáo）：用针斜着缝缀。/~衣缝。

蹽（liāo）：放开脚步走，跑。/~丫子了。

瞭（liāo）：略看，瞥。也读 liào。/他朝屋里~了一眼。

尥蹦儿（liàobèngr）：形容发急暴跳的样子。/一听这话儿，他立刻~了。

钌铞儿（liàodiàor）：钉在门窗上用来扣住门窗的铁片。

撂荒（liàohuāng）：不耕种，使地荒芜。

尥蹶子（liàojuě·zi）：骡马等跳起来用后腿向后踢，喻人发脾气。/一说让他拿钱，立马儿~。

聊天（liáotiān）：撒谎。/你这孩子，天天~撒谎。

撂挑子（liàotiāo·zi）：比喻放弃工作，推脱不干。

戾巴（lì·ba）：不懂行，不熟练的（人）。/这行我可~。

哩斗啷当（lī·doulāngdāng）：形容衣着不利落的样子。

哩格儿楞（līgérlēng）：骗人的漂亮话。/别听他那~。

立马儿（lìmǎnr）：马上。/让他~给我回话儿。

灵应儿（língyìngr）：迷信中的灵验。/这尊大神可~了。

六（liù）：用在否定反驳句里，表示“零”，“什么都不是”。/你知道个~。

遛道（liù·dao）：没事找事。/你真~，不该说的也说。

六够儿（liùgòur）：长久或频繁得使人生厌。/为这事，他闹了个~。

溜溜儿（liūliūr）：足足地；整整。/他等了~一天。

溜儿（liūr）：很，非常。/~严。

碌碡（liù · zhou）：石制的圆柱形农具，用来轧谷物、平场地。

里外里（lǐwàilǐ）：合计起来。/这个事办下来，~得八百。

龙（lóng）：不圆。/自行车前轱辘~了。

垄沟（lónggōu）：田垄间的沟，用于排、灌、上肥等。

笼火（lónghuǒ）：生火。

笼头（lóng · tou）：戴在牲口嘴上，防止它吃东西的器物。

拢头（lǒng · tou）：跨在驴背上的一对筐子。

娄（lóu）：瓜类过熟而变质。/西瓜~了。

瞜（lōu）：用眼睛迅速地看、注视，一瞥。/~他一眼。

娄子（lóu · zi）：祸事，乱子。/捅~。

噜（lū）：训斥。/狠狠地~他一顿。

缕串儿（lūchuànr）：粮食受潮后结成的小串。/这袋米不能吃了，满是~。

缕唇（lū · chun）：受到抽打后留下的长条形伤痕。/他掀开衣服，露出满身的~。

埨子（lǔn · zi）：凸起的细长条。也说“埨儿（lǔnr）。/在地边上起个~。

捋（luō）：义同“撸”，手握着东西向一端抹取。/~树叶。

罗累（luó · lei）：因负担而不便。/他终究是个~。

胪数（lú · shu）：心计，主意。/这么大人了，应该有点~，不能什么都听别人的。

麻不曰（má · buyuē）：粗糙，不平滑。/这块石板~的。

马大哈（mǎdàhā）：粗心大意的（人）。/你这个~。

麻胡子（máhōu · zi）：传说中的一种红眼睛大鼻子的动物，多用这个名称吓唬小孩。亦说为隋朝麻叔谋（麻祜）字音讹变。

卖晌儿（màishǎngr）：中午不休息，继续工作。

妈螂（mā · lang）：蜻蜓。

妈妈论儿（mā · malùnr）：沿袭下来的讲究、禁忌。也说“老妈妈论儿”。/大门非得这么开，哪儿那么多~呀。

颟顸（mān · han）：粗野，不讲道理。简称“颟”。/这个女的忒~，可别理她。

妈妈儿（mānr · manr）：乳房。也说“咂咂儿”。

猫（māo）：躲藏。/他整天~在家里。

猫盖儿屎（māogàirshǐ）：敷衍的做法。也说“猫儿洗脸”。/这么快就扫完了，肯定是~。

铆劲儿（mǎojìnr）：使足劲儿。/几个人一~，就把大石头抬走了。

猫楼（māolóu）：厕所。

猫腰（máoyāo）：弯腰。

马前抢儿（mǎqiánqiǎngr）：①形容人机灵，应变能力强。/在仕途上行走，得有点～。②不假思索，立即行动。/～的事儿可一可二不可三。

马儿趴（mǎrpā）：向前跌倒。/栽了大～。

摩挲（mā·sa）：用手轻按着并一下一下地抚摩。/～～毛，吓不着。

麻缨儿菜（máyīngrcài）：马齿苋。

没承想（méichéngxiǎng）：没想到。也说"不承想""谁承想"。/～你来了。

没法儿（méifǎr）：①"没法形容"的缩语。/气得～。②不可能，决不会。/这事儿他～不知道。

没溜儿（méiliùr）：没有正经的。/你～吧，老逗孩子。

没遛儿找遛儿（méiliùrzhǎoliùr）：无聊而找事儿。

没命（méimìng）：不顾惜生命，无节制地。/一上牌桌，他就～了。

没那个（méinèi·ge）：不可能，不可能有那样的事。/他会听你的？～。

没认簪儿（méirènzānr）：事情发展没有眉目。原指人披头散发，遮住眉目。/这事儿～呢，你就瞎掺和。

没着儿没落儿（méizhāorméilàor）：无所事事而心里不踏实。

没治（méizhì）：①无可奈何的语气。/这号儿人～了。②无法形容的语气。/这儿文写得好，～了。

门鼻儿（ménbír）：门上挂门环或锁的小环儿。

门插关儿（ménchāguānr）：安在门上的短横闩。

闷得儿密（mēn·dermì）：悄悄吞没。/那点东西叫他～了。

猛咕叮（měng·gu·ding）：猛然。/～来这么一下子。

门茄（ménqié）：茄子初次所挂的两个果实。

缅（miǎn）：将边缘卷起。/把边～起来。

缅裆裤（miǎndiāngkù）：腰部肥大的中式裤子，穿着时要把腰部边缘缅起来。

面糊（miàn·hu）：食物纤维少而柔软。/苹果～了，不好吃。

妙相（miào·xiang）：漂亮，出色。/这活儿干得～。

迷瞪（mí·deng）：迷糊，不清醒。

眯登（mī·deng）：小睡，闭目养神。/你们去吧，我～一会儿。

迷离马虎儿（mī·limǎ·hur）：①不清醒。/刚睡醒，～的。②不清晰。/雾太大，看什么都～的。③不认真。/好好干，别～的。

明儿个（míngr · ge）：明天。也读“mínr · ge”。也说“明儿”。

磨（mò）：①拉，指拉下脸子。/ ~不开。②掉转。/把车~过来。

莫不成（mò · buchéng）：莫非，表示推测的语气。也说“莫不是”。

磨不滴溜（mò · budīliū）：心里有愧，不好意思面对。/这事儿没办成，见着他总是~的。

抹不滴溜（mǒ · budīliū）：形容物体表面污粘，不好清理的样子。/桌子~的。

磨叨（mò · dao）：翻来复去地说。

磨烦（mò · fan）：①无休止地纠缠。/这孩子常常~姐姐给他讲故事。②动作迟缓拖延。/不必~了，说办就办吧。

抹腻（mǒ · ni）：细致。/这活儿干得真~。

拇拉（mū · la）：“抹（mā）”的分音词。

晦哄晦哄（mūyāngmūyāng）：形容腮帮子蠕动的样子。/一回家，他就~地吃起来。

木砟儿（mùzhǎr）：劈下的碎木块。

母子（mǔ · zi）：作种子用的块根。/白薯~。/山药~。

拿（ná）：侵蚀，侵害。/让药水~白了。

矮巴溜丢（nǎi · baliūdiū）：矮小貌。/这小狗儿~的。

爱谁谁（nàishéishéi）：不管是谁。/~，该咋办还咋办。

耐心烦儿（nàixīnfánr）：耐性。/当教师要有~。

腌拉巴唧（nā · labājī）：脏貌。

哪么（nǎ · mo）：哪怕，就算。/别把钱都拿走了，~留点零呢。

纳摸（nā · mo）：寻思。也说“咂摸（zā · mo）”。/这事儿我~着不成。

揞（nǎn）：用手指敷。/在伤口上~点药。

喃（nǎn）：简单品尝。/他说不饿，只是~了几嘴。

攮（nǎn）：①用刀刺。②栽倒；跌。/一头~在了地上。

揞鼓（nǎn · gu）：随意安置。/不知是谁，不要瞎~。

难不成（nánbùchéng）：难道，表示反诘或推测的语气。也说“难不是”。/ ~这事就是他们干的？

礵（nàng）：瓦瓦时从房脊到房檐所瓦的下曲弧面。也说“甩（礵）”。

齉（nàng）：鼻子不通气，发音不清。/ ~鼻子。

馕（nǎng）：往嘴里塞食物，贬义。/大家都没吃，你先~上了。

囊膪（nāngchuài）：猪胸腹部肥而松的肉。也说“下膪”。

攮子（nǎng · zi）：短的尖刀匕首。

难戗（nánqiàng）：难揍。/这个人真~。

安问（nān · wen）：安慰并表示帮忙。/李家出事了，你去~~。

熬（nāo）：在文火上煮。/~白菜。

挠（nāo）：逃跑。/刚听见响动，他就~了。

孬透（nāo · tou）：遇事不顺，心里烦。/这件事办得~，里外不是人。

熬鹰（náoyīng）：驯鹰时不让它睡觉，喻深夜不睡。/都啥前儿了，别~了。

哪儿合儿（nǎr · her）：哪里。/你家在~？

那儿合儿（nàr · her）：那里。/~有人。

那啥（nàshá）：语塞时的习惯用语，代指语塞的事物。也说“那什么”。/大家都别急，再~一会儿。

腌臜（nāzā）：脏。

那呼啦儿（nèihū · lar）：那一带。

泞（nèng）：泥泞。/刚下过雨，道上~极了。

脓带（néng · dai）：鼻涕。也说“脓带包”。

能耐（néng · nai）：本领。/就你~大？

恶心八荒（něxīnbāhuāng）：恶心得厉害。/这几天~的。

恶影（ně · ying）：恶心。又读 nǎo · ying。

撵（niǎn）：驱赶，追赶。/把鸭子~下河。/我~不上他。

蔫巴唧唧（niān · bajījī）：也说“蔫里咕唧”。①水果萎缩。②精神不振。

蔫不出溜儿（niān · buchūliūr）：悄悄地。/他~地走了。

蔫不唧儿（niān · bujīr）：悄悄地。/他~地就把事干完了。

娘儿（niánr）：对长辈女性的尊称，常用在包含晚辈的称呼中。/咱~俩。

蹍咕（niǎn · gu）：①踩，踏。/路儿刚铺好，不要上去~。②贬损。/我实在忍不住了，~他几句。

年候儿（niánhòur）：年代。/这东西可有~了。

蔫溜（niānliū）：悄悄溜走。也说“蔫出溜”。/他~了。

黏黏歪歪（nián · nianwāiwai）：形容不爽利。也说“黏歪”。/干事老那么~的。

蔫皮耷拉（niānpídā · la）：形容皮肤松弛下垂的样子。

蔫土匪（niāntǔfěi）：不大说话而工于心计的人。

年下（nián · xia）：除夕。

黏涎（nián · xian）：冗长而没意思，令人厌倦。/这台戏太~。

念想儿（niàn · xiangr）：①纪念品。/这是他爹留下的~。②希望。/把车卖了，断了他开车的～。

念央儿（niànyāngr）：自言自语，但又故意让别人听到。也作“念秧儿”。

泥巴勾子（ní · bagōu · zi）：泥鳅。

腻不拽拽（nì · buzhuāizhuāi）：黏而不好清洗。/桌子上～的。

捏估（咕）（niē · gu）：①捏。②撮合。/把他俩～～。

苶些（nié · xie）：精神不振。/这几天他有点～。

腻糊儿（nì · hur）：黏糊儿。

拧种（nìngzhǒng）：执拗的人。

腻腻歪歪（nì · niwāi · wai）：同“黏黏歪歪”。

炈（nǒu）：生火冒烟。/～屋子。

挪臊窝儿（nuósāowōr）：孩子满月后抱回姥姥家。

拍老腔儿（pāilǎoqiāngr）：言语上卖弄资格。/老是在人前～。

□子（pǎi · zi）：公山羊。

襻（pàn）：扣住，使分开的东西连在一起。/把鞋～上。

膀（pāng）：浮肿。/他的脸～了。

耪地（pǎngdì）：用锄为庄稼除草。

襻儿（pànr）：扣住物体的套。/篮子～。

刨（páo）：减去，除去。/十五天刨六天，只剩九天了。

跑栏子（pāolǎn · zi）：种公猪。也说“牙猪”。

跑坡（pàopō）：从山坡上滚下来。

怕是（pà · shi）：表示推测语气，也说“怕不是”。

棚（péng）：盖。/再～上几锨土。

喷儿（pènr）：①果品、蔬菜等大量上市的时期。/西瓜正在～上。②量词，指开花结实或成熟收割的次数，相当于“茬”。/头～棉花。

劈（pǐ）：分裂，分开，掰。/～棒子。

漂儿（piāor）：漂亮的手法儿。/玩～。

屁颠儿（pìdiānr）：欢喜貌。/把他美得～～的。

皮脸皮嗤（pí · lianpíchī）：形容不听教诲的样子。也说“皮皮溜溜”。/这孩子～。

皮实（pí · shi）：①身体结实，不易得病。/这孩子真～，从来没闹过病。②（器物）耐用而不易破损。/这机器非常～。

屁丫子（pìyā · zi）：屁，比喻没用的、微不足道的事物。/你懂个～。

婆婆丁（pó · podīng）：蒲公英。

婆婆教（pó · pojiāo）：婴儿在睡眠中发笑或啼哭。/这孩子睡～呢。

破五儿（pòwǔr）：农历正月初五。

破衣拉飒（pòyīlāsā）：衣衫褴褛。

铺衬儿（pūchènr）：做补丁或袼褙用的碎布或旧布。

蒲墩儿（púdūnr）：用麦秸等编成的厚而圆的垫子。

铺儿（pūr）：待捆的一堆东西。/先把棒秸打成～。

起（qǐ）：介词，相当于“自”“由”“从”。/他～外头回来。

缉（qī）：用相连的针脚密密地缝。/这裤子还没～边呢。

掐谷（qiāgū）：用爪镰把谷穗从秧上割下来。

蛣蜢（qiǎ·meng）：牛蝇。

鹐（qiān）：鸟禽啄东西。/别让鸡把地里的嫩苗～了。

扦（qiān）：割取。/～高粱。

前半晌儿（qiánbànshǎngr）：上午。

炝（qiàng）：将菜肴放在沸水或热油中略煮后取出加作料拌。/～芹菜。

抢（qiǎng）：刮，擦。/磨剪子～菜刀。

戗（qiāng）：①逆，反方向。/～水。②（言语）冲突。/两个人说～了。

戗茬儿（qiāngchár）：比喻意见不一致，语言对立。

呛咕（qiāng·gu）：在一起议论。/工作怎么安排，大伙一块儿～～吧。

戗面儿（qiàngmiànr）：掺揉进较多干面粉的发面。

呛呛（qiāng·qiang）：吵嚷；吵吵。

前儿个（qiánr·ge）：前天。也说“前儿”。

翘棱（qiáo·leng）：板状物因由湿变干而弯曲不平。/这块板儿～了。

雀盲眼儿（qiǎo·mangyǎnr）：夜盲，也指夜盲人的眼睛。

巧密（qiǎo·mi）：手艺精巧。/这活真～。

雀子（qiāo·zi）：雀斑。

七出儿（qīchūr）：形容很快的样子，“七里出溜儿”的缩语。/这点活儿～就干完了。

呿（·qie）：叹词，表嗔怪或不屑语气。/～！他还不如我呢。

怯（qiè）：土气。/这衣服真叫～。

且（qiě）：①表示需要或可以延续很长时间。/这笔～用呢。②着实。/他～比你强呢。

呿哏（qié·gen）：抓住把柄讥讽人。也说“呿咕”。/不要瞎出主意，免得落～。

吣（qìn）：猫狗呕吐，亦喻谩骂、胡说。/满嘴胡～。

沁（qìn）：头向下垂，或把头往水里按。/～着头。

睛（qíng）：白白承受或等待。/他什么都不干，净~现成的。

轻营儿（qīngyíngr）：轻易。/他~不说话。

起晌儿（qǐshǎngr）：结束午休。

糗（qiǔ）：①饭或面食粘连成块状或糊状，或指衣服压皱。/面条儿都~了。②因火力弱而不得不缓慢做饭。/用棒秸~顿饭。③窝居在家。/整天在家~着。

起碗儿（qǐwǎnr）：盛在碗里显多，喻起眼。/别看他不~，本事可大咧。

欺心（qīxīn）：因受刺激而胃里不舒服。/萝卜吃多了~。

起子（qǐ · zi）：①品位，品质。/有点~好不好？②开瓶盖的工具。③发面用的小苏打。

焌（qū）：①把燃烧着的东西弄灭。/把烟头~灭了。②一种烹饪法，在热锅里加油，油热后先放作料，然后放菜。/~锅儿。

屈（qū）：抵痛（脚趾）。/这个鞋~脚。

确（què）：非常。/~白儿。

取麻菜（qǔmácài）：苣荬菜。

蛐蛐儿（qū · qur）：蟋蟀。

认可（rènkě）：宁可。/我~不去，也不让他来。

任嘛儿（rènmár）：任何事物。/他家里~没有。

日（rī）：形容极速的样子。/火箭~的一下子就没影儿了。

日咕（rì · gu）：吃，乱塞（含贬义）。/又把东西~哪儿去了？

氄刺（rǒngcì）：细小的鱼刺。/吃鱼要留神~。

肉头（ròu · tou）：肉多的样子或感觉，不柴。/这种豆角~。

肉头（ròutóu）：行动迟缓的（人）。也说“肉枣儿”。/他是个~。

擩（rǔ）：塞，伸。/钱包不知~到哪儿去了。

挼（ruá）：质地脆弱，体质衰弱，技能低劣。/衣服暴晒时间长，都~了。

入冬儿（rùdōngr）：开始进入冬天。

入夏（rùxià）：开始进入夏天。

撒摸（sá · me）：目光频繁转动，如有所寻找。

丧得游魂（sàng · deyóuhún）：精神不振作的样子。

三青子（sānqīng · zi）：莽撞的人。/他是个~，别理他。

三孙子（sānsūn · zi）：胆小怕事的人。/瞧他跟个~似的，可怜样儿。

臊不搭（sào · budā）：形容难为情的样子。/几句话说得她~的。

扫搭（sǎo · da）：迅速扫视。/他~一下众人，开始讲话。

骚胡噜子（sāo · hulǔ · zi）：公山羊。

臊眉耷眼（sàoméidāyǎn）：形容十分害羞的样子。/别老是～的，见人要说话儿。

扫帚苗（sào · zhoumiáo）：一种草本植物，学名“地肤”。

撒丫子（sāyā · zi）：抬腿走开或奔跑，有时亦有“开溜”之意。

撒呓挣（sāyì · zheng）：在熟睡中说话或动作。

啥（shá）：“什么”的合音字。

沙（shà）：筛除，淘除，剔除。/把粮食里的沙子～出来。

唼（shà）：虫咬。/这袋米让虫～了。

杀（shā）：①刺激。/一出汗，伤口～得慌。②接近的。/～冷（天气刚冷的时候）。

煞后儿（shàhòur）：畏缩不前，落在后面。也说“煞着”。/领导都干，咱别～。

色（shǎi）：样儿，德性（用于贬低人）。/瞧你那个～，敢打我主意。

芟（shàn）：用刀割。/枣树不长枣儿，得～一～（指环割树皮）。

栅（shān）：皮肤皲裂。/一到冬天，手就～。

上赶着（shànggǎn · zhe）：主动接近或讨好。/～不是买卖。

晌歪（shǎng · wai）：超过中午。/～了，还不吃饭。

晌午儿（shǎngwǔr）：中午。

上眼（shàngyǎn）：①“看得上眼”的简称。/这本书比较～。②“上眼药”的简称。/你不要总是给我～。

山花（shānhuā）：山樯。

讪皮讪脸（shànpíshànliǎn）：耍赖皮。/这个人～，讨厌极了。

芟秋（shànqiū）：立秋后锄草、松土，使农作物早熟、子实饱满。

勺（sháo）：掴。/～了他一个耳光。

捎（shào）：命令骡马向后退的吆喝声。

哨（shào）：河流浅而水急的地方。/从上游～上过河。

潲（shào）：①雨斜落下来。/东边～雨。②洒水。/先往身上～点水。

烧包（shāobāo）：有钱总想花出去的情态〈讽〉。/他这几天～，总逛商场。

捎子（shāo · zi）：套车时拉边套的牲口。

啥前儿（sháqiánr）：什么时候。

山哨（shàshào）：高谈阔论〈贬〉。/大家净听他～了。

舍脸（shěliǎn）：屈尊求人。/总是让我～。

慎（shèn）：隐忍，拖延。/别出去，在屋里～着。

瘆（shèn）：使人害怕，可怕。/～人。～得慌。

深沉儿（shēnchénr）：说话办事的火候。/说话要讲究～。

神道（shén·dao）：①形容言谈举止不太正常。/这个人有点儿神道，托他办事大概靠不住。②精力或能力强。/这老爷子挺～，多大岁数了还干活儿。

生腥（shēng·xing）：没有烧熟的味道。

慎路（shèn·lu）：慎重的火候。/大家都不说了，你还说，看不出～。

什么劲儿（shén·mejìnr）：表示不值得的语气。/干个～！

什么似的（shén·meshì·de）：表示"极端""无法形容"。/他高兴得～。

深山老峪（shēnshānlǎoyù）：深山沟。

时不时（shí·bushí）：时常；不时地。也说"时不常儿""时不闲儿"。/他～地来我家一趟儿。

拾掇（shí·duo）：整理；收拾。

拾翻（shī·fan）：①翻拣。/又把那东西～出来干什么？②乱翻。/又到仓库～什么？

试轰（shì·hong）：随便做一做。/他从来不认真，到工地也就是～～。

实落（shí·luo）：诚实，朴实，确实，实在。也说"实诚"。/～价儿。

事儿妈（shìr·mā）：爱挑剔的（人）。/他整天～的。

甩洑（shuǎifù）：自由泳。

刷利（shuà·li）：敏捷；麻利。

双棒儿（shuāngbàngr）：双胞胎。

爽的（shuǎng·de）：索性。/不说到好，一说～更来劲儿了。

耍渠（shuǎqú）：充大，占便宜。/哥俩干活儿，他总是～。

刷子（shuā·zi）：技能。/他还真有两把～。

水里巴几（shuǐ·libājī）：水分过多的感觉。也说"水不几几"。

水筲（shuǐshāo）：水桶。

水头儿（shuǐ·tour）：①洪水前峰。/快走吧，～一会儿就到。②汁水多。/这梨～大。

树棵子（shùkē·zi）：灌木丛。

数灭（shǔ·mie）：埋没。/生逢盛世，～不了你。

说儿（shuōr）：名堂，讲究。也说"讲儿"。/这里面有～。

说死（shuōsǐ）：不管怎么说，"说到死"的缩语。/他～也不同意。

赎嘴（shúzuǐ）：嘴上告饶，表示收回前面的（骂人）话。/打得他满地找牙，终于～了。

死不了儿（sǐ·buliǎor）：大花马齿苋。

碎拉格挠（sì·lagénāo）：形容东西琐碎而零乱。/剩下这点～的，不要了。

四六不懂（sìliùbùdǒng）：什么也不懂。/你简直~。

撕捋（sī·luo）：①排解，料理清楚。/先把这事儿~清楚。②纠缠。/他俩又~上了。

四五不着六（sìwǔbùzhāoliù）：说话办事不达本质。与“八九不离十”相对。/你说的是什么呀，~的。

死秧（sǐ·yang）：过于固执。/你这人真~，油盐不进。

四仰八叉（sìyǎngbāchā）：肆无忌惮地躺着。

死凿儿（sǐzáor）：死心眼。

四致（sì·zhi）：妥当。/写上这段话，问题回答得就更~了。

四致（sì·zhi）：①细致到位。相当于“妙相”“抹腻”。/这活儿干得~。②心里安适。/事儿办砸了，几天心里不~。

四至八涯（sìzhìbāyá）：四面八方的边界。/要把地域的~讲清楚。

㞞（怂）（sóng）：①精液。②形容软弱无能。/你这个~包。

㧐（sǒng）：推搡。

擞（sòu）：用通条插进火炉，抖落炉灰。

蒜么疙瘩（suàn·megē·da）：中式上衣布制的疙瘩状扣子。

素静（sùjìng）：素洁，安静。不同于“素净（色味清淡）”、“肃静（严肃而安静）”。/这个小院挺~。

嗉子（sù·zi）：①鸟类喉咙下装食物的地方。/鸡~。②装酒的小壶。/酒~子。

趿拉（tā·la）：把鞋后帮踩在脚后跟下。

搪（táng）：①挡，抵拒。/~风。②均匀地涂上泥或涂料。~炉子。

倘亏（tǎngkuī）：假若，万一。/还是好好准备吧，~他来呢。

庹（tǎo）：成人两臂左右平伸时两手之间的距离。《现代汉语词典》读“tuǒ”。

套磁（tàocí）：套近乎。也作“套瓷”。

淘换（táo·huan）：寻觅，搜寻。也说“淘澄”。

淘神（táoshén）：令人操心。/这孩子真叫人~。

忒儿喽（tēirlōu）：有声音地吸啜。/一碗粥~几下就喝完了。

忒儿沓（tēirtā）：①训人貌。/别来不来就~的。②麻利貌。/~几下就干完了。

腾（tēng）：重蒸。/把这点剩饭~~。

替（tì）：临摹，拓印。/把这个花样儿~下来。

填还（tián·huan）：回报；贴补。/这母鸡天天下蛋，还真~人。/他那俩钱全~儿子了。

天头（tiāntóu）：天气。/今儿~不错。

踢里秃噜（tī·litūlū）：形容行动不利落的样子。

梃（tìng）：①打。/找挨~呢。②打碎。/别把盘子~喽。

投（tóu）：用清水漂洗。/把衣服~~。

头年（tóunián）：去年。也说“头年个”。

头晌儿（tóushǎngr）：中午之前。

秃不拉碴（tū·bulāchā）：秃而有所缺憾的样子。也说“秃拉瓜儿”。/这上面~的，难看。

忒（tuī）：太。/人~多。/风~大。/这房子~小。

秃噜（tū·lu）：应为“脱”的分音。①脱落。/手烫~皮了。②煺。把猪头再~~。③回答不上来。/几句话就把他问~了。

坉（tún）：填塞，堵。/把缺口~上。

褪（tùn）：退缩。/把手~在袖子里。

豚儿（túnr）：小母猪。

褪套儿（tùntàor）：挣脱绳索，比喻摆脱应负的责任。/一说有难处，他就~了。

坨（tuó）：面食煮熟后粘结成一块。/面条~了。

托生（tuō·sheng）：投生。/下辈子~成女人。

崴（wǎi）：脚扭伤。/下山时~了脚。

崴泥（wǎiní）：陷入烂泥。比喻事情不好办，陷入困境。

瓦蓝（wǎlán）：蔚蓝。/天空~~的。

瓦凉（wàliáng）：阴凉。/这水~~的。

玩儿稀的（wánrxī·de）：不正经的（言语或行为）。/办点正经事，不要总是~。

挖锨（wāxiān）：铁锹。

凹窑儿（wàyáor）：凹进去的地方。/山根儿有个~。

搣（wēi）：使细长的东西弯曲。/~个套子。

委冬儿（wěidōngr）：冬天不干活儿。

委咕（wěi·gu）：①迟缓地行为。也说“委蹭”。/快点走，别~了。②坐着或躺着蠕动。/别在沙发上~了。

为难着窄（wéinánzhāozhǎi）：感到难办，着法不多。/不要让人家~的。

为人儿（wéirénr）：与人友好地交往。/他平时很会~。

味儿拉事（wèir·lashì）：没有意义的、解决不了问题的事儿。也说“味儿事”。/甭找他，找他也～。

维挽（wéi · wɑn）：维护，挽救，引申为努力保持关系。/都是一家人，相互～着点。

问（wèn）：用工具敲打，看反应。/墙里的管子不知在哪儿，先用锤子～～。

倭（wó）：吆喝牲口向右的声音。也说“倭回来”。

倭瓜（wōguā）：南瓜。

窝囊废（wō · nɑngfèi）：讥称怯懦无能的人。

我说（wǒshuō）：①插入语，提醒别人注意。/～，这么办好不好？②表示突然明白过来。/～呢，他俩是一家人。

捂（wǔ）：因通风不良而发生质变。/这袋面～了。

五的（wǔ · de）：其他说得出说不出的情形，类似“什么的”，不单独用，常用在以下句式中：/不疼不～。

无冬历夏（wúdōnglìxià）：无论到了冬天还是夏天，一年四季。/他脚上～都是这双鞋。

五脊六兽（wǔ · jiliùshòu）：原指古代建筑中正脊及四条垂脊上的六个瑞兽，后比喻无所事事的情形。/这几天～的，正好干这事儿。

乌里巴涂（wū · lebātū）：形容水温不够热或不够凉的感觉。也说“乌涂”。/～，咋喝呀。

污里污涂（wū · liwūtū）：形容模糊不清的样子。/玻璃～的，看不清外面。

乌妞哇子（wūniūwā · zi）：蝉的一种。也叫“二唆（àrsuō）”。

瞎掰（xiābāi）：胡说。

下地（xiàdì）：到农田干活。

下货（xiàhuò）：货物销售、吞吐得快。/这几天不～。

瞎摸合眼（xiā · mohéyǎn）：盲目地，无所知的。/我刚来，～的什么也不知道。

想了归遭儿（xiǎng · leguīzāor）：想到最后，所有的情况都想了。/～，还是把东西还回去了。

显齐儿（xiǎnqír）：特爱表现自己。也简说“齐儿”。/大家都不作声，就你～。

现世宝儿（xiànshìbǎor）：丢人现眼的人。

现眼（xiànyǎn）：出丑，丢脸。

学白（xiáo · bɑi）：陈述或转述。/把教师的话跟妈～～。

小半大儿（xiǎobàndàr）：不太小的，中等的。也说“半大儿”。/搬一块儿~的石头。

小得（的）溜儿（xiǎo · deliūr）：小规模的，小量的。/别大操大办，~的就行了。

消耗儿（xiāohàor）：线索，头绪。/这工作我刚接手，还找不着~呢。

小尽（xiǎojìn）：农历29天的月份。

小九九儿（xiǎojiǔjiǔr）：比喻心中的算计。

小模大样儿（xiǎo · modàyàngr）：形容小孩言谈举止像大人。/这孩子~的，将来肯定有出息。

小末因由儿（xiǎo · moyīnyóur）：细小的（事情）。/这种~的事，不值得劳神。

消停（xiāo · ting）：安静。

吓人道怪（xiàréndàoguài）：使人害怕、惊奇。/你这一声喊，~的。

细不连签儿（xì · buliánqiānr）：形容瘦长的样子。/这人长得~的。

澥（xiè）：加水使糊状物或胶状物变稀。/粥太糨，加水~一~。

邪乎（xié · hu）：①出奇。/天儿冷得~。②言过其实，夸大。/他说话太~。

蝎拉虎子（xiē · lahǔ · zi）：壁虎。

斜么吊脚（xié · mediàojiǎo）：样子歪斜不正，也指地方偏僻背脚。

歇晌儿（xiēshǎngr）：午休。

饧（xíng）：①将和好的面盖上，待其变软。/将面剂子~~。②眼睛半睁半闭。/眼睛发~。

醒警（xǐng · jing）：警觉。也说“警警”。/晚上睡觉~着点儿。

兴许（xīngxǔ）：也许，或许。

新新（xīn · xin）：新奇得近于荒谬。/您说的话多~。

系儿（xìr）：篮、筐上的提手。

秀（xiù）：①庄稼吐穗开花。/高粱已经~穗了。②有才学，有手艺。/心~。

嘘（xū）：火或气的热力熏炙。/这点菜放到锅里~~。

暄（xuān）：松散柔软。/馒头很~。

炫乎（xuàn · hu）：光艳。/这衣服太~了。

踅觅（xué · me）：目光频繁转动，如有所寻找。

踅摸（xué · mo）：来回走，寻找。/他每天都要到地里~~。

些（稍）微（xuēwēi）：稍微。/再~吃一点儿。

茓子（xué · zi）：做囤用的狭长的粗席子，通常是用高粱杆或芦苇的篾儿编成的。也作“趧子”。

絮烦（xù · fan）：过于琐碎和雷同而使人心烦。/天天吃这个，都~了。

熏（xùn）：煤气使人窒息中毒。/炉子安上烟筒，就不至于~着了。

轧地（yàdì）：用石滚子等把地压实，避免风干。

鸦默雀儿静（yā · moqiǎorjìng）：鸦雀无声。

酽（yàn）：指茶、酒等饮料味厚色浓。/~茶。

魇（yǎn）：迷惑。/他被兔子精~住了，一直蹦达。

眼巴前儿（yǎn · baqiánr）：眼前。

仰洑（yǎngfù）：仰泳。

养济（yāng · ji）：①休养身体。/病刚好，再~几天。②处于养济的状态。/这几年身体不好，天天~着。

扬扬不睬儿（yángyángbùcǎir）：形容傲慢不爱理睬人的样子。/不能对别人~。

样中（yàngzhōng）：看中。

严可严儿（yán · keyánr）：毫无空隙，毫无空闲。/这点儿砖买得~。

眼时（yǎnshí）：眼下，目前，“眼下之时”的缩语。/不用怕，~没事。

言言（yán · yan）：言语，说话。/你走的时候~一声。

言语（yán · yu）：说，告知。/有什么事儿，~一声儿。

眼照子（yǎnzhào · zi）：眼睛，眼珠。也说“照子”。/没看见，你那俩~是干什么使的？

眼证儿（yǎnzhèngr）：的确，明明。“有眼为证”的缩语。/他~没来。/我~没看见嘛。

咬（yǎo）：因蚊虫叮咬引起的痒。/浑身~得慌。

要不介（yàobū · jie）：否则，不然的话。“要是不这样”的缩语。/~你先走？

幺蛾子（yāoné · zi）：要花招，出鬼点子。/就他~多。

要子（yào · zi）：捆货物用的或打包用的条状物。/铁~。

丫子（yā · zi）：脚。也说“脚丫子”。/一看这话儿，他立刻撒~了。

业（yè）：受罪，受苦。/你这一辈子，净为孩子~了。

曳（yè）：拉扯（孩子）。也说“曳扯”。/好不容易把孩子~大了。

也不（yě · bu）：“也不是”的省音。“也不是”是“也不知道”的意思。/这孩子~上哪儿了？

掖咕（yē · gu）：不经心地放置东西，乱塞。/你把我的围巾~在哪儿了。

夜猫子（yèmāo · zi）：猫头鹰。也说“鬼雀子”。

夜儿个（yèr · ge）：昨天。也读“lièr · ge”。

业障（yè · zhang）：艰难。/他家的日子一直很～。/要是这么着，这事可～了。

一绷子（yìbēng · zi）：努力坚持的一段时间。/又干了～。

一刬儿（yìchǎnr）：一概，完全地。/这批电脑一～都是新的。

一出溜儿（yìchū · liur）：连续不断的一段不长行程或时间。/甭用车送了，～到家了。

已就已就（yǐjiòuyǐjiòu）：已经这样了，没法改变的。/这事儿～了，顺着他得了。

一拉溜儿（yìlāliùr）：一溜，一排。

一溜遍光（yíliùbiānguāng）：一连串，全都。/趁今天有空儿，～全看了。

迤逦歪斜（yílǐwāixié）：歪歪斜斜地（走）。/他喝得醉里咕咚，～地就进来了。

一满儿（yìmǎnr）：从来，向来。/这话我～没说。

洇（yīn）：液体在纸、布及土壤中向四外散开或渗透。/这种纸写字不～。

阴不搭（yīn · budā）：①阴沉。/这天儿～的。②阴险。/这人～的，要加小心。

影达乎乎（yǐng · dahūhū）：影影绰绰。/那前边～的好像有个人。

瘿袋（yǐng · dai）：甲状腺肿大疾病，也指树木外部隆起如瘤的东西。

应名打鼓（yīngmīngdāgǔ）：形容打着很大的名声。/你～地来我家，是什么意思？

营生儿（yíng · shengr）：可做的事儿，可以消磨时光的事儿。/找个～做。/下棋也是个～。

一起根儿（yìqǐgēnr）；一开始，最初。

一水儿（yìshuǐr）：清一色。也说“一水水儿”。

一万藏（yíwànzàng）：原指宝物多，后泛指多的极限。/你就是说出个～，我也不给你。

一小儿（yìxiǎor）：从小，小时候。

庸（yōng）：“因为”的合音字。/你～啥挨打？

游游摸摸儿（yóu · youmōmōr）：形容过于空闲而感到无聊的样子。/乍一退休，他整天～的。

吁（yú）：吆喝牲口向左的声音。也说“吁回来”。

吁（yù）：吆喝牲口停止的声音（拖长音）。

冤（yuān）：卷曲，“冤”的本义。/现在新买的裤子都不～边儿。

怨不道（yuàn · budào）：表示醒悟。也说“怨道”。/ ~ 这么热呢，都三伏了。

怨不得（yuàn · budé）：怪不得。也说“怨得”。

原不说（yuánbùshuō）：“原来不是说”的缩语。/ ~ 下月去吗？

怨不说（yuàn · bushuō）：怨不道。也说“怨说”。

原顶原（yuándǐngyuán）：照原数。/东西全拉回来了，~。

圆面虎（yuánmiànhǔ）：蝙蝠。

余富（yú · fu）：富余。

遇姑子（yùgū · zi）：迷信中指遇到迷惑人的女妖精，泛指莫名其妙的原因。/你怎么又回来了，~啦？

运气（yùnqì）：聚集愤怒情绪。/过去好几天了，她还在 ~。

榆钱儿（yúqiánr）：榆荚，圆小似铜钱。

砸（zá）：用缝纫机缝制。/ ~ 条裤子。

咋（zǎ）：“怎么”的合音字。

杂巴凑儿（zá · bacòur）：七拼八凑的东西。/这桌饭是 ~。

杂拌儿（zábànr）：多种类相杂混合的食品。/过去一碗 ~ 才两毛钱。

扎筏子（zāfá · zi）：抓住某人过错加以惩戒，以警众人。/别拿我 ~。

再不（zài · bu）：要不然的话。

在论儿（zàilùnr）：有说道的规矩。/房子不能开北门，这都 ~ 的。

在人儿（zàirénr）：分人（而有不同的结果）。/这事儿难办，但 ~。

杂毛儿（zámáor）：骂人话，犹“混种”。

咂摸（zā · mo）：寻思；分辨。/这件事，我 ~ 着行。

趱（攒）（zǎn）：积蓄（力量）。/等等再跑，~ ~ 劲儿。

簪（zān）：点种。/垄上 ~ 点豆子。

奘（zàng）：说话粗鲁，态度生硬。/这个人真 ~。

錾子（zàn · zi）：凿金石用的工具。

躁（zào）：使劲儿踩。/他已然这样了，何必再 ~ 上几脚？

造（zào）：贬损。/不要总是 ~ ~ 别人。

糟（zāo）：没事找事儿地闹。/你就 ~ 吧，早晚得挨揍。

早班儿（zǎobānr）：早。/您真 ~。

凿饥荒（záojī · huang）：与人争执，打架。

咋儿说说（zǎrshuō · shuo）：插入语，犹“怎么说才好”，表同情、可惜。/好好个人，得这个病，~ 呀。

咋儿说咋儿好（zǎrshuōzǎrhǎo）：言听计从，没二话。/ ~，我听你的。

杂碎（zásui）：牛、羊内脏做成的熟食，比喻心肠（含贬义）。/我看他没安好~。

贼（zéi）：很；非常。/~亮。

贼死（zéisǐ）：要死；几乎令人受不了。/一天到晚累个~。

锃亮（zèngliàng）：器物等经过擦磨或整理后闪光耀眼。

锃明瓦亮（zèngmíngwǎliàng）：器物表面光亮耀眼。

奓（zhà）：打开；张开。/~着胆子。

鲊（zhǎ）：切碎加盐拌制的食品。/野鸡~。

蚱（zhǎ）：蝇卵。/酱里下~了。

拃（zhǎ）：张开的大拇指和中指（或小指）两端间的距离。/这点儿也就两~宽。

乍不神儿（zhà·bushēnr）：突然，没留神。/他~喊，吓了我一跳。

苲草（zhǎcǎo）：金鱼藻等水生植物。

奓刺儿（zhàcìr）：伸出刺儿。比喻嚣张。/别人都不说了，就你还~。

扎古（zhā·gu）：诊治。/你这病应该~~了。

咋呼（zhā·hu）：吆喝。/你没事儿~什么?

咋唬（zhā·hu）：吆喝，炫耀。/甭听他瞎~。

择（zhái）：挑拣。/~菜。

侧（zhāi）：斜着，不正。/帽子~歪在一边。

侧巴棱（zhāi·balēng）：歪倒。/摔了一个~。

奓毛儿（zhàmáor）：恼羞成怒；发火。/三句话不到就~了。

绽（zhàn）：衣服裂开。/~线（开线）。

搌布（zhǎnbù）：抹布。

站尖儿（zhànjiānr）：占先。/这孩子总~。

站筐（zhànkuāng）：一种高系儿浅底的筐子。

着地（zhāodì）：刨地。

着调儿（zhāodiàor）：做事靠谱儿。/这个人不~。

爪镰（zhǎo·lian）：一种手持刀片农具，多用来收割带穗的作物。

爪黍子（zhǎoshǔ·zi）：用镰刀或爪镰割取黍穗。

这儿合儿（zhàr·her）：这里。/~没有人。

痄腮（zhà·sai）：流行性腮腺炎。

挓挲（zhā·sha）：手、头发、树枝等张开。/~着两只手，不知怎么办。

炸尸（zhàshī）：骂人的话，指突然发狂。

奓着胆子（zhà·zhedǎn·zi）：勉强鼓着勇气。

扎挣（zhá·zheng）：勉强支撑。/一来人，他还是~着坐起来。

这呼啦儿（zhèihū·lar）：这一带。

挣（zhēng）：用力张开。/你~着口袋，我装。

正份儿（zhèngfènr）：正处于某种当口儿。/他~生气呢，别招他。

争竞（zhēng·jing）：计较；争辩。/他这个人不吃亏，什么都~。

正手（zhèngshǒu）：右手。

争嘴窝儿（zhēngzuǐwōr）：颈后的凹陷处。

真叫（zhēnjiào）：实在让人感到。/你这孩子~烦。

针儿扎火燎（zhēnrzhāhuǒliǎo）：小题大作的样子。/多大点儿事呀，别~的。

真是的（zhēnshì·de）：表埋怨，犹“真使人没法”。/你这人~，咋不听劝?

真章儿（zhēnzhāngr）：真实的行动，能奏效的办法。/光说不行，要见~。

真焯（zhēn·zhuo）：清晰。/你看~点儿，免得错了。

褶子（zhě·zi）：失败。/这事儿~了。

质（zhì）：性质改变。/这布料~了，不软乎了。

治不得（zhì·bu·de）：好或坏到极点。/好好一双鞋，穿得~了。

直杵儿（zhíchǔr）：直来直去，不拐弯。/这根管子~到头。

指甲心子（zhījiaxīn·zi）：指甲与肉相连处。

知了儿（zhīliǎor）：蝉。也读“jīliǎor”。

至末末（zhìmòmò）：到最后。/~得回去，不如早点回。

治气（zhìqì）：怄气，生气。/犯不上和孩子~。

制子（zhì·zi）：临时作为测量工具的东西。/用这根棍子当~。

轴（zhóu）：脾气犟，执拗。/这个人太~，不听劝。

搊（zhōu）：①从一侧或一端托起。/把麻包~到肩膀上。②打。~了他俩嘴巴。③向嘴里倒（酒水）。/一口气儿连~三杯酒。

跩（zhuǎi）：走路像鸭子似的摇摆。/走起路来，两条腿一~一~的。

拽（zhuāi）：抛；扔。/把皮球~出去。

拽文（zhuǎi·wen）：说话时夹带文言或堆砌辞藻，以显示自己有学问。也说“拽”。/简单点，不用~。

抓挠（zhuā·nao）：①紧张振作，忙。/他一个人~不过来。②抓手，办法。/早点儿作准备，免得临时没~。③用以寄托精神的事情。/不干点儿事，心里总觉得没个~。④心里不安。/这几天心里~，总觉得要出事儿。⑤博取（财物）。/赶紧想办法~俩钱儿。⑥打架。/他俩又~上了。

奘（zhuǎng）：粗而大。/这棵树真～。

转磨（zhuànmò）：转来转去，也指因焦急想不出办法而直转圈子。也说“转磨磨儿”。/一边去，别在这儿～。

转轴儿（zhuànzhóur）：见风使舵。/一看事情不对，他立马儿～。

爪干毛净（zhuǎrgānmáojìng）：毫无剩余。/东西全拿走了，～。

住点儿（zhùdiǎnr）：（雨雪等）停。/这雨下得，一天没～。

准性儿（zhǔnxìngr）：办事安稳的品格。/你都多大了，还没个～？

准星儿（zhǔnxīngr）：准头儿，靠谱儿。/他办事有～。

浞（zhuó）：淋，使湿。/让雨～了。

茁实（zhuó · shi）：强壮结实。/这小子长得真～。

主儿（zhǔr）：①某一类人。/他是个爱喝的～。②女子出嫁的对象。/名花儿有～了。

蛛蛛爬（zhū · zhupá）：比喻歪歪扭扭或过于潦草的字。/她写的字跟～似的。

自（zì）：“自在”的省语。/她那小日子过得真～。

滋（zī）：液体向外喷射。也说“呲（cī）”。

自个儿（zìgěr）：自己一个人。也说“己个儿”“一个儿”。/你～去吧，我不去了。

髭毛儿（zīmáor）：①恼怒发火。/他这人总爱～。②惹是生非，制造事端。/这群小流氓总在街上～。

滋腻（zí · ni）：生活滋润悠闲。/小日子过得真～。

字儿话（zìrhuà）：书面语言。

嗞儿咂的（zīrzā · de）：形容说话者以吸气音表示可惜、不满、困难的样子。/一让干活儿，他就～的。

吱声（zīshēng）：做声；吭声。/问他几遍，他都没～。

龇歪（zī · wai）：①龇牙咧嘴，叫痛叫累。/累得他直～。②表示反对的情态。/大家都同意了，你还～。

纵（zòng）：皱。/～着眉头。

踪（zōng）：尾随。/他一出站，就被小偷～上了。

豵儿（zòngr）：小公猪。

揍（zòu）：①打。/～他一顿。②打破。/小心别把碗～了。③坏，糟糕。/这事可～了。

走背字儿（zǒubèizìr）：运气不好。

走就（zǒu · jiu）：木器受潮变形。/窗户～了，关不上。

走绺儿（zǒuliǔr）：沿着固定的线路来回走。/他急得~。

做手（zòu·shou）：①要手艺。/一辈子没别的本事，就知道~地。②做表面文章。/明天来检查了，不齐的材料赶紧~。

做性（zòu·xing）：骂人的话，指缘于父母的脾气禀性。/看着他那~就讨厌。

纂（zuǎn）：编造，捏造。/那事儿是他~的。/胡编乱~。

纂儿（zuǎnr）：妇女长发挽成的发髻。

嘴巴郎儿（zuǐ·balāngjī）：形容满口脏话的样子。/说话~的多难听。

嘴碴子（zuǐchá·zi）：口齿，辩才。/她那~，谁也比不了。

醉末咕咚（zuì·mogūdōng）：形容大醉的样子。

撙（zǔn）：节省。/钱不多，~着点儿花。

捽（zuó）：揪持头发。/~头发。

嘬瘪子（zuōbiě·zi）：遇到挫折和困难。也作“作瘪子”。/整天吹，这回~了吧！

左不（zuǒ·bu）：①左右，反正。/我不去了，~还是那点事儿。②只不过。/没大事儿，~拌了几句嘴。

作怪（zuōguài）：自找其祸。/你就~吧，不摔着不长血。

坐蜡（zuòlà）：答应的事无法兑现。/就知道吹，这回~了吧。

琢磨（zuó·mo）：思考；研究。/这事我~了很久。

撮儿（zuǒr）：量词，用于成丛的毛发。/剪下一~头发。

昨儿个（zuór·ge）：昨天。也说“昨儿”。

左手（zuòshǒu）：左手。

坐（做）水（zuòshuǐ）：烧水。/你且待会儿，我去~。

嘬牙花子（zuōyáhuā·zi）：形容束手无策、为难、惋惜的样子。

第六章　房山区

第一节　历史沿革

图 6－1①

房山区（见图 7－1）隶属北京市，位置在北京西南。北邻门头沟区，东北与丰台区毗连，东隔永定河与大兴区相望，南部和西南部分别和河北省涿州市和涞水县接壤。全区面积 2019 平方公里。地势西北高而东南低，地貌复杂多样。西北部山地约占全境面积 2/3，东南部为冲积平原。区内主要山峰有百花山、大房山、大安山等，最高峰为白草畔，其中百花山为房山区和门头沟区界山。主要河流有拒马河、大石河、永定河、小清河等。

---

① 图选自北京工艺美术出版社 1991 年出版的《北京百科全书彩图·地图集》。

距今约八十万年前，房山地区始有人类活动，并由此揭开北京历史的第一页。在数十万年的漫长岁月中，相继出现的古人类有“北京人”“新洞人”及“山顶洞人”，其栖居地即在今周口店龙骨山一带。距今8000—7000年前，古人类始走出岩洞，沿河谷步入山前平原，逐渐建立起原始氏族公社。殷商时期，古燕国自然形成。

周武王灭商后，封召公奭于燕（晏或匽），其都城遗址在今房山区董家林村。战国燕时，设中都县，县城遗址即今窦店西土城址。秦设广阳郡，改中都县为良乡县。西汉改广阳郡为燕国，今房山区地置良乡、广阳、西乡三县，武帝时置利乡侯国。王莽称帝时，广阳更名广有，良乡改名“广阳”，西乡更名“移风”。东汉光武帝时，良乡复旧称，并析地复置广阳县。魏、晋时，及十六国后赵、前燕、前秦、后燕几朝，今房山地区良乡、广阳二县并置，归属多变。北朝北魏、东魏两朝，仍设两县。北齐时良乡、广阳二县省，并入蓟。广阳县再未复置。良乡县于北齐武平年间复置，历隋、唐、五代至辽，历代相因。唐时，良乡县境内曾先后置6个羁縻州，属侨置州县。公元928年，良乡县治迁于现址。金大定年间，为守护陵寝，析良乡、范阳、宛平三县边地置万宁县。明昌年间，改“万宁”为“奉先”。元至元年间，更“奉先”为“房山”，历明、清、民国，良乡、房山两县并设。民国年间，侵华日军设伪良乡县、房山县公署；中共设县级抗日民主政权和人民民主政权。1949年设中华人民共和国河北省良乡县、房山县。1958年，房山、良乡两县合并，建北京市周口店区。1960年，周口店区更名房山县。1981年，房山县境内正式置燕山区。1987年撤燕山区、房山县，建北京市房山区。

从狩猎经济到原始农业和畜牧业，尔后历数千年，经过奴隶社会、封建社会及半封建半殖民地社会，社会形态数度变更，至民国末，房山农业经济仍居于绝对主导地位。新中国成立后，国家实行“以农业为基础，以工业为主导”的经济建设方针。依靠国家和集体力量，发展农田水利事业，加快农业机械化步伐，房山农业建设取得了前所未有的成就。

与房山悠久的历史交相辉映的，是灿烂辉煌的文化。晋代学者霍原于乡里设堂讲学，唐代著名诗人贾岛留下“鸟宿池边树，僧敲（推）月下门”等传世佳句，元代画家高克恭留下存世画迹《云横秀岭》《墨竹坡石》等。

更有静琬法师开创刻石经之举，弟子继其业，历金元时期，至明末清初，刻经凡1122部，3572卷，镌成石经版14278块，总字数约3500万，不仅为中华民族文化瑰宝，亦是世界珍贵文化遗产。房山是草原文明与中原文明重要的交汇处，构成多元的文化元素。房山文化的多元性，是房山方言的重要历史源头。

第二节 方言的基本情况

房山方言是房山人在长期的社会生活中形成和使用的语言。语言是人与人最重要的交际工具。房山方言是全民语言在房山地域上的分支。房山是人类文明的发祥地，有着3000多年的建城历史，有着2000多年的县政历史。由于独特的历史进程和地域条件，房山的北部、西部山区，至今仍有一部分人使用着本地的方言，构成了具有房山特色的地方语言。在一定条件上可以说，房山方言奠定了北京方言的历史基础。

房山方言属北京语区北京语音音系。因历代人口频繁流动，特别明代山西等地移民大量徙居及清代工矿业兴发，外地人口大量迁入，方言发展呈相糅交融之势。其演变又受地理环境影响：平原区因交通发达，工商竞荣，其方言与北京城区方言土语相近；山区因落后封闭，受外界影响较小，至今还保留着原祖居地的母语特征。大致划分，房山方言可分平原语区（片）、大安山—史家营语区、长操—南北窖语区、张坊—大石窝语区、十渡语区和霞云岭—蒲洼语区。各语区在语音、声调、词汇及语义上均有相异处。

房山方言的6个语区，与普通话比较，在语音、语调、语义、语法方面都存在差异，都各有其特殊性，但差异主要表现在语音、语调方面，而在语音、语调方面的差异，又主要是在句调、声调方面。在词汇上，绝大部分词汇是通用的，在声调上各有差异的，如“摸你”，普通话读“摸（Mō）你”，房山大部分语区读“摸（Mao）你”，张坊语区读“摸（Mǎo）你”，十渡语区读“摸（Mâo）你”，霞云岭—蒲洼语区读“摸（Máo）你”，大安山—史家营语区、长操—南窖语区读“摸（Mào）你”。所以，文章中只注明与普通话读音不同的字，对于每个字的声调，由于各语区声调不同，不再标注声调。

在句调方面：

张坊—大石窝方言的句调为曲调，在句子中间是升调、降调、升调，发重音、长音。十渡方言的句调是降调，从句首到句尾，一般呈降调，古入声字一般仍发入声调。霞云岭—蒲洼方言的句调是曲调，在句子的句首升调、降调，发重音、长音，古入声字多发入声调。史家营—大安山方言的句调是曲调，在句子的句尾一般是升调、降调，发重音、长音，古入声字多发入声调。南窖—长操方言的句调基本是平调，在句子的句尾为阴平声、阳平声时发上声调，句尾呈升调。

在声调方面：

张坊—大石窝方言。一般把阴平声、阳平声读成上声，把上声读成阳平声，一句话的句首、句尾一般短促，句中一般发重音、长音。如“我兄弟”，一般读成“我（wó，阳平声，调值34）兄（xiǒng，上声，调值314，重音、长音）弟（·di，去声，调值31，轻音）”。

十渡方言。十渡方言的突出特点是在很多字的声调中保留了入声，在阴平声、阳平声、上声、去声中，都有一些字读成入声，而且一句话的句调从句首到结尾，一般呈降调。如“我兄弟”，一般读成“我（wô，入声，调值342）兄（xiông入声，调值343）弟（·di，去声，调值31）”。

霞云岭—蒲洼方言。一般把阳平声读成去声，把上声读成阳平声，把去声读成阴平声。如“我兄弟”，一般读成“我（wô，入声，调值45，重音、长音）兄（xiòng，去声，调值41）弟（·di，阴平声，调值33，轻音）”。

史家营—大安山方言。一般把阴平声读成去声，把阳平声读成入声，把上声读成阴平声，凡语尾阴平字均读入声。如“我兄弟”，一般读成“我（wō，阴平声，调值33）兄（xiông，入声，调值454，重音、长音）弟（·di，去声，调值31，轻音）”。

南窖—长操方言。一般把阳平声读成上声，把上声读成阴平声，阴平声近似去声，一些字保留入声。

第三节　方言的特点

语音是形式，语义是内容，词是语言符号。为了提高言语表达交流效果，说话人要运用声调的变化、特色的词汇来提高自己的表达效果。房山方言在长期的发展中，其语言特征、语义特征、构词特征都有自身的特色。

一、语音特征

（一）基本特征

与普通话标准语音相比较，房山方言语音特征比较明显，是房山方言区别于普通话的主要部分。无论是声母、韵母、声调等都存在差别。房山方言的语音，主要有两方面特征：

一是多样性特征突出。我们把房山方言大概划分为六个区域，但实际上远远不止于此。老百姓有句俗话：五里不同俗，十里不同乡，隔河不同音。山区村与村的语音、句调均有差异。

二是入声声调明显。入声声调在普通话中已经不存在，但在房山方言的各个方言区，言语中都或多或少存在入声声调。

（二）在声母方面

与普通话比较，房山方言在语音的声母方面具有三方面特征：

1. 在普通话中不再使用的声母，房山方言中仍在使用。主要是“ng”，一些房山方言中仍当声母。如“腌臜”，普通话读“ā zā”，房山方言读“ngā zā”；如“马安”，普通话读“mǎ ān”，房山方言读“mâ ngān”。

2. 声母中，舌尖前辅音 z、c、s 与 e 相拼，多成舌尖后辅音 zh、ch、sh。如：责任，普通话读“责（zé）任”，房山方言读“责（zhé）任”，一些村读“责（zhai）任”；政策，普通话读“政策（cè）”，房山方言读“政策（chè）”；森林，普通话读“森（sēn）林”，房山方言读“森（shēn）林”。

3. 一些普通话中不送气的声母，在房山方言中则变读为邻近声母的送气声母。如“同胞”，普通话读“同胞（bāo）”，房山方言读“同胞（pāo）”；如“殖民地”，普通话读“殖（zhí）民地”，房山方言读“殖（chì）民地”。

4. 在普通话中不再使用的入声，房山方言中仍在使用。入声消失后，入声调的字分派到了平、上、去各声，即所谓“入派三声”，即全浊声母入声字归阳平，次浊声母入声字归去声，清声母入声字分派到阴平、阳平、上声、去声各调中。所以，在房山方言中，派入普通话阳平声中的全浊声母入声字，还读入声，如“麻子”，普通话读“麻（má）子”，房山方言读“麻（mâ）子”。派入普通话去声中的次浊声母入声字，还读入声，如“日子”。普通话读“日（rì）子”，房山方言读“日（rî）子”。派入普通话阴平声中的清声母入声字，还读入声，如“呆子”，普通话读“呆（dāi）子”，房山方言读“呆（dâ）子”。派入普通话阳平声中的清声母入声字，还读入声，如“值班”，普通话读“值（zhí）班”，房山方言读“值（zhî）班”。普通话上声中的清声母入声字，还读入声，如“马背”，普通话读“马（mǎ）背”，房山方言读“马（mâ）背”。普通话去声中的清声母入声字，还读入声，如“爸爸”，普通话读“爸（bà）爸”，房山方言读“爸（bâ）爸”。

（三）在韵母方面

与普通话比较，房山方言在语音的韵母方面，与普通话差异甚微。

1. 撮口呼韵母有变化

普通话中撮口呼字韵母“u”，连带其他音素，房山方言中有些发生变化。如：“约”，普通话读“yuē”，房山方言读“yuō”；“月”，普通话读“yuè”，房山方言读成 yuò；“女”，普通话读“nǚ”，房山方言读为“nuǐ”；“绿”，普通话读“lǜ”，房山方言读作“luì”；此外，还有“绝”“缺”“雪”等，其读音需细辨方知与普通话差异。

2. 韵母发生了一些变化

如普通话“老叔（shū）”，房山方言读成“老叔（shoū）”；普通话“骑（qí）车，房山方言读成“骑（qú）车”；普通话“逮（dài）捕”，房山方言读成“逮（děi）捕”；普通话“含（hán）着”，房山方言读成“含（hén）着”；普通话“上学（xué）”，房山方言读成“上学（xiáo）”；普通话“棉花（huā）”，房山方言读成“棉花（huó）”；普通话“合并（bìng）”，房山方言读成“合并（bìn）”；普通话“告诉（sù）”，房山方言读成“告诉（sòng）”等。

（四）儿化韵应用普遍

与普通话比较，房山方言的儿化韵应用普遍，为房山方言一大特征。37个韵母均有儿化读法，且读音浊重。

例如：

刀把儿 daobar　　月芽儿 yueyar
酒窝儿 jiuwor　　干活儿 ganhuor
飞蛾儿 feier　　老爷儿 laoyer
红鼻儿 hongbir　　肚脐儿 duqir
小五儿 xiaowur　　鹦鹉儿 yinwur
小鱼儿 xiaoyur　　小雨儿 xiaoyur
棋子儿 qizir　　熟字儿 shuzir
盖儿 gair　　鸭蛋儿 yadanr
味儿 weir　　小会儿 xiaohuir
小号儿 xiaohaor　　小高儿 xiaogaor
猴儿 hour　　叔 shour
树芽儿 shuyar　　小虾儿 xiaoxiar
蝴蝶儿 hudier　　请帖儿 qingdier
小苗儿 xiaomiaor　　小调儿 xiaodiaor
小球儿 xiaomiaor　　小秀儿 xiaoxiur
小花儿 xiaohuar　　小瓜儿 xiaoguar
水果儿 shuiguor　　小活儿 xiaohuor
小块儿 xiaokuair　　小帅儿 xiaoshuair
一对儿 yiduir　　一会儿 yihuir
月儿 yuer　　角儿 juer
小站儿 xiaozhanr　　小山儿 xiaoshanr
校门儿 xiaomenr　　精气神儿 jingqishenr
瓜秧儿 guayangr　　小岗儿 xiaogangr
甜橙儿 tianchengr　　麻绳儿 mashengr
麦种儿 maizhongr　　小工儿 xiaogongr
小线儿 xiaoxianr　　小店儿 xiaodianr

听音儿 tingyinr	小银儿 xiaoyinr
小项儿 xiaoxiangr	小枪儿 xiaoqiangr
萝卜缨儿 luobuyingr	花瓶儿 huapingr
小熊儿 xiaoxiongr	小琼儿 xiaoqiongr
大官儿 daguanr	小花儿 xiaohuar
混混儿 hunhunr	小棍儿 xiaogunr
小筐儿 xiaokuangr	沾光儿 zhanguangr
小翁儿 xiaowengr	小瓮儿 xiaowengr
国库券儿 guokuquanr	手绢儿 shoujuanr
一群儿 yiqunr	一巡儿 yixunr

（五）轻音方面

1. 读轻音现象较多

与普通话相比较，房山话中，读轻音的现象较多。如：清明、顺义、密云、推辞、棉花（·huo）、黄瓜（·guo）、拾掇（·dou）、耳朵（·tou）、笤帚（·chou）、唾沫、糊涂（·du）。

2. 韵母脱落

有的词韵母脱落：如：下去（q）、豆腐（fe）、东西（x）、拉扯（ch）。

3. 词义变化

有的同一词，读轻音与非轻音时，词义也各异。如非轻音词“大爷”，指爷爷的大哥或本家大哥，轻音词“大爷”，指伯父；非轻音词“老爷”指官吏，对主人的尊称，轻音词“老爷”，指外祖父。

（六）在声调方面

房山方言与普通话有明显差异，即便同属房山区，因语区不同，声调亦不同。

1. 阳平声变调

普通话阳平声房山话有的读上声。如：普通话“国（guó）”，房山方言读成“国（guǒ）”；普通话“革（gé）”，房山方言读成“革（gě）”；普通话“福（fú）”。房山方言读成“福（fǔ）”；普通话“节（jié）”，房山方言读成“节（jiě）”；普通话“媳（xí）”，房山方言读成“媳（xǐ）”。

2. 去声变调

普通话读去声，房山方言有的读成上声。如：普通话“霍（huò）”，房山方言读成“霍（huǒ）”；普通话“室（shì）”，房山方言读成“室（shǐ）”；普通话“质（zhì）”，房山方言读成“质（zhǐ）”。

3. 阴平声变调

普通话读阴平声，房山方言有的读成去声。如：大安山—史家营地区，星星的后一个“星”字，普通话均为轻音，该地则读去声，重音。

4. 普遍存在入声

不同语区，均存在入声调。如：大安山—史家营地区，把大安山的“山”字，读成“shân”；星期天的“天”字，读成“tiân”。

5. 调值变化

房山方言与普通话相比，存在较多的调值变化。南北窖至长操一带，阳平调调值与普通话有明显不同，如“民”“人”“陈”“轮”等阳平调字，均读“335”调，读音中有明显拐弯和上扬。阴平调则近似去声，读“51”调。

（七）在句调方面

与普通话比较，在句调方面，房山方言与普通话也有明显差异。

十渡方言，整句话的句调呈降调。

张坊—大石窝方言，整句话中间呈降升调。

史家营—大安山话，整句话句末呈上扬。

霞云岭—蒲洼话，整句话句首呈上扬。

（八）房山方言的特殊读音

与普通话比较，房山话有一些特殊读音：

1. 房山方言中地名的个别字有别于普通话读音。如普通话“港（gǎng）”，房山方言读成“港（jiǎng）”，其用法很普遍，花港、檀木港、大地港、东港，或为村名，或为地名。严格说，这些字不应该用“港”，而应该用“堆”。“庄”，普通话读“庄（zhuāng）”，房山方言读“庄（zhāng）”或“庄（zhǎng）”，多用于村名，如班各庄、李各庄、良各庄。

2. 房山方言中姓名的个别字有别于普通话读音。如“那”，为满族姓氏，普通话读“nā”，房山甘池村读“ngà”；“骆”，姓氏，普通话读“luò”，房山方言读“lào”。

3. 房山方言中的一些常用字有别于普通话读音。如“尾巴”，普通话读“尾（wěi）巴”，房山方言读成“尾（yǐ）巴”；“做活”，普通话读“做（zuò）活”，房山方言读成“做（zòu）活”。

二、语义特征

（一）房山方言基本的语义特征

房山方言包括六个不同的语区，每个语区的语义都有自己的一些特征。如果站在全区的角度，把房山方言作为一个语区，概括起来，语义的基本特征有五点。

1. 房山方言内容广泛丰富，覆盖面宽

房山方言与普通话相区别的词汇，内容非常丰富，覆盖面非常宽，涉及了自然地理、经济生活、政治生活、文化生活、社会生活、家庭生活等各个方面。房山方言的实词包含了名词、动词、形容词、数词、量词、代词，虚词包含了副词、介词、连词、助词、叹词。房山方言的词和固定词组，以固定词组为主，无论是名词、动词、形容词等，还是固定词组，涵盖了自然地理、经济生活、政治生活、文化生活、社会生活、家庭生活等各个方面，特别是反映山区生产、生活特点的词汇尤为丰富。

2. 房山方言生动、鲜明、确切，感染力强

房山人在实际的人际交往中，使用房山方言，可以大大增强感染力。一是有生气、有活力。比如，称呼连襟为“一担挑”“挑担子”，一方面，用现实生活的“挑担子”作比喻，通俗易懂，把连襟在丈母娘家、在外人眼中的地位、关系，特别是连襟关系的实质，一下子表现出来了。二是鲜明。例如，“人有人道，水有水道，谁挡龙王爷的道，龙王爷扒谁的道”，明确地表明了人与自然的关系，确有警世之功。三是表达细微、准确。如，俩人动手打架，普通话一般直接说，“俩人打起来了”，而房山方言则会分别用“俩人抓弄起来了”“俩人打起来了”。抓弄，是指推搡、拉扯；打，是指推、掴、搧等暴力动作。所以，在房山语区，用房山方言交谈的感染力更强。

3. 房山方言以口语为主

房山方言是房山居民生产生活实践的产物，其发展、存在都是与房山居民的生产生活实践紧密相连的。人们在生产生活实践中，主要是靠口耳面对面地进行语言交流的，所以，房山方言以口语为主体。随着社会的发展，人际面对面语言交流的意义日趋重大，丰富发展交际语言的内在动力不断加强。为了提高人际语言交际效果，人们既要更好地适应人际交流内容不断丰富的需要，丰富完善词汇内容，也要适合于口语表达的特点，不断完善词和固定词组的结构形式。所以，房山方言口语表达的内容日趋丰富，表达力不断增强。

4. 房山方言具有鲜明的地域特色

房山方言主要存在于房山北沟、房山南沟即北部、西部山区和半山区。正是历史上多年的交通闭塞、地域封闭、村庄相对独立的这种独特的地理环境，构成了房山方言的鲜明地域特色。一是明显的山区生产劳动和生活特色。纵观房山方言可以明显看到，方言词汇以表现山区生产劳动和生活为主，具有鲜明的山区生产劳动和家庭生活色彩。二是明显的历史移民和人口迁移特色。一村一方言的方言岛现状，正是历史移民的结果。十渡方言与河北文安方言的词汇有惊人的相通之处，很可能是文安人口迁移的结果。

5. 房山方言具有明显的历史痕迹

草原文明与中原文明相互覆盖、长时期交融是房山重要的地理历史特色。

也正是这一地域历史特色，为房山方言留下了不同历史时期的文化痕迹，特别是民族文化痕迹。细分析房山方言的词汇，我们便可以深刻地感受这些。一是民族文化的痕迹。二是儒家道德文化的痕迹。

（二）房山方言不同词汇的语义特征

房山方言无论是名词、动词、形容词、数量词、代词等实词，还是副词、介词、连词、助词、叹词等虚词，特别是房山方言的固定词组，其内容都是对房山的自然地理、经济生活、政治生活、文化生活、社会生活、家庭生活等各个方面的反映，特别是对房山山区生产、生活特点的反映。

1. 名词的词义特征

房山方言中包含大量普通话之外关于称谓、职业、生产、生活、服装、饮食、人体、地理、动物、植物、时间、方位名称方面的词汇，这些词汇，绝大部分都抓住了事物的本来面目即本质，通过直接描述，直接表现了事物的理性意义即本义。如，称谓中的“内亲家”“外亲家”，“内”“外”两个词，区分了性别，特别是区分了在家庭中的地位。如，职业称谓中的“大了”，充分抓住了这一差事的特征：总理性，主要管事的，但不是总管，更不是主管；临时性，一事一了，事情办完就万事大吉了。

2. 动词的词义特征

房山方言中，除普通话之外的动词，大部分直接来源于劳动、生活的具体活动，直接描述了人的动作、行为、变化，少部分反映了事物的变化。这些词汇，绝大部分都抓住了人的动作、行为、变化的特点，反映了动作、行为、变化的过程，通过直接说明、描写，直接表现了人的动作、行为、变化的本义。如“掫”，是用双手把东西拿住，抬起来，近距离放到某一位置，不同于单纯的搬、挪、提、拿、移，是山区生产生活中经常性的动作。动词“掫”，准确地描述了这一动作的特征。

3. 形容词的词义特征

房山方言中，除普通话之外的形容词，占了房山方言的相当部分。房山方言的形容词，绝大部分采用了描写方法、说明方法和比喻方法，生灵活现地表现了事物的性质、状态，让听者耳目一新。这些形容词不但抓住了事物的理性意义即本义，又很好地揭示了事物的附加意义即引申义。如“花里胡哨”，本义是花哨，引申义是华而不实。又如“挤摸穑穰”，用脱完场后的豆秸子来比喻乱哄哄、纠缠不清的场面，非常贴切。房山方言中，形容词加词缀现象极普遍，绝大多数形容词都可以加若干种词缀，使这些形容词显得更生动、丰富、鲜明。如“绿”字，“绿不啦唧”“绿了吧唧”“绿了不唧”是贬义，而“绿不英英”则是褒义。

4. 数量词的词义特征

房山方言中，除普通话之外还有一些数词、量词。房山方言的数词、量词，主要是现实生产劳动和生活中的计量方法。很多计量单位，都是临时视情况而定的。如“群”，本是一个名词，由于一个羊倌一般是放一群羊，因此，也就成了量词。又如，几个人去河边逮鱼，临了，怎么分，一般是视情况而定。计量容器一般是随便抄来，也许是个大勺，也许是个水杯。

5. 固定词组的词义特征

房山方言中包含大量普通话之外表述生产活动、人物活动、动物活动的固定词组，占房山方言的相当部分。房山方言的固定词组，绝大部分采用了说明方法、描写方法和比喻方法，生动、准确地表现了事物的性质、特点、状态。如“找黍子”“掐谷”，都是用掌镰，但使用掌镰的方法和动作是有区别的。“找黍子”是把掌镰贴在手掌上，用大拇指拢住黍头，从下向上用力，将其割下。“掐谷”是把掌镰贴在大拇指下，用手掌拢住谷秧，从上向下用力，将其掐断。

三、构词特征

房山方言主要从生产生活实践中来，服务于生产生活中人们的交往活动，为了提高人们的语言交往效果，房山方言即遵循了一般词语构词的基本规律，同时又体现了房山方言的一些特色。

（一）房山方言的词汇来源

房山方言的词和固定词组，源于四个来源。

1. 生产劳动中创造

房山方言的不少词汇，应该是在生产生活实践中自造的。一是源于生产实践。房山方言有大量词汇是对生产活动的描述，如“钐棒子尖”与“割棒子秧儿”，同样是用镰刀的动作，只不过镰刀用力的方向不同。二是源于生活实践。房山方言有大量词汇是对社会生活、特别是家庭生活的描述。如“车 cha（读降升调）子”，就是房山南沟人解放以后造出的新词。

2. 传承古汉语

房山方言不少词汇是对古汉字的传承。如“嵲”字，是房山方言对山峰的称呼。其实，该字是一个古汉字。杜甫在《自京赴奉先县咏怀五百字》中写到：“凌晨过骊山，御榻在嵽嵲”。房山方言的嵲是一个名副其实的古汉字。

3. 移民带来的方言岛。

房山历史上经历了几次大的移民。一是移民带来了出发地的母语，又与房山方言融会贯通；二是由于是整个村庄的移民，形成了移民方言岛。所以，房山方言包含了相当部分的外地方言，尤以山西、文安方言最为明显。如，吃东西吃伤了不再想吃了，房山方言说“吃虚（xú，阳平声）了”，洪洞县方言也说“吃虚（xú，阳平声）了”。房山方言把打喷嚏叫“打嚏分”，河北省文安方言也是“打嚏分”。

4. 借鉴词

随着经济社会发展，特别平西革命根据地的开辟，加强了房山山区与外面的政治、经济、文化、社会交流，大量的外来词汇进入山区语言社会，房山方言同时吸收容纳了多地方言。如，有了摩托车以后，山区把摩托叫“电驴子”，把手电筒叫“手电棒”“电棒”。

第四节　方言词汇

一、名词

房山方言中的名词，是比较丰富的，涉及社会生活、经济生活、文化生活各个方面。

（一）人际关系称谓类

太爷：曾祖父。

太太：曾祖母。

老太爷、老祖、活祖：祖父的爷爷。

老太太：祖父的奶奶。

兄弟：弟弟。

姑儿：姑姑。

娘儿：姑姑（在良乡、城关附近）。

大爷、大伯：伯父。

大娘、大妈：伯母。

舅儿：舅父。

妗子：舅母。

姨儿：姨母。

姨兄、姨弟、姨姐、姨妹：姨母家的子女。

表兄、表弟：姑姑、舅舅的男孩。

表姐、表妹：姑姑、舅舅的女孩。

表叔、表大爷：姑奶奶、舅奶奶的男孩。

表姑：姑奶奶、舅奶奶的女孩。
外亲家：亲家公。
内亲家：亲家母。
叔（shou）、爸（弟兄排几称几爸）：叔父。
娘（yai）：母亲（见于房山区河北镇个别村）。
娘（nia）：母亲（见于房山区蒲洼乡、霞云岭乡个别村）。
妈（mai）：母亲（见于房山区南窖乡）。
妈（na）：母亲（见于房山区蒲洼乡芦子水村）。
老的儿、老家儿：自己的父母双亲。
弟媳：弟弟的媳妇。
当家的：自己的丈夫。
家里的：自己的妻子。
内侄：娘家侄子。
内侄女：娘家侄女。
外孙：姥姥、姥爷称女儿、侄女的儿子。
外孙女：姥姥、姥爷称女儿、侄女的女儿。
外甥女：姐姐妹妹的女孩。
外甥儿：姐姐妹妹的男孩。
当家子：同族的人。
大大伯子：丈夫的哥哥。
小叔子：丈夫的弟弟。
大嫂儿：丈夫的哥哥的妻子。
小婶儿：丈夫的弟弟的妻子。
亲（qing）爹：姐（妹）夫之父。
亲（qing）妈：姐（妹）夫之母。
亲（qing）哥：姐（妹）夫家之兄。
亲（qing）兄弟：姐（妹）夫家之弟。
亲（qing）姐：姐（妹）夫家之姐。
亲（qing）妹子：姐（妹）夫家之妹。
亲（qing）爹：嫂（弟媳）的父亲
亲（qing）妈：嫂（弟媳）的母亲。
亲（qing）哥：嫂（弟媳）娘家的兄长。
亲（qing）兄弟：嫂（弟媳）娘家的兄弟。
亲（qing）姐：嫂（弟媳）娘家的姐姐。

亲（qing）妹子：嫂（弟媳）娘家的妹妹。
大妗子：妻子娘家的嫂子。
小妗子：妻子娘家的弟妹。
一般沉、一担挑、挑担：连襟子。
妯娌：弟媳妇与兄媳妇之间的关系。
媳妇儿：妻子、年轻已婚妇女。
儿媳妇儿：儿媳。
姑奶奶子：已出嫁的姑娘。
干亲家：干儿子、干闺女的父母。
小姑奶奶儿：对姑娘昵称。
那口子：配偶。
楔子：男孩。
卯子：男孩。
丫头：女儿、女孩。
客（qiě）：指来家的亲戚客人。
娘儿几个：一伙人中女性为最大长辈时的称呼。
爷儿几个：一伙人中男性为最大长辈时的称呼。
姐儿几个：一伙平辈人中女性年龄最大时的称呼。
哥儿几个：一伙平辈人中男性年龄最大时的称呼。
老疙瘩、老乜：老儿子、女儿。
南蛮子：对南方人的蔑称。

（二）职业类

先生：教师。
先生：医生。
风水先生：看阴阳宅的人。
大了：主人聘请的红白喜事主管。
张罗人：筹办联络某一活动的人。
接亲的：婚礼中接新娘（或新郎）的人。
送女妾：结婚时女方家选的送婚人。
全课人：有男孩又有女孩的夫妇。
唠叨帮子：不干正经营生的人。
厨子：有烹调手艺的厨师。
瓦匠：从事建筑业并有瓦工手艺的人。
泥瓦匠：从事建筑业的人。

铁匠：从事铁业加工的人。

石匠：有石头加工雕刻手艺的人。

篾匠：从事芦苇等编织的人。

小炉匠：从事银、锡、铜等加工手艺的流动艺人。

骆驼板儿：赶骆驼的人。

媒人婆子：媒婆。

记工员：生产队统计社员工分的负责人。

会计：主管财务的人。

饲养员：给生产队喂牲口、喂猪的社员。

机手：生产队、大队使用各种机器的社员。

看场（员）：夏秋、大秋看生产队场院的社员。

看（kān）青、护秋、看秋（员）：生产队选派的看护生产队庄稼、果木树的社员。

车把式、车豁子：称呼赶大车的。

羊倌：称呼放羊的。

牛倌：称呼放牛的。

猪倌：称呼放猪的。

魈利：小偷。

窑姐、野鸡：娼妓。

爵儿：职位。

把式：行家。

（三）劳动生产工具类

掌（zhao）镰：用铁片制成、握在手里的刀具。

背架子：背柴草等的木制工具。

挖勺子：拨苗锄草工具。长沟一带则把挠子叫挖勺子。

桄子：支撑巷道横木与筲子之间的细横木。

犁杖：犁。

盖：牛拉的平地的器具。

大锄：安长把儿、方形的鹤嘴锄。

搬子：安长把儿、大一点的锄头。

小锄：安短把的锄头。

剜眼刀：尖状的剜土坑的工具。

镐把：镐的木柄。

铁锨：铁锹。

山斧子：两面刃的铁斧。

木匠斧子：一面刃的铁斧。

驮子、拢头、拢驮：驮具，架于驴或骡鞍桥上，中间用绳或拘连上，两侧为荆条编成的筐，可装东西。

钩钩：钩树枝等物品的钩子。

拘子：用两叉的树枝或用硬木挖制的，拴在绳子一头，捆绑物品的器具。

皮绳：用牛皮等动物皮制成的绳子。

梢子绳：用麻线打成的绳子。

牛鞭子：用麻绳拧制、耕地时赶牛专用的鞭子。

柿子杆子：摘柿子的木杆。

柿子弓子：用木条窑制成的葫芦状工具，缝制柿子兜用。

柿子兜子：摘柿子用的布兜子。

柿子筐：用木条子编制，运输柿子，带筐盖的筐。

连枷：打场用的木制工具。

破子：劈开石头、木条用的。劈石头用的为铁制，叫铁破子，劈木条用是为木制，叫木破子。

大车：马车。

排子车：没有车厢的马车。

碾框：碾架子。

碾轴根：碾盘中央的立柱。

（四）设施类

坑儿田：在缺少土壤的田里挖深 50 厘米左右的坑，填上土和粪，种植玉米、高粱等作物的方法。

拦洪坝：拦截山洪的石坝。

白薯井：贮藏白薯的旱井。

菜窖：贮藏白菜等蔬菜的地窖。

瓜秧埯：种瓜的坑。

树埯：树根部垒起的土坑。

密坑子：捕鱼的设施。

茅厕、茅坑、粪茅子：厕所。

羊铺：看羊场的小铺。

场铺：看场院的小铺。

板屋：骡马饲养场里饲养员住的屋子。

大车店：大车旅店。

碾盘：石碾的下半部分。

灶火膛：灶膛。

炉膛子：炉膛。

灶火坑：灶坑。

煤槽子：和煤的槽子。

棚子：农家窗台外用排子搭起的晒棚。

搭石、踏石：过河的脚踏石。

挑水湾子：河边挖的挑水用的水坑。

上梁：河边修的打鱼设施。

出梁：河边修的打鱼设施。

支拍子：打松鼠、老鼠的设施。

（五）生活器具类

马勺：木头制成的勺子。

水梢：水桶。

玻璃碴儿：玻璃碎片。

碗碴儿：碗的碎片。

核桃碴儿：核桃的碎片。

杏核碴儿：杏核的碎片。

缸碴儿：缸的碎片。

簸西：簸箕。

胰子：肥皂、香皂。

猪胰子：用猪脂与碱面制成的胰子。

东西：物品通称。

茶铫子：沏茶用的磁器，也叫茶铫。

锅排子：荆条或高粱穗的长柄编的锅盖。

饸饹床子：轧饸饹的木制工具。

糕镜儿：河北一带蒸粘糕用的陶器。

降篷、蒲帽：圆锅形状，尖顶，用草制成。房山南沟蒸粘糕、蒸馒头等盖锅上用，和屜盖相类似。

囤（大囤、小囤）：用条子编制的容具。

囤帽：用草等编制、盖在圆囤上面的器具。

倒壳（qiao 高降调）子：用荆条编织的捕鱼用具。

水舀子、水瓢：用葫芦做成的舀水用的器具。

把儿舀子：水瓢。

件灯杆：高粱穗的长柄。

取灯儿：火柴。

捎马子、双马子：马褡子。

铺盖、铺盖卷：被褥。

木镜儿：蒲洼一带指比水筲大的木桶。

火杵：生煤炉时戳火用的炉具。

炉撺：生煤炉时戳火用的炉具。

闹黄儿锅：铁铸，有锅有盖，烙制面质食品。

两子：秤。

炊帚：刷锅用的器物

袜板：做袜子的模具。

擀杖：擀面杖。

碾棍：推碾子的木棍。

盖巾：用高粱秸篾编制的盖头。

排（pɑi）子：一种是用件灯杆串成的锅盖等炊事用具，一种是用山木条子编成的拦挡或码放东西的器具。

笆：用山木条子编成的遮盖屋顶的排子。

瓤泥：掺上草、麦秸等和出的泥。

瓤灰：掺上麻刀或麦秸和的灰泥。

炕坯：用瓤泥制成的泥坯，搭炕用。

小坯子：用泥揣制，垒墙用。

温缸儿、炉缸儿：垒在地炉子炉台里温水的缸。

缸子、水缸子、茶缸子、瓷缸子：带把的水杯。

猪槽：喂猪用的槽，有石槽、木槽。

鸡槽：喂鸡用的槽，有石槽、铁槽、木槽等。

牲口槽：喂马、骡、驴、牛用的槽，有石槽、木槽。

电驴子：摩托车。

月亮牌、月份牌：日历。

手电棒、电棒儿：手电筒。

家什子：工具、家具。

二踢脚、双响：一种爆竹。

炮仗：鞭炮。

拨浪鼓儿：一种玩具。

干粮袋儿：装干粮的布袋子。

抽子：一头缝有伸缩绳子的口袋。
口袋：装粮食等的布口袋。
稭穰：场里打下豆子的豆秸。
水击子：用核桃树皮、柳树皮做成的玩具。
呲啦啦：用核头做成的玩具。
（六）生活类
破鞋：作风不正的女人。
分子：礼。
双生：双胞胎、孪生。
囚着：缩着，等着。
朝叙：主动问一问。
落忙：红白喜事帮忙干活。
吸溜：用嘴吸食汤或粥（热粥汤），还带出响声。
碗巴子：碗中剩饭。
拉吧子：剩下的一点活、事。
饥荒：债。
浪张：找事、管闲事。
花消：开支、支出。
挑费：日常生活花销。
绷上：用长针脚缝上。
撩上：把裤脚、衣角等缝上。
紧巴：钱、粮等不够用。
（七）文体活动类
欻子儿：一种儿童游戏。
磕房子：一种儿童游戏。
高联：一种两人玩的棋类游戏。
憋死猫：一种棋类游戏。
牤牛撑蛋：一种两人玩的棋类游戏。
鸡毛蒜皮炉灰渣：一种两人玩的棋类游戏。
戳棍儿：一种儿童游戏。
抄绳：一种游戏。
藏门儿门儿：捉迷藏。
破寐（谜）：猜谜语。
打澡洗：游泳。

打游儿：打秋千。
打牌、打把子、甩把子：打扑克。
追人儿：一种游戏。
甩凫：蝶泳。
凫水：游泳。
踩凫：立在水中、只用双脚的游泳。
扎猛子：潜水。
狗刨：游泳。
打水漂：把薄石片打在水面上。
打水击子：用水击子打水仗。
碰呲啦啦：比赛谁的结实。
冲水车：用树枝做成轮子，用河水冲击轮子旋转。
（八）人体类
缕唇：一条红肿的痕迹。
脚哈么儿：脚指头之间的位置。
痴么糊：眼屎。
水啦啦：哈喇子。
脑瓜子：头。
鼻子眼：鼻孔。
腮帮子：腮。
下巴磕：下颚。
牙巴叉：下颚骨。
脸谷谷儿：脸颊。
池子：拳头。
舌头根：舌根。
牙：牙齿。
屁火：屁股。
嚏分：喷嚏。
肋条：肋骨。
豁子：兔唇
眼之毛：睫毛
胳了把儿：膝盖。
胳肢窝：腋窝。
脊颈骨、脊梁骨、脊宁骨：颈椎。

后脊经、脊宁：脊背。
下巴磕儿：下巴。
脑瓜子、脑袋瓜子：脑袋。
咂儿、乳头、奶子、妈妈：乳房。
胡子：胡须。
老了：逝世。
胳拉扮儿：膝盖。
肋条：肋骨。
脚丫子：脚掌。
肝火：肝脏。
腰子：肾脏。
尿泡：膀胱。
脾脐眼：肚脐眼。
唾沫：涎液。
嘴巴：口。
下巴：下颚。
耳塞：耳屎。
蛇缠腰：疱疹。
心口痛：胃痛等。
（九）服装类
手巴掌：手套。
汗溻儿、汗落儿：形似背心，旧时民间自己缝制。
腰子：围腰用，有棉有夹；蒲洼一带则指兜肚。
围脖儿：围巾。
靴子、毛窝：棉鞋。
毡趿拉、毡窠拉：毡鞋。
嘎拉：小孩围嘴。
叉裤：有棉或皮两种，类似裤，而有“腿”无“腰”，上边系以绳。
屁帘子：围在小孩屁股后边的垫，有棉有夹。
板尖鞋、踢死牛：纳制的单鞋。
轮胎底鞋：以轮胎为鞋底做成的鞋。
搭布：旧时系在上衣腰间外面的布袋子。
腿带子：旧时绑裤脚的布带子。
包袱：包裹东西的布块。

羊肚手巾：毛巾。

落淋、俄林：衣服上的汗碱印记。

袖口子：袖口。

脖领子：脖领。

扑插：布头儿、布条儿。

扑插脑儿：很碎的扑插。

扑插条儿：布条。

扑插丝儿：布丝儿。

鞋碴儿：穿破的鞋。

夹纸：用布糊的布片，做鞋用。

（十）食物类

包子：馒头。

馅包子：包子。

饽饽：馒头、烙饼、窝头的统称。

卷子：将和好的面擀成面片，再放些馅，卷成卷，用刀切成数个蒸出的食品。

温活儿水：不冷不热的水。

漤柿子：用温水等浸泡柿子，去掉涩味的柿子。

棒子面：玉米面。

大黄米面：用黍子磨成的面。

小黄米面：用粘谷磨成的面。

高粱米面：用高粱米磨成的面。

白面：小麦粉。

杂面：用几种豆子磨成的面。

豆面：用豆子磨成的面。

白薯干：一种是蒸熟的白薯晾成的干，一种是生白薯晾成的干。

白薯干面：用生白薯干磨成的面。

拨鱼：把面调成糊状，用筷子拨在开水锅里，做成面条。

糁子：用棒子、高粱碾成的碎粒。

糖糕：用粘米面掺黄豆面蒸的糕，蒸的时间长。蒲洼一带有此做法。

碴子粥：用穿（chuǎn）过的大棒子碴儿熬的粥。

面儿粥：用棒子面儿熬的粥。

糁子粥：用棒子糁子熬的粥。

杏碴粥：用榨过油的杏仁饼与棒子碴儿、蔬菜熬的粥。

两米粥：用大米、小米一起熬的粥。
豆儿粥：用豆儿或大米、或小米、或糁子等熬的粥。
菜粥：以菜为主，加些糁子熬的粥。
瓜粥：用倭瓜、棒子糁子熬的粥。
白薯粥：用白薯、棒子糁子熬的粥。
榆钱儿粥：用山榆叶、棒子糁子熬的粥。
粥嘎本儿：粥熬好过后，粥表面结成的膜。
粥嘎渣：粥熬好过后，锅底结成的锅巴。
杂面鱼：用杂面做的拨鱼。
饽饽：对蒸制的面食的通称。
酸粥：粥放时间长了变质了。
轧饸饹：用玉米面掺榆皮面和好，用饸饹床子轧制的面条。
炖吊子：炖猪下水。
黄二饼子：用铛烙的粘米面饼。
闹黄儿：用发酵的玉米面或其他的面烙制的食品。
年糕：用大黄米面或小黄米面蒸制的糕。
血糕：用猪血、棒子面、菜等蒸制的糕。
拿糕：用棒子面、菜叶等蒸制的糕。
贴饼子：将和好的棒子面揉成饼子贴在铁锅上烙制而成。
热汤面：原汤原汁的面条。
过水面：将热面条过凉水。
疙瘩汤：用面疙瘩做的汤。
裤腰带、面叶汤：用面片做的汤。
瓜条汤：用瓜条做的汤。
打卤面：浇卤汁的面条。
压肉：用猪头肉、豆腐等压制而成。
油香：用白面油炸而成。
（十一）地理自然类
降：彩虹。
老爷儿、佛爷儿：太阳。
风圈、泡圈：月晕。
汊河：河道的小支流。
起：河道中形成的沙石岗。
打春：立春。

当午：端午。

去暑：处暑。

大雨实行：立秋前五天和立秋后五天。

嵲（nié）：山峰，是北京西部山区通用的一个名词。康熙字典解释为山高貌。由于新华字典、新华词典未把此字作为名词单用，一些房山人、门头沟人便把“崖（yɑ）”解释为多音字，认为“崖”字在本地读“nie”。

嵲崖（lɑ）：山峰的断壁。

嵲嘴：山崖上突出的岩石。

嵲楞：山崖上突出的地方。

嵲碴：陡峭的山崖。

嵲沿儿：岩崖的边沿处。

嵲缝：山岩的缝隙。

嵲窟窿：山岩中小的石洞。

嵲片：山峰上裸露的岩石。

嵲头：山峰的顶。

大嵲：高峻的山峰。

大嵲头：大的山峰的顶。

小嵲头：小山的顶。

嵲台儿：悬崖上的小平台。

嵲根儿：峰岩峭壁底部。

嵲脚：峰岩底部的侧峰。

嵲旮旯：山崖的角落。

嵲梁子：山脊。

嵲坎：山上高起的可以爬上去的山岩。

嵲站：山崖侧峰的岩顶。

光板嵲：峭壁。

黄嵲：带有土色的峭壁。

黄嵲崖（lɑ）：峭壁上的岩石缝隙。

嵲门（mēn）楼：上凸起下凹进的岩壁。

嵲脸儿：山峰不长植物的悬崖断壁。

草坯子：带草根的土块。

龙扒：泥石流。

土坎：取土（主要是黄土）的土岗。

土缕：一条条的土岗子。

山洞：比较深比较大的嵲窟窿。
垩子：蒲洼一带对地堰的称呼。
埝、地埝、石埝：用石头垒起阻挡泥土、砂石垒起的石墙。
埝跟里：靠近埝墙的墙角。
埝街子：埝墙下面的地面。
埝头子：埝墙上面。
埝缝：石埝上的缝隙。
埝窟窿：石埝上的窟窿。
埝边：山坡地的外地边。
地街子：山坡地不长庄稼的埝跟、地边。
撂荒地：荒了的地。
暄土：松软的土。
雨生：不种自生的庄稼。
三星儿：牛郎星。
扫帚星：彗星。
土坷垃：土块。
（十二）家禽家畜类
腙儿：公猪仔。
豚儿：母猪仔。
大瓜瓜、臊呼噜：公羊。
羯子：割去睾丸的羊。
草鸡：母鸡。
草驴：母驴。
叫驴：公驴。
儿马：马。
骒马：母马。
草驴：母驴。
骟驴：将睾丸割掉的驴。
牤牛：公牛。
犍子：公牛。
乳牛：母牛。
泡呼噜：公猪。
克郎：半膘猪。
仔猪：小猪。

郎猫、牙猫：公猫。
女猫、咪猫：雌猫。
（十三）部分野生动物类
家雀儿、家贼、家鸡儿、大老家：麻雀。
黑老郭：乌鸦。
野鹊、喜巧：喜鹊。
锛打木：啄木鸟。
夜猫子：猫头鹰。
蝇子：苍蝇。
耗子：老鼠。
燕壁虎、边蝙蝠：蝙蝠。
长虫：蛇。
地了徘子：鼹鼠。
散毛子、臊鹰：松鼠。
曲车、蛐蟮：蚯蚓。
蚂螂：蜻蜓。
蚂蚱：蝗虫。
蚂蚱蹲儿：小蚂蚱。
蛋蚱：蝗虫的一种，绿色。
石蚂蚱：干河滩上的蚂蚱。
刀螂：螳螂。
蚍蜉：蚂蚁。
哈（hǎ）马：青蛙。
疖河马、癞蛤蟆：蟾蜍。
屎各螂：蜣螂。
鸡鸟儿、拘了儿、知了、唔英哇子：蝉。
伏天儿、伏地儿：蟪蛄。
斑雀：斑鸠。
寒得得、寒得拉：寒号鸟。
恨呼：雕。
热儿：麦秋时出来的小蝉。
会子、会会子：刺蛾幼虫。
骚狗子：狐狸。
狸不嘚：花鼠

蝎里虎子：壁虎。
鲫瓜子：鲫鱼。
厚鱼：草鱼。
虾米：虾。
王八、团鱼、甲鱼：鳖。
蚂皮：水蛭。
卡啦簸细：贝壳。
扑棱蛾子：飞蛾。
蝲蝲蛄：蝼蛄。
臭咕咕：戴胜鸟。
马尾（yi）雀（qiao）：寿带鸟。
杠杠刀：短耳鸮。
野鸡：雉鸡。
刺（cí）头：蛴螬。
镝子：蜂、蝎子的毒刺。
蜂镝子：蜜蜂、胡蜂的毒刺。
蝎子镝子：蝎子的毒刺。
马蜂：胡蜂。
马蜂儿子：蜂蛹。
蜇死牛：胡蜂的一种。
茸茸：蚕蛹。
棉火虫：萤火虫。
蛛蛛：蜘蛛。
夏芒叮：牛虻。
肉姑娘儿：刚孵出的小鸟。
臭板子、臭大姐儿：梨椿象。
（十四）种植植物类
红柿：受伤或得病后红软的柿子，可以吃。
麻秸：剥掉麻的麻杆。
秫秸：高粱秸。
疙瓤：打完豆子的豆秸。
滑秸：麦秸。
杆草：谷秸。
棒子：玉米。

白薯、红薯：甘薯。
山药：土豆。
望日莲、太阳转、佛爷花：向日葵。
山里红：红果。
秦椒：辣椒。
大麻籽：蓖麻。
料豆子：黑豆。
胡萝北：胡萝卜。
鬼子姜：菊芋。
亚葫芦：葫芦的一种。
夏粮：小麦。
麦子：小麦。
麦王：麦芒。
茄棵：茄子秧。
蒜挺儿：蒜薹。
核头：核桃。

（十五）部分野生植物类

雨生谷：不种自生的谷子。
雨声豆子：不种自生的豆子。
雨生瓜：不种自生的瓜。
葛针：酸枣树棵子。
青枣：野生猕猴桃。
把树、把木：漆树。
黄栌子、黄萝子：黄栌。
荆蒿子：荆。
桃条儿：当年生的直条的桃枝，编家具用。
荆条儿：当年生的直条的根茎枝芽，编家具用。
柳条儿：当年生的直条的柳枝，编家具用。
妈妈棵、猪妈妈留、鞋底片：地黄。
谷谷莠：狗尾巴草。
嵲花：槭叶铁线莲。
猪耳朵、猪妈妈留：地黄。
核桃楸：胡桃树。
菜树：柞树。

高粱米花：杜根草。
石蹦子：毛花绣线菊。
山菜：苍术叶。
黄米草：黄背草。
马莲、马兰花：马蔺。
铃铛花：桔梗。
刺菜：小蓟。
山丹丹花：百合。
羊角儿叶根：五加皮。
蒜辫子草：知母。
小鸡根：远志。
臭铃铛：马兜铃。
牛筋：鹅耳枥。
烂酸梨：香梨。
白果树：银杏。
条子：直条的可以编制器物的树苗、枝条。
核桃絮儿：核桃的花穗。
杨树絮儿：杨树的花穗。
（十六）时间类
前儿个：前天。
列列个：前天。
昨儿个：昨天。
列个：昨天。
今儿个：今天。
明儿、明儿个：后天。
大后儿：后天。
早曦：早晨。
前半晌：上午。
晌活：中午。
后晌：下午。
后半晌：下午。
傍黑：晚上。
后上：晚上。
擦黑：傍晚。

黑界：夜里。
过年：明年。
今（jì）年：今年。
年上：去年。
功夫儿：时间。
当间儿、当乎间：中间。
（十七）方位类
高里：上头、上边。
底下：下面。
那当儿：那时候。
那划拉：那一片。
那疙瘩：那地方。
上（shánɡ）头：上面。
下（xiɑ）头：下面。
前头：前边。
后头：后边。
后尾（yi）儿：后头。
就地儿：地面上。
里头：里面。
外头：外面。
紧里头：最里面。
紧外头：最外头。
倒活：后面。
上坎：上头。
下坎：下头。
左半拉儿：左边。
右半拉儿：右边。
东半拉儿：东边。
东沿：东头。
西半拉：西面。
西沿：西头。
就地儿：地上。
跟里：挨着某物体的地方。
底下：某物体的下面。

眼前：当前、面前。

二、动词

（一）人体变化类
紫：肉皮紫了。
青：肉皮青了。
红：肉皮红了。
胖（pāng）：肿。
大：头大了。
（二）劳动生产类
穿（chuǎn）：去掉籽粒的皮。
澄：把水控出来。
撇（piē）：用勺子等把液体表面部分或杂质取出来。
扦：先把高粱穗摘下，再用镰刀钐或用招镰掐。
割：用镰刀由下向上斜着削断柴草庄稼。
钐：用镰刀由上向下斜着削断柴和庄稼。
刨：种，如刨谷子。
串：寻找、捡，如：串豆子。
拾：采摘，如：拾蘑菇。
耪：用锄头锄地。
掫（zhou）：双手提起来，如：掫石头。
搭：修建，如：搭棚子。
拽：扔，如：拽板石。
扽：拽绳子的一头。
髡：砍掉树的枝杈，如：髡树。
钊：用镐刨之意，如：钊地，钊高粱。
打：提、买，如：打灯笼，打油、打醋。
擗：用力掰扯，如：擗棒子。
科：专指修理树之枝杈。
捋杵：干。
捩把：比试。
（三）人体活动类
弄（neng）：整。
摸（mao）：摸。

捎：捎带，如：打张三，捎李四一脚。
蹽：跑。
把柞：手或脚乱动。
得（dei）：直着碰撞、打，如：得你一拳。
抄（chao）擭：来回搅合。
做（zou）：做活，干活，如：做棉裤。
扽（den）：快速抻动。
踅摸：寻找，如：四处踅摸。
汩涌：一点点挪动。
抬：藏，如：把电棒抬起来。
抓弄（nou）：争取、拉扯、推搡。
抖搂：抖动衣服、包袱的动作。
出溜：由上往下滑动、到处乱串。
眯（mī）：眯起来，私自藏起来。
喀嚓：用硬器具削刮。
张罗：筹划、料理。
溜：扔，如：溜石头。
囚着：缩着，等着。

颠了：逃跑了。
打（dá）构：拼凑、做。
号脉：诊脉。
捶棒：双手敲打。
凿棒：双手敲打。
嘚嘞：说没用话。
嘚吡：没用的议论。
听听：用鼻子闻。
对对：看，如：上门口对对。
哇吆：嚷嚷、吆喝，如：瞎哇吆什么？
呛呛：争论，如：俩人呛呛起来。
呛吡：无用的责怪，如：你呛吡什么？
瞧渥：全面、深刻地看。
虑论：辩论。
垫补：饭前少吃点东西。
呵唬：大声训斥。

听：闻，如：你听听这饭馊没馊？
瞜：看，如：让我瞜一瞜。
踅（xué）摸：寻找。
噙（qun）：口里含着。
嘬：吮吸。
得（dei）意：故意，如：你得意不来。
扯记：惦记。
嘬磨：琢磨思考。
心思：思考。
估摸：估计。
咂摸：琢磨。
编算：琢磨、算计。
盘算：琢磨、算计。
起誓：发誓。
笑活：讽刺、讥笑。
（四）其他类
下：生、育。
闹：喧扰、嘈杂。
煾：煾热，放在炉边、火边烤热，如：煾白薯。
拉拉：一点一点滴答。
赊：欠，如：这钱赊了不少日子。
咕嘟：煮、炖。
扭掇：扭动。
朽（qiu）：木头腐烂变质。
着雨：被雨淋。
戳：立起；向下扎。
煞：站在原地不动，往后边靠。
折：断了。

三、形容词

（一）人及品行类
罗利：干净、利索、整洁。
待见：喜欢。
稀罕：喜欢。

闹心：心里被喧扰。
上火儿：生气。
抻住：不满意。
憋屈：憋闷、委屈。
吃心：怀疑别人说自己。
苦（kú）楚：有痛苦说不出。
各应：行为使人厌恶。
入樽：吃得舒服。
澳心：恶心。
背兴：倒霉。
寒碜：难看。
成心：故意。
呵碜：难看，寒碜。
刺挠：刺头。
贱骨：下贱、没有骨气。
贱倍：贱。
欺生：欺负外来人。
能个儿：本事。
能耐：能力。
张班儿：多管闲事的人。
难揍：坏。
嘎谷：行为特殊，坏。
学（xiáo）舌：与别人学话。
闲林：调皮好动。
虚多子貌少：虚惊、猜疑。
絮叨：唠叨。
拉忽：马虎。
实牢：诚实，实在。
快性：主动，办事利索。
粘拽：办事拖拉、不利索。
葛：不合群，脾气古怪。
轴：脾气执拗不灵活。
贫嘴呱啦舌：嘴贫。
黑吹三哨：爱吹牛。

偏向：不公正地偏重某一方。
生分：关系不好。
杠头：爱与人抬杠。
像旦：指言谈举止装腔作势，像京剧旦角哼哼呀呀。
渠、抠儿：吝啬。
力巴：外行，不懂，不熟悉或手不巧。
个色：特殊，个别。
毛手毛脚：干事不稳当。
花里胡哨：华而不实。
蹭嘴：蹭饭吃。
犟咕：顶嘴。
偲图：不放心。
(二) 事物状态类
拉倒：罢了。
唰白：一下变白。
煞利：清、透、爽。
烂糊：快、不挑食。
刺痒：身上痒。
解扭儿：结构松解、变形。
斜扭儿：变形、不正。
积扭儿：褶皱、变形。
腻味：脏。
鲜活儿：新鲜、鲜艳。
薄：菜口味淡，盐放得少。
爆腾：烟尘较多。
暄腾：松而柔软。
软和：柔软。
力巴：外行或手不巧。
悬（xuán）：危险。
肉头：柔软，有弹性。
兀涂：指温水，不凉不热。
嫩（nén）生：娇嫩。
裹乱：捣乱。
抻住：不满意、埋怨。

消停：踏实。
怯勺：不懂行，闹笑话的意思。
坐实：指鞭炮声响重或家具结实笨重。
佳壮：结实，如：这桌子挺佳壮。
泼实：能干泼辣。
奘：粗，如：这木头真奘。
格局：指东西摆设规整，例：这尾子摆设真格局。
鲜活：形容颜色鲜艳。
四致：周全，稳妥，例：房间收拾得四致极了。
露怯：因不懂而闹出笑话。
使得吭、使得慌：累。

(三) 形容词的叠加儿化类

形容颜色的：红红儿的、白白儿的。
形容长度的：长长儿的、短短儿的。
形容亮度的：亮亮儿的、黑黑儿的。
形容物体形状的：方方儿的、圆圆儿的。
形容物体弯直状况的：直直儿的、弯弯儿的。
形容速度的：快快儿的、慢慢儿的。
形容味道的：甜甜儿的、酸酸儿的。
形容物体、事物表面的：平平儿的、光光儿的。
形容人体胖瘦的：胖胖儿的、瘦瘦儿的。
形容温度的：烫烫儿的、凉凉儿的。
形容谷粮丰满程度的：鼓鼓儿的、瘪瘪儿的。
形容植物成熟状态的：老老儿的、嫩嫩儿的。
形容天气状况的：晴晴儿的、阴阴儿的。
形容水分状况的：湿湿儿的、干干儿的。
形容事物大小的：大大儿的、小小儿的。
形容事物高低的：高高儿的、矬矬儿的。
形容物体薄厚的：薄薄儿的、厚厚儿的。
形容液体稀稠的：稀稀儿的、糨糨儿的。
形容植物密度的：密密儿的、稀稀儿的。
形容距离远近的：远远儿的、进近儿的。
形容气味酸臭的：酸酸儿的、臭臭儿的。

(四) 加词缀现象极普遍

房山方言中，形容词加词缀现象极普遍。同北京城区方言土语一样，和普通话比较，显得更生动和丰富。词缀以置于形容词尾者多，亦有置于中间者。

加“了吧唧”

穷了吧唧，酸了吧唧，甜了吧唧，苦了吧唧，丑了吧唧，水了吧唧，潮了吧唧，丧了吧唧，赖了吧唧，横了吧唧，抠了吧唧，骚了吧唧，臭了吧唧，煳了吧唧，白了吧唧，黑了吧唧，黄了吧唧，红了吧唧，绿了吧唧，紫了吧唧，青了吧唧，蓝了吧唧，阴了吧唧，粘了吧唧，齁了吧唧，区了吧唧，抽了吧唧，蔫了吧唧，馊了吧唧，软了吧唧，硬了吧唧，糨了吧唧，稠了吧唧，稀了吧唧，呛了吧唧，脏了吧唧，生了吧唧，油了吧唧，烂了吧唧，腥了吧唧，膻了吧唧，土了吧唧，洋了吧唧，糟了吧唧，糗了吧唧，味了吧唧，浑了吧唧，色了吧唧，娇了吧唧，猴了吧唧，浪了吧唧，疯了吧唧，锈了吧唧，褶了吧唧，烦了吧唧，困了吧唧，愁了吧唧，浅了吧唧，深了吧唧，厚了吧唧，薄了吧唧，怕了吧唧，倔了吧唧，蠢了吧唧，佞了吧唧，混了吧唧，骚了吧唧，喘了吧唧，贫了吧唧，倩（儿）了吧唧。

加“了不唧”

穷了不唧，酸了不唧，甜了不唧，苦了不唧，丑了不唧，水了不唧，潮了不唧，丧了不唧，赖了不唧，横了不唧，抠了不唧，骚了不唧，臭了不唧，煳了不唧，白了不唧，黑了不唧，黄了不唧，红了不唧，绿了不唧，紫了不唧，青了不唧，蓝了不唧，阴了不唧，粘了不唧，齁了不唧，区了不唧，抽了不唧，蔫了不唧，馊了不唧，软了不唧，硬了不唧，糨了不唧，稠了不唧，稀了不唧，呛了不唧，脏了不唧，生了不唧，油了不唧，烂了不唧，腥了不唧，膻了不唧，土了不唧，洋了不唧，糟了不唧，糗了不唧，味了不唧，浑了不唧，色了不唧，娇了不唧，猴了不唧，浪了不唧，疯了不唧，锈了不唧，褶了不唧，烦了不唧，困了不唧，愁了不唧，浅了不唧，深了不唧，厚了不唧，薄了不唧，怕了不唧，倔了不唧，蠢了不唧，佞了不唧，混了不唧，骚了不唧，喘了不唧，贫了不唧，倩（儿）了不唧。

加“不啦唧”

穷不啦唧，酸不啦唧，甜不啦唧，苦不啦唧，丑不啦唧，水不啦唧，潮不啦唧，丧不啦唧，赖不啦唧，横不啦唧，抠不啦唧，骚不啦唧，臭不啦唧，煳不啦唧，白不啦唧，黑不啦唧，黄不啦唧，红不啦唧，绿不啦唧，紫不啦唧，青不啦唧，蓝不啦唧，阴不啦唧，粘不啦唧，齁不啦唧，区不啦唧，抽不啦唧，蔫不啦唧，馊不啦唧，软不啦唧，硬不啦唧，糨不啦唧，稠不啦唧，稀不啦唧，呛不啦唧，脏不啦唧，生不啦唧，油不啦唧，烂不啦唧，腥不啦唧，膻不啦唧，土不啦唧，洋不啦唧，糟不啦唧，糗不啦唧，味不啦唧，浑不啦唧，色不啦唧，娇不啦唧，猴不啦唧，浪不啦唧，疯不啦唧，锈不啦唧，褶不啦唧，烦不啦唧，困不啦唧，愁不啦唧，浅不啦唧，深不啦唧，厚不啦唧，薄不啦唧，怡不啦唧，倔不啦唧，蠢不啦唧，侉不啦唧，混不啦唧，骚不啦唧，喘不啦唧，贫不啦唧，倩（儿）不啦唧。

加“不及儿”

穷不及儿，酸不及儿，甜不及儿，苦不及儿，丑不及儿，水不及儿，潮不及儿，丧不及儿，赖不及儿，横不及儿，抠不及儿，骚不及儿，臭不及儿，煳不及儿，白不及儿，黑不及儿，黄不及儿，红不及儿，绿不及儿，紫不及儿，青不及儿，蓝不及儿，阴不及儿，粘不及儿，齁不及儿，区不及儿，抽不及儿，蔫不及儿，馊不及儿，软不及儿，硬不及儿，糨不及儿，稠不及儿，稀不及儿，呛不及儿，脏不及儿，生不及儿，油不及儿，烂不及儿，腥不及儿，膻不及儿，土不及儿，洋不及儿，糟不及儿，糗不及儿，味不及儿，浑不及儿，色不及儿，娇不及儿，猴不及儿，浪不及儿，疯不及儿，锈不及儿，褶不及儿，烦不及儿，困不及儿，愁不及儿，浅不及儿，深不及儿，厚不及儿，薄不及儿，怡不及儿，倔不及儿，蠢不及儿，侉不及儿，混不及儿，骚不及儿，喘不及儿，贫不及儿，倩（儿）不及儿。

加“不英儿”

酸不英儿，甜不英儿，苦不英儿，水不英儿，潮不英儿，臭不英儿，煳不英儿，黑不英儿，黄不英儿，红不英儿，绿不英儿，紫不英儿，青不英儿，蓝不英儿，呛不英儿，生不英儿，浅不英儿。

加“流星”

吐沫流星，彪子流星，半尖子流星，娘们流星。

加“不溜丢”

穷不溜丢，酸不溜丢，甜不溜丢，苦不溜丢，丑不溜丢，水不溜丢，潮不溜丢，丧不溜丢，赖不溜丢，横不溜丢，抠不溜丢，骚不溜丢，臭不溜丢，煳不溜丢，白不溜丢，黑不溜丢，黄不溜丢，红不溜丢，绿不溜丢，紫不溜丢，青不溜丢，蓝不溜丢，阴不溜丢，粘不溜丢，齁不溜丢，区不溜丢，抽不溜丢，蔫不溜丢，馊不溜丢，软不溜丢，硬不溜丢，糨不溜丢，稠不溜丢，稀不溜丢，呛不溜丢，脏不溜丢，生不溜丢，油不溜丢，烂不溜丢，腥不溜丢，膻不溜丢，土不溜丢，洋不溜丢，糟不溜丢，糗不溜丢，味不溜丢，浑不溜丢，色不溜丢，娇不溜丢，猴不溜丢，浪不溜丢，疯不溜丢，锈不溜丢，褶不溜丢，烦不溜丢，困不溜丢，愁不溜丢，浅不溜丢，深不溜丢，厚不溜丢，薄不溜丢，怡不溜丢，倔不溜丢，蠢不溜丢，侉不溜丢，混不溜丢，骚不溜丢，喘不溜丢，贫不溜丢，倩（儿）不溜丢。

加“兜儿”

淘气兜儿，小坏兜儿，小气兜儿，利巴兜儿，坏事兜儿。

缀置于中间的词：邋里邋遢，咣里咣荡，腌拉巴，结里结巴，糊里巴涂，滑拉巴擦，稀里糊涂，花里胡哨。

四、数量词和副词

（一）数量词

窝：表动物生育、老鼠数量的单位。

番（fān）儿：拨、代，如：这一番儿。

畦：种菜的面积，如：两畦韭菜。

块：钱币单位，同“元”，一块钱即指一元钱。

毛：钱币单位，同“角”，一毛钱即指一角钱。

趟：来往的次数，另指列，例：一行树，称一趟树。

庹：两臂伸开的长度，约五尺。

叉：拇指和中指叉开长度。

把儿：小捆，如：一把儿葱，一把儿韭菜。

把：指牲口数目，一把为5个。

巴掌：5（个、斤等）。

竿子：木竿子，比喻高度，如：太阳还有一竿子高。

领：表毡子的单位，如：三领毡。

挂：串，如：一挂鞭炮；另同“辆”，一挂车，即一辆车。

群：一般是一个羊倌放的羊为一群，如：二队有三群羊。

篓子、篮子、筐、口袋、车等容器：分东西的容量单位。

堆（zui）：堆，如：三堆煤。

骨节：一截，如：就一骨节。

截：段，如：折了三截。

口：表人、猪的单位。

头：表骡、牛、驴的单位。

匹：表马的单位。

只：表鸡、鸭、鹅、羊的单位。

（二）副词

好些、好些个：很多。

忒：非常、特别。

紧：尽、最，例：他坐在紧那头。

打当、拉当：当天往返。

这会子：这时刻、这段时间。
插把：刚开始的时候。
原先：以前。
早先：从前。
说话：立刻。
立马儿：立刻。
敢经、敢情：原来、当然，如：敢经是他；敢经好嘞。
溜溜儿：整整，如：溜溜儿一天。
可不儿：可不是。
将：同“刚”“刚刚”，例：将够本；将及格。
且：表示时间长，如：且不下班哪；且等着哪。
顶：最，如：顶尖、顶好、顶差劲。
挺：很，如：挺大、挺高、挺厉害。
马上：立马，即，立刻。
齁：非常、很，如：齁不讲理。
穷：非常、很，如：穷不讲理。
死：非常、很，如：死不讲理。
老：非常、很，如：老不讲理。
贼：非常、很，如：贼不讲理。
经：经常，如：经吃海鲜。
别介：不用。
没介：没有。
不接：不行。
斗是：就是。
搂是：就是。
兜是：就是。
少不：莫非。
真的：果然。
当下：立刻。
到尾（yei）儿：到底。
亏了：幸亏。
老是：总是、经常。
略薄儿：稍微。
归了白齐：总共；表示语气。

屡续：一点一点地，慢慢地，如：这事得屡续着办。
注注儿：专注，不错眼珠儿。
满世界（村、大街等）：到处。
绕世界（村、大街等）：到处。
可世界（村、大街等）：到处。
整天介：整天。
合着：表示语气。
净：大都、主要。

五、虚词

（一）介词
着（zhɑo）：被，如：着狗咬了。
挨：被，如：挨狗咬的。
上：到，如：上北京去。
搭（dɑ）：从，如：你搭哪儿来？
广着：冲、跟。
（二）连词
跟：和，如：我跟他一块上北京。
轰（hong）：和，如：我轰他一块上北京。
（三）代词
这搭拉、这当儿：这时候。
那搭拉、那当儿：那时候。
多怎：什么时间。
多候儿：什么时候。
咋么：怎么。
解：几个。
捏个：那个。
乃个：哪个。

第七章　顺义区

第一节　历史沿革

顺义区（见图 7－1）是北京市郊区县之一，位于北京东北郊，北邻北京市怀柔区、密云县，东界北京市平谷区，南与河北省三河市、北京市通州区接壤，西南、西与北京市朝阳区、昌平区以温榆河为界。境域东西长 45 公里，南北宽 30 公里，总面积 1021 平方公里。

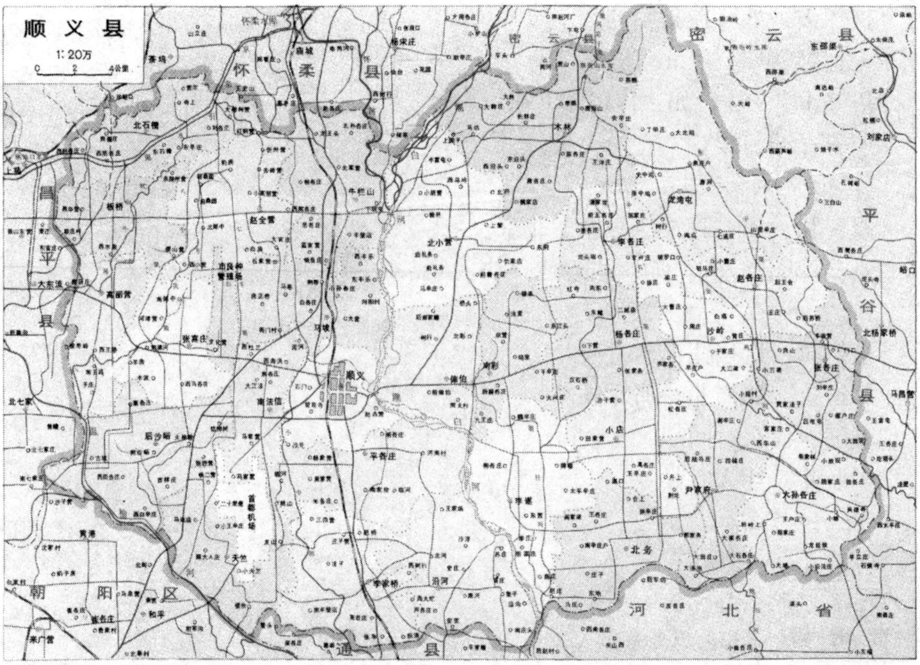

图 7－1[①]

顺义区北、东北边界屏障燕山，境内除十几座小山丘外，余为一片平川。境内北部山地最高点海拔 644 米，最低为 24 米，平均海拔 35 米。顺义地貌除

① 图选自北京工艺美术出版社 1991 年出版的《北京百科全书彩图·地图集》。

受基岩岩层地质构造影响外，主要是河流洪水携带沉积物质造成，表面堆积物主要是砂、亚砂土。潮白河等河流分流其间，均呈南北走向，地下水源丰富，年均可开采量4亿立方米，部分地区蕴藏有地热资源。全境属温带大陆性半湿润季风气候，四季分明。

顺义历史悠久，新石器时代，潮白河沿岸已有人类活动，秦以前属冀、属幽、属燕。汉高祖十二年（公元前195年）在今顺义境后沙峪镇古城村北置安乐县、顺义境北小营镇北府村南狐奴山下置狐奴县。唐乾元元年（758年）在今顺义境设顺州。明洪武元年（1368年）改顺州为顺义县。

顺义地理位置优越，交通便捷。清朝以前，境内陆路和水路交通比较发达。战国时起，逐步形成从蓟城（今北京）到塞北，途径顺义的两条陆路交通大道。清代皇帝去热河（承德）避暑，木兰围场狩猎，谒东陵，北戴河观海，均走顺义御道。水路交通是指境内潮白河、温榆河水上运输，自秦开始“海运饷边”，后各朝代居庸、密云长城各关口的军械粮饷，以及长城内外物资交流，大多由温榆、潮白两条水路漕运。1938年境内修建了铁路，水路运输停止。新中国成立后，1958年境内建成首都国际机场。1988年竣工的大秦电气化铁路穿越北境，境内长度为27.2公里。境内公路国道、市道、县道纵横交错，形成立体交通网络。邮政通讯也获得了巨大的发展，明代开始设驿路，人马传递文书，至1995年，实现汽车投递邮件，并开辟了特快专递业务。

顺义县城为唐代天宝年间所建，已经1000多年。初为土城，明万历时护以砖石，明清两代屡经修缮。旧城南昂北俯，东北突出一隅。城墙全长3000多米，有东西南北四门，城外有濠堑。县城中心最高处建石幢一座，四厢渐次低下，成龟背形。县城面积1平方公里。1948年顺义解放时，县城面积依旧，城墙已全部塌毁，街道凹凸不平，雨天泥泞不堪，晴天尘土飞扬。从20世纪50年代开始，街道多次进行改造。初期主要是加宽铺平路面，面貌变化不大。20世纪70年代中期以后，旧城改造力度加大。拆旧建新和建设新城区同时进行，规划、环保、市容、市政互相配合，供水、排水、绿化美化、公共设施配套建设。1995年底，县城面积19平方公里，是原来的19倍。城内交通便利，商业繁荣，高楼林立，街道清洁。主要街道总长三十余公里，全部为沥青路面。城内建起14个居民区，集中供水、供电、供暖。建成国泰商厦、西单分店等大型商场。建成影剧院、工人文化宫等一批文化场所。修建了顺义公园、怡园、卧龙公园等休闲场所。

顺义具有光荣的革命传统。封建社会土地被少数地主占有，苛捐杂税沉重，差役劳工频繁，农民饥寒交迫，被迫反抗，夺佃抗租斗争不断。1900年，群众为抵抗外国侵略者，响应义和团反帝爱国的号召，自发组织起来，在全县到处设坛口铸打刀矛，组织拳场习武。在杜各庄与八国联军的激战中，英勇无畏，近战拼杀，打死打伤入侵者数十人。1925 年，在中国共产党的领导下，顺义 800 余名蛋贩砸毁顺义蛋捐局。1926 年，二十里长山 1000 多名石匠成立工会，反对纳税。1928 年，牛栏山河北省立第十九中学掀起反对国民党统治的学潮。1933 年，驻马庄、沙岭等村农民掀起“反蒋、抗日”的“穷人会”运动，波及 6 县 60 余村镇，穷人会员达八九百人。在中国共产党的领导下，发展了党团员，成立了中共中心县委、3 个党支部、团中心县委和 15 个团支部。在抗日战争时期，县内河东地区是冀东抗日根据地西部前哨，河西是平北抗日根据地的南部前沿。1938 年冀东抗日大暴动，县内 2200 多人参加，建立了抗日政权。在抗日战争最艰难时期，顺义人民在中国共产党的领导下，粉碎了日军推行的五次治安强化运动和“杀光、烧光、抢光”的“三光”政策。抗日战争时期，全县参加八路军 2670 多人，民兵 1360 多人，牺牲 2000 余人。出动民工 6 万人次，供给八路军 1000 多万公斤粮食，10 万双鞋袜以及大量的生活用品。解放战争时期，全县参加解放军 2.06 万人，1640 余人参加地方革命工作，牺牲 650 余人。出动担架 1.04 万副，大车 23.4 万辆（次），人工 282.8 万名，供应粮食 1234 万公斤，干草 2000 万公斤。被誉为“人民第一堡垒”的焦庄户利用地道打击日本侵略者和国民党反动派，创造了人民战争史上的奇迹。地道战遗址已成为进行爱国主义、国防教育的重要基地。

第二节　方言的基本情况和特点

顺义区地处京郊，境内人使用的语言基本上是北京语言。在基础方言、语法规范方面与普通话要求基本相符。新中国成立后，人口知识结构更新、讲话标准发音日益规范，但因习惯而形成的部分不规则语音、词汇仍继续沿用，与普通话不符。

顺义人说普通话时，部分地区不规范语音大体有下列几类：

一、将不该儿化的字读成儿化音，如“红寺”读成“红寺儿”，“小桥”读成“小桥儿”等；

二、部分年龄较大、文化水平低的人改变发音声母，如“允”读成“rǔn”，“谬”读成“niù”，“墙倒”读成“墙 tǎo”等；

三、改变发音韵母，如“骑车”读成“qú 车”，“绿”读成“luì”等；

四、改变发音声调，如“档案”读成“dǎng 案”，“逮捕”读成“dǎi 捕”；

五、增加声母，如“安”读成“nān”，“饿”读成“nè”，“爱”读成“nài”等；

六、变读，如“册”读成“chǎi”，此类读法极少。

上述所列不规范方言读音，多出现于日常交流的具体语言环境中，有些字若改变环境，如“过桥”“打倒”“安装”等，则发音正确。

若按声调划分音区，沙岭以东至张镇（沿顺平路两侧一带），包括沙岭、赵各庄、张镇、大孙各庄一带的部分村庄，因与平谷接近，人们讲话发音出现轻微的上滑音，一般将阴平读成阳平，如“枪”读成“qiáng”，“庄”读成“zhuáng”，“烟”读成“yán”。也有将阳平读成阴平的，如“盐”读成“yān”，“墙”读成“qiāng”。其余大部分地区发音较为标准。

不规范语音对照表

例字	普通话音	方言发音	不规范原因	说明
他们	tā	tān	变韵母	用于第三人称复数
允	yǔn	rǔn	变声母	
塑	sù	suò	变韵母	
谬	miù	niù	变声母	
龇	zī	cī	变声母	
档	dàng	dǎng	变声调	
逮	dài	dǎi 或 děi	变声调韵母	
落	luò	lè	变韵母	
复	fù	fǔ	变声调	
破迷	mí	méi	变韵母	意为“破谜语”，仅用于此
披	pī	pēi	变韵母	
脓肿	nóng	néng	变韵母	
倒	dǎo	tǎo	变声母	
弄	nòng	nèng	变韵母	
摸	mō	māo	变韵母	
上学	xué	xiáo	变韵母	
暂	zàn	zhǎn	变声母声调	
做饭	zuò	zòu	变韵母	
叔叔	shū · shu	shóu · shou	变韵母声调	
我家	wǒ	wǎn	变韵母	
簸箕	· ji	· qi	变声母	
哥哥	gē · ge	gé · ge	变声调	

例字	普通话音	方言发音	不规范原因	说　明
论辈	lùn	lìn	变韵母	
再说	zài	dài	变声母	
摁	èn	nèn	加声母	
容易	róng	yóng	变声母	
往东	wǎng	wǎn	变韵母	
案	àn	nàn	加声母	
俺	ǎn	nǎn	加声母	
黑豆	hēi	hěi	变声调	
蝴蝶	húdié	hùdié	变声调	
雨淋	lín	lún	变韵母	
熬	áo	náo	加声母	
朽	xiǔ	qiǔ	变声母	
舀水	yǎo	wǎi 或 kuǎi	变读	
指甲	zhǐ	zhí	变声调	
脂肪	zhī	zhǐ	变声调	
茁实	zhuó	zuó	变声母	
胁唬	xié	xiē	变声调	
寻死	xún	xín	变韵母	
色迷	sè	shè	变声母	
正经	jīng	jǐng	变声调	
胡诌	zhōu	zōu	变声母	
琢磨	zuó	zhuó	变声母	
骑	qí	qú	变韵母	
碍	ài	nài	加声母	
袄	ǎo	nǎo	加声母	
热	rè	ruò	变韵母	
妈	mā	māi 或 mà	变韵母声调	用于子女对母亲，对话称呼
啥	shá	há	变声母	
什么	shén	shéng	变韵母	
恩情	ēn	nēn	加声母	
腌	ā	ná	加声母	

例字	普通话音	方言发音	不规范原因	说　明
赖	lài	lái	变声调	
饿	è	nè	加声母	
鹅	é	né	加声母	
庄	zhuāng	·zhang 或 zhuáng	变韵母声调	多用于村名称呼
挨	āi	nāi	加声母	
矮	ǎi	nǎi	加声母	
爱	ài	nài	加声母	
安	ān	nān	加声母	
藕	ǒu	nǒu	加声母	
匕	bǐ	bì	变声调	
避	bì	bèi	变韵母	
哺	bǔ	fǔ	变声母	
福	fú	fǔ	变声调	
多	duō	duó	变声调	
填	tián	tiān	变声调	
暖	nuǎn	nǎn	变韵母	
抡	lūn	lún	变声调	
绿	lǜ	luì	变韵母	
驴	lǘ	luí	变韵母	
国	guó	guǒ	变声调	
姑	gū	gǔ	变声调	
蛤	hā	hé	变韵母	
俊	jùn	zùn	变声母	
几人	jǐ	jiě	变韵母	
粽	zòng	zèng	变韵母	
册	cè	chǎi	变读	
猜	cāi	cǎi	变声调	
四	sì	sè	变韵母	
逐	zhú	zhuó	变韵母	
绰	chuò	chuó	变声调	
仍	réng	rēng	变声调	

例字	普通话音	方言发音	不规范原因	说　明
惭	cán	cǎn	变声调	
恶	è	nè	加声母	
人家	jiā	jie	变韵母声调	
惩	chéng	chěng	变声调	
凫	fú	fù	变声调	
诲	huì	huǐ	变声调	
迫	pò	pǒ	变声调	
瑰	guī	guì	变声调	
茎	jīng	jing	变声调	
惜	xī	xì	变声调	
连	lián	liān	变声调	
迹	jì	jí	变声调	
虏	lǔ	luǒ	变韵母	
棉	mián	mié	变韵母	
劣	liè	luè	变韵母	
起来	qǐ	qiě	变韵母	
拎	līn	líng	变韵母	
怯	qiè	què	变韵母	
剖	pōu	pāo	变韵母	
券	quàn	juàn	变声母	
波	bō	pō	变声母	
泞	nìng	nèng	变韵母	

注：1．本表中不包括儿化音和东南部地区阴平变阳平发音；

2．本表中所列不规范方言发音，全县通用者极少，多数由部分人使用。

第三节　方言词汇

一、常用词语

顺义话在自身的发展过程中形成许多方言，有的“有音无字”，有的“同音假借”，有不少方言几种写法并存。本节选录部分词语，并在括号内加注了普通话同音字。

（一）称谓类

爹或爸爸：父亲。

娘或妈：母亲。

祖父：父亲的父亲，当面叫爷爷。

祖母：父亲的母亲，当面叫奶奶。

太爷或老爷子：父亲的祖父。

太太或老太太：父亲的祖母。

伯父：父亲的哥哥，当面叫大爷（·ye）。

伯母：父亲的嫂嫂，当面叫大妈。

叔父：父亲的弟弟，当面叫叔叔或叔爸。

婶子：父亲的弟媳，当面叫婶儿或婶儿妈。

姑母：父亲的姐妹，当面叫姑姑、姑。

姑父：父亲的姐夫、妹夫。

姥爷：母亲的父亲。

姥姥：母亲的母亲。

舅父：母亲的兄弟，当面称舅舅。

舅妈：母亲的嫂、弟媳。

姨：母亲的姐妹。

姨父：母亲的姐夫、妹夫。

姐夫：姐姐的丈夫。

妹夫：妹妹的丈夫。

表兄弟、表姐妹：姑姑和舅舅的儿女。比自己年长的当面叫表哥、表姐或哥哥、姐姐，比自己年岁小的直呼其名。

姨表兄弟、姨表姐妹：姨的儿女。比自己年岁大的表哥、表姐或哥哥、姐姐，比自己年岁小的直呼其名。

夫婿、爱人：丈夫，一般称当家的、孩子他爹或直呼其名。

媳妇、爱人：妻子，一般称孩子他妈或直呼其名。

公公、公爹：丈夫的父亲，当面叫爸爸。

婆婆、婆母：丈夫的母亲，当面叫妈。

大爷（·ye）公：丈夫的伯父，当面称大爷（·ye）。

大娘婆：丈夫的伯母，当面叫大妈。

叔公：丈夫的叔叔，当面叫叔叔。

婶婆：丈夫的叔母，当面叫婶子。

大伯（bāi）子：丈夫的哥哥，当面叫哥。

小叔子：丈夫的弟弟，当面叫弟弟或直呼其名。

大姑子：丈夫的姐姐，当面叫姐。

小姑子：丈夫的妹妹，当面叫妹子或直呼其名。

岳父、老丈人：妻子的父亲，当面叫爸爸。

岳母、丈母娘：妻子的母亲，当面叫妈。

大爷（·ye）丈：妻子的伯父，当面叫大爷（·ye）。

叔丈：妻子的叔父，当面叫叔。

按长幼顺序称大、二、三丈母娘：妻子的伯母，当面叫大妈、二大妈、三大妈等。

婶丈母娘：妻子的叔母，当面叫婶儿。

大舅子、舅爷（·ye）：妻子的哥哥，当面叫哥哥。

大妗子、舅奶奶：妻子的嫂子，当面叫嫂子。

小舅子、舅爷（·ye）、内弟：妻子的弟弟，当面直呼其名。

小妗子、舅奶奶：妻子的弟媳，当面直呼其名。

大姨子：妻子的姐姐，当面叫姐姐。

小姨子：妻子的妹妹，当面直呼其名。

妯娌：弟兄的妻子之间，当面时随丈夫叫对方嫂子或弟妹。

“一般儿沉”或“一担儿挑”：姐妹的丈夫之间，当面随妻子叫姐夫、妹夫或孩子他姨夫。

父母再婚后：子女称另一方为继父、继母，俗称后爹、后妈，当面叫爸爸、妈妈，或叔叔、伯伯、姨。

干爹、干妈：义父义母。

侄儿、侄女：兄弟的儿女。

外甥、外甥女儿：姐妹的儿女。

孙子、孙女儿：儿子的儿女。

外孙子、外孙女儿：女儿的儿女。

（二）天时类

东挑儿哨儿：凌晨。

前半晌儿：上午。

后半晌儿：下午。

晌午：中午。

晌午歪：过了中午。

天擦黑儿：黄昏。

太阳一竿子高：早晨八九点钟时。

好天儿：天气晴朗、无风。
呕（áo）吐天儿：多日连阴雨。
老爷儿：太阳。
绛：彩虹。
个月期程：一个月左右。
三十儿黑介：除夕夜。
这程子：这段时间。
（三）动植物类
草鸡：母鸡。
叫驴：公驴。
草驴：母驴。
儿马：公马。
骒马：母马。
跑（pāo）栏子：公猪。
坷郎：半大不小的育肥猪。
儿狗：公狗。
狼猫：公猫。
蝎里虎子：壁虎。
蛤蟆科子：蝌蚪。
马猴子：狼。
窝瓜：南瓜。
蚂蚱：蝗虫。
刀螂：螳螂。
屎克螂：蜣螂。
臭虫百子：椿象。
耗子：老鼠。
家雀（qiǎo）儿：麻雀。
老鸹：乌鸦。
癞（lài）蛤蟆：蟾蜍。
曲串：蚯蚓。
野猫：野兔。
鲫瓜子：鲫鱼。
地拉排子：鼹鼠。
蛛蛛：蜘蛛。

锛得木：啄木鸟。

角瓜：北瓜。

闹圈：畜类发情。

细篾（mī）儿：农作物秸杆外皮破成的小条儿。

杂碎：可食的动物内脏。

（四）房舍器用类

上房：正房，坐北朝南。

厢房：正房前两侧盖的房，坐东朝西为东厢房，坐西朝东为西厢房。

南倒座：一般都盖在院落南侧，坐南朝北，与正房窗对窗。

堂屋：正房最中间一间。

套间：上房东西屋最里边那间，如果被墙与门隔开，最东边那间称东套间，最西边那间称西套间。

门楼：为保护门所盖的小房，有大门楼、二门楼之分。

门道：南倒座房或厢房的其中一间作为进院的大门，此间称为门道。

影壁：大门内二三米处用砖石砌成的屏障，使人在门外看不到院内。

屏门：作用与影壁相同，不同之处是屏门中间用几块可拆装的木板做成。从外运大件物品可打开屏门，直接进入，不用拐弯。

回龙：上房与厢房北山墙之间的空余地带。

茅房：厕所。

取灯儿：火柴。

胰子：肥皂。

搓板儿：洗衣板。

墙柜：用木板做成的长立方体家具，上面有盖，可存放粮食、衣物等。

搌布：擦抹桌子用的布。

手巴掌：手套。

月份牌儿：日历。

面起子：苏打。

墨笔：毛笔。

拢梳：梳子。

圆椽：檐椽。

按钉：图钉。

煮饽饽：饺子。

大油、板油：猪油。

鸡子儿、白果：鸡蛋。

电驴子：摩托车。

电把儿：手电筒。

吸铁石：磁铁。

大老叼：起重机。

大麻籽：蓖麻。

小推车：独轮车。

排（pǎi）子车：用人力拉动的两轮平板车。

捎（shàng）马子：用布做成，前后有兜，可装钱物，能搭在人肩上或牲口背上。

（五）人格品性类

爱小：贪小便宜。

不警人：让人看不起，不佩服。

不拉人屎：损人利己，经常干坏事。

杠头：专好与人争辩是非的人。

各色：脾气、性格与常人不同。

憨大郎儿：憨厚实在又有些傻气的人。

花里呼哨：说话云山雾罩，不着边际。

拉老婆舌头：传话，挑拨是非。

老八板儿：遵规守纪，办事不灵活的人。

死凿：固执己见的人。

没忖量：不掂量自己身份，不管环境情况如何，随意管事、张罗事、办事。

皮实：健壮，不爱生病。

骑驴：代人购物时从中舞弊。

少相：年岁大而容貌显得年轻。

事儿妈似的：自认高人一等，爱多管闲事。

说大话，使小钱儿：说的一套，做的是另一套。说话大方，办事小气。

拿着说话当白玩儿：承诺后却根本不做。

死羊眼：凿死理的人。

兔头兔脑：形貌狡猾、刁钻。

王道（dòu）：霸道。

小贫：好贪小便宜的人。

羊上树：得了好处后还不识趣，继而提出更高要求。

阴着（zhāo）儿：为算计人在暗中所施毒计。

油子：精明圆滑而内行的人。

贼鬼子：聪敏又不容易受骗上当的人。
直筒子：说话不拐弯，性格直爽。
轴：性格倔犟，不听劝导。
双身子：妇女怀孕。
憷窝子：见生人发憷，不敢说话。
脸上挂灰：因病或心事重重而导致面色灰暗。
蔫皮耗子：行动迟缓，不擅言谈的人。
（六）动作情态类
熬鹰：长时间不让休息、不许睡觉。
傻八万似的：眼角和嘴角下垂，非常难看的样子。
掰哧：争论，分辩是非。
摆忙：心神不安，坐卧不宁。
摆谱儿：以长者或上级的身份指挥他人，以显示自己的身份和地位。
扳杠：对一件事有不同见解而争论不休。
拌蒜：腿脚不灵便，走路时两腿互相碰撞。
跑馊腿：做一件事非常认真，受了累，但无任何成果。
暴擀儿：急用而临时筹备。
崩了：协商不成而决裂。
不忿儿：不服气。
不哼不哈儿：沉默不表态。
概儿不论：什么都不怕，不在乎。
骂人不吐核（hú）儿：污言秽语，什么寒碜骂什么，而且骂起来没完。
不着调（diào）：说话办事不牢靠，没准谱儿。
擦脸：丢面子。
抄家伙：拿工具开始干活或打架。
冲了肺管子：说别人最不愿听到的话，使人伤感或震怒。
蹿鞭杆子：患肠炎拉稀泄肚。
打喯儿：说话时因紧张而停顿。
打筐灯：戏弄人。
打坠的噜儿：小孩子拉着大人的手，使双脚离地。
大趴虎：行路时，因脚下受阻而全身向前跌倒。
大眼儿灯：面颊消瘦，眼眶下陷，眼睛突出。
滴溜转：听人指使，让干什么就干什么。
兜底儿：从事情的起源讲起。

对头弯：肢体前屈，头与脚挨在一起。形容丢面子到了极点。
疯了像似的：想做什么事，别人阻拦不住。
浮皮蹭痒儿：简单潦草，未触及实处。
肝儿颤：极度害怕。
哏儿：滑稽可笑。
拱火儿：用语言激起人的愤怒。
哈人：说好话巴结人。
胡数溜丢：满嘴脏话，没头没脑，不着边际的乱说。
胡噜倒替：神不守舍，想此事而干他事，想说此话而说他话。
花瓜似的：头部受伤后，血流满面的样子。
怀儿来着：私自占有国家、集体或他人的财物。
揭秃疮疙巴儿：揭人家的短处。
连汤子嘴：说话快，且不清楚。
卖山音：对你有意见不直说，当你的面正话反说。
满嘴跑舌头：信口胡说。
慢答拉音儿：态度冷漠，爱理不理的样子。
毛兔子：做事轻率不稳重。
美不丢儿的：自觉得意。
明镜似的：对某件事的根底十分明白。
蔫拱儿：暗中使劲。
蔫溜儿：不打招呼，悄悄地退离。
黏糊：软磨硬泡，做事不干脆。
念秧儿：有求于人，但不直说，而是在闲谈中旁敲侧击提及此事。
扭头别棒：梗着脖子歪着头，不顺从别人。
拍唬：用严厉的语言吓唬。
屁颠儿屁颠儿的：非常高兴的样子。
敲着撩着的：有话不直说，话中有话。
瞧慎路儿：看情况有把握，适宜才行动。
俏生：多指穿着入时，体态轻盈，外貌美丽而年纪稍大的妇女。
热窑似的：争吵的场面或程度非常激烈。
日儿崩：跑得飞快。
肉蛆似的：做事缓慢，不知道着急。
二马颠憨：做事不稳重，没准谱。
撒村：用粗野下流的话骂人。

丧魔游魂：颓丧的精神状态。
臊眉耷眼：没人理，丢面子，羞愧难当的样子。
煞后儿：故意走在最后。
上赶着：主动地和别人说话，主动地帮别人做事。
烧心：吃了刺激性大的食物后或吃亏上当之后心中难受。
色（sè）迷瞪眼：男子看女子时贪婪的样子。
深沉：说的话有哲理，令人深思。
慎着：煞后，不着急。
瘆人毛：比喻有使人畏惧的威慑力。
收科儿：工作、干活收尾
输（shú）嘴：承认错误，央求人谅解。
甩咧子：指桑骂槐地说闲话。
耍大鞋：大大咧咧，拿事不当事。
丝丝拉拉：微痛，时断时续。
撕破脸：因发生矛盾致使友好关系破裂。
死眉瞪眼：死板，无表情。
死气白咧：执意要求，非达到目的不可。
掏心窝子：把心中的真挚感情、真心话摆出来。
跳哒：来回蹦跳，一心要去干某件事。
捅娄子：惹出麻烦。
捅马蜂窝：敢于触犯上司和骄横的人，形成难以收拾的局面。
图不住：因困倦、疼痛使人支持不住。
玩儿飘儿：卖弄敏捷身手，炫耀自己技能。
窝摆：因遭受打击或挫折而心中难受、憋闷。
压桌：吃筵席时迟迟吃不完，影响后面的人进餐。
压轴儿：最后。
咬耳朵：贴近耳边说悄悄话。
眼么眼望儿：满怀深情地看。
眼毒：看过一次就能记住。
眼前花：一个人总是在你面前来回晃动。
眼离：看人或物品时短时间内产生错觉。
燕儿不下蛋儿：忙得不可开交。
掖咕：塞入。
碰一鼻子灰：求人办事遭到拒绝。

倚风儿撒邪：借某句话或某种事，变本加厉地闹腾。
意里意思：想说什么或想做什么却又犹豫不决。
硬掐扼脖：用强制手段使人服从。
硬山搁檩：没柱子，檩直接放在墙上；也比喻不穿内衣，只穿外衣。
悠骨头：用幽默的语言故意拿人寻开心。
油皮儿没蹭：人或物品完好无损。
砸伐子：对人和物进行发泄，以达到心理平衡。
糟改：夸大缺点，诋毁他人。
拆兑：相互间进行调配。
择（zhái）席：改换地方就睡不着觉。
招猫儿递狗儿：指捅哭这个，惹恼了那个，肆意打闹。
真哪：埋怨对方又无可奈何。
整脸子：板着脸，不苟言笑。
支嘴儿：只说不做。
呲毛儿：不服对方，欲争高低。
走着摺着：形容身体很好。
钻天觅缝儿：寻找一切可乘之机。
架秧子：对别人的争执，火上浇油瞎起哄。

(七) 生活类

破烂儿：废旧物品。
馊：食物变质的气味。
拔尊：争得头筹。
八辈子缺了德：做了坏事或遇到倒霉的事，认为是前几辈未积德行善所致。
白玩儿：做事极容易，不用费力。
包圆儿：将货物全部买下，或活全归一个人干。
不够捻儿：指灯捻够不着灯油，意为钱粮或物品不够用。
沉沉儿：等待一会儿。
吃挂落（lào）儿：受牵连。
抽不冷子：猛然，突然。
寸劲儿：凑巧正合适。
打了眼：看走了眼。
打耙：承诺了又反悔。
当不当、正不正：摆放位置不合适，碍事。
掉腰子：故意不按既定意图办事，使人为难。

多一抿子：做了多余的工作或说了多余的话。
肥的噜儿：挣钱多；生活富裕。
嘎七马八：不三不四的人混在一起；没大用的零碎东西或食物。
杠尖杠尖的：盛得满满的。
搁不住屁：心里有事存不住，赶紧告诉别人。
够嚼裹儿：挣的钱能维持生活。
一咕节儿：一小段。
寡净：做出的活平整光洁，好看。
捡拐子：从你的话语中找出漏洞，再用来攻击你。
锯哧：办事不痛快，翻来复去提条件。
磕头撞脑的：形容到处都是人或物品。
没根儿没襻儿：来历不清，不知底细。
没须会：未曾注意，没看见。
门槛子高：谓有权势或富裕人家不易接近，也戏称一般人家。
明着大卖：一点不隐蔽地公开进行。
你我他仨的：对长辈不尊重而受到的指责。
皮儿古：死了。
屁股沉：去别人家作客长久不离开。
七杈八股：事情纷乱庞杂，头绪多。
出幺蛾子：出歪点子。
翘棱：平的东西因曝晒或受潮变得不平。
亲的热的：指直系血亲。
圈弄：设下圈套，使人就范。
三天两头儿：经常。
屎到屁股门儿：事态急迫，不能再等待。
手欠：乱摆弄东西以致损坏；爱打人。
水子：不能孵出鸡的蛋叫水子，借指无能的人。
说出大天来：不管说什么也没用。
死磕模儿：固定的格式。
四五不靠六：说话不着边际，不合情理。
送话：双方争执时，有一方说出对己无利而对对方有利的话。
随帮唱曲儿：自己无主张和准则，人云亦云。
汤儿事：什么事也干不好。
白填馅：求人办事时送钱送物都不起作用。

通经儿：内行，懂专业知识。

歪盔子：为达到中伤他人的目的而捏造出的不体面事件。

外道：太客气，不随便。

玩儿不转：能力差应付不了。

嘻溜儿：玩笑。

稀拉哈撒：松动不稳。

小菜一碟儿：指某件事极容易办到。

写字儿：签订合同或契约。

严可沿儿：正合适。

眼皮子底下：最近的地方。

咬手：物品的价格太高。

叼不动：想买某种物品又没那么多钱。

要短儿：明知没有还偏偏索要，明知某件事办不成还偏叫你去办。

要盒儿钱了：女婿认亲时给岳母送的礼盒，意为砸锅卖铁或再穷也得花的钱。

一就事儿：顺便。

一屁股两肋饥荒：欠债特别多。

一手儿事：二人或多人串通一气。

一手托两家：中间调解人。

一天云彩满散：误会消除后，双方心平气和。

一个月一光当：一个月的收入在一个月内全部用完。

一眼瞧高，一眼瞧低：水平、标准不一，对事物的评判就会差距很大。

已就：事已如此。

圆全：圆满周到。

砸锅：把事情办糟了。

沾补：因略有关系而获得轻微的利益。

占香香：占便宜。

涨行市：人的脾气随着自身地位的提高而变大。

掌腰棍儿：指有权势的幕后支持者。

找病：自惹麻烦。

制子：代替度量标准的物品。

拽咕了：办糟了事情。

走板了：背离了主旨。

坐腊：答应别人的事未办成。

碎催：为上级干繁杂小事的人。
俩儿肩膀扛个脑袋：贫穷，一无所有。
拿不起来：因能力低做不好某事情或工作。
闹了归齐：原来是这样。
锔溜儿：头发或纤维等物遇强热后弯曲。
生生儿的：平白无故的。
是个儿吗：是对手吗。
说道说道：评评理。
压根儿：从来，从一开始。
猪八戒讲演：大嘴说大话。
卖烧饼的不拿干粮：吃货。
卖鸡子儿的换筐：捣蛋。
吃面条儿找头儿：多余。
老太太打呵欠：一望无涯（yá）。
吃着甘蔗上台阶：步步高，节节甜。
赶车的不带鞭子：拍马屁。
脑门上长瘤子：额外负担。
景德镇缺货：没词（cí）儿了。
火柴盒做棺材：成（chéng）不了人。
民航局作广告：有机可乘。
八月十五云遮月：不该兔子露脸儿。
理发师的徒弟：从头学起。
澡堂子里的电灯：受不完的气。
小庙里的神仙：禁不住多大香火。
瞎子逛街：目中无人。
牛犄角上抹油：又尖又滑。
歪嘴子吹喇叭：有股邪（xié）气。
鼓锤敲到棉花上：没想（xiǎng）儿。
藏民穿皮袄：留一手儿。
火车拉笛儿：名（míng）声不小。
蚊子找蜘蛛：自投罗网。
入秋的枫叶儿：红起来了。
秋天的树叶儿：黄了。
唱戏的胡子：假毛。

井里撒白糖：甜头大家尝。
管何仙姑叫舅妈：想借点仙气儿。
过年时娶媳妇：双喜临门。

第八章　大兴区

第一节　历史沿革

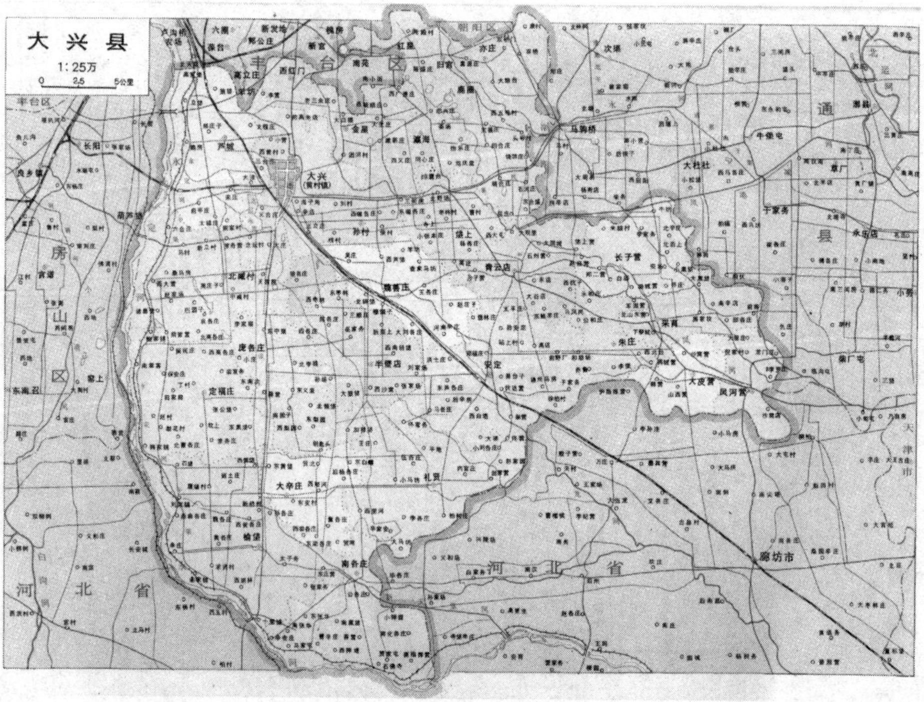

图 8－1①

大兴区（见图 8－1）是北京市的郊区县之一，位于北京南郊。北与丰台、朝阳两区相连，西隔永定河与房山区相望，东与通州毗邻，南及西南与河北省廊坊市、涿州市接壤。县域东西宽、南北长均约 44 公里，总面积 1030.57 平方公里。全境属永定河洪积－冲积平原，地势平坦，海拔 15—45 米。永定河为西、南边界河流，境内尚有凤河、新凤河、龙河、天堂河、凉水河等 10 余条河

① 图选自北京工艺美术出版社 1991 年出版的《北京百科全书彩图·地图集》。

流。气候类型属暖温带半湿润大陆性季风气候，四季分明。

大兴区最早前身为古蓟县，以建于蓟城地区得名。蓟县当为先秦之县，春秋战国期间燕置。秦王政二十三年（公元前224年），秦于蓟城地区置广阳郡，蓟县属之。自汉至南北朝时期，除王莽新朝间（9—23年）一度改称伐戎县外，均名蓟县。汉蓟县隶属燕国、燕郡、广阳国、广阳郡和上谷郡，东汉末复属广阳郡。魏晋十六国及南北朝时期，隶属燕国、燕郡。隋唐五代时期，隶属涿郡、幽州。其间唐天宝元年（742年）至乾元元年（758年）属范阳郡。唐开元二十三年（735年），蓟县升为望县。辽会同元年（938年）改名蓟北县，隶属幽都府，开泰元年（1012年）十月，又改名析津县（“以燕分野旅寅为析木之津”故名），隶属析津府，为南京附郭县。宋宣和五年至七年（1123—1125年），析津县归宋，隶属燕山府。

金贞元二年（1154年），更名大兴县，隶属大兴府，为中都倚郭县。元至元九年（1272年）二月，中都改为大都，大兴为附郭赤县，隶属大都路。明初，隶属北平府。永乐元年（1403年），北平府改为顺天府，大兴属之。永乐十九年（1421年）正月，明迁都北京，大兴为倚郭京县。清代仍为倚郭京县，隶属顺天府。

1914年10月，顺天府改为京兆地方，大兴县属之。1928年6月，划归河北省。9月，定为特等县。次年1月，改列二等县。“七七事变”前隶属河北省第三专区。日本投降后，隶属第五专区。日伪统治期间，大兴县先后隶属河北省津海道和燕京道。1943年10月，中国共产党领导的大宛安永固涿良办事处成立。1944年2月更名平南办事处，10月，改为平南县。1945年3月，平南县撤销，分设大兴县和涿良宛县。1949年8月以前，隶属晋察冀边区冀中十专区，是月改属河北省通县专区。

新中国成立后，大兴仍隶属河北省通县专区。1958年3月7日，国务院第七十二次会议决定，将河北省大兴等五县划归北京市。同年5月，经国务院批准，大兴县改为区建制。1960年1月7日，复改为大兴县。2001年1月9日国务院批准，2001年3月2日，北京市人民政府（京政发〔2001〕9号）批复撤销大兴县，设立大兴区。

大兴区历史上治所蓟县时在蓟城、幽州城，辽金时期蓟北县、析津县、大兴县县治倚郭南京、中都，其具体处所均无考。元代，大兴县治北距大都城三里，西距旧中都城施仁门一里，位于海王村南（今北京宣武区琉璃厂南）。明洪武三年（1370年），县治移于北平安定门迤南教忠坊（今东城区交道口南大街大兴胡同），新建衙署。清大兴县治所沿用明旧址。乾隆二十七年（1762年），因地势庳下，旧署圮坏重修，并建“冰鉴堂”。县署南向，自大门、仪门、大堂、二堂至署内共六层。大门内并有典史署、县丞署（后县丞署迁至礼贤镇）。大门外有监狱、土地祠，街名大兴县胡同。同治十二年（1873 年）、光绪九年（1883 年）又两次重修县署。1935 年 3 月，县治迁至北大红门，以旧奉宸苑官房作为办公处所。1937 年 9 月 15 日，伪大兴县公署迁至南苑镇营市街自强小学旧址（今丰台区南苑镇新华路 5 号）。1945 年 10 月，国民党大兴县政府还治南苑，至 1948 年 12 月逃离时止。解放战争期间，中共大兴县委、县政府于 1946 年 2 月进驻礼贤镇，同年 5 月 17 日撤离，之后无固定驻地。1948 年 12 月 15 日大兴全境解放后，县委、县政府进驻安定小营（今兴安营）。1949 年 3 月 15 日，县委、县政府移驻青云店。1954 年 5 月，县委、县政府由青云店迁至黄村镇。

大兴区是首都的南大门，素有“京南门户”之称。明清时期，即有自京都通往南方各地的驿道、御道过境，清末形成两条官马大道。县境最南端的十里铺渡口，是永定河著名津渡之一。县城黄村，明清时期为古驿道上的驿站之一，后逐渐发展成为京南重镇。清康熙二十七年（1688 年）始设的顺天府南路厅衙署，即建于此。中华民国时期，黄村先后建有京兆甲种农业学校、京兆第一初级中学、河北省立黄村中学、河北省立黄村初级农业职业学校、河北省立实验乡村民众教育馆等，成为平南教育中心。1954 年县政府迁此，黄村成为全县政治、经济、文化中心，亦是距北京城最近的县城。

大兴区作为“京南门户”，战略地位十分重要。明崇祯二年（1629 年）十一月，后金皇太极率军进攻北京城，在广渠门外被明军袁崇焕部击败后，转至大兴南海子一带，企图从南城攻入北京未遂。清同治七年（1868 年），农民起义军捻军逼近京师，清军在黄村地区紧急设防。南海子地区元明清时期为皇家园囿，清末成为京师驻军重地。北洋军阀统治时期的直皖战争、直奉战争、直鲁联军进攻国民军的战争，大兴地区均为重要战场。1937 年 7 月下旬，为保卫北平，国民党二十九军一三二师师长赵登禹曾率部在团河与日军激战。抗日战争时期，大兴县既是日伪的“治安区”“准治安区”，又是冀中抗日根据地的北部前哨阵地，是敌我双方激烈争夺的“拉锯”地区，曾发生大小战斗数十次。抗战胜利初期的 1945 年秋，为接收北平做准备工作的冀中平委会（北平工作委员会）机关，即设在大兴境内。是年，为建立东北根据地，八路军、新四军官兵及地方干部数万人开赴东北，大兴是主要通道地段之一。1948 年底至 1949 年初，参加平津战役的十余万大军及支前民工云集大兴地区，永定河成为阻敌突围的重要外围防线。

大兴出土文物年代最早者为战国时期陶罐、刀币等。区境内有古城镇村落遗址 4 处，其中年代最早者为回城、闾城；唐代，沃州曾侨治于回城，师州曾侨治于间城。县境内有古墓葬遗址10余处，其中有芦城、黄村汉墓区2处，有位于定福庄乡坟上村的清乾隆年间礼部尚书钟音墓及位于魏善庄乡西芦垡村的努尔哈赤曾孙绰克都家族墓。县境内还有古官署遗址、古景观遗址、古寺庙遗址、古建筑设施遗址数十处。古县人才辈出，较著名者有西晋司空张华，明末抗清将领史可法，清初学者刘献庭、文人孙承泽，其后有小说家李汝珍、爱国将领史荣椿、农民起义领袖林清等。

第二节　方言的特点

大兴区地方语音，就文字而言，个别字发音与标准普通话略有差异，多数相同；就人群而言，少数中老年人、文化水平较低的人口语中发音不标准字更多些，多数人口语发音比较规范；就地域而言，榆垡、南各庄、大辛庄、定福庄等县境西南部几个乡镇语音变调重于其他乡镇，区境北部红星地区部分建村较晚的新移民村庄如瀛海庄、新建庄等，原籍语音仍较浓重。

大兴地方话中不规范语音大致有如下几种类型：其一，改变发音声母，如“波”（bō）发“pō”音；其二，改变发音韵母，如耠（huō）发“hē”音；其三，改变发音声调，如“西”（xī）发“xí”音，“奶”（nǎi）发“nái”音，将一、三声调变为第二声调在区西南部几个乡镇较为普遍；其四，既变声母又变声调；其五，既变韵母又变声调；其六，声母、韵母、声调全变，即变读；其七，加上或略去声母“n”；其八，部分字发音加声母“ŋ”，部分字发音时将声母“n”变成声母“ȵ”（ŋ 和 ȵ 两个声母在汉语拼音方案字母表中没有，此类字单独列表，加注国际音标）。

大兴话中的不标准语音，主要发生在日常生活用语的口语之中。地名在本地人口语交谈中使用频率较高，为图省力，常发生变音现象，如南各庄、王各庄、大刘各庄、张各庄、祁各庄、紫各庄中的“庄”字在本地人口语中一律变为“张”音，刘各庄、四各庄中的“庄”字变为“掌”音，南庄、伊庄、顾庄中的“庄”字变为“壮儿”音。村名中的“务”字，口语中均发“府”音，中间有“家”字的一般省略去，如“荆家务”口语为“荆府”，“于家务”口语为“于府”等。有的同名村庄，在本地口语中以发音来区别（20世纪80年代以前），如垡上乡的赵村与定福庄乡的赵村，前者加儿话韵即“赵村儿”，后者“村”字读为轻声字即“赵村（·cun）”。在大兴话中，还有一种带规律性的变调现象，即两个第三声调的字组成词语连读时，第一个字的声调变读为第二声调，如洗脸、雨伞、咧嘴等。

大兴话中，儿话韵、子尾音现象与北京话相同，尤其是口语中的名词更为突出。儿话韵词语如灯泡儿、围脖儿、红花儿、绿叶儿、麦苗儿、桃儿、杏儿、小孩儿、心肝儿、小勺儿、小猫儿、雪花儿、今儿个、早清儿、过年儿等。不同音的字，儿话韵后发音完全相同，如“鸡”与“今”，儿话韵后均发“jēr”音。子尾音词语中“子”字，一般发轻声，有子尾与无子尾词义不变，如“肚”与“肚子”。个别词语加“子”尾后词义明显改变，如“大舅”与“大舅子”，是完全不同的两个称谓。人称代词“你、我、他”与“们”连在一起及指示代词“这、那”与“么”连在一起时，常发生合音现象，即两个音节合为一个音节，即“你们”发音变为“nǐn”，“我们”发音变为“wǎn”，“他们”发音变为“tān”，“这么”发音变为“zhèn”，“那么”发音变为“nèn”。

大兴区部分常用字语音对照表（一）

汉字	普通话标准读音（汉语拼音）	大兴地方话发音（汉语拼音）	不规范原因	词语举例	备注
允	yǔn	rǔn	变声母	允许	
谬	miù	niù	变声母	谬论	
龇	zī	cī	变声母	龇牙咧嘴	
倒	dǎo	tǎo	变声母	倒地下了	
朽	xiǔ	qiǔ	变声母	这根木头朽了	
哺	bǔ	fǔ	变声母	哺育	
俊	jùn	zùn	变声母	英俊	
券	quàn	juàn	变声母	工业券儿	
波	bō	pō	变声母	波浪	
森	sēn	shēn	变声母	森林	
酵	jiào	xiào	变声母	发酵	
再	zài	dài	变声母	一会儿再说	
缰	jiāng	gāng	变声母、韵母	缰绳	
鸟	niǎo	qiǎo	变声母	打鸟儿	
暂	zàn	zhǎn	变声母、声调	暂时	
把	bǎ	bǎi	变韵母	把它拿走	
弱	ruò	rào	变韵母	身体太弱	
学	xué	xiáo	变韵母	上学	
南	nán	náng	变韵母	南各庄	仅限于此地名连读
塑	sù	suò	变韵母	塑料	

汉字	普通话标准读音（汉语拼音）	大兴地方话发音（汉语拼音）	不规范原因	词语举例	备注
聘	pìn	pìng	变韵母	聘闺女	
农	nóng	néng	变韵母	农民	旧时读法
耠	huō	hē	变韵母	耠地	
亮	liàng	lìng	变韵母	月亮	连读、轻声
落	luò	lè	变韵母	落后	
谜	mí	méi	变韵母	破谜	猜谜语之意
披	pī	pēi	变韵母	披上大衣	
脓	nóng	néng	变韵母	流脓	
弄	nòng	nèng	变韵母	谁弄坏的	
摸	mō	māo	变韵母	摸摸	
做	zuò	zòu	变韵母	做饭	
我	wǒ	ě	减声母、变韵母	我们	旧时读法
论	lùn	lìn	变韵母	咱们怎么论	例句指排辈儿
往	wǎng	wǎn	变韵母	往北走	
淋	lín	lún	变韵母	衣服淋湿了	
热	rè	ruò	变韵母	热乎乎	
暖	nuǎn	nǎn	变韵母	暖壶	
绿	lǜ	luì	变韵母	树枝是绿的	汉语拼音方案中无此音节
几	jǐ	jiě	变韵母	一共几人	例句为疑问句
四	sì	sè	变韵母	一共四人	
埋	mái	méi	变韵母	埋土	
家	jiā	· jie	变韵母、声调	人家	连读、轻声
虏	lǔ	luǒ	变韵母	俘虏	
剖	pōu	pāo	变韵母	解剖	
逮	dǎi	děi dēi	变韵母、声调	逮老鼠	两种不标准发音
叔	shū	shōu shóu	变韵母、声调	叔叔	两种不标准发音
这	zhè	zhèi	变韵母	这个	汉语拼音方案中无此音节
顾	gù	gǔ	变声调	顾庄	村名用字
猜	cāi	cái	变声调	你猜是谁	
吉	jí	jǐ	变声调	大吉大利	

汉字	普通话标准读音（汉语拼音）	大兴地方话发音（汉语拼音）	不规范原因	词语举例	备注
国	guó	guǒ	变声调	国家	
室	shì	shǐ	变声调	办公室	
亚	yà	yǎ	变声调	亚军	
青	qīng	qíng	变声调	青豆	
东	dōng	dóng	变声调	东西	指物品
西	xī	xí	变声调	西庄	村名用字
多	duō	duó	变声调	多少	
知	zhī	zhí	变声调	知道	
黑	hēi	hěi	变声调	黑垡	
堤	dī	dì	变声调	小押堤	村名用字
押	yā	yǎ	变声调	西押堤	村名用字
郏	jiá	jiǎ	变声调	西郏河	村名用字
张	zhāng	zháng	变声调	东张华	村名用字
求	qiú	qiǔ	变声调	求贤村	村名用字
朱	zhū	zhú	变声调	朱家务	村名用字
奶	nǎi	nái	变声调	奶奶	
姥	lǎo	láo	变声调	姥姥	
妈	mā	má	变声调	妈妈	
姑	gū	gú	变声调	姑姑	
哥	gē	gé	变声调	哥哥	
姐	jiě	jié	变声调	姐姐	
兄	xiōng	xióng	变声调	兄弟	
饽	bō	bó	变声调	饽饽	
档	dàng	dǎng	变声调	档案	
复	fù	fǔ	变声调	复杂	
经	jīng	jǐng	变声调	不正经	
凉	liáng	liāng	变声调	树阴凉儿	
赖	lài	lāi	变声调	不赖呆	例句有不错、不含糊之意
匕	bǐ	bì	变声调	匕首	
福	fú	fǔ	变声调	幸福	
符	fú	fǔ	变声调	符合	

汉字	普通话标准读音（汉语拼音）	大兴地方话发音（汉语拼音）	不规范原因	词语举例	备注
仍	réng	rēng	变声调	仍然	
惭	cán	cǎn	变声调	大言不惭	
惩	chéng	chěng	变声调	惩罚	
召	zhào	zhāo	变声调	召开会议	
瑰	guī	guì	变声调	玫瑰花	
连	lián	liān	变声调	这儿跟那儿连儿着	
尿	suī	suí	变声调	尿脬	
百	bǎi	bāi	变声调	给幼儿办百岁儿	
腌	ā	nā	加声母 n	腌月赞	
鹅	é	né	加声母 n	鸡鸭鹅	
恶	è	nè	加声母 n	恶劣	
爱	ài	nài	加声母 n	爱祖国	
熬	áo	náo	加声母 n	熬粥	
袄	ǎo	nǎo	加声母 n	棉袄	
傲	ào	nào	加声母 n	骄傲	
欧	ōu	nōu	加声母 n	欧洲	
藕	ǒu	nǒu	加声母 n	白花藕	
怄	òu	nòu	加声母 n	怄气	
安	ān	nān	加声母 n	安全	
俺	ǎn	nǎn	加声母 n	俺们	
岸	àn	nàn	加声母 n	岸边儿	
恩	ēn	nēn	加声母 n	恩情	
摁	èn	nèn	加声母 n	摁钉儿	
嫩	nèn	èn	减声母 n	这菜够嫩的	
册	cè	chǎi	变声母、韵母、声调	户口册子	旧时读音
务	wù	fǔ	变声母、声调	太子务	村名用字
耕	gēng	jīng	变声母、韵母	耕地	
夜	yè	·xie	变声母	黑夜	例字读轻声
庄	zhuāng	zhāng	变韵母	南各庄	村名用字
庄	zhuāng	zhuàng	变声调	南庄、伊庄	村名用字，读儿化韵
庄	zhuāng	zhǎng	变韵母、变声调	四各庄	村名用字

大兴区部分常用字语音对照表（二）

汉字	普通话标准读音		大兴地方话发音（国际音标）	不规范原因	词语举例	备注
	汉语拼音	国际音标				
腌	ā	ɑ^{55}	ŋɑ^{55}	加声母 ŋ	腌臜	
阿	ē	ɤ^{55}	ŋɤ^{55}	加声母 ŋ	阿弥陀佛	
鹅	é	ɤ^{35}	ŋɤ^{35}	加声母 ŋ	鹅毛大雪	
恶	ě	ɤ^{214}	ŋɤ^{214}	加声母 ŋ	恶心	
恶	è	ɤ^{51}	ŋɤ^{51}	加声母 ŋ	恶劣	
爱	ài	ai^{51}	ŋai^{51}	加声母 ŋ	爱祖国	
艾	ài	ai^{51}	ŋai^{51}	加声母 ŋ	艾蒿	
熬	āo	au^{55}	ŋau^{55}	加声母 ŋ	熬白菜	
嗷	áo	au^{35}	ŋau^{35}	加声母 ŋ	嗷嗷地叫唤	
袄	ǎo	au^{214}	ŋau^{214}	加声母 ŋ	棉袄	
傲	ào	au^{51}	ŋau^{51}	加声母 ŋ	骄傲	
奥	ào	au^{51}	ŋau^{51}	加声母 ŋ	奥妙	
欧	ōu	ou^{55}	ŋou^{55}	加声母 ŋ	欧洲	
藕	ǒu	ou^{214}	ŋou^{214}	加声母 ŋ	藕断丝连	
沤	òu	ou^{51}	ŋou^{51}	加声母 ŋ	沤肥	
安	ān	an^{55}	ŋan^{55}	加声母 ŋ	安全	
俺	ǎn	an^{214}	ŋan^{214}	加声母 ŋ	俺这就走	
岸	àn	an^{51}	ŋan^{51}	加声母 ŋ	河岸	
恩	ēn	ən^{55}	ŋan^{55}	加声母 ŋ	恩情	
摁	èn	ən^{51}	ŋan^{51}	加声母 ŋ	摁钉儿	
泥	ní	ni^{35}	ȵi^{35}	声母 n 改为 ȵ	泥瓦匠	
你	nǐ	ni^{214}	ȵi^{214}	声母 n 改为 ȵ	你们	
逆	nì	ni^{51}	ȵi^{51}	声母 n 改为 ȵ	忠言逆耳	
腻	nì	ni^{51}	ȵi^{51}	声母 n 改为 ȵ	腻虫	
女	nǚ	ny^{214}	ȵy^{214}	声母 n 改为 ȵ	妇女	
鸟	niǎo	niɑu^{214}	ȵiɑu^{214}	声母 n 改为 ȵ	小鸟儿	
尿	niào	niɑu^{51}	ȵiɑu^{51}	声母 n 改为 ȵ	尿布	
妞	niū	niou^{55}	ȵiou^{55}	声母 n 改为 ȵ	小妞儿	
牛	niú	niou^{35}	ȵiou^{35}	声母 n 改为 ȵ	老黄牛	
扭	niǔ	niou^{214}	ȵiou^{214}	声母 n 改为 ȵ	扭秧歌	

汉字	普通话标准读音		大兴地方话发音（国际音标）	不规范原因	词语举例	备注
	汉语拼音	国际音标				
拗	niù	niou^{51}	ȵiou^{51}	声母 n 改为 ȵ	拗不过	
蔫	niān	niɛn^{55}	ȵiɛn^{55}	声母 n 改为 ȵ	打蔫儿了	
年	nián	niɛn^{35}	ȵiɛn^{35}	声母 n 改为 ȵ	过年	
粘	nián	niɛn^{35}	ȵiɛn^{35}	声母 n 改为 ȵ	粘土	
碾	niǎn	niɛn^{214}	ȵiɛn^{214}	声母 n 改为 ȵ	碾子	
撵	niǎn	niɛn^{214}	ȵiɛn^{214}	声母 n 改为 ȵ	撵上他	
念	niàn	niɛn^{51}	ȵiɛn^{51}	声母 n 改为 ȵ	念书	
您	nín	nin^{35}	ȵin^{35}	声母 n 改为 ȵ	您好	
娘	niáng	niaŋ^{35}	ȵiaŋ^{35}	声母 n 改为 ȵ	娘子军	
宁	níng	niŋ^{35}	ȵiŋ^{35}	声母 n 改为 ȵ	列宁	
拧	nǐng	niŋ^{214}	ȵiŋ^{214}	声母 n 改为 ȵ	拧手巾	
宁	nìng	niŋ^{51}	ȵiŋ^{51}	声母 n 改为 ȵ	宁可玉碎	
虐	nüè	nyɛ^{51}	ȵyɛ^{51}	声母 n 改为 ȵ	虐待	

注：国际音标五度制数字与汉语拼音四声、声调符号对应如下：55：阴平（ˉ）；35：阳平（ˊ）；214：上声（ˇ）；51：去声（ˋ）。

第三节　方言词汇

大兴话常用语汇与普通话常用语汇基本相同，个别语汇略有差别。有的土语有音无字，只能以意义相近字加拼音代替。所记词语均按大兴话的含义加以注释，多种含义的尽量并列。意义基本相同的语汇列为一条，细微差别尽量在注释中体现。个别容易读错的多音字、变音字加注汉语拼音。

一、天时气象类

嘛（má）嘛亮儿、蒙（mēng）蒙亮儿：天刚有些亮。

早清儿、清早儿、早起来：早晨。

前晌儿、头晌儿：上午。

头晌午、傍晌儿：临近中午。

晌火（·huo）：中午。

正晌火：太阳在正南方向。

晌火歪：太阳在正南偏西一点儿。

起晌：午休结束时间。

后晌儿、过晌儿：下午。

傍黑儿：天快黑的时候。

屈眼儿：天刚黑的时候。

后上（·shang）：晚上。

白日儿：白天。

黑夜（·xie）：夜间。

今儿个、明儿个、后儿个、大后儿个：今天、明天、后天、大后天。

昨儿个（夜儿个）、前儿个：昨天、前天。

这当儿、那当儿：现在、过去。

见天儿、见天见：每天。

头年：去年。

头年（读重音）儿：年前几天。

立马儿：立即、马上。

这阵子：这段时间。

老爷儿、日头：太阳。

贼星：流星。

冷子：冰雹。

假阴天儿：成片的云彩遮住了太阳，多云天气，但无下雨迹象。

响晴天儿：天空特别晴朗。

二、动植物类

草鸡、草驴、骒马、乳牛：母鸡、母驴、母马、母牛。

儿马、叫驴、忙牛、爬（pǎ）子、跑猪、牙狗、郎（lāng）猫：公马、公驴、公牛、公羊、公猪、公狗、公猫。

可郎（·lang）：架子猪、育肥猪。

老家、老家贼、大家儿、家雀（qiǎo）儿：麻雀。

老鸹：乌鸦。

锛得儿木：啄木鸟。

野猫：野兔子。

地拉排（pǎi）子、地羊：鼹鼠。

鲫瓜子：鲫鱼。

长虫：蛇。

曲柴（·cai）：蚯蚓。

蚂鳖：水蛭。

蛤蟆：青蛙。
嘎拉：蚌。
知了、季蝼儿、蚂季鸟儿、热热儿：蝉。
蛐蛐：蟋蟀。
蚂螂：蜻蜓。
刀螂：螳螂。
蚂蚱：蝗虫。
屎壳郎：蜣螂。
蝎拉虎子：壁虎。
反群：母驴、母马发情。
反圈子、打圈子：母猪发情、公猪与母猪交配。
闹羔儿、打羔儿：母羊发情、公羊与母羊交配。
棒子：玉米。
落（lè）生（shēn）、花生（shēn）：落花生。
转日莲、望日莲：向日葵。
大麻子：蓖麻。
指甲草儿：凤仙花。
九花：菊花。
喇叭花：牵牛花。
秦椒：辣椒。
蒜毫、蒜苗：蒜薹。
倭瓜、角瓜：南瓜、北瓜。
沙落红：红果。
棒秸、秫秸、滑秸：玉米秸秆、高粱秸秆、轧碎的小麦秸秆。
细篾（咪）儿：由棒秸、秫秸秆皮儿破成的细条儿。
割耨（nòu）：当做畜草用的轧碎的豆类枝叶。
鼓撑：落花生、豆荚的籽粒饱满。
鲜令：蔬菜鲜嫩。

三、人体状态类

囟脑门儿：前额。
天灵盖儿：头顶。
心脯子：胸脯。
卡巴裆：胯下。

波（bō）棱盖儿：膝盖。
哈喇（lá）子：口水。
眵目糊：眼屎。
脓（néng）带：鼻涕。
肤皮：头屑。
奔儿头：前额突出。
龅牙：上牙突出外露。
下兜齿：下牙突出。
冻着了、着凉了：伤风、感冒。
蹿鞭杆子：患肠炎泄肚拉稀如小便状。
不得劲儿、不舒坦（·tan）：有病了。
撒癔症（·zheng）：一般指被动起床时蒙眬中的行为。
腻儿巴怔：睡觉起床时尚未完全清醒的样子。
偎窝子：睡醒后懒得起床。
干哕（yuē）：恶心，想吐又吐不出来的状态。
恼应：恶心欲吐。
仰巴脚子：仰卧在床上的姿势，又指背着地，摔了一跤的样子。
大眼儿灯似的：病态，面颊削瘦，眼窝下陷，眼睛突出。
花瓜似的：头部受伤后血流满面的样子。
刺挠（·nao）：痒痒。
熬发（·fa）：伤口发炎。
丝丝拉拉：形容胸腔、腹腔内某处微痛。
捂汗包：穿的衣服过多。
少性（·xing）：年岁大而容貌显得年轻。
俏饰（·shi）：多指年纪稍大的妇女，体态匀称，打扮入时。
皮实：健壮不爱生病。
ruá：指身体软弱。

四、房舍器物类

过道（dǎo）儿：村镇中除主街道以外的大小胡同。
当街：泛指村镇中除房舍、院落以外的以街道、胡同为主的空闲地。
官坑：因村民建房在公用地取土而形成的自然坑塘。
上房、正房：一般指坐北朝南的北房。
堂屋、外屋：旧时正房中间用于供佛、做饭的屋子。

四破五：正房的一种结构形式，即三大间两侧各有一小间，相当于大间的半间，意为四间破为五间，简称四破五。

套间儿：四破五房两侧的两小间若单开门，则称为套间儿。

门道：将一间房辟为进院的大门，此间房称门道。

柱头、柱脚：支撑房柁的立柱。

影壁：大门内二三米处用砖砌成的一道屏障，使人在门外看不到院内。

火道：上房与厢房北房山之间的空地。

当院、院里儿：院子。

梢门：用树枝、木棍、秸秆做成的院门。

寨篱（·li）：篱笆。

茅房：厕所。

水筲：木制水桶。

梢马子：用白帆布做成，前后有兜，赶集时搭在肩上，可装钱物。

煞绳、傻绳：粗而长的煞车用麻绳。

饽饽：白面馒头、玉米面饼子等干食的统称。

煮饽饽：水饺。

槽子糕：蛋糕。

好吃儿：点心、水果、糖果等好吃的东西。

汗禢儿：夏天穿的中式小褂儿。

鞋头儿：棉鞋。

主腰子：冬天裹于胸腹部的没有肩袖的棉内衣。

手巴掌儿：手套。

围脖儿：围巾。

褯子：小孩尿布。

搌布：抹布。

起（取）灯儿、洋火：火柴。

洋灰、洋车：水泥、自行车。

电驴子：两轮摩托车。

三蹦子：三轮摩托车。

电棒儿：手电筒。

酒瓯、酒盅儿：酒杯。

制子：标准的度量器物，如尺子、斗等及其临时替代物。

瓯子：回民对茶杯的称呼。

五、称谓称呼类

太爷：曾祖父。

老太太：曾祖母。

爷爷：祖父。

奶奶：祖母。

爸爸、爹：父亲。

妈、娘：母亲。

大爷（·ye）、大爹：伯父。

大妈：伯母。

叔（shū）儿、叔叔：叔父。

婶儿、婶儿妈：婶母。

姥爷（·ye）：外祖父。

姥姥：外祖母。

舅舅：舅父。

舅妈、妗子：舅母。

姑（gū）儿、娘儿、姑（gū、gú）姑（·gu）：姑母。

兄弟（dei）（轻声）：弟弟。

大娘婆：背称夫之伯母。

叔（shōu）公：背称夫之叔父。

婶婆：背称夫之婶母。

大了伯（bāi）子：背称夫之兄。

大嫂儿：背称夫之嫂。

小叔（shū）子：背称夫之弟。

小婶儿：背称夫之弟媳。

大姑子、小姑子：背称夫之姐、妹。

大舅子、小舅子：背称妻之兄、弟。

大妗子、小妗子：背称妻之嫂、弟媳。

大姨子、小姨子：背称妻之姐、妹。

亲（qìng）家：子女婚后，双方长辈对男长辈的互称。

亲（qìng）奶奶：子女婚后，双方长辈对女长辈的互称。

亲（qìng）老儿：称兄、弟之岳父及姐、妹之公公。

亲（qìng）妈、亲（qìng）娘：称兄、弟之岳母及姐、妹之婆母。

姑爷（·ye）：女婿。

儿妇：儿媳妇。

老家儿：背称自己或别人的父母。

老疙瘩、老末儿、老儿子、老闺女：最小的儿女。

小子（·zi）、丫头（·tou）：男孩儿、女孩儿。

爷们儿：隔辈男子互称。

童男子儿：未婚男子。

自个（gě）儿、己（jì）个（gě）儿：自己。

老娘婆：旧时收生婆。

侉子：背称、贬称外地有口音的人。

南蛮子：背称、贬称南方人。

上边儿：上级领导、领导机关。

工作：新中国成立初期，农民对下乡干部的称呼。

月子人：生孩子未满一个月的妇女。

相好的：恋人或情人。

落忙的：办红白喜事时为事主家干杂活的邻居。

支客：办红白喜事时为事主家掌管礼仪、招待等事务的负责人。

六、性格素质人品类

勤劲（·jin）：一贯热爱劳动，勤于劳作。

能个儿：手巧、有本事、技术水平高。

刷（shuà）利、麻利：办事速度快、效率高，不拖泥带水。

活狠子：干活儿时不惜力，有狠劲；亦有只知道干活，不会休息、享受之意。

急茬子：急脾气，说干立即就干。

穷大手：家境贫寒，办事花钱却很大方，不会算计。

有两把刷子：有点真本事。

有眼力见儿：思维敏捷，观察能力强，勤快，总能看到该做的事并马上去做。

眼毒：一眼就能认出，或见一次就能记住。

眼皮儿杂：见多识广，和各种各样、各行各业的人都有交往。

不起眼儿：长相、能力、威望都一般，引不起旁人的注意。

摆谱儿：喜好以长者、上级的口吻、架势发号施令和指挥他人，以显示自己的身份和地位。

二五眼：办事马虎，没有多大把握，或形容活干得很粗糙。

二把刀：技术、艺术水平不高。

力巴（·ba）头：外行，或自嘲技术不熟练。

顺毛儿驴：指某些人顺其意则很服从，很听话，稍不随意则发脾气，使性子。

牛脖子、死羊眼：认死理儿，一条道走到黑的人。

老八板儿：指遵规守纪，办事缺乏灵活性的人，也指慢性子，办事不分轻重缓急的人。

懞窝子：在生人面前腼腆、拘谨、胆小，不善交际。

窝囊废：有道理讲不出，办事能力差，不善交际，常受别人欺侮。

揿头拍子、死土鳖：见识少，不懂人情世故；办事、花钱不大方。

白眼儿狼：指忘恩负义之人。

活土匪：说话、做事和土匪一模一样。

黑白两道子：一般指在官场和黑社会都吃得开的人。

没人形儿：行为不端，不正经。

人模狗样：粗俗的小人却假充斯文。

人五人六：戏指没有什么威望的小人物偶尔装出一种很有身份很体面的样子。

怀儿来着：利用工作职务之便，为个人捞好处，谋私利。

不拉人屎：净做坏事，一件好事也没做过。

没眼高低：说话、办事不分场合，不掌握分寸。

能耐梗：不会做的事硬要去做，不谦虚。

半膘子、二青头、楞头儿青：说话、办事太鲁莽，顾前不顾后，不问情由，不注意影响，不考虑后果，不怕当众出丑。

落（luò）道邦子、花子骨：泛指游手好闲，不务正业，自己日子混得不好，还到处议论别人。

毛兔子：做事急躁、轻率、不稳重。

刺儿头：经常唱反调而且不好对付的人。

不着调：不可靠。

猫儿盖屎：做事不认真，马马虎虎应付了事。

汤儿事：做什么事情都马马虎虎，潦潦草草，拿事不当事。

吊儿郎当：行为散漫，办事不认真，拿事不当事。

大皮脸、二皮脸：只要能占到便宜，脸面、羞耻全不顾及。

眼子手：抠门儿，吝啬，小气。

小性儿：心胸狭窄，为一点小事就生气，发脾气。

青皮：混横、蛮不讲理的人。

杠头：与别人争论时认死理，没理搅三分，输了也不认输。

个色：性格古怪，个性很强，说话难听，和一般人不能亲密相处。

独黑（hèi）：性格古怪、孤僻、自私，不愿与别人交往，不愿与别人合作，不愿与别人分享某种属于共同的利益。

假规（·gui）：在饮食方面比较挑剔，这个不能吃，那个不能吃；事多，毛病大。

尖碜（·chen）：一般指某些人用餐时对饭菜很挑剔且食量很小；亦指做某种活计时，所需物料将将够用或差一点点儿。

矫（jiáo）情（·qing）：指斤斤计较，别人得到的好处，个人也要求必须得到；又指娱乐性竞赛中，失败一方不认输，不承认比赛结果。

咬嘴：对别人应得的好处不满，发牢骚。

泼势：一般用来形容农村妇女很能干；有时亦用来形容小孩儿玩耍时不顾一切的样子。

秧子：指脾气古怪、人品不怎么样的人。

料货：指不会过日子、不干正经事、能力低、人品次的人。

难揍儿：不好办事，不容易打交道，个性强。

爱小：爱占小便宜。

小贫：不厌其烦地向别人讨小便宜。

拉老婆舌头：不负责任地或有意识地来回传话，拨弄是非。

花里胡哨：说的话很好听，但不着边际，不解决实际问题；亦用来形容表面很华丽，表里不一。

胡骂溜丢：什么下流话都敢骂。

说大话，使小钱：说话大方，办事小气。

拿说话当白玩儿：答应做的事根本不去做。

一推六二五：遇事推委，出问题不承担责任。

随帮唱曲儿：自己无主张，人云亦云。

骂人不吐核（hú）儿：很会骂人，骂起来没完没了，所骂的话，令一般人难以启齿。

缺德带冒烟儿：搞恶作剧捉弄别人，坏主意、坏点子别人想不到，坏透了。

逗：指小孩儿活泼可爱，或指成年人幽默、滑稽。

贫：能说，爱说，不该说的时候也说。

嫩：贬指比较年轻、阅历浅的人。

轴（zhòu）：性格倔犟，死心眼儿，不听劝导。

酸：装腔作势，咬文嚼字，故作斯文。

黑：贪财，狠毒。

七、事物行为状态类

出门儿：串亲戚。

吃包子去：参加红白喜事（榆垡、南各庄一带）。

码磉：砌房地基。

钢（gàng）场：先松土、泼水，再垫些柴草轧实，使场面坚硬而平整，以便于脱粒。

墁场：轻轻地扫场。

穿树：把树干上多余的、不该保留的枝条砍下来。

咔哧粥：熬粥。

洗澡：昔日称到河流、坑塘里游泳。

扎猛子：潜游，喻指躲起来，不见面了。

仰脖凫：仰泳。

拿大顶：倚墙倒立。

打跟头：侧手翻。

拥碌碡：在碌碡的一端用手臂的力量使其竖立起来。

拥球：踢球。

藏 mer、藏猫儿、藏朦哥：捉迷藏。

破谜（méi）、猜闷儿：猜谜语。

打哈哈：开玩笑。

打坠溜儿：大人用手提小孩儿的两只手，使其两脚离地。

上眼药儿：暗地里进谗言，说别人的坏话。

耍大鞋：因有意见而不好好干事。

甩闲篇、卖山音：有话不直说，含沙射影，旁敲侧击。

解手儿：大小便。

奏购登（·deng）、办购登：筹办红白喜事。

拉饥荒：借债。

出份子：参加红白喜事，并向事主交一份礼金。

添箱：为即将出嫁的姑娘送去礼金。

压桌：指聚餐时开始往桌上摆放肴馔，又指最后吃完饭的人。

老了、无常（回民）：死亡。

躺下了：孕妇生孩子了。

坐月子：妇女生孩子一个月之内足不出户，卧床静养。

吃咂儿、吃妈（mēi）妈（mēi）：婴幼儿吃母乳。

送粥米儿：为刚生小孩儿的妇女送些营养品。

家来：回家。

寻休儿：到别人家借住。

择（zhái）席：到新住处睡不着觉。

回笼觉：醒后不起床又睡一会儿。

耙足赤：用脚踩。

垫（dián）补（·bu）：饭前先少吃一点。

归置：对院落、房间、物品进行整理。

掖故（·gu）：指斥别人把物件随便放人某处，想用时找不到。

倒（dáo）腾：来回搬运或摆放物件。

摆忙：做不该做的事，让人很反感。

委故（·gu）：指手里摆弄东西；又指办事拖拉，慢慢腾腾，让人等得很着急。

拾（shī）翻（·fan）：乱翻腾。

捏故（·gu）：喻指几个人背地里偷偷商议。

揭过（·guo）：指某些人在与别人交谈时故意揭露对方的短处或隐私以使其被动、难堪的行为。

瞜瞜（·lou）：看看、瞅瞅。

听听（·ting）：闻闻（南各庄、榆垡一带）。

得（dé）波、得（dé）嘞：小声说话，说起来没完没了。

暄腾（·teng）：松软。

半拉：一半。

筋道：指面条、肉类等柔软食品有韧性。

瓷实（·shi）：指物体弹性小、密度大；又喻指牢固，稳妥。

捂（wū）头（·tou）：该说开的事情不说开，该解决的问题不解决。

拽挣（·zheng）：形容孤单、艰难之意。

砸锅：事情办坏了。

不济：不好。

嗔的：责怪、埋怨、不满意。

待见：因喜欢某人而处处给予照顾、优待。

碎催：戏称做具体事务性工作的人，亦是此种人对自己工作内容的戏称。

赶落（·luo）：完成某项任务所限定的时间很紧。

缕序：按顺序，慢慢来。

邪乎（·hu）：对某种刺激反应过于强烈。

攀大：谦虚地承认、认定比对方较高、较尊贵的地位或身份。

跳槽：自行改行、变换工作单位。

靠着：指某女与某男有通奸、姘居关系。

挑（tiǎo）费：指做某种事情所需经费总量。

掏换（·huɑn）：设法买到或找到。

拆兑（·dui）：临时借用。

撮合（·he）：通过做工作，使双方或几方走到一起，达成共识。

拔尊：出类拔萃，最优。

糟改：任意歪曲事物的本来面目。

向窄：干活时总嫌地方狭窄。

炸窝：因意外事故人群突然四散跑开；亦贬喻某种轰动效应。

二乎：含糊，心里没底；别二乎，指做事要认真，又指某事要重视，要认真对待。

翘棱（·leng）：能够放平的物体而没有放平，又指平面物体因故翘起。

寡净（·jing）：指手工产品表面光洁，外形美观，结构轻巧。

圆全：圆满周到。

烧心：吃了对肠胃刺激性很大的食物后的一种感觉，亦指上当受骗，或犯了重大错误又不想张扬、不愿承认的一种心理体验。

渗着：故意落在后面，不着急。

吐（tū）漏（·lou）：说话时不小心泄漏了秘密。

咂摸：品尝食物的滋味，琢磨事情的缘由。

开涮、涮人：戏弄人、耍弄人。

冒坏：出坏主意，干坏事。

一搂顸：指圆柱形物体的周长为一个成年人刚好可以搂抱。

对掐顸：指圆柱形物体的周长为一个成年人双手的拇指、中指刚好相对。

一拃长：指物体的长度为拇指、中指完全伸展开的长度。

背阴凉（liāng）儿：阳光不能直射的地方。

老爷儿地儿：阳光直射的地方。

闲练猴儿：淘气的孩子。

口喃账儿：口算。

当说合（·he）：民间为矛盾纠纷的双方进行调节。

背黑锅：不是自己做的（坏事、坏主意）却被旁人公认，自己又不便于公开说明。

占香香儿：利益分配时得到便宜。

长（zhǎng）行（háng）市：自认身价提高而趾高气扬，并想得到本不应得到的利益、荣誉、地位等。

抄家伙（·huo）：开始干活，有时亦指开始打架。

撕破脸：人与人之间因矛盾冲突公开化，致使感情、关系破裂。

大窝脖：自认能说服对方，结果对方一点面子都不给。

栽跟头（·tou）：事情没办好，犯了错误。

屁股沉：在外串门、办事，坐下说起话来没完没了，该走不走。

没须会：没有注意到，没有看到。

前后脚儿：指两种事物或现象出现、发生的时间非常接近。

没着落儿：没结果，没指望。

图不得（·de）：突然心里发慌，难受得难以支持。

不落（lào）忍：于心不安。

不作敬：指因长辈道德品质不好或言行有失体统，引起晚辈不佩服、不敬重的一种心理状态。

肝儿颤：极度害怕。

咬耳朵（·duo）：说悄悄话儿。

幺蛾子：歪主意，歪点子。

掉腰子：不听话、耍脾气，出难题。

咂伐子：拿某人某物当出气筒，发泄愤怒情绪。

假招子：故作姿态，制造假相，撒谎骗人。

撺秧子、翻秧子：翻脸，急了。

逗秧子：开玩笑，或在别人遇到不幸时说些幸灾乐祸的话。

逗闷子：开玩笑。

捡拐子：从对方谈话中找漏洞，再进行攻击。

半刬（chàn）子：活计干了一半或一部分，中途停止不干了。

搞瞎八：乱搞两性关系。

有外家：指已婚男子有情妇，有姘头。

一锅儿熬：把本不应该放在一起办的事硬放在一起办。

一就事儿：顺手儿、顺便把另一件事办了。

顺坡溜：别人的意见正合己意，便随声附和。

上赶着：主动和别人说话，主动帮别人做事。

一手儿事：指某件事是某些人共同谋划、共同参与的。

严可严儿：正合适，没有一点空隙。
打圆场儿：调节矛盾、纠纷，使其有一个圆满的结局。
打哇哇：说过的话不算数了。
打糠灯：戏弄人。
打马虎（·hu）眼：采取不正当手段，企图蒙混过去。
跑馊腿：出力不少，却没有受益，白忙活。
撒丫子：跑了，突然跑起来。
冤大头：花了钱，出了力，没有受益，心甘情愿上当受骗。
脖儿拐：用手掌打后脑勺、脖颈。
事儿妈：办事儿婆婆妈妈，规矩、框框、礼节太多，常节外生枝。
拌蒜儿：腿脚不灵便，走路时两腿互相碰撞。
煞后儿：故意走在最后。
现擁、暴擁儿：平时无准备，急用临时筹备。
跟前（qiǎn）：眼前、身边、身旁之意。
支嘴儿：只动嘴指挥别人，自己不去做。
念秧儿：有话不直说，故意在闲谈中吐露。
包圆儿：全都买下，全部完成。
要短儿：索取对方没有的东西，提出对方无法满足的要求。
竟意儿、成心：有意识的，明知不该做的非要去做。
不愤儿：看不起、不服气。
找病儿：自找烦恼。
逗哏儿：开玩笑，逗笑。
跌份儿：有失身份。
赌好儿：等着享受好的结果，看好的结局，不会出问题。
净赌儿：不用出力，可以等着受益。
蔫溜儿：不打招呼，悄悄离去。
挨呲儿：受到批评、斥责。
写字儿：立字据。
偷艺儿：未拜师，暗中学些技巧、手艺。
通经儿：通晓某项专业。
走字儿：运气好。
打嗙儿：说话、讲话时思路中断，上下接不上话茬儿。
寸劲儿：凑巧，巧合。
起小儿：从小时候起。

压（yà）根儿：从来，从一开始，一贯的，无论什么时候。

没跑儿：指对某种事物、行为的估计不会错。

裉（kèn）节儿：节骨眼儿，关键时刻。

抽抽儿：指物体因失去水分而体积缩小，出现折皱。引申为现在不如从前。例：越活越抽抽儿。

没说的、没的说：表白关系密切，不用说别的，有什么要求直接提出来。

没治了：达到顶峰、极限。

没戏了：没有希望了，不要等待了。

瞎迷（·mi）了：把人偷偷弄死了；事情办不成了或不好办了。

瘪壳了：自觉理亏，无话可说了。

离眼了：看东西时，短时间内产生错觉。

没辙了：没办法了。

傻眼了：两只眼睛直呆呆的，没主意了。

褶子了：办事过程中遇到难以克服的麻烦、困难，难以继续做下去，只好半途而废。

崴泥了：失败了，认输了。

孙子了、草鸡（·ji）了、熊了：认输了，不敢再较量了。

颠儿了：走了，离去了。

日（rī）蹦（bēng）了：走了，违约先走了，不辞而别了。

没影了：走或跑得很远，已经看不见了；亦指找不到，不知去向了。

弯回去了：指庄稼幼苗死了，喻指人做事情遇到阻力就不干了，又戏指人死了。

转影壁（·bi）了：有意识地躲起来了。

臭了：好朋友闹翻了，关系破裂。

黄了：眼看要办成的事又办不成了。

砸了：失败了，惹了麻烦了。

吹了：宣告失败。

绕（rāo）了：跑了。

甩了：恋爱中的男女，一方被另一方抛弃。

不够念儿：入不敷出，钱不够花的。

够嚼谷（或“裹”，·gu 或·guo）儿：所挣的钱勉强可以维持日常生活。

一月一光当：当月的收入当月花光。

有故（或过）结儿：双方为某事有矛盾、未公开化，心里结着疙瘩。

有头有脸儿：有身份有地位。

没根儿没襻儿：没有关系，没有靠山。

别打含糊：别松劲，别泄气。

膘着膀子：齐心协力。

说道说道：俩人交换交换意见，把话说开，或指找人评评理儿。

不哼不哈：沉默不语，不表态。

听听（·ting）儿再说：等一段时间，听听风声，看看动静，再做决策，再说怎么办。

冲了肺管子：当面揭短，说别人最不愿意听的话。

没影儿的事：根本就没那么回事，或指斥实在不该发生的事。

慢答拉音儿：尽量与对方少说话，有意识地冷待对方。

明镜儿似的：对某件事的根底心里十分明白。

热窑子似的：争吵、打架的场面很激烈。

明着大卖：公开的，毫不隐讳的。

瞧慎路儿：说话办事注意观察情况；看准机会再说，再办。

求爷爷告奶奶：求了这个，再求那个。

汪洋（yāng）汪洋的：形容水非常大，或人非常多。

杠尖杠尖的：碗里、盆里盛的东西冒了尖，多得不能再多了。

嘟三巴四：唠叨个没完。

吆五喝六：喊这个，叫那个，大声喊叫。

死眉瞪眼：板着面孔，一脸的不高兴。

捎带脚儿：办这件事，顺便把那件事也办了。

二返头场：刚从某处回来又去。

硬掐鹅脖：采取强制性措施。

硬山搁檩：不穿内衣，直接穿外衣。

死气白咧：没完没了，不达目的不罢休。

糊儿倒踢：糊里糊涂。

急赤白脸：与别人发生冲突、争吵时，态度急躁，脸色难看。

没着没落（lào）儿：心中没底数，不知如何是好。

燕儿不下蛋儿：被迫忙得不可开交。

倚风儿撒邪：借对自己有利的话和事更加厉害地折腾。

黑灯瞎（xià）火：夜色特别黑。

欻（chuǎ）泥跋陷（xuàn）：在泥泞的道路艰难行走的状态。

满嘴里跑舌头：瞎说，没一句实话。

俩肩膀扛个脑袋：光杆一个人，没带任何礼品。

搁不住接夜的屁：有新消息马上说出去，买件新衣裳马上就穿上，心里存不住话，存不住新物件。

多一抿子：多管闲事，管职权范围以外的事，没事儿找事。

盖了帽儿了：超过所有的，成为最好的。

乌漆麻黑：不明不白。

稀拉哈（hà）撒：不牢固，散漫，凝聚力不强。

招猫儿递狗：意指淘气的孩子捅捅这个，逗逗那个，肆意打闹。

嘎七马八：低劣的，零乱的，无多大价值的。

揎：用细枝条或鞭绳的尖部抽打。

投：用清水将使过肥皂、洗衣粉的衣服洗干净。

抱：领养。

超（chào）：向后退。

晒：事情做到关键时刻故意放下以刁难事主，又指对不受欢迎的来访者故意不予接待。

剋（kēi）：训斥、打。

哈：央求，说好话，巴结人。

铁：友情十分牢固，关系十分密切。

奘（zhuǎng）：指圆柱体和人体粗壮高大。

艮：指萝卜、苹果等不酥脆，喻指人说话不中听，让人没有亲切感。

分（fèn）：一般用来形容小动物或蘖生植物不断繁殖，数量越来越多之意。

八、其他类

轻时：不经常。

赶情（·qing）：表示十分赞许或不满时的口吻，有“那当然”“反正”等之意。

不介（·jie）：婉言谢绝对方留吃、留住等方面请求的口吻。

甭介、别介：表示否定对方的口吻，有请你不要这样、请你别这样之意。

答艮：答理。

是喽：表示同意对方的说法，或答应对方的请求。

真哪：表示叹惜或责备的口吻。

干（gàn）啦：不好了，坏了，麻烦了。

着（zhāo）哇：表示肯定、赞许的口吻。

忒：太（好或坏）、特别（好或坏）之意。

可得（·de）：非常、特别之意。

保不齐：没准儿，不一定。

犯不上：不值得，没必要。

拉倒吧：表示否定对方或旁人的意见、言行时的用语。

没边儿：指责说不着边际的话、做不该做的事。

三孙子：骂人话，指善于阿谀奉承、溜须拍马的下贱小人；自嘲话，地位低下，无权无势，任人使唤。

死可铆儿：有固定的规矩、要求等，不能任意改变。

可（kē）了儿的：舍不得，怪可惜的。

不是个儿：不是对手。

一骨节儿：一小段儿。

这不结了：肯定这样说、这样做就对了。

有讲究儿：有说法，有学问。

包葫芦头儿：保底，兜底。

闹了归齐：原来是这样。

你我他仨：说话没有礼貌，不懂规矩。

当家什户：本家、本家族。

五行八作（zuō）：各行各业。

抽不冷子：看准机会，猝不及防，让人难以预料。

四五不靠六：杂乱无序。

小莫（·mo）斤由儿的：少量的，少许的，一星半点的。

不斤不厘儿：差不多，大体相当。

仨瓜俩枣儿：喻指东西不多，价值不大。

五马换六羊：指个人之间以价值大体相当的物品相交换的行为习惯。

听风就是雨：听到一点风声，马上就行动，就有反应，喻指人脾气急，沉不住气。

八竿子划（hú）拉不着：指关系非常远，拐了多道弯的亲戚。

第九章　通州区

第一节　历史沿革

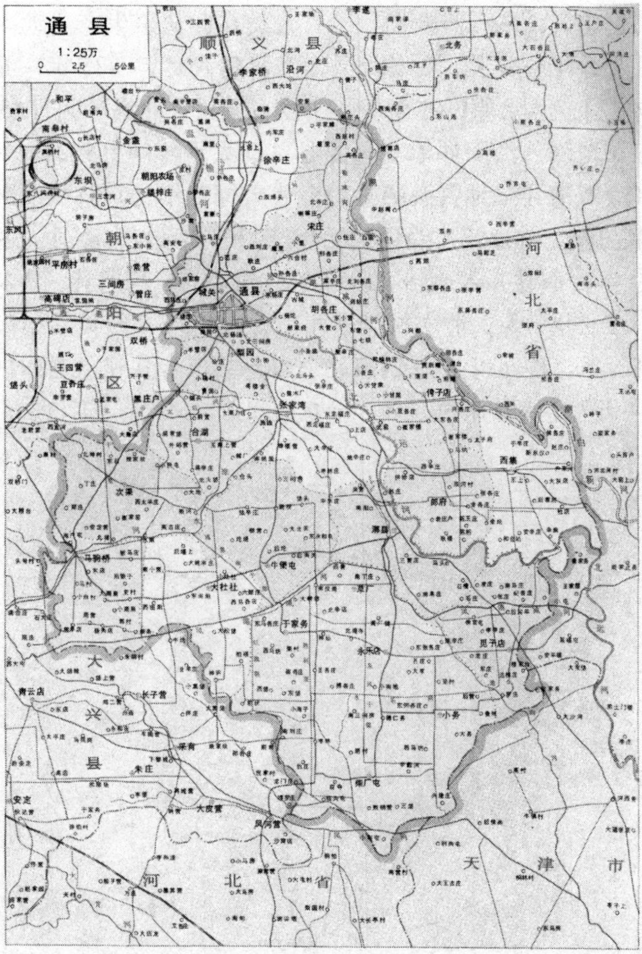

图 9-1[①]

① 图选自北京工艺美术出版社 1991 年出版的《北京百科全书彩图 · 地图集》。

通州区（见图9－1）位于北京市辖域东南部，京杭大运河北段。成立以来，境域多变，1958年10月而成现状：东隔潮白河与河北省三河市、大厂回族自治县、香河县相望；西与北京市朝阳区、大兴区为邻；南和天津市武清县、河北省廊坊市交界；北接顺义区。县境东西宽36.5公里，南北长48公里，面积912.34平方公里（中国科学院地理研究所1982年航测结果。北京市统计资料为907平方公里），耕地87.04万亩。全境地处永定河、潮白河洪冲积平原上，地势平坦，自西北向东南倾斜。海拔最高27.6米。境内河流13条，主要河流有北运河、潮白河，均属于海河水系。

通州区历史悠久，新石器晚期，已有人类在此从事生产活动。西汉高祖十二年（公元前195年）建县，始称路县。东汉建武元年（25年）县依水名，为潞县（见图9－2）。县治原设在今胡各庄乡古城村，北齐年间（550—577年），始迁现址。东汉至隋，渔阳郡治三置潞县。辽太平年间（1021—1031年），析潞县、泉州（今武清县）地置漷阴县。金代天德三年（1151年），在潞县（见图9－3）设刺史州，称通州。明洪武元年（1368年），省潞县入通州，清顺治十六年（1659年）漷县并入通州。1914年改州为县，称通县，1948年12月14日全县解放，在通州镇及关厢农村设通州市，1949年8月以后，市、县平行隶属河北省通县专区。1958年4月划归北京市，县市合并建立通州区，1960年2月复称通县，1997年4月撤销通县，设立通州区。

东汉潞县示意图

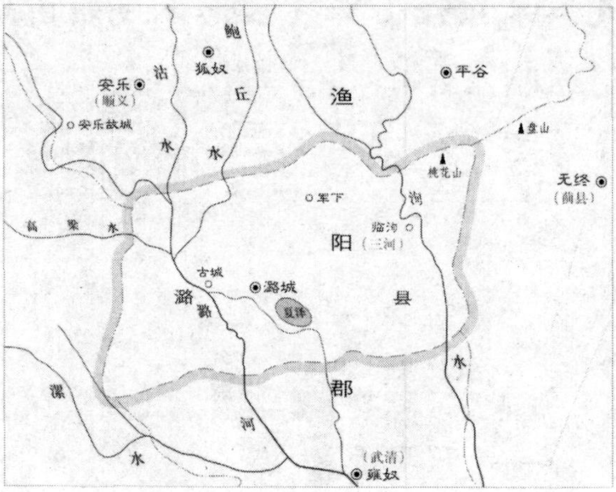

图9－2[①]

① 图选自北京市通州区城市规划管理局2001年内部出版的《北京市通州区图册》。

金通州及潞县示意图 天德三年（1151）

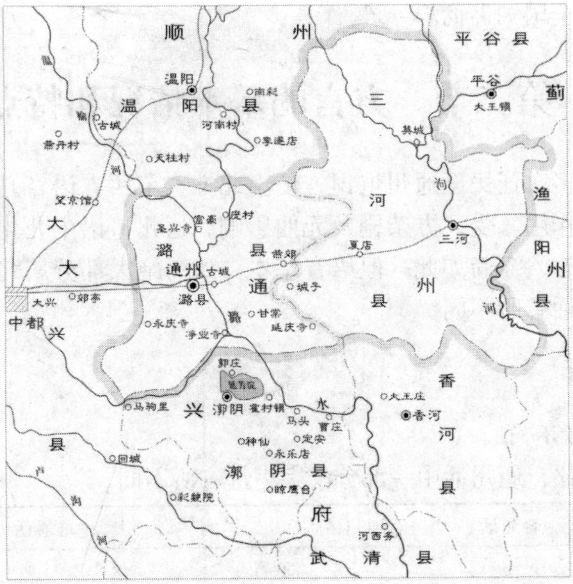

图 9-3[①]

金元明清四朝建都北京，官民所需，明清两代修造城垣、宫室、皇陵、园林所用砖瓦木石，均仰赖东南水运。历代整治河道，增建国仓。自元以来，在通州设置漕运衙署，明清两代重兵屯田守卫。通州成为漕运、仓储、京东行政中心，经济、贸易、文化随之繁荣。因有“一京二卫（天津）三通州”之誉。历史上，通州为拱卫、建设、繁荣、安定北京做出了重要贡献。

通州区是北京通往沿海和东北地区的交通枢纽，自古水陆交通发达。县内多河富水，多舟楫与灌溉之利。秦朝经白河向北部边关输运粮草，开通州地区水运先河。东汉王霸开温水（今温榆河）漕运；北齐斛律羡开高梁河（坝河），经温榆河入潞水；隋朝开永济渠经县南部可达杭州；辽代开萧太后河，辽东税粮水运南京（今北京）。金开闸河连接潞河水运，元代疏治京杭大运河，郭守敬开挖通惠河，建闸筑坝，取梯航之法，南粮经张家湾水运大都（今北京）积水潭。明永乐年间整治运河水道，嘉靖七年（1528 年）吴仲将通惠河下游河道改由州城北入运河，沿河修建五闸二坝，漕粮盘运入京，相沿至清末，享 370 年之利。运河漕运，国脉所系，历朝视通州为肘腋。元朝以来，完善设施，建立规制，重臣执掌漕政。运河蜿蜒，势若游龙，南控津海，连通江淮。河上千樯万艘，陆路冠盖交驰，城内肆坊林立，弦歌相闻。通州成为京杭大运河北端

① 图选自北京市通州区城市规划管理局 2001 年内部出版的《北京市通州区图册》。

的水陆要会，全国知名商埠。

第二节　方言的基本情况和特点

元明两代多次迁民至通州屯田，使南北方、东西方语言互相交融，对通州话发展有一定作用。受北方杂剧及元曲影响，通州口语中儿化较重，以表示讲话者观点和心态，今尚如此。但语音基本一致，绝大部分属北京语音，但有部分字音与普通话有所不同。

一、语音

（一）声母不同

与普通话比，通州话中一部分汉字声母有所不同。

例字	普通话	通州话	例字	普通话	通州话
唇音					
乒乓	pīngpāng	bīngbāng	麻痹	bì	pì
果脯	fǔ	pǔ	蝙蝠	biān	piān
遍地	biàn	piàn	波浪	bō	pō
双埠头	bù	fǔ	漂泊	bó	pō
同胞	bāo	pāo	哺育	bǔ	pǔ
牛堡屯	bǎo	pù	吃里爬外	pá	bā
包庇	bì	pì	活泼	pō	bò
舌尖前、舌尖中、舌尖后音					
政策	cè	chè	处暑	chǔ	qù
青贮	zhù	zhǔ	砑茬子	chá	zhá
蝴蝶	dié	tiě	耳朵	duo	tuotāotōu
包扎	zā	zhā	谆谆	zhūn	dūn
暂时	zàn	zhàn	气色	sè	shǎi
责任	zé	zhé	苦涩	sè	shē
侧身	cè	zhái	森林	sēn	shén
打颤	zhàn	chàn	吸吮	shǔn	rǔn
殖民地	zhí	chì	知了	zhī	jì
步骤	zhòu	zòu	瞅着	chǒu	qiǔ
冲撞	zhuàng	chuàng			

例字	普通话	通州话	例字	普通话	通州话
舌面音、舌根音					
俊美	jùn	zùn	桧柏	guì	kuài
耕地	gēng	jīng	蜜饯	jiàn	zhàn
膝盖	xī	qī	咀嚼	jǔ	zǔ
机械	xiè	jiè	证券	quàn	juàn
不朽	xiǔ	· qiu	哨卡	qiǎ	kǎ
条框	kuàng	guàng	歼灭	jiān	qiān
倾向	qīng	kēng	沉浸	jìn	qìn
缰绳	jiāng	gāng	铿锵	kēng	qīng
打更	gēng	jīng	煮豆燃萁	qí	jī
刽子手	guì	kuài			
其他音转化					
瓜蒂	dì	tì	能耐	nài	· gen
缔结	dì	tì	应寺村	yìng	nìng
荒谬	miù	niù	板凳	dèng	tèng
鲜嫩	nèn	lèn	允许	yǔn	rǔn

（二）韵母不同

通州话与普通话字音相同，但有部分字音韵母口头语与书面语相异，除上述与声母并异者外，尚有如下例字：

例字	普通话	通州话	例字	普通话	通州话
开口呼韵母					
剥削	bō	bāo	可否	fǒu	fǒ
阴谋	móu	mó	号脉	mài	mò
花生	shēng	shēn	迫害	pò	pǎi
咱家	zán	záng	咳嗽	sòu	suò
怎么	zěn	zěng	老翁	wēng	wōng
尾巴	wěi	yǐ	萝卜	· bo	· bu
大伯	bó	bái	葡萄	· tao	tóu
他们	tā	tāng	山崖	yá	ái
解剖	pōu	pāo	往东	wǎng	wǎn
包含	hán	hén	称职	chèn	chèng

例字	普通话	通州话	例字	普通话	通州话
摸鱼	mō	māo	坦克车	tǎn	tǎng
反叛	pàn	pèn	这些	zhè	zhèi
舅妈	mā	meng	样田村	yàng	yàn
特好	tè	tuì	那边	nà	nèi
琢磨	mó	mèn	南大化村	dà	dài
疙瘩	· da	dāi	过磅	bàng	bèng
淘米	táo	tóu	苤蓝	lán	· la
微薄	bó	báo	什么	shén	shéng
袼褙	bei	bò	化脓	nóng	néng
强迫	pò	pài	俺们	ǎn	ěn
悬崖勒马	lè	lēi	昏天黑地	hēi	hè
蛤蚌	bàng	bèng	太阳	yáng	yér
苇箔	bó	báo			
合口呼韵母变化字					
骆驼	luò	lè	揭露	lù	lòu
假若	ruò	rè	婀娜	nuó	né
粭子	huō	hē	诺言	nuò	nè
落后	luò	lè	熟悉	shú	shóu
或者	huò	hè	唾沫	tuò	cuì
软弱	ruò	rào	寻死	xún	xín
找补	bǔ	· ba	吴各庄	zhuāng	zhǎng zhāng
豆腐	· fu	· fa	水浒	hǔ	huǒ
论辈分	lùn	lìn	矗立	chù	chuò
塑料	sù	suò	俘虏	lǔ	luǒ
账簿	bù	bò	平家疃	tuǎn	tān
活动了	huó	hé	罢黜	chù	chuò
齐齿呼韵母变化字					
别管	bié	bíng	弱不禁风	jīn	jīng
觅子店	mì	mài	湿淋淋	lín	líng
你们	nǐ	nǐng	频道	pín	píng
比他强	bǐ	bǐng	敢情	qing	qīn
披衣服	pī	pēi	竹篾	miè	mī

例字	普通话	通州话	例字	普通话	通州话
天津	jīn	jīng	品味	pǐn	pǐng
人家	jiā	jiē	合并	bìng	bìn
巴结	· jie	jì	尹各庄	yǐn	yǐng
待见	jiàn	jìn	皱襞	bì	bèi
兄弟	dì	dēi	窗棂	líng	lèng
绳子	· zi	· zɑ	破谜	mí	mèi
胆怯	qiè	què	庄稼	· jiɑ	· jie
避风	bì	bèi			
撮口呼韵母变化字					
感觉	jué	jiǎo	家雀	què	qiǎo
剥削	xuē	xiāo	虐待	nüè	niè
喜鹊	què	qiào	鲜血	xuè	xiě
咀嚼	jǔjué	zǔjiáo	岳上村	yuè	yào
上学	xué	xiáo	略胜一筹	lüè	liào

（三）声调不同

通州话与普通话字调大部分相同，阴、阳、上、去分明，调值相当，调号统一，即高平调（阴）为“┐55”，高升调（阳）为“↑35”，降升调（上）为“VI214”，全降调（去）为“V51”。此外尚有轻声而没有入声。但有部分字调相异。

普通话音调	通州话音调	普通话音调	通州话音调	普通话音调	通州话音调
反正 fǎn	反 fān	侵犯 qīn	侵 qǐn	军阀 fá	阀 fà
调皮 tiáo	调 tiǎo	虽然 suī	虽 · sui	凝结 níng	凝 nìng
干不了 liǎo	了 liāo	分析 xī	析 xì	可惜 xī	惜 xì
皮革 gé	革 gě	质量 zhì	质 zhǐ	痴心 chī	痴 chí
尽管 jǐn	尽 jìn	幸福 fú	福 fǔ	张各庄 gè	各 · ge
规矩 · ju	矩 jù	媳妇 xí	媳 xǐ	别手 bié	别 biě
骨气 gǔ	骨 gú	邮局 yóu	邮 yōu	惭愧 cán	惭 cǎn
潜伏 qián	潜 qiǎn	袭击 xí	袭 xī	畅快 chàng	畅 chǎng
施园村 shī	施 shǐ	黑豆 hēi	黑 hěi	时辰 chén	辰 chèn
号召 zhào	召 zhāo	姚辛庄 xīn	辛 xin	崇拜 chóng	崇 chǒng
惩罚 chéng	惩 chěng	级别 bié	别 biè	不得 dé	得 dě

普通话音调	通州话音调	普通话音调	通州话音调	普通话音调	通州话音调
请帖 tiě	帖 tiē	菠菜 bō	菠 bó	吊儿郎当 diào	吊 diǎo
逮捕 dài	逮 dǎi	灿烂 càn	灿 cǎn	扼要 è	扼 é
摩托车 tuō	托 tuó	沉底 chén	沉 chèn	法宝 fǎ	法 fà
说不来 lái	来 lāi	乘机 chéng	乘 chèng	秋分 fēn	分 fèn
国家 guó	国 guǒ	打扮 dǎ	打 dá	敷衍 fū	敷 fú
脊梁 jǐ	脊 jí	捣腾 dǎo	捣 dáo	刚直 gāng	刚 gàng
骨节 jié	节 jiě	抵命 dǐ	抵 dī	割断 gē	割 gé
签字 qiān	签 qiàn	多好 duō	多 duó	蛤蜊 gé	蛤 gě
光是 guāng	光 guǎng	束缚 shù	束 sù	手指头 zhǐ	指 zhí
亨通 hēng	亨 héng	缩影 suō	缩 suò	拙见 zhuō	拙 zhuó
哄弄 hǒng	哄 hòng	往昔 xī	昔 xì	哀悼 dào	悼 dǎo
糊棚 hú	糊 hū	向导 xiàng	向 xiǎng	倔强 jué	倔 juè
教诲 huì	诲 huǐ	火焰 yàn	焰 yán	憎恨 zēng	憎 zèng
步伐 fá	伐 fǎ	比较 jiào	较 jiǎo	大北关 běi	北 bēi
皮肤 fū	肤 fú、fǔ	杀戮 lù	戮 lǔ	台湖村 hú	湖 hù
附近 fù	附 fǔ	瞥见 piē	瞥 piě	张家湾 jiā	家 · jie
哥哥 gē	哥 gé	祈求 qí	祈 qǐ	大甘棠 táng	棠 tàng
供应 gōng	供 gòng	宿舍 shè	舍 shě	马驹桥 jū	驹 jù
瑰丽 guī	瑰 guì	矢口 shǐ	矢 shī	永乐店 lè	乐 · le
稀罕 han	罕 hàn	遂意 suì	遂 suí	佣金 yòng	佣 yōng
横财 hèng	横 héng	突然 tū	突 tù	娱乐 yú	娱 yù
胡琴 hú	胡 hū	杨家洼 wā	洼 wà	职能 zhí	职 zhǐ
囫囵 hú	囫 hū	空隙 xì	隙 xī	逐步 zhú	逐 zhù
晦气 huì	晦 huǐ	品行 xíng	行 xìng	针灸 jiǔ	灸 jiū
挥霍 huò	霍 huǒ	坑沿 yán	沿 yàn	次渠村 qú	渠 qū
召集 jí	集 jì	燕京 yān	燕 yàn	北苑 yuàn	苑 yuán
当即 jí	即 jì	轱辘 gū	轱 gú	坨堤村 dī	堤 dì
秸梗 jié	秸 jiē	放映 yìng	映 yǐng	碱厂村 jiǎn	碱 jiān
收敛 liǎn	敛 liàn	来由 yóu	由 yòu	枣林庄 lín	林 lìn
戚继光 qī	戚 qí、qì	愉快 yú	愉 yù	杜柳棵 kē	棵 kè
强迫 qiǎng	强 qiáng	摘要 zhāi	摘 zhái	北堤寺 sì	寺 · si

（四）儿化

通州话儿化韵分七大类，见下表。

类别	合儿化前韵母	例字	类别	合儿化前韵母	例字
小言前	ɑ iɑ uɑ	麦茬儿 煤渣儿 人家儿 小匣儿 猫爪儿 单褂儿	小人臣	i	针鼻儿 肚脐儿 树枝儿 小吃儿
	ai uai	鞋带儿 门牌儿 铁拐儿李 快快儿		en in un	跳神儿 课本儿 大襟儿 篮信儿 一顿儿 打滚儿
小由求	ɑn iɑn uɑn üɑn	木板儿 有盼儿 钉眼儿 翻片儿 上环儿 钢管儿 手绢儿 画圈儿	小中东	ü ün	人群儿 小女儿 马驹儿 有趣儿
	u	没谱儿 小珠儿		ei ui	前辈儿 眼泪儿 裤腿儿 一对儿
	ou iu	裤兜儿 泥猴儿 一绺儿 袄袖儿		ie ue	花叶儿 一撇儿 这些儿 小雪儿
小遥条	ɑo iɑo	剃刀儿 灯泡儿 黄鸟儿 柳条儿	小江洋	eng ing	取灯儿 麻绳儿 按钉儿 人情儿
小梭波	e	唱歌儿 稀客儿		ong iong	闹钟儿 鸟笼儿 说穷儿 小熊儿
	o uo	一拨儿 下坡儿 干活儿 没错儿		ɑng iɑng uɑng	菜帮儿 卖唱儿 提梁儿 有想儿 沾光儿 蛋黄儿

通州话中有7种情况用儿化韵：

1. 小事务，如：亲嘴儿、出芽儿、打锛儿。
2. 小物品，如：竹竿儿、戒指儿、笔尖儿。
3. 表怜爱，如：白兔儿、老伴儿、小伙儿。
4. 示憎恶，如：眼前花儿、穿小鞋儿、放臭气儿、抽白面儿。
5. 称年轻人或乳名，如：小陈儿、小姚儿、小燕儿、小虎儿。
6. 拟声，如：嗷儿嗷儿叫、嗡儿嗡儿响、呕儿呕儿喊、哗儿哗儿流、哇儿哇儿吐。
7. 述形，如：篇儿篇儿翻、溜儿溜儿满、根儿根儿立、刀儿刀儿快、条儿条儿清。

（五）急声

通州话内有二音急读而成一音者，如“不用”急读为“甭 béng”，“里二泗”为“里儿泗 lǐrsì”，“不好”为“孬 nāo”，“那么”为“nèng”，“特别”为“忒 tuī”，“你们”为“něng”，“我们”为“ǒng”或“wǎn”，“他们”为

"tāng"，"咱们"为"záng"，"什么"为"啥 shá"，"干什么"为"干嘛 má"等。

此外，西集镇域内将"和""会"都说成"hèi"音，"啥"说成"há"，"叔叔"说成"shóushóu"，这是个别现象。

第三节　方言词汇

一、名物类称谓

（一）时间类

头年、过来年：去年。

来年、过年：明年。

头天儿、昨儿、昨儿个、夜几个：昨天。

明儿、明儿个、过今儿、赶明儿：明天。

今儿、今儿个、当今儿：今天。

大早儿、大清早儿、清早些、大起早儿、清早上、大早上：早晨。

前晌儿、头晌儿、前半晌儿、头半晌儿、早儿后、午前：上午。

晌午、晌儿、午上、晌午头儿、正午：中午。

过晌儿、后半晌儿、午后、晚前：下午。

晚晌儿、黑晌儿、黑后晌儿、晚上、傍黑儿、黑晚晌儿、擦黑儿、老爷儿落：傍晚。

钟头、点钟、点、钟点、时辰：小时。

白天、大白日、白日里、白昼：昼。

黑夜里、大黑夜、月亮地儿、黑灯瞎火：夜。

（二）动物类

嘎喇、壳蚌：蛤蚌。

蛤蟆、合蟆、田鸡、绿豆狗儿：青蛙。

疥蛤子、癞蛤蟆、麻疥肚、老疥肚：蟾蜍。

黄瓜鱼、溜边鱼：白条鱼。

夜猫子、鸪鸟子：猫头鹰。

锛得儿木、哆哆木：啄木鸟。

喜鹊（·qiao）、花喜鹊：喜鹊。

家雀（qiǎo）儿、老家儿、老家贼、老家仓、老家子：麻雀。

知了、唧鸟儿、小热热、大嚷、滴哟儿答哟儿、马唧鸟：蝉。

蛱蝶儿：蝴蝶
蚂蚱、蚂蚱点儿、蚂征、飞天掌：蝗虫。
刀螂：螳螂。
屎壳螂：蜣螂。
拉拉蛄：蝼蛄。
蚂鳖、牛鳖：蚂蟥。
蛛蛛：蜘蛛。
蛐蛐儿、棺材板、奔儿了头：蟋蟀。
蛐蟮、蛐虫：蚯蚓。
长虫、瘆虫：蛇。
圆屁虎、圆不虎：蝙蝠。
蝎虎子、蝎了虎子：壁虎。
耗子、贼耗子：老鼠。
蚂蛉、老膏药、青头愣：蜻蜓。
黄狼儿（lāngr）：黄鼠狼。
蚰蜒（蚰蜒为学名）：百足虫。
老鸹、黑老鸹：乌鸦。
鲫瓜子、鲫瓜片儿：鲫。
黑鱼、黑鱼棒：乌鱼。
王八：鳖。
泥鳅、泥不揪：鳅。
毛毛虫：松毛虫。
爬（pǎ）子、公羊：牡羊。
咩羊、母羊：牝羊。
跑猪、种猪、公猪：牡猪。
母猪、老母猪：牝猪。
叫驴、公驴：牡驴。
草驴、母驴：牝驴。
儿马、种马：牡马。
骒马、母马：牝马。
虻牛、犍子、公牛：牡牛。
儿狗、公狗：牡狗。
郎猫、公猫：牡猫。
草鸡、老草鸡：母鸡。

（三）植物类

转日莲、转莲、转季莲：向日葵。

棒子：玉米。

瞎八斗、牛腿：高粱。

大麻籽：蓖麻。

土豆儿：马铃薯。

红薯、白薯：甘薯。

西红柿：番茄。

蚂蛉菜：马齿苋。

苦菜、取卖菜：苣荬菜。

刺儿菜：蓟菜。

老腌瓜：菜瓜。

妈妈九：地黄。

车轱辘圆：车前子。

茅茅草：白茅草。

喇叭花、小喇叭、小燕不花：牵牛花。

西粉莲、白薯花、嵇季花、大丽花：西番莲。

九花：菊花。

三棱子、三楞子：莎草。

白果树：银杏。

耷拉柳：垂柳。

（四）代称类

大伙儿、大家伙儿：大家。

自个儿、自己个儿、我自个儿、本人：自己。

俺们、咱们、咱这帮儿、俺这溜子、咱这拨儿、咱这群儿：我们。

那一伙子、那拨子、那帮子、那群儿：他们。

当家的、掌柜的、老头子、老公、老伴儿、俺先生、俺老爷儿们、孩子他爸：（妇称）夫。

媳妇、老伴儿、老婆子、俺那口子、老搭档、孩子妈、孩子他妈：（夫称）妇。

（五）衣食住行类

单褂儿、褂子、小褂儿、单裤、嘚儿喽裤：单衣。

领子、脖领子：衣领。

靴子、棉靴、毛窝：棉鞋。

秋衣、内衫、秋裤：内衣。
扣子、衣纽、纽绊儿、疙瘩纽、蒜头疙瘩：纽扣。
点心、饽饽：糕点。
火烧：烧饼。
起子：小苏打。
白面、细面：面粉。
水饺儿、煮饽饽：饺子。
大米、白米、细米：稻米。
馒头、卷子：馒首。
死面儿拧、肉龙：卷子。
柁：梁。
挑檐、飞子、花架：椽。
窗棂子、窗户凳儿：棂。
柱顶石、柱脚石：柱础。
地基、地臼、地脚：房基。
门插棍儿：门栓。
冷布、纱篦子：窗纱。
瓜柱：倭柱。
满装就、半装就：装修。
茅房、茅厕、一号：厕所。
洋车、脚踏车：自行车。
电驴子：摩托车。
小轿车：卧车。
赶脚：骑驴。
溜达着、腿着：走。
颠、rāo、撒丫子、一溜烟儿：跑。
（六）用具类
把儿勺：炒勺。
斗子锅：深腹锅。
案板：菜板、面板。
小勺：羹匙。
八仙桌子、八仙桌儿：方桌。
炊炊：炊帚。
盖点儿（盖帘、盖垫儿）：盖联。

板凳：长凳。
抽屉桌儿：桌子。
痒痒挠儿、不求人儿、老头儿乐：挠耙。
电把儿、电棒儿：手电筒。
胰子：肥皂。
酒盅儿：酒杯。
电匣子：收音机。
耠子、犁杖：犁。
把式、车耠子、车把式：车夫。
夹剪：钳子。
套包子：拥子。
提篮子、粪篮子：土篮。
钱叉子：褡裢。
挑（tiāo）子：扁担。
洋火、取灯儿：火柴。
自来水笔：钢笔。
墨笔：毛笔。
墨海、砚台：砚。
拓蓝纸：复写纸。
门墩儿：门枕石。
电滚子：电机。
飞艇：飞机。
盒子枪：手枪。
（七）其他类
老爷儿、太爷儿：太阳。
风圈（quān）：月晕。
虹（jiàng）：虹。
焦雷、落地雷：霹雳。
当院：庭院。
照相、留个影：摄影。
打官司、告状：诉讼。
当街、街里头、街外头：大街。
对联儿、对子：楹联。
卷尺：盒尺。

招儿：办法。

月份牌儿：日历。

皇历：历书。

树秧儿：树苗。

票子：纸币。

洋钱、大洋：银元。

官儿、头儿、脑儿、头脑儿：干部。

摆式儿、摆什：摆设。

二、事物类释义

方言土语源于生产生活，其中很多字有音有义而无形，在现代汉语字词典中未有例字。如“冷根儿楞”，本是京剧二黄板过门“56i”模拟音，读“lěnggēnrlēng”，现代汉语中无“lēng”音，形、义更无，此语指人不正经做事；又如“瞎日日儿”，读“xiārírrīr”，“日日儿”本是电线在刮风时发出之响声，古今语音中无此音、字，通州话用此指人无根据乱说；再如“打 dēidēi”，通州话指人或冷或害怕哆嗦的样子，“dēi”有音无字；还如“嘎奔儿”读“gābēnr”，乃是某些小物品折断时的声音，“奔”是借用字，通州话用来诅咒他人死……诸如此类，择要记述。

（一）做事类

呱呱叫：完美；声誉好。

肆地：细致认真；缓慢。

钻楞觅缝：想方设法。

打招呼：事前报告、通气。

着手：已开始做。

七嚓咔嚓：干事急、快。

乒啷乒啷：紧张，迅速，粗糙。

不错眼珠儿：认真、负责。

实落：扎实，实在。

四平八稳：准备充分，不出问题。

盖了、盖了帽了：优秀。

挠头：事难办。

嘬牙花子：不好办、为难。

缩脖子：遇事后退、消极、不敢负责。

妥滑儿：偷懒，拈轻怕重。

二乎：没把握、犹豫。
二五眼：马虎；不负责任；水平低。
勺了哐啷：不用心；无所谓。
褪套儿：逃脱、躲避；不参加；退出了。
划拉划拉：不认真；粗糙。
糊（hù）弄：敷衍；哄骗。
黏咕拽：事难办；人难对付。
嘀嘀咕咕：犹豫不决；背地议论。
怵怵惮惮（dān）：不大胆；精神紧张。
打嘎巴牙儿：凑在一起，闲聊不干事。
搂着：别干在前面；别太累。
砸锅：事未办好。
跷跷蹑蹑：不肯卖力；轻手轻脚。
吭吭唧唧：不果断；说话不痛快。
拉手：拖累；有障碍。
拉忽：不认真；粗鲁。
秋鞭：不主动；耍滑；袖手旁观。
碰瓷儿：故意让人碰着，敲诈钱财。
瞅乎着：旁边看着；寻找机会。
黄了：失败；中止。
崴泥：遇到麻烦。
揍酱：事办坏；不好交待。
挠扯：上进；钻营；泼辣。
不（bū）楞：不服从；不按要求办。
蹬哧：有劲头；有能力；开拓；想法当官。
噼里啪啦：做事快；内部不团结；打架斗殴。
（二）性情类
颟顸（mánhān）：憨厚；老好人；糊涂马虎。
愣了呱唧：冒失、鲁莽；呆愣。
欢实：兴奋；起劲；活跃；健康。
嘀咕：三心二意；犹豫。
扬蹦：趾高气扬；耍横；不在乎。
打愣：发呆；思忖。
执拗：固执；任性；不愿意。

粘缀：不痛快；没结没完。
烟不出火不进：不开通；认死理；听不进话。
抠门儿：吝啬、小气。
纳（nā）摸、估摸：推测；考虑；估计。
寻（xín）思：考虑；算计。
一根筋：固执；僵直；不听劝告。
蔫了吧唧：没精神；慢性子；不爽快。
炸塔：发脾气；轰动。
嘎拗：挑剔；个性强。
哩勾拉勾：复杂；草率。
能耐（·gen）儿：聪明；手巧。
扇乎：挑动；心术不端。
巴结：逢迎；奉承。
浑腔腔：不讲理；蛮横。
咬言咂字：说话多书面语；显示有文化。
皮脸皮痴：顽皮；知错不改。
迷了马虎：糊涂；搪塞。
出出哩哩：传言；背地议论；煽动。
和（huò）拢：煽惑；使事不成；搅拌。
迷瞪：糊涂；困乏；没睡醒。
拽咧子：说嫌话；不干了。
打哈哈：开玩笑；不当事干。
踢了特了、踢里趿拉：衣冠不整；生活困窘；不卫生。
待见（jìn）：惹人喜欢。
猫儿腻：搞小动作；耍阴谋。
抠抠唆唆：吝啬、小气。
没忖量：贪吃；不自觉，没起色。
打坠骨碌：不进取；后退。
滚车道沟子：不讲理；倔强撒泼。
反迫（pāi）：浑不讲理；好吵闹且没完没了。
腻烦人：招人讨厌；缠着人。
花里胡哨：不实在；花言巧语。
叨三叭四：好说；虚伪。
矫情：无理狡辩。

色（sé）行：摆架子；做作。
唧了咋哄：轻浮；虚伪。
撇咧儿：看不起人；骄傲；讥笑。
你我他仨：不礼貌；不分上下。
没溜拉撒：不规矩；过于随便。
贼咕：贼不溜秋、贼子。
吧唧：狡猾；诡计多端；虚伪。
杨拉子：毒辣、凶狠。
五迷三道：糊涂。

（三）社会类

铁了：关系密切；定而不移。
秋喝：车喝；挑唆。
掰了：关系破裂。
炸锅、炸窝：败露；失败；内讧。
难缠：不好来往；难办。
帮乱、裹乱：添乱；助不得法；捣乱。
腻歪、腻烦：不受欢迎；无所事事。
涮人：耍笑；失约。
摘鸟食罐：开除；不给供应。
黏糊上了：靠拢；搞在一起。
吃挂落：受牵连；连累。
掺和、搀乎：混在一块儿；钻入。
贴上了：凑在一起；靠住了。
死乞白赖：硬性；纠缠。
穿一条裤子：串通一气；关系不正派。
托儿、由子：哄骗第三者上当；诱惑对方。
一溜子：一伙、一派。
插杠子：第三者插足；加入进去。
嘎巴：耍赖；不离开。
鸡吵鹅斗：内部不安定；不团结。
蹚浑水：一块儿干坏事。
香仨臭俩：不团结；多变化。
抱团儿：紧密团结；不松散。
蹬肩膀：为升官损害别人；往上爬。

顺竿爬：没主见；人云亦云；跟着干。

（四）行动类

激灵：受惊；振作。

尥蹶子：不顺心而怒不干事。

撂挑子：不干了。

寻休儿：借宿。

日蹦：跑了；躲起来。

瞜瞜：看看。

拉饥荒：借债。

嘬瘪子：失败；受指责；惹麻烦。

糟践：浪费；不尊重人；损失。

翘棱：不平稳；翘起；准备不充分。

腰歇儿：中间休息；停顿一会儿。

归置、拾掇：收拾打扫；以行动教训别人。

打眼：看错了。

咧咕、撇咕、嚎丧：指责别人哭。

掂量：权衡；盘算；试试。

颠儿了、撒丫子：跑掉了；逃走了。

拾翻：寻找；提旧事。

鼓捣、捌鼓：摆弄；制作；做买卖。

扽、扽着：拉；提醒；暂时停止。

秃噜：狼吞虎咽；吃尽；浇烫。

唧咕：一小股尿；挤出一点儿；墙欲倒。

磨蹭：慢缓；不紧张；逍遥。

蹭楞子：慢腾腾；边玩边干。

连跑带颠：快跑；事急速去。

瘪楞：不正视人；不同意做。

哧楞哧楞：动作快；马上就干。

咋呼：起哄；大声吵。

滋儿咂：摆架子；难办；被迫同意。

嗞拉：小孩哭；叫唤；被迫干。

欺鼻子瞪眼：愤怒；不满意。

（五）言语类

闲篇儿、闲白儿：与正题无关；闲话。

没溜儿：不分场合、不合时宜开玩笑。
闲扯、胡扯、扯淡：聊天；与主题无关；说话不负责任；胡说八道。
摔咧子：散布不满意言论；发泄愤懑。
白乎、白话：花言巧语；显示能说多知。
捌小肠儿：纠缠旧事；追根问底。
瞎嘞嘞：信口开河；随意说话。
胡踀：讲不文明话；说无根据话。
害热病：胡说；一阵子。
坐回去：说话不算数。
嚼舌根、揭根子：所说不算数；揭短儿。
天花乱坠：说话无根据；能说会道。
划诽：背后说人缺点。
臭吣：说话乱用词语；满嘴污言秽语。
哇啦哇啦：话声大；说话没完没了。
吭吭哧哧：说话不痛快；不答应做某事。
哑巴了：不说话；说不出话；无话可说。
闷葫芦：一声不语；心里有事。
嘎嘣脆：说话直爽、痛快。
拔腔子：说话声大，嘶哑。
抬杠：为小事争论不休。
耍嘴皮子：光说不干；能说会道。
踩鸡脖子：说话、唱歌声音难听。
蚊子声：话声小听不清。
乱汪汪：指责人乱说；无根据检举。
（六）称谓类
大头儿：一把手；主要负责人。
外秧儿：本家或本族之外人。
二青头、三青子：痞子；冒失、鲁莽人。
二等车：骑车带人。
扔货：不成器的人；没出息的人；无用物品。
秧子：二流子；走邪路的人；好吃懒做的人。
娘娘驾：体弱多病者；不能劳作者；不可碰者。
杠头：好因小事争辩者。
能耐梗：好逞能者；心灵手巧者。

崽子：讨厌孩子。
垫背：替人受罚者。
赖皮：纠缠者；不认错者。
甩子骨：无才无德、不求上进者。
玩意儿：玩具；特殊艺术；挨骂者。
红人儿：拍马屁者；受宠信者。
驴驹子：生硬；糊涂青年。
混混儿：不走正路者；不干正事者。
倔骡子：有能力而个性强者。
雏儿、羔儿：无经验者；才工作者；刚走入社会者。
馋猫儿、采花蜂儿：寻求女人作乐者。
大尖头：做事狡猾者；不卖力气做事者。
老倭瓜：老实厚道者；没能力者；受人欺侮者。
嘎杂子、琉琉球儿（琉璃球儿）：淘气孩子；生坏主意者。
小玩儿闹：好打架斗殴者。
耗子精：特别油滑者。
车耠子：大车把式；不文明司机。
婆婆：讽刺不民主领导者。
（七）其他类
猫尿儿：酒。
磬子：河池中水极深处。
囤子：冬季围在胸背的棉片儿。
乌涂水：未开的水；不凉不热的水。
针渣儿：细小处；争小利。
倒物：人或畜的尸体。
割挠：喂牲畜用碎豆秸。
拘敛、拘罗：手脚冻得麻木、抽搐。
皮实：健康、少生病。
摘楞、皮楞：不平稳；走路不稳。
愣会儿：稍等；歇会儿。
压根儿：从来；根本。
甭价（介）：不用；不要这样。
利落：做事干净快捷。
蹊跷：吃东西挑拣；怪事。

寒碜：难看；毛脸；讥笑他人；揭人短处。
刺挠：瘙痒。
火龙：天热头晕；庄稼得红蜘蛛病。
翻秧子：生气不干了。
走基：物体走样；事情未按计划办。
好不影（秧）儿的：突然的；无根据的。
海了、海去了：太多了。
归了包堆：全部。
当街：街里。
积工儿、拘工：不经常。
见天：天天、每天。
当行：事、工作。
找不（补）：少量补充。
顾蹭：迟缓；时间长。
猫腰厥耻：弯腰。
不离儿：差不多；满意。
拉淘：脏、不卫生。
嘁哧咕哧：泥泞；肠胃有病；内部矛盾。
沤子：润肤霜、膏。
叽里咕噜：乱；打滚；打群架。
唧里瘪肚：不平；难看。
黑了吧唧：黑；面相糙。
嘛哄：不算数；解散。
爽得：就；于是；干脆。
苍毛、饿毛：疲弱；贫穷。
白不匝：不补人情；不当回事。
丢点儿：小；穷气。
小菜儿：小事；看不起。
丁零咣啷：声大而乱；干事急躁。
唧（曲）里拐弯：不直；变多；道难走；事复杂。
歪盔子：把柄；找事。
没碴没渣：没恩怨仇恨。
界比儿、界米儿［隔壁（·jie·bi）儿、借壁儿、界壁儿］：邻居。
掴打掴打：轻拍；警告。

嘀里嘟噜：提东西多杂；果实结得多。
劈里扑噜：随从很多；不按顺序。
嘿儿噜：有病；喘急。
曾绷曾绷：捆得紧；事干得实。
作（zuó）咕、作末：琢磨；研究；干事。
觉（jiǎo）照（着）：自觉；感觉。
左撇咧、左撇子：左手巧；左手劲大。
手巴掌儿：手套。
齁：特别；很。
掰哧：理论一番；究根。
扔扔（·reng）、柔柔（róu）：速度快。
词儿擦：洋气；穿着讲究。
稀拉哈撒：松散；个儿大不健康；松动。
溜边扯地：装得满；时间太严。
赳：抠；打。
揣咕：乱涂、抹；干事不认真。
滴溜滴溜：疼甚；惊吓。
葛楞腰：腰不直；不愿干。
践拉践拉：走路晃荡；干事左右不定。
迷离马虎儿：敷衍；不清。
别别扭扭：不痛快；不团结。
茶拽：负担。
囊膪：猪肚皮；没能力。
窝囊废：笨傻；不会干。

第十章　昌平区

第一节　历史沿革

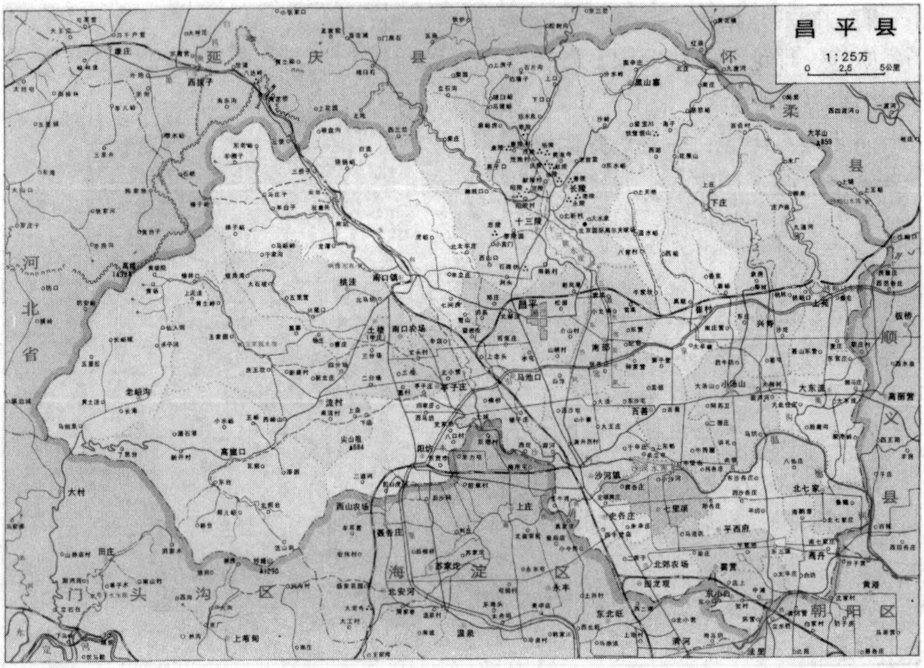

图 10－1①

昌平（见图 10－1）为北京市辖区，位于北京市西北部，是以高教、科研、旅游为主的首都卫星城。境域北与延庆县、怀柔区相连，东邻顺义区，南与朝阳区、海淀区毗邻，西与门头沟区和河北省怀来县接壤。全区总面积 1352 平方公里。昌平地处温榆河冲积平原和燕山、太行山支脉的结合地带，地势西北高、东南低，北倚燕山西段军都山支脉，南俯北京小平原，山区、半山区占全区总面积的 2/3。西部山区统称西山，属太行山山脉，最高峰海拔 1439 米。北部山

① 图选自北京工艺美术出版社 1991 年出版的《北京百科全书彩图·地图集》。

地统称军都山，属燕山山脉，山地海拔800—1000米。平原海拔30—100米。区内主要河流属温榆河水系。全区处在温带季风区，属暖温带大陆性季风气候。

昌平夏属冀州，商属幽州，周属燕国，秦属上谷郡。西汉元封元年（公元前110年）置昌平县、军都县，属上谷郡。昌平县治所在今百善乡上、下东廓两村之西；军都县治所在今县城东南四十五里。王莽建新朝后改昌平县为长昌县，上谷郡为朔调郡；长昌县、军都县属朔调郡。东汉建武十三年（37年），长昌县、军都县改属广阳郡。永元八年（96年）复称昌平县。三国魏时，昌平县、军都县属幽州燕国；西晋时属幽州燕国。进入十六国后，赵时属幽州燕郡，前燕属幽州燕国，前秦属幽州燕国，后燕属幽州燕郡。北魏时，省昌平入军都，军都县治所移至昌平县城，属幽州燕郡。北魏皇始元年（396年），军都县治所迁入军都新城（今东、西新城村以北）。北朝东魏时，复置昌平县，省军都入昌平县，县治所在军都新城，增置万年（言）县，万年（言）县、遍城郡及所领之广武县、沃野县治所在今县境内西南隅，属东燕州平昌郡（一说昌平郡）。北齐、北周建置、隶属未变。隋开皇三年（583年），省万年（言）入昌平。隋大业九年（613年）初属幽州，后属涿郡，县治所迁于土城。唐武德元年（618年）属幽州。县治所迁入白浮图城（今旧县村）。神龙（705—707年）初，带州及所领之孤竹县侨置于清水店（今属海淀区太舟坞村）。天宝元年（742年）属范阳郡；乾元元年（758年）属幽州，开元二十五年（737年）至建中二年（781年），燕州及辽西县侨置在今兴寿乡桃峪口村一带。五代时，后唐同光二年（924年）改称燕平，治所迁至曹村（今朝凤庵村）。后晋天福元年（936年）复称昌平县，治所徙至白浮图城。辽初属幽都府，开泰元年（1012年）属析津府。宋宣和四年至六年（1122—1124年）昌平县属燕山府。金天会三年（1125年）改燕山府为燕京析津府，贞元元年（1153年）改称大兴府。昌平县初属析津府，后属中都路大兴府。元皇庆二年（1313年）到至正二十八年（1368年）属大都路总管府。皇庆二年（1313年）县治所迁于辛店（今辛店村），至正年间（1341—1368年）迁回白浮图城。明洪武元年（1368年）属北平府。永乐元年（1403年）属顺天府。景泰三年（1452年），昌平县治所迁至永安城（今昌平县城）。正德元年（1506年）升昌平县为昌平州，辖密云、顺义、怀柔三县，治所在原县城。正德三年（1508年），降州为县，辖县改属顺天府。正德九年（1514年），复升县为州，辖县如旧。清顺治元年（1644年），昌平州属京师顺天府。雍正五年（1727年），辖县改属顺天府，州不再领县。

1913年改称昌平县，属京师顺天府。1914年属京兆地方。1928年属河北省。1935年12月25日起，属伪冀东防共自治政府。1937年属伪河北省冀东道。1943年属伪河北省燕京道。

抗日战争时期，中国共产党在昌平与邻县交界地区相继建立抗日根据地。以平绥铁路为界，1939 年 3 月至 1942 年，县内西、北部属昌宛联合县；1943 年 2 月至 1945 年 8 月，属昌宛怀联合县。

1938 年 7—10 月，属昌滦密联合县；1940 年 1 月至 1944 年 12 月，属昌延联合县；1941 年 6 月至 1943 年冬，属滦昌怀联合县；1943 年冬至 1945 年 1 月，属滦昌怀顺联合县；1945 年 1 月至 1947 年 12 月，属昌平县；1947 年 12 月至 1949 年 4 月，属昌顺联合县。县行政机关无固定驻地。

1945 年 8 月抗日战争胜利后，国民党统治的昌平县属河北省冀东道。1947 年 12 月，中共领导的解放区昌平县和西顺县成立昌（平）顺（义）联合县。县行政机构驻桃林村，国民党政府军进攻时转移至上庄村。1945 年 8 月至 1949 年 2 月，县平绥铁路路西属昌（平）宛（平）联合县。1948 年 12 月 12 日，昌平县全境解放，县行政机构进驻昌平县城。1949 年 2 月 12 日，昌（平）宛（平）联合县撤销，原属昌平县的 5 个区划归昌顺联合县。1949 年 4 月 16 日，昌顺联合县撤销，复设昌平县，属察哈尔省南口专署。1949 年 8 月 1 日，属河北省通县专区。1956 年 1 月 1 日，昌平县划归北京市，撤县设昌平区。1960 年 1 月 7 日，国务院批准撤区复设昌平县。行政机构驻地昌平镇，距北京德胜门 34 公里。

昌平的县域变迁有文字记载始于明朝。明洪武元年（1368 年），划出东部 4 里置怀柔县，县域东西宽 60 公里，南北长 115 公里。清代以来，几经变迁，县域面积逐渐减少。新中国成立后，经过几次调整，至 1964 年 3 月，县域南北长 39.5 公里，东西宽 56 公里，面积 1352 平方公里。

第二节　方言词汇

一、俚语

在长期生产、生活中形成的具有区域特点的俚语，区内流传较多的有：

老爷儿：太阳。

今儿个：今天。

后儿个：后天。

昨儿个：昨天。

蔫儿吧唧：没精神。

腻歪：腻烦、不受欢迎、办事不痛快。

咋呼：喊叫、大声说话。

麻利儿：迅速、赶紧。
寒碜：样子难看。
坏醋了：事情未办好。
赶趟儿：来得及。
刷利：做事干净利落。
难缠：不好来往、难办。
抽不冷子：突然、猛然。
出溜：滑动。
膈应：心有余悸、讨厌心烦。
能干儿：聪明、手巧。
巴结：逢迎、奉承。
打愣：发呆、思忖。
嚼舌根：说话不算数；传话。
吃挂络儿：受牵连、连累。
摔咧子：发泄不满言论。
矫情：无理狡辩。
待见：惹人喜欢。
甩咧子：说闲话。
白话：花言巧语、能说会道。
胡吣：说无根据话。
劳驾：谢谢、麻烦。
借光：让让路。
没溜儿：不分场合、随便开玩笑、无规矩。
嘬瘪子：失败、受指责、自找麻烦。
作落：自生是非。
闲篇：无正题、无正语。
尥蹶子：不顺心而怒、不干事。
涮人：耍笑、失约。
贴上了：凑一块、靠住了。
托儿：私下找人说事，哄骗第三者上当、诱惑对方。
火啦：兴旺、红火。
铁啦：关系密切。

二、歇后语

人们在生产和生活中形成的歇后语幽默、诙谐、俏皮，区内流传较广的歇后语主要有：

胳肢窝夹柿子：够褛（懒）的。

挑水的回头：过井（景）了。

锅盖上的小米：熬出来了。

肉包子打狗：一去不回头。

秃子当和尚：将就材料。

砂锅砸蒜：一锤子买卖。

哑巴吃饺子：心里有数。

茶壶里煮饺子：肚里有货，倒（道）不出来。

磨道上的驴：听喝的。

骑驴看唱本：走着瞧。

小牛撅尾巴：来劲了。

耗子扛枪：窝里横。

老鼠拉木锨：大头在后边。

兔子尾巴：长不了。

猪八戒照镜子：里外不是人。

聋子的耳朵：摆设。

张飞吃豆芽：小菜一碟。

瞎子点灯：白费蜡。

姜太公钓鱼：愿者上钩。

麻秸秆打狼：两头害怕。

擀面杖吹火：一窍不通。

竹篮打水：一场空。

凉锅贴饼子：蔫溜了。

大姑娘上花轿：头一回。

老太太吃柿子：嘬瘪子。

茅房的石头：又臭又硬。

木鱼改梆子：挨揍的东西。

老虎驾辕：谁赶（敢）哪。

傻子过年：瞧街坊的。

大萝卜上锅台：挨擦的货。

哑巴吃黄连：有苦说不出。

泥菩萨过河：自身难保。

芝麻开花：节节高。

纸糊的驴：大嗓门。
狗熊掰棒子：掰一个丢一个。
土地爷掏耳朵：崴泥。
张飞拿耗子：大眼瞪小眼。
狗拿耗子：多管闲事。
夜猫子进宅：无事不来。
铁公鸡：一毛不拔。
程咬金的斧子：就三下子。
罗锅上山：前（钱）紧。
冻豆腐：没法拌（办）啦。
后脑袋留长发：随辫（便）。
萤火虫的屁股：没多大亮（量）。
绱鞋不用锥子：针（真）棒。
腊月里出生：冻（动）手冻（动）脚。
小庙着火：慌神了。
怀胎十月：生（升）了。
俩鸭子加一鸭子：仨鸭子（撒丫子）。
小葱拌豆腐：一青（清）二白。
嗑瓜子嗑出个臭虫：什么仁（人）都有。
怀里揣马勺：盛（诚）心。
揪着胡子过河：牵须（谦虚）过渡（度）。
电线杆上绑鸡毛：好大的掸（胆）子。
烙饼卷蚂蚱：夹（家）吃去。
下雨泼街：假积极。
出头的椽子：先烂。
铁路警察：各管一段。
洗澡水沏茶：不是味。
外甥打灯笼：照旧（舅）。
马尾穿豆腐：没法提。
头顶上长疮脚底下流脓：坏透了。
做梦娶媳妇：想得美。
使唤丫头拿钥匙：当家不做主。
西瓜皮擦屁股：没完没了。
老鼠进风箱：两头受气。

爹死娘嫁人：各人顾各人。
坐轿子号丧：不识抬举。
驴粪蛋：外面光。
蛤蟆不长毛：天生那路种。
老鸹落在猪身上：谁也别说谁黑。
秋后的蚂蚱：蹦不了几天了。
王八吃秤砣：铁了心。
黄鼠狼下耗子：一窝不如一窝。
井里的蛤蟆：没见过多大的天。
没头的苍蝇：瞎撞。
猫哭老鼠：假慈悲。
猴吃麻花：满拧。

后　记

北京方言是北京地域文化的重要组成部分。弘扬北京地方文化，保护北京的语言文化遗产，是地方志工作者义不容辞的责任。2010 年，北京市地方志办公室组织拍摄制作了《京郊方言访谈录》系列节目，从当时 18 个区县中，选择了具有方言特色的平谷、延庆、门头沟、密云、怀柔和房山六区县，进行方言的录制。该系列节目属于首家京郊方言访谈的综合性栏目，在北京市地方志办公室门户网站——京网《京韵视听》栏目中播出后，得到了社会各界的强烈反响。

为了使京郊方言能够更好地传承、发扬、保存，2014 年，我们启动了《京郊方言》组稿编写工作，以文本形式留存下来，在原有的平谷、延庆、门头沟、密云、怀柔和房山六个区县视频资料的基础上，增加了顺义、大兴、通州、昌平四个区，力争更全面展示北京远郊区县方言的总体情况。

在组稿过程中，平谷、延庆、门头沟、密云、怀柔和房山曾经进行过视频访谈，参与访谈的专家非常支持这项工作，提供的方言资料具体、丰富、详实，可以说每一篇都是一份有价值的学术论著。而顺义、大兴、通州、昌平四个区相关的方言资料比较匮乏，我们查阅了相关的区（县）志及其他书籍，所收集到的方言资料也比较有限。为了使各个区县的内容相对平均，统稿时，我们对一些区县提供的较多资料“忍痛割爱”，尽管如此，这本书还是有“厚此薄彼”之感，也不无留下了些许遗憾。但是，方言文化是与一个地区的历史文化厚重紧密相连，也与语言学家、史学家的关注程度紧密相连，我们出版此书的目的，不是在于研究，而是在于对京郊方言资料的收集、整理、存史和传承。

在编纂过程中，平谷区语言文字工作委员会办公室主任张发，原延庆县老教育工作者协会会长陈超，原密云县文化创意产业领导小组办公室副主任王长青，北京市语言文字测试中心专家委员会委员范燕生，原怀柔区地方志办公室副主任王凤禄，永定河文化研究会常务理事张万顺，原房山区史志办公室主任刘文江，为本书提供了丰富的资料；密云县史志办公室、怀柔区地方志办公室等单位给予了大力支持；中国书店出版社总编辑马建农先生为此书倾注了大量的心血，在统稿过程中提出了许多宝贵的修改意见，在此一并感谢。

希望此书的出版能够为北京历史语言文化研究，为保存非物质文化遗产贡献一份绵薄之力。

《京郊方言》编写组